揭開通往隱祕境域之鑰

THE BIG BOOK OF RUNES and RUNE MAGIC

盧恩文字解讀與占卜

盧恩魔法

艾德瑞得・索森

楓 樹 林

向生命深沉鏡映之處，
拾起屬於自身的符文

在《至高者箴言錄・Hávamál》之中，記載著一個盧恩符文的起源故事，在故事之中，奧丁神將自身倒吊於世界之樹——尤格德拉希爾（Yggdrasill）之上，祂以長矛刺傷自身，將自己獻祭給自己，不吃不喝，足足度過九個夜晚。

而在某個瞬間，祂瞥見了隱藏於世界另一面向的秘密文字，奧丁狂喜的尖叫，伸手拾取這些密語的瞬間，祂自世界之樹的倒轉視角跌回原來的世界視角，也將這些秘密帶回我們這個世界之中，甚至領悟到十八種盧恩咒歌的應用。

語言與文字的創造過程，在許多文化之中，都具有著非凡且神聖的意義；因為語言與文字意味著人開始走出迷霧的過程，透過語言、文字，我們開始可以記錄、傳承、交流、甚至是摹想、假設、推理；可以說，語言跟文字，就是人類開始挑戰、並掌握自身命運所跨出的第一步。

甚至，有些創世神話認為，是神的「聖言（Divine Word）」創造了世界，於此之前都還是空虛混沌、彼此曖昧交纏的朦朧迷霧；換句話說，語言創造了人類意識的黎明，在此之前，我們深深浸泡在自然的本性、與種種無意識的衝動之中，我們是「群」之中的一份子，直到我們開始意識、開始述說、開始梳理區分、然後開始命名，世界的造化便從迷霧暗夜之中逐漸顯明。

而奧丁這個自我獻祭的歷程，便是帶著覺悟，走出自身所習以為常

的視角與眼界、走出被本性與衝動主宰的混沌朦朧，以長矛刺傷自身，便是意味著破壞那些自身長期以來，僵固麻痺的觀點、信念與認知，而痛楚解除了麻痺，帶來清晰與警覺。

將自己獻祭給自己，便是成長與進步的象徵，為了成長與進步我們都勢必得在某種程度上與過去的自己告別，從而獲得更加廣闊全面的眼界；而倒吊在世界之樹上，便是意味著開啟我們不同往常的視角，來觀見世界所隱藏的另一面向、所蘊藏的潛在力量。

這個故事也是在提醒著我們，這個世界並非只有單一的視角與面向，命運與因果律也並非鐵板一塊難以撼動、而我們也並非只能固守於自身的好惡、立場與情慾，而是具有足以把持掌握自己身心的意志力、以及展現自身可能性的想像力，而要做到這一點，我們首先得先翻轉自身、倒轉天地，仔細觀察這個魔法的領域的聲音與形體，由此我們將發現天地間所蘊藏的密語（rune）。

而初見這盧恩符文，我就被其精煉的字體所深深吸引，它實際上是以簡明的形式凝縮著非常深刻精妙的內涵，在看似粗曠原始的筆劃之中，隱含著來自遠古的純粹意志與澎湃生命力，亦蘊藏著非常巧妙的設計。它可以分為三族，每一族各八個字，而每一族之中平均分配了兩個母音（※ 也有說法認為 Eihwaz 不是母音）：

ᚢ（Uruz）－ ᚨ（Ansuz）
ᛁ（Isa）－ ᛇ（Eihwaz）
ᛖ（Ehwaz）－ ᛟ（Othala）

而奠基於這六個母音，產生了十八種發音變化，也因此出現了十八個子音，而每三族則均分到了六個子音。而每一族的六個子音之中，又均分了三個介於母音與子音之間的近音：ᚹ（Wunjo）、ᛃ（Jera）、ᛚ（Laguz）。以及均分了三個唇音：ᚠ（Fehu）、ᛈ（Perthro）、ᛒ（Berkana）；

還均分了三對爆破音與擦音的清、濁音之分：

ᚲ（Kenaz 清音）－ ᚷ（Gebo 濁音）
ᛊ（Sowilo 清音）－ ᛉ（Algiz 濁音）
ᛏ（Tiwaz 清音）－ ᛞ（Dagaz 濁音）

以及剩下的三個鼻音：ᚾ（Nauthiz）、ᛗ（Mannaz）、ᛜ（Ingwaz）；兩個擦音：ᚦ（Thurisaz 清齒擦音）、ᚺ（Hagalaz 清聲門過渡音）；和最後一個顫音：ᚱ（Raidho）。

而這十八個子音，則讓我聯想到了奧丁所領悟的十八種盧恩咒歌，透過子音精妙細膩的發音微調，我們以不同的音節組合與抑揚頓挫的變化，精準的傳達出自身的念想，並闡明那些豐富、精微且深刻的意境，從而這六個母音與十八個子音相互形構成故事、詩歌與咒語，也形塑出世界、意志與命運。

我想這就是言語的力量，它承載了概念、意義、情感、想像與願景，它聯繫著過往的記憶與教誨、也指向未來的想望與徵兆，是那些隱藏於世界另一面向的、已然逝去或尚未浮現的潛在力量，我們所謂的現實，便是在此巨大的因果進程之中孕育而成，當我們的意志尚未參與時，這股潛在的力量就會流向阻力最小的路徑，形成這個時代之中，我們的必然的命運與結局。

而當我們的意志展現之時，我們的言語將成為符應我們意志的某股潛在力量的發聲管道，透過有力的發聲，我們將潛在的力量投射、錨定到現實之中，使我們的行為、言語、能量、資源、時間、空間聚焦於這一點，開始編織出我們的願景，並幽微的改變我們的命運路徑。

而如果說，語言是潛在力量的聲音，那麼文字就是潛在力量的形體；當我們學習奧丁，以反轉的視角來看待自身所處的時空情境，我們也會發現這二十四個盧恩文字，亦隱藏生活之中的每個角落。

我們身處的現實其實一直被這些符文字所環繞、它們編織、交錯、纏繞，最後形成了我們現實的結構、也譜寫出我們命運的詩歌，我們一直在不經意的運用著這股力量，只是我們從未透過不一樣的翻轉視角，來觀見我們身處之現實所隱藏的半身。

如果我們細心觀察，一條筆直的線，直直的朝向道路的遠方延伸而去，又或者是那些被長久矗立起來的支柱、電線桿，這些被固定起來、缺少變化、又或者是依循著固定模式運轉的事物，背後隱藏著「ᛁ（Isa）」的冰封凝結。

而人事地物既然有長久冰封凝滯的一面，也就會有轉變、開創、甚至是破壞性的一面，所以我們會看到這條筆直的路線突然迎來一個急轉彎，而矗立起來的支柱被從中間凹折，轉變倏地降臨，它是如火般猛烈的力量，我們可以在火炬之中看見這股力量的形象化，一端是我們手持的木材、另一端則是燃燒的火光，這轉換與變化的過程，將我們帶離穩定與安全，它必然伴隨著危險與傷痛，需要我們小心運用，而這背後就是「ᚲ（Kenaz）」的力量。

而我們的生命，就在這神霜與神火所形成的某種平衡之間，開始湧現、滋長、流動；象徵著水的符文「ᛚ（Laguz）」，它的字形總讓我聯想起冰柱溶解而滴落的水珠、山壁中湧現的汩汩泉源，而在我們的生活環境之中，總讓我聯想到為我們遮風擋雨的屋簷，雨水順著屋簷的傾斜角度流下，匯聚在地面上。

雨露與甘泉的滴落帶來淨化與光潔、也撫平傷痛、清除汙穢、滌除病厄，更重要的是，它的匯聚也倒映出反轉的世界，讓我們窺見不一樣的視角，因此它也是啟示與靈感，介於神霜與神火之間，是變化來臨之前的契機與預兆，讓我們把握機會而脫離僵固的狀態；也是溫和的包容、治療與再生，以應對劇烈變化所帶來的傷痕與病厄。

而另一個我們最常見的符文，我想就是箭頭，也就是「ᛏ（Tiwaz）」，無論是交通號誌、還是廣告的指示牌，當我們想指明某個確切的方向或目標時，我們就正在運用著 Tiwaz 的力量，有發現嗎？在 Tiwaz 上面同時暗藏著ᛁ（Isa）、ᚲ（Kenaz）、ᛚ（Laguz）。

Tiwaz 意味著藉由犧牲與承接，來統合矛盾與衝突，而使原先對立的力量，以柔韌靈活的流動變化，讓不同的力量極性各司其職，而為了自身的專注意志力服務，它讓原先的分歧凝聚為專一，藉此勇往直前，實踐我們的意願、開創未來的前路。

又或者有時候我們會遇到巨大的變動，例如：生活在台灣，我們有時會經歷地震或颱風，這一類大環境的變動，在那種情況下，我們會經歷規模巨大的阻礙與崩潰，猶如原先穩定與堅固的冰山坍塌碎裂、瓦解崩裂，然後傾瀉而下，這便是冰雹—— ᚺ（Hagalaz）的力量。

原先有形且堅硬如冰的事物，帶著火一般的動力，摧枯拉朽的摧毀它所波及的一切，但它卻也是帶來更新與代謝的過程，人事地物本來就不會一直永久持存，長久凝滯的型態必將迎來變動消融、而潛在未顯的力量也終將會有顯形落實的可能性，世界便是在這般的虛實轉換中不斷流變運轉，而學會與這樣的力量共存，將為我們帶來強韌與保護力，冰雹是種籽，在其中蘊含著神霜的形體、也潛藏著神火的能量。

又例如，是在我們的內在之中，也會有類似的力量，以較小的規模發生在我們個人的生命之中，就像在冰柱之中引燃的小小火苗，它開始破壞了冰柱的穩定與堅固，而帶來了不平衡的力量動態，在這個狀態之下，冰與火相互牽制影響，形成了束縛、阻礙、矛盾、延遲，這樣的力量就是「ᚾ（Nauthiz）」，它源自於我們開始不滿足於現狀，內在那股想望與需求之火在反覆拉扯、摩擦之下，如弓鑽點燃微小火苗的瞬間。

盧恩符文早已存在於我們所身處的現實之中，無論是朝向天空開展枝枒的樹木、還是尖銳的棘刺、交叉疊合在一起的合作結構、收藏隱匿著某物的肚大口窄的壺或甕、又或者是狀態即將收束終結，然後再度開展的黎明時刻、身懷六甲孕育著新生命的姿態⋯⋯等等。

同樣的，符文的刻印也會成為與我們意志相稱的潛在力量的載體，它橋接了虛實兩界，藉著這個窗口，我們在瞬息萬變且紊亂紛雜的現實情境之中，得以一直銘記與感觸到這股潛力，雖然我們無法去扭轉現有既定的因果，但可以從這一步開始，以自己的意志來選擇一個新的起因，來照料這顆小小種子，讓它結出我們所願的果實。

當然，我們都知道，盧恩符文隨著時空情境的變遷，而產生了許多不同之處，不管是字數、字形、發音甚或涵義，都有著各種微妙的歧異，甚至我們還可以看到盧恩符文以各種上下顛倒、左右反轉、鏡像結合、交織建構的形式呈現，這都意味著符文本身旺盛的生命力，隨著不同的時空情境、不同的感觸聯想、與不同的意志心願，而展現出不一樣的靈活姿態。

而為了要在我們的生命之中擁有足夠的洞察力，以辨識出這些蟄伏在我們現實之中的符文的聲與形，我們首先需要建立起盧恩符文的完整歷史知識，為此，作者在本書的第一部，為我們詳細闡述了盧恩符文的基礎概念與發展過程，包含盧恩所經歷的誤解與阻礙、以及當代的復興、與朝向未來的展望，亦收錄了三部盧恩詩，好讓我們可以穩穩的紮根於盧恩的歷史脈絡之上，從而進一步往前開展。

而本書的第二部更是精彩絕倫，作者以縝密的考究與開闊的眼界，帶我們領略盧恩符文的多元宇宙，從盧恩的宇宙觀、神學觀、一直到構成我們身心結構的精微體觀，讓我們看見盧恩的更多可能性，這會拓展、翻轉我們的眼界，讓我們體悟到這二十四個符文，並不只是存在於神話與書本之中、也不只是僅存在於特定的時空情境，而是以各種變體、類比與延伸，真實有力的存在於我們周遭的世界之中。

接著下一步，本書的第三部則是來到了解讀盧恩的環節，我們正式的踏入以盧恩符文所形構而成的命運網絡之中，在這個過程中，我們必須學會用自己的立場、經歷、思維、眼界、語彙、甚至是靈光一閃，來詮釋這一個個符文字，從而覓得屬於自己的符文字，譜寫出屬於自己的詩歌，誠如作者所言：「學習盧恩，其實就是等於學習認識自己。」透過我們自身的生命歷程，這些符文字的內涵，也將得到傳承、生長並煥發新生。

最後，我們將在本書的第四部，進入盧恩魔法的領域，我們於此不只是解讀出縈繞在自身周圍的符文字與潛在力量，更是試著以自己的意志力參與其中，以影響並改變世界，盧恩成為橋接個人與世界的媒介與窗口，微觀與宏觀的力量在不同的八度之間，藉由符文共振、聚焦、統合，符文與符文之間也以各種形式彼此連結，形構成偉大且緻密的命運之網，而我們並非只能被動的受其網羅——

藉著掌握自身的符文，我們得以銘記、理解、想像、進而觸類旁通，不致重蹈覆轍、積習難除，而是真正掌握自身的身心與命運，真正承擔起編織自身命運圖案、彰顯自身潛力與意志的責任。

「一個台灣巫師的影子書」版主／丹德萊恩

目錄
CONTENT

第三部：解讀盧恩

第四部：盧恩魔法

英文縮寫表

本書出現的所有古北歐語（古諾斯語）、古英語，以及其他古代語言的譯文，均出自作者本人之手。雖試圖戮力於取得詩意和直譯的平衡，但為使讀者正確理解，通常傾向以直譯方式呈現。因此有時會在譯文加上注釋。

B.C.E.……………………Before Common Era（＝B.C.）西元前

C.E……………………Common Era（＝A.D.）西元

Gmc.……………………Germanic 日耳曼語

Go.……………………Gothic 哥德語

MS（S）……………………Manuscript（s）手抄本

OE……………………Old English 古英語

OHG……………………Old High German 古高地德語

ON……………………Old Norse 古北歐語

pl. plural……………………複數形

sg. singular……………………單數形

致謝

感謝保羅・紐威爾（Paul Newell）、蜜雪兒・韋德（Mitchell Edwin Wade）、大衛・詹姆斯（David Bragwin James）、羅伯特・佐勒（Robert Zoller）、詹姆斯・齊澤姆（James Chisholm）、愛麗絲・羅茲（Alice Rhoades）、安東尼・魯卡（Anthony Looker）、伊安・里德（Ian Read）、英格麗・費契爾（Ingrid Fischer）、阿道夫和西格倫・施萊普弗（Adolf and Sigrun Schleipfer）、麥可・莫依尼漢（Michael Moynihan）、羅夫・特格邁爾（Ralph Tegtmeier）和麥可・阿基諾（Michael A. Aquino）。

自序

這本書結集了我作為一名研究者和實務盧恩魔法師身分，早期最受讀者歡迎，也最精要的一部分出版品。內容呈現的是盧恩文字知識當中最重要，也最精煉的部分。如果你對盧恩文字的興趣範圍很廣，從歷史資料到盧恩知識，以及盧恩文字在魔法上的實務應用都想涉獵，那麼這本書絕對值得你一讀。

在學習盧恩文字或其他任何一種內容廣博、文化上真實存在的魔法形式時，有四個主要層次的資訊和活動，是學習者必須要了解和參與的。這四個層次是：(1) 基本歷史知識；(2) 密傳或奧祕知識；(3) 解讀符號的知識；(4) 如何實際活用資訊。我們必須認識、理解、解讀，以及書寫關於這個系統的資訊。先將歷史知識內化和反思，發展出理論架構，然後根據這些思想來解讀或理解世界，最後一步是嘗試用該系統活用創造。這本書將以最基本和基礎的方式，引導盧恩學習者走過這四個階段。因此，我們將內容分為四大部分：歷史知識、隱密知識、解讀盧恩文字，以及盧恩魔法。

本書有許多內容是我早期書籍的重新整理付梓，我想藉此機會將早年內容做部分更新和增添，使它們更符合我目前的理解。我發現，「改動的部分」非常少，但有加入一些新的想法和資料，應該會對學習者有幫助。

創作這部新書的最大挑戰是：保留最初作品的基調和精神。早期作品都是寫作於二十世紀 1970 年代末期和 80 年代初期，書中確實有部分能量反映了我當時的人生發展階段。多年來，這股能量一直受到我最忠實的學生讚賞，因此我盡力將它保留在這本新書當中。經歷四十多年寫作生涯，很有趣的一件事情是，能夠看到存在於早期作品中的不同寫作基調和能量，它們沒有像後來的新書那樣被精煉和萃取過，但這股能量，正像自家私釀烈酒，捨棄難免可惜。

艾德瑞得・索森

寫於 伍德哈羅學院

2018.3.20

導言

長久以來，我們始終居住於我們內在守護神看守的境門之外。我們並沒有因為某些無可逆轉的越境行為，被我們的神驅逐出祂們的知識境外，反倒是，我們自己選擇背棄了祂們的真理。我們還是可以再次回頭，正視祂們光彩耀人的力量——前提是，我們必須知道這條回程的路徑要怎麼走。而那些路徑，就是盧恩文字——我們道路上的奧祕之寶——以及通往其隱密境域的鑰匙。

本書由四大部分組成，包括：盧恩文字的歷史知識和隱密知識、如何解讀盧恩文字的知識，以及如何將盧恩融入世界結構紋理中的知識。整體來說，這本書就是一條完整路程，旨在認識盧恩文字以學會如何活用。一開始，先學習有關古代盧恩文字的歷史和客觀知識。本書第一部分就是盧恩知識的簡要整理介紹。先掌握基礎知識，才能進一步踏入祖先們的符號、宇宙和心理世界，沉思更深的奧祕知識。第二階段，盧恩學習者（runer，或稱盧恩人。譯注：本書提到的 runer，廣義來說是指學習所有盧恩知識、實踐奧丁信仰之道的人，統稱為「盧恩人」，中文翻譯將視內文前後脈絡，譯為盧恩學習者、盧恩學人、盧恩實踐者或盧恩魔法師）將進入一個新的意識層次，去認識身邊周遭的象徵符號世界，以及它的起源和用途。接下來是解讀盧恩字符：除了學習各種占卜形式外，也要求盧恩學習者與盧恩字符互動，並在實際生活中主動將盧恩文字活用出來。幼兒在學會說話之前，已能明白話語的含義。在學會書寫之前，須先學會閱讀。被動技能比起主動技能相對上更容易運用；被動技能也比較不會招致可能的負面影響或「意想不到的後果」。大家都知道，魔法很有效、效果很快——在魔法師還沒來得及培養出必要生活技能來應付那個效果之前，魔法就生效了。因此，學習正確解讀盧恩，是平衡發展很重要的一步。盧恩人一旦掌握盧恩的解讀要領，接下來就是將它積極寫入或編入宇宙的基本架構中。基礎先打穩，成效才更容易掌握。

古早時候，我們似乎犯了一個錯誤。我們捨棄了自己神明的智慧——其過程當然是緩慢演進的，而且也不是完全棄絕，但畢竟我們還是捨棄了。沒有什麼神奇的「解藥」可以一夕之間扭轉這種棄絕，我們不會從奧丁大神那裡得到任何「現成的恩典」！唯有靠我們自己努力，才能重新拾回古早之前丟失的知識。這本書裡所有的努力，都是為了獻給這項艱鉅而崇高的任務。

我們因早年犯下的錯誤而失去許多，但近年來，由於一些目光短淺的北歐舊教「復興運動」的誤導，我們又失去了更多。那些「所謂的」宗教復興運動者，一次又一次拒絕神祕學大師的超時空正向洞見，轉而去支持那些短暫的、局限性的負面意識形態。我們反抗的人或事無法定義我們；我們支持的那些人和事，才能定義我們是誰。我們最重要的工作之一，就是協助塑造一個哲學基礎，讓那個不受時空限制的正見得以成長茁壯，並且自己以身作則，從內在去征服世界。改變世界之前，個人必須先改變。

在二十世紀和二十一世紀，盧恩文字經常出現在一些看似為政治服務的場合。包括從納粹時代，到1960年代的「和平標誌」，再到近年右翼團體的符號徽章。盧恩文字是古代文化最早也最重要的神聖符號，它具有永恆的價值和意義。而這個永恆意義，正是當今盧恩人致力想要在自己生命中活出來的。因此，我們堅決反對將這些古老符號當成人質，介入政治和美德符號的爭論中。盧恩文字的力量非常強大，它們必須為它來到這世界的目的而服務。

盧恩文字以及它蘊含的意識形態，用途非常寬廣，無論是「直接」使用魔法，或是用在其他智性知識途徑，目的非常多樣。在魔法領域，盧恩字符經常被用來協助個人成長轉化、拓展覺知意識、開發通靈能力、療癒、探尋命運，以及根據內在意志塑造外部環境等。

在智性知識領域，本書前幾章的主題（盧恩傳說和盧恩智慧），可作為一種心理精神架構，發展出以不受時空限制之模式為基礎、以有力之中介語言（meta-language，或稱元語言）作為表達方式的新興哲學。很多「文化傳統」都曾嘗試要構建這樣一種有效的中介語言，讓它擁有既精準又帶有意義的美麗語法，但最後都失敗了——比如基督教和伊斯蘭教，以及它們的文化變體。之所以失敗，大概都是因為人為體系本身存在的弱點所致。如果你能實際運用盧恩文字系統，讓它成為你生活的一部分，你就等於送給自己一份別人無法給你的禮物：這份知識，既擁有你自己的獨特個性，又同時屬於整體的一部分。這時，盧恩文字就可以作為一種語言來使用，你可以用它跟自己內在的各個面向「對話」，同時又能將這份知識傳遞給他人（對於真正認識盧恩文字的人來說，用它來跟別人溝通，是一項艱難但必要的考驗）。然後，這份認識就會被提升到新的層次，你可以憑藉自己的意志來活用它，進而為世界帶來改變。

我們不僅必須像古人那樣了解盧恩（而且這只是最初步階段），我們還必須對它有新的認識。正如它改變了我們，我們對它的理解也必定有所改變。從過去、現在到未來，盧恩不斷在變化，而且始終渴望改變。因此，那些只想強化個人偏見、對於盧恩文字中蘊含的質變力量毫無興趣，甚至感到恐懼的人，我們應該要對他們保持戒心。盧恩闡述的是一條形變之路，而非一座正義高塔。

所有「值得」探知之奧祕，必然都是難以破解的頑固謎團（且其中含藏極高的惡作劇成分）。它們往往將自己包藏在一個謎語當中，但透過謎語透露的訊息，卻比用清晰語言表露的還要多。它們的性格不帶半點恩慈，傳授它們的大師更不可能對你施恩。但這是必然。若有人持不同說法，那人必定是鬼話連篇的假道士——因為他會告訴你，那個奧祕只能靠別人賞賜。但身為奧丁信徒的我們都很清楚，真正的智慧必須靠人類自己的意志來贏得。這股意志力及其伴隨的人類覺知意識，才是唯一貨真價實的「禮物」——它是早在人類誕生到搖籃之前即已鑄好的一把劍。唯有憑靠這把劍，我們方能在此世間路上贏得勝利。

編寫這本書的目的在於，結合盧恩研究與古日耳曼宗教歷史的最新和最優異學術成果，提升讀者的塑造力與想像力，將盧恩做有效運用。書中列舉了許多詳細歷史資料，包括古代盧恩傳統的演變發展，以及盧恩字符（runestaves）在古早時代的使用方式等。將這些史料與盧恩本身的奧祕本質相結合，並深入天體演化論、宇宙學、數字學、心理學（靈魂學），以及神學等奧義領域，實際將盧恩知識予以活用，一方面用它作為解釋吾人生命奧祕的工具，一方面讓它成為一種技藝，在我們生活的世界中刻寫我們自己的意志願望。期盼本書蘊藏的深奧盧恩知識能為你打開一條路，除了更加了解盧恩的寬廣面向，也幫助你喚醒沉睡於其中的偉大神靈。此刻，它的聲音或許只如細語，但憑藉意志和技藝，我們會將它喚醒，其聲將成一記有力的洪鐘——而我們對它的真實理解，將更勝以往任何時候。

第一部

歷史知識

HISTORICAL LORE

第1章

古弗薩克盧恩

ELDER RUNES

（至西元800年）

本章的主旨在於，為盧恩學習者提供一個基礎歷史梗概，了解從最古早時代到西元800年左右（或維京時代開始前），盧恩文字的歷史演變和發展，同時也涵蓋此時期之後的一部分古英語和弗里西亞傳統（Frisian，或譯菲士蘭）。任何想要深入研究盧恩文字的人，都必須對其歷史背景先有基本了解。這部分討論提供的是屬於「地基」部分的知識；若想建造出一棟高樓大廈，則需進一步閱讀其他研究史料。本書第一部章節所提供的資訊，大多是從盧恩學（runology）的相關學術著作蒐集而來（詳見書末「參考書目」）。這些公開流傳的民間史料和解釋，可作為入門知識，引導盧恩學習者繼續深入本書後面章節所闡述的盧恩智慧之堂奧。

盧恩一詞

盧恩（Rune）一詞，最常見的定義是「古日耳曼民族使用之字母表（alphabet）當中的一種字母（letters）」。這個定義其實是長期歷史發展得來的結論，但如果我們了解盧恩文字的整個歷史演變，就會知道這樣的定義有多麼不完整。實際上，這些「字母」並不只是作為一種語言的表聲符號而已。它們其實是真正的「奧祕」（mysteries），是真實的「宇宙祕密」，任何長期致力研究盧恩的人，一定都會發現這個事實。

Rune 這個字只出現在日耳曼語系和凱爾特語系中。它的詞源並不是那麼確定。可能的詞源有兩個：(1) 來自原始印歐語（Proto-Indo-European）*reu-（意思是咆哮聲和耳語），顯示出盧恩和魔法咒語的聲音表現有關聯；(2) 來自原始印歐語 *gwor-w-on-*，顯示盧恩與希臘天神烏拉諾斯（Ouranos）及印度教天神婆羅那（Varuna）有關聯，它代表盧恩文字的「魔法約束」（magical binding）意涵。這也是奧丁神的功能屬性之一。因此，盧恩這個詞很可能從一開始就帶有「奧祕知識」的本質意涵在內。

不管怎麼說，可以確定的是，它是從日耳曼語和凱爾特語的詞根 *runo-* 演變出各個日耳曼語系語言。從它帶有豐富意涵的共通屬性可以清楚看到，這個字在技術意義上非常古老。幾個主要的日耳曼語支當中都可找到這個字的字根（參見表1.1）。從這張表我們清楚看到，「Rune」是一個非常古老的在地原生字，而且它最古老的含義是屬於抽象概念（奧祕）領域，而不是一種具象符號（字母）。「字母」的定義嚴格來說是次要的，它的主要含義必定帶有「神祕意涵」。

這個字根也出現在凱爾特語言中，比如古愛爾蘭語當中的 *rūn*（意思就是奧祕或祕密），以及中古威爾斯語 *rhin*（奧祕／謎）。有部分人認為，這個字根是日耳曼語借用了凱爾特語而來。但有更多人持相反觀點，因為日耳曼語的使用其實更為強勢、更為廣泛，而且含義更豐富多樣。另一種可能是，它是這兩種印歐語言的共用字根，並不存在嚴格意義上的借用問題。很可能這個字也是以 *runo*（「一首詩歌」，或指芬蘭民族史詩《卡列瓦拉》〔*Kalevala*〕的一個詩篇）之形式，從日耳曼語借入芬蘭語，但是芬蘭語的 *runo* 這個字，實際上可能來自另一個日耳曼語詞，意思是「行」（row）或「系列」（series）。

同源語	文字寫法	含義
古北歐語	*rūn*	祕密、祕傳知識、智慧；魔法符碼；書寫字符
哥德語	*rūna*	祕密、神祕儀式
古英語	*rūn*	奧祕、祕密勸告
古薩克遜語	*Rūna*	奧祕、祕密
古高地德語	*rūna*	奧祕、祕密

表 1.1. rune 一字在日耳曼語系中的定義

雖然 rune 這個字明顯來自日耳曼語系，但現代英語裡面的 rune 這個字，其實並不是從古英語 *rūn* 直接演變而來，而是借自十七世紀的學術拉丁語詞 *runa*（形容詞是 *runicus*），而這個字其實是借自斯堪地那維亞語言（Scandinavian languages）。

盧恩（rune）這個字在奧丁信仰中的定義相當複雜，而且是以它最古老的潛在意涵為基礎，也就是說，它是一種神祕、典型的祕傳知識。它們是屬於客觀（非個人層次）的模式，是多重宇宙之物質／非物質的根基，也是構成宇宙存在體／非存在體的基礎。每一個盧恩字母至少都可從三個層面來進行分析：

- 字形／Form（表意符號和音素）
- 概念／Idea（象徵內容）
- 數值／Number（動能質性、與其他盧恩字符的關聯）

凡有盧恩字符之處，就如傳授盧恩字符的導師奧丁親身臨在，一切事物皆可被辨認——當然也可被消抹。因此，只要是用「世俗／非宗教的」（profane）語言做出的定義，必定是不充分且不完整的。

在這本書中，舉凡出現盧恩（rune）一詞，讀者都應當從這個綜合角度來思考它；但如果是使用專有名詞「盧恩字符」（runestave，盧恩字母、盧恩線譜）或單純只寫「字符」（stave，線譜、木籤）」，那就是把它們當作實體字母或字符記號來討論。

古早盧恩史

盧恩字符（runestaves）的系統性使用，至少可追溯到西元50年（也就是梅爾多夫飾針〔Meldorf brooch〕的大約年代）。然而，建構出這個字符系統的深層傳統和潛在架構，卻無法用純粹的歷史術語來討論——因為它跟歷史無關。

從本質上來說，盧恩文字系統的歷史橫跨四個時期：(1) 古弗薩克時期（the elder period），大約從西元一世紀到西元800年左右；(2) 後弗薩克時期（the younger period），大約到西元1100年為止（這兩個時期說明了不同的盧恩文字傳統擁有一致連貫的符號）；(3) 中世紀時期（the middle period），是一個漫長且截然不同的發展階段，見證了外在傳統的衰微，並開始沉入無意識的領域；最後是 (4) 重生時期（the periods of rebirth）。儘管在斯堪地那維亞半島偏遠地區，盧恩文字的使用傳統仍然延續，未曾中斷（但已遭到嚴重破壞），大部分跟奧祕層次有關的盧恩創作，都是在大約1600年之後的復興主義學派中誕生的。

可能有人會說，對於想要探究盧恩文字本身的超時空意涵、深入與歷史無關之盧恩原型實相的人來說，盧恩的歷史研究根本沒有必要，甚至是有害的。但這樣的論點有其缺陷。正確了解歷史知識是必要的，若要讓盧恩從無意識領域重生，需要意識層面的工具；現代盧恩研究者必須去認識跟意識頭腦層面有關的不同架構起源。唯有在這樣的背景脈絡下，盧恩才能真正從沃土中重生。盧恩使用者必須確實掌握盧恩傳統的發展歷史，才可能讓盧恩再次誕生。因為，如果沒有根，枝幹就會枯萎死亡。此外，對客觀資料（在這裡是指盧恩歷史傳統）的分析觀察和理性解釋，正是培養盧恩工藝大師和盧恩魔法師的重要基礎。如果一個系統不是植根於客觀傳統，許多錯誤元素就很容易進入實踐者的思維中。清晰和精確是內在成長的珍貴工具。

盧恩的起源

既然盧恩（的奧祕意涵）與歷史無關，它們也必然沒有一個最終極的起源——它們是永恆的、不受時空限制的。因此，當我們說到「盧恩的起源」，我們主要談的是「弗薩克字符系統」（futhark stave system）的起源。

原型面向的盧恩起源，我們會在稍後討論。或許可以這樣說，盧恩在進入到我們的認知概念之前，已經穿越過好幾道門，而且早已在各個不同世界裡經歷許多「起源點」。

關於弗薩克系統的歷史起源，以及它作為日耳曼語系書寫形式的使用，理論非常多。主要可分為四大理論：拉丁理論、希臘理論、古義大利字母（或伊特拉斯坎）理論，以及本土原生理論。多年來，許多學者各有自己認同的理論和見解；雖然近幾年已整合出一個堪稱合理的論述，但在學術領域上仍存在不少爭議。

拉丁或羅馬理論（the Latin or Roman theory）是韋默（L. F. A. Wimmer）在1874年首次提出的科學論述。堅持此假設的人認為，隨著日耳曼民族與羅馬文化的接觸日漸密切（早在西元前二世紀，來自北方日德蘭半島的辛布里人和條頓人即已開始南侵），多瑙河（卡農圖姆）和萊茵河（科隆、特里爾等地）沿岸的日耳曼人便開始採用羅馬字母。沿著貿易路線，此系統一路從南部地區迅速往北傳播到斯堪地那維亞半島，接著向東傳播。後面這一步是確定的，因為弗薩克字母的最古老文物證據，並不是在羅馬帝國邊境及其勢力範圍區域發現的，而是在遙遠北邊和東邊區域的日耳曼尼亞發現的（譯注：日耳曼尼亞〔Germania〕，古代歐洲地名，大約位於萊茵河以東、多瑙河以北，不受羅馬帝國統治的區域）。此理論所主張的貿易路線概念大致上並無問題，因為這些路線早在更古早時代就已經建立。例如，位於現今希臘境內，大約西元前1400-1150年建造的邁錫尼文明墓（Mycenaean tombs），遺址裡就發現了來自波羅的海和日德蘭半島的琥珀。最近，艾瑞克．莫爾特克（Erik Moltke）更提出一個論述，認為弗薩克起源於丹麥地區，而且是以羅馬字母表為基礎發展出來的。

此一理論至今仍有不少人擁護，而且它的某些論述（稍後我們會討論）確實顯示其對未來產生了重要影響。無論如何，在大約西元前200年至西元400年期間，由羅馬人帶到日耳曼民族邊境地區的文化元素，其影響力絕不能被低估。

在討論這些理論時，有一件事必須謹記在心：我們討論的，是日耳曼民族中與盧恩傳統相關的語音系統（字母表）書寫概念的起源，而不是盧恩的深層奧祕系統或這個傳統本身的起源。

希臘理論（The Greek theory）由索菲斯．巴格（Sophus Bugge）於1899年首次提出，主要是往東尋找盧恩文字書寫系統的起源。此論述認為，哥德人在黑海沿岸與希臘文化接觸期間，採用了希臘字母的一個版本，並從那裡傳回哥德人的斯堪地那維亞故鄉。不過，這個理論有一個重大問題，因為哥德人與希臘的接觸不可能早於西元200年，但是當今發現最古老的盧恩銘文卻可追溯到那個時間點之前。因此，大多數學者早已放棄此一理論。若要採用這個假說，那就先得證明這兩種文化之間的聯繫時間要比西元200年更早，但至今並沒有相關文物記錄存在。要證明這個論述，需要對此區域進行更多研究才行。另外一種可能是，希臘文化的概念雖然沒有在盧恩文字的起源上扮演任何一個角色，但很可能對於傳統系統的某些元素之形成，發揮了重要作用。

古義大利字母或伊特拉斯坎理論（The North-Italic or Etruscan theory）最初是由挪威語言學家卡爾．馬斯特蘭德（C. J. S. Marstrander）於1928年提出，隨後由德國語言學家沃爾夫岡．克勞斯（Wolfgang Krause）等人於1937年進一步提出修正。從歷史角度來看，此理論假設，住在阿爾卑斯山的日耳曼民族，在相對較早的時期（可能約莫西元前300年左右）採用了古義大利字母，當時辛布里人（Cimbri）接觸到這個文字系統，並將它傳給勢力強大的蘇維匯人（Suevi，或稱Suebi〔蘇維比人〕），之後迅速在萊茵河流域傳播開來，並沿著北海海岸傳到日德蘭半島及更偏遠地方。這個論述相當合理，歷史上沒有任何異議，除了一個史實：這個最初的接觸，是發生在我們目前找到的實際盧恩銘文記錄之前大約三、四百年。

事實上，用古義大利字母來書寫日耳曼語言有一個經典實例，就是著名的「內高頭盔」（helmet of Negau，年代約莫西元前300年）。圖1.1的銘文，要從右向左讀。

這句銘文寫著 *Harigasti teiwai*，翻譯出來就是「獻給哈里加斯特（奧丁）大神」（to the god Harigast (Odin)），或是「兵團之客（與）提爾大神」（Harigastiz (and) Teiwaz!）。

圖 1.1. 內高頭盔上的銘文

無論哪一種翻譯，銘文前兩個字的根本含義都很清楚，就是 Harigastiz（兵團的客人）和 Teiwaz（提爾大神）。在後來的時代，人們經常用這類別名來稱呼奧丁，這句銘文很可能是早期的一個例證。此外，這也是這兩位日耳曼主神被相提並論的一個古早證據（詳見第13章）。

從內高銘文可以看出，上面的文字與盧恩字符有著緊密的正式對應關係；不過，某些音素應該已經改變。沒有一套伊特拉斯坎字母表能夠完整對應所有弗薩克。最近，一位神祕學作家為盧恩歷史添加了一個不當的注解，在他的兩本著作當中，用一套伊特拉斯坎文字來表示「盧恩字母表」。這可能會讓那些想要解開盧恩奧祕之謎的人更感困惑，實在令人遺憾。

盧恩是純粹本土原生的日耳曼文字，這個觀點最早出現於十九世紀末，並在納粹德國時代廣為流傳。此理論認為，盧恩是古代日耳曼人發明的，甚至是腓尼基字母和希臘字母表的基礎。這個假設無法得到證實，因為最古老的盧恩銘文最早可追溯到西元一世紀，而最古老的腓尼基銘文卻可追溯到西元前十三和十二世紀。麥耶爾（R. M. Meyer）於1896年首次闡述此一理論時，是將盧恩看作一種原始的表意字符（後來被誤稱為「象形圖文」）書寫系統，後來才發展為「截頭表音字母系統」（alphabetic system acrophonetically，也就是將字母名字的第一音附於表意字符上）。這種說法，從某方面來說或許沒有錯：日耳曼民族似乎原本就有自己的一套表意字符系統，但並沒有用它作為書寫系統，本土原生理論正是在這裡出現歧見。表意字符系統影響了盧恩字符的字形和音素選擇，這是很有可能的。

從目前找到的文物證據來看，最合理的結論是：盧恩字符系統是歷經繁複發展的一個結果，其演化過程中，本土原生的表意文字與符號系統，以及地中海字母書寫系統，皆同時扮演了重要角色。表意字符（ideographs，或稱意符）很可能是盧恩文字的前身（也因此每個盧恩字母都有一個自己的名字），而盧恩系統的原始雛形（順序、數值等）也可在一些本土魔法符號學當中看到。

關於原始盧恩文字符號系統，目前我們所掌握到的其中一個可能證據，是出現在塔西佗（Tacitus）的《日耳曼尼亞誌》（*Germania*，年代約在西元98年）第10章，當中他提到日耳曼人的占卜儀式，會使用刻有某些記號（notae）的木籤。雖然近來因為梅爾多夫飾針的出土，而將盧恩銘文的最古老記錄往前推到比塔西佗的《日耳曼尼亞誌》還要更早，但這些記錄依然可以代表弗薩克之外的某個符號系統。總之，可以確定的是，以這類符號作為書寫系統，以及選擇某些符號來代表特定聲音，這樣的概念確實是受到南方文化的影響。

最後結論，最可能的一種情況是，盧恩文字是源於拉丁字母。當時羅馬和日耳曼尼亞之間的經濟和文化交流，遠比人們想像的還要活躍。整個過程當中最有趣的是，日耳曼人並沒有像其他民族那樣，將拉丁文字整個照單全收，並以它作為實際書寫方法，而是用各種方式對它徹底改造，讓它成為日耳曼民族獨特世界觀的一部分。正是這個無可爭議的明顯事實，讓許多人得出這樣的理性結論：盧恩確實攜帶著某種「神祕知識」在裡面。它們是蘊含奧祕文化祕密的符碼。

這個說法也為盧恩的通俗知識面（exoteric sciences）作出了總結。但是關於盧恩起源的奧祕面向（esoteric aspects）呢？如前所述，盧恩本身沒有起點，也沒有終點；它們是存在於多重宇宙實體當中的永恆模式，而且無處不在，遍存於不同世界中。而我們可以談的部分，是人類意識世界當中的盧恩起源（事實上，這也是我們在談論任何事物之「起源」時，唯一可談的部分）。

要解開盧恩的奧祕面起源，我們必須回到《老埃達》（也就是《詩體埃達》，*Elder* or *Poetic Edda*），以及〈至高者箴言錄〉（*Hávamál*，或譯為〈哈瓦瑪爾〉）這部神聖盧恩詩的第138-165節，也就是〈奧丁盧恩頌〉（*Rúnatals Tháttr Ódhins*，詳見第8章）。在這些詩節當中，奧丁回憶他以自我獻祭形式倒吊於尤格德拉希爾（Yggdrasill）世界樹，最終得到盧恩啟蒙的過程：他下降到亡者冥界，不吃不喝度過九夜，最後靈光乍現，領受了盧恩本身的多重宇宙祕密。之後他從冥界返回，開始向某些追隨者傳授盧恩知識，將更廣大的意識、智慧、魔法、詩歌，以及啟發帶給中土米加德（Midhgardhr）的人類——同時也帶到其他各個不同世界。這就是盧恩啟蒙大師奧丁的主要工作。

奧丁（Odin）這個名字的字源，給了我們一把鑰匙，幫我們解開了盧恩的「靈性面」含義。Odin 這個字源自原始日耳曼語 *Wōdh-an-az*。*Wōdh-* 是受啟發的精神活動或熱情，*-an-* 這個中綴字代表某物的主人或掌管者，*-az* 單純是文法上的結尾字。這個名字也被解譯為「*wōdh* 靈性法則的純粹神格化」。有關奧丁神學的更多詳細資訊，請閱讀第13章。

奧丁這位人物，就跟盧恩字符一樣，佇立於我們內在意識／無意識邊界的那道門上。奧丁是無意識與超意識跟意識層界的溝通者，他／它填滿這些機能的全部「空間」。身為人類，我們是擁有覺知意識的存在體，但又非常渴望能與隱密世界以及我們自身的隱密面向溝通，並獲啟示。奧丁這個形象，就是此人性最深層面向的原型，他如同橋梁，將各個不同世界連結起來，在一奧祕知識——盧恩之網絡中。

因此，從奧祕意義上來說，盧恩是透過這位深植於其信徒意識中的全能大神之原型，而從人類意識中誕生。對我們而言，盧恩與覺知意識是同時誕生的。但必須牢記一件事，盧恩本身並不受它（也就是我們）之命令掌控。奧丁可以被毀滅，但由於他深入意識底層獲取盧恩奧祕的這個基本模式假設（倒吊於世界樹而得到啟蒙），那個「毀滅」也因此成為轉化與重生之路。

古弗薩克時代

之前提過，目前為止發現的最古老盧恩銘文是梅爾多夫飾針（來自日德蘭半島西岸），歷史可追溯到西元一世紀中葉。從這個時間點開始，盧恩就形成了一個連續無間斷的傳統，延續超過一千年，此一偉大傳統之歷史，大約在中間點時期發生了重大形式轉變，也就是在西元七世紀初，從古弗薩克（Elder Futhark）演變為後弗薩克（Younger Futhark）。但在一些較保守的內飛地（enclave，譯注：某個國家境內有塊土地，其主權屬於另外一個國家，則該地區稱為此國家的內飛地）境內仍使用古弗薩克系統，一直到西元800年左右，而且某些隱密傳統裡面也持續在使用。

古弗薩克系統由二十四個盧恩字符組成，並依照一定順序排列（參見本書附錄I「盧恩字母表」之表1）。這個排列順序有兩處有時會有對調的情形，但這顯然也是系統本身的一部分。第十三和第十四個字符 :ᛇ: 和 :ᛈ: 位置有時會對調；第二十三和第二十四個字符 :ᛞ: 和 :ᛟ: 也是。值得注意的是，這兩組會發生位置對調的字符，剛好是在全部二十四個字符的正中間和最末尾。

到西元250年，在日耳曼民族占領過的所有歐洲領土都有銘文出土。這表示，此書寫系統的傳播是系統性的，遍及數百個社會政治群體（氏族、宗親、部落等），而且可能是沿著早前即存在的傳統信仰網絡在傳播。以古弗薩克書寫的銘文物件大約僅有三百件（此外也可再加上大約 250 件刻有盧恩字符的金幣墜飾）。目前存留的這些物件，大概只占古代銘文總數的一小部分而已。大多數物件都是用易腐壞的材料做成的，比如木頭和骨頭（這也是盧恩雕刻大師最喜歡使用的材料），因此很多早已腐爛。現存最古老的銘文大多都是金屬材質銘文，其中有些甚至做得相當精緻，技術相當成熟。倒是用黃金做成的物件，大部分都在後來幾個世紀當中被熔毀了。

在最古早時代，盧恩文字通常被刻在「可隨身攜帶之物件」（mobile objects）。也因此，從發現銘文物件的地點，幾乎無法判斷這些物件到底是在哪裡雕刻製作的。日德蘭半島東岸和丹麥群島沼澤地帶發現的古物件（大部分製作於西元200年左右），很清楚說明了這個問題。那些刻有盧恩字符的物件，是當地居民在擊敗來自遠東的入侵者後，用來獻祭供奉用的。也就是說，那些盧恩文字，是入侵者在當今瑞典的某個地方所刻，而不是這些物件被發現之地的在地居民所刻。由此情況來看，在大約西元200年之前，盧恩文字似乎只流行於現今丹麥、什勒斯維希－霍爾斯坦（Schleswig-Holstein，譯注：位於日德蘭半島南部和北德低地的北部）、瑞典南部（可能包括厄蘭島和哥特蘭島），以及挪威東南邊。隨著北日耳曼和東日耳曼民族向東和向南擴展，他們也將盧恩文字帶到這些地區，因此在今天的波蘭、俄羅斯、羅馬尼亞、匈牙利和南斯拉夫等地，都有發現散落的盧恩銘文。盧恩文字傳統在斯堪地那維亞半島一直延續到中世紀末期。斯堪地那維亞傳統最著名的古文物之一就是金幣墜飾（bracteates），是一種刻有象徵性象形圖文的金幣墜飾，通常作為護符之用，大約是在西元450年至550年間，出現於丹麥和瑞典南部（參見第33頁圖1.6）。另外兩個源頭相同、但不同發展路線的文字傳統是盎格魯－弗里西亞盧恩（Anglo-Frisian runes，大約西元450年至1100年在英格蘭和弗里西亞地區使用），以及南日耳曼盧恩（South Germanic runes，實際上與北日耳曼弗薩克相同，大約西元550年至750年間，在德國中部和南部，以及現今瑞士和奧地利部分地區使用）。

弗薩克銘文

以下是七個古代盧恩銘文的實例，可看到上面刻著弗薩克，有些完整、有些破碎。按照年代順序排列，請見第29頁圖1.2。

基維爾之石（The Kylver stone，來自一座墓穴內部），與後來發現的盧恩手抄本物證相互比對，可以看到最後兩個盧恩字符的原始順序是D-O（譯注：ᛞ-ᛟ），而且葛倫潘（Grumpan）和瓦斯泰納（Vadstena）金幣墜飾上面的盧恩字符本身就是原始設計的一部分。不過，基維爾之石的第十三和第十四個盧恩字符順序是顛倒過來的P-EI（譯注：ᛈ-ᛇ），而不是一般常見的EI-P（譯注：ᛇ-ᛈ）順序。博希特飾針（The Beuchte brooch）只有五個弗薩克，依順序刻在飾針背面，後面是兩個字是表意盧恩——:ᛉ: elhaz和:ᛃ: jera——代表保護和好運。在布雷札大理石柱上（拜占庭教堂廢墟碎片，可能是由哥德人所刻），我們發現這塊弗薩克碎片在L字符（譯注：ᛚ）後面斷掉了，而且B字符（譯注：ᛒ）不見了。查奈飾針（The Charnay brooch）也是碎片，但它似乎是用於魔法目的。阿昆庫姆飾針（The brooch of Aquincum）上面則刻著弗薩克字符的第一個族（aett），與之相關的討論，請參閱第7章和第9章）

古大陸和斯堪地那維亞銘文探查

要了解盧恩文字的演變史，最便捷的方法就是，依照年代順序研究各種刻有盧恩字符的物體或物件。一般來說，盧恩字符會刻在兩類物件上：(1) 非固定式、可移動的物件（比如珠寶、武器等），這類物件通常它的製作地點和發現地點可能相距數百或數千英里之遠；(2) 固定式、不可移動的物件（比如石頭），有些是根本不能移動，或至少無法移動太遠。

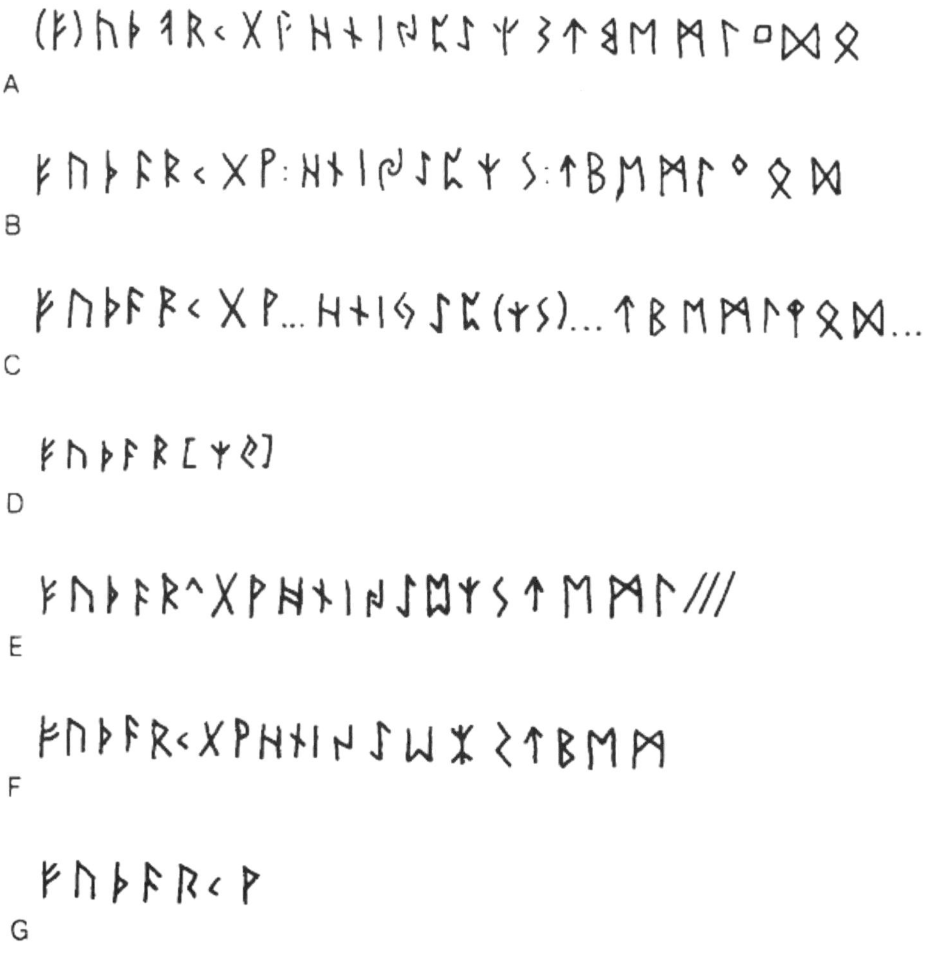

圖 1.2. 古弗薩克銘文：A. 基維爾之石（Kylver stone），約西元400年；B. 瓦斯泰納／莫塔拉金幣墜飾（Vadstena / Motala bracteates），約西元450-550年；C. 葛倫潘金幣墜飾（Grumpan bracteate），約西元450-550年；D. 博希特飾針（Beuchte fibula），約西元450-550年；E. 布雷札大理石柱（The marble column of Breza），約西元550年；F. 查奈飾針（Charnay fibula），約西元550-600年；G. 阿昆庫姆飾針（Aquincum fibula），約西元550年

可移動式物件

我們發現，盧恩文字經常被刻在各種物件上，比如：武器（劍、矛頭和軸、盾牌凸面）、飾針（胸針、別針）、護符（由木頭、石頭和骨頭製成）、各式工具、梳子、戒指、牛角酒杯、盒子、黃金薄片（金幣墜飾）、扣環，以及安裝在皮革或木頭上的金屬配件。其中大多數都帶有魔法功能。

刻有盧恩文字的長矛矛頭，是印歐人最古老的魔法信仰傳統之一，也是目前所發現最古老的盧恩銘文之一。在梅爾多夫飾針被發現之前，挪威的厄弗雷－桑塔布（Øvre Stabu）矛頭一直是最古老的盧恩文物（年代大約是西元150年）。在哥特蘭島發現的穆斯矛頭，可追溯到西元200年至250年。再往南和往東，我們還發現了科維爾（Kovel）、羅茲瓦多夫（Rozvadov）和達姆斯多夫（Dahmsdorf）矛頭（年代都大約是西元250年）。還有伍爾姆林根矛頭（blade of Wurmlingen），年代則是晚很多（約西元600年）。

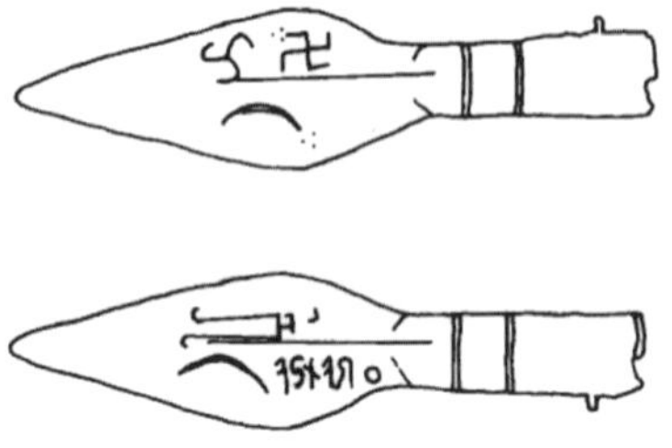

圖 1.3. 達姆斯多夫矛頭

除了由一位農民挖出的科維爾矛頭和伍爾姆林根矛頭之外，其他都是在火葬骨灰墓穴中被發現的。伍爾姆林根矛頭則是來自一座土葬墳墓。不過，從骨灰墓穴中發現的這些矛頭，其主要功能並不是作為陪葬物，而是很可能原本就是該部族的魔法用途寶物，後來跟著部族酋長一起燒掉和／或埋葬。古日耳曼的戰士信仰傳統中，長矛帶有魔法用途乃是眾所周知。開戰前，先將長矛投擲到敵陣中，這個動作代表將敵人「獻給」奧丁，也就是將敵人獻祭給神。《詩體埃達》第一篇〈女先知預言〉（*Völuspá*）第24節，就有描述到奧丁以擲出長矛來發動戰事的情節：

奧丁將他的長矛
擲向敵人

薩迦傳奇故事中也經常看到這類描述。

達姆斯多夫矛頭就是這類強大護符的一個實例。不過，1865年在開挖火車站地基時發現的這塊古代矛頭，現在已經遺失。達姆斯多夫矛頭是鐵製矛頭，上面鑲有銀飾圖案，製作地點可能是在勃艮第。這個矛頭相當特別，除了刻有盧恩文字之外，還刻了許多其他符號，請見圖1.3。在刻有盧恩文字的那一面，我們還看到一個新月圖案，一個塔木加圖案（*tamga*，可能是薩馬提亞人的魔法符號）；背面則刻了一個三曲臂圖（trifos）、一個卍字太陽輪（swastika），以及另一個新月。那行盧恩銘文由右向左讀是*Ranja*。也就是這根長矛的魔法名字（作為代名詞）。這個字來自動詞*rinnan*（to run，奔跑），意思是runner（奔跑的人）。從魔法意義來說，其作用是「衝破敵陣」並將敵人消滅。

飾針（胸針）是一種用來固定男女斗篷或外衣的東西，從遠古時代就已開始使用（參閱《日耳曼尼亞誌》第17章）。它是非常私人的物品，相當適合盧恩大師拿來製作護符。此類型的十二件重要銘文（年代大約從二世紀末至六世紀），其中大多數都帶有明確的魔法功能。其中六件銘文有「盧恩大師魔法咒式」（runemaster formula），上面還刻著盧恩大師的魔法名字。其魔法功能通常是用來祈求好運（主動性），或是作為一種具有被動性保護作用的護符。

維爾羅塞飾針（brooch of Værløse）就是這類銘文的一個例子，是1944年在一位女性的土葬墳墓中發現的。這枚白銀鍍金玫瑰花形飾針的歷史年代，大約可追溯到西元200年，飾針上刻著一個太陽輪圖案，應該是屬於原始設計的一部分，但盧恩文字可能是後來才刻上去的；因為我們看到兩者的雕刻技術並不相同。銘文請見圖1.4所示。

圖 1.4 維爾羅塞銘文

圖 1.5 維爾羅塞咒式的數值分析

維爾羅塞銘文很難翻譯。它可能是一條不為人知的魔法咒式，由前面三個字母 *alu*（意思是「魔法力量、靈感啟示」，可理解為具有保護意涵），加上後面三個字母 *god*（意思是「好的、善的」）組成。整句咒式的意思可能是「藉由魔法力量獲得幸福」。它也可能是兩個字詞組成的咒式，例如「*alu* [is wished by] God (agaz)」（由嘎達嘎茲所發願之魔法），最後加上一個表意符號，代表其完整全名。不過，如圖1.5所示，從這條句式的數值分析看來，它的魔法動能質性非常明顯。

維爾羅塞句式的數字學（Numerology），是將數字力量融入盧恩銘文的典型實例。在這裡我們看到數字九的多元宇宙力量以九的倍數增加，並作用在數字六的領域。有關盧恩數字學的詳細資訊，請參閱第11章。

黃金薄片（金幣墜飾）確實具有護符功能。目前被發現的八百多件金幣墜飾當中，約250件鑄有盧恩銘文。那些盧恩文字並不是後來「刻上去的」（carved），而是在原始設計上就將盧恩文字「鑄在」（stamped）圓形金幣薄片上，最常見的是對羅馬硬幣的重新解釋。這些鑄著皇帝騎馬圖像的羅馬硬幣，在日耳曼領土上完全被重新詮釋，說那是代表奧丁或他的兒子巴德爾。這類金幣墜飾很可能是奧丁信仰的宗教圖像。其製造和分布地區大多是在現今丹麥境內的奧丁信仰神廟位址。

圖 1.6 這件金幣墜飾是在德國的錫沃恩（Sievern）附近發現的（總共十一件金幣墜飾）。錫沃恩金幣墜飾上的圖像也饒富趣味。根據中世紀歷史學家卡爾．豪克（Karl Hauck）之說法，從頭像嘴巴裡伸出來的奇形怪狀物，代表奧丁大神擁有的「魔法之息」和言語力量。類似的圖像也出現在密特拉神（Mithras，譯注：古印度－伊朗神祇）的畫像中。薄片上的銘文已嚴重毀損，但解讀的結果大概如圖 1.7 所示。這個解讀可理解為 *r (unoz) writu*，意思是「我刻下這些盧恩文字」，這是當時盧恩大師所編寫的典型魔法咒式。

圖 1.6 錫沃恩的盧恩金幣墜飾

圖 1.7 錫沃恩金幣墜飾上的銘文

至於目前現存刻有盧恩文字的古代木製物件，我們可以拿1947年在丹麥西蘭島發現的加伯勒（Garbølle）紫杉木空盒為例。它的設計類似於我們現在使用的滑動式上蓋鉛筆盒，其歷史可追溯至西元400年左右。銘文如圖1.8所示。上面刻的盧恩文字通常被解讀為*Hagiradaz i tawide*，意思是：「哈吉拉德〔一位善於商議的人〕，在〔此盒中〕運作〔盧恩字符〕。」盧恩文字最後面那五個垂直排列的小點，代表閱讀此銘文的人應該從那裡往前倒回去算五個字，就能發現這些盧恩字符背後隱藏的力量（:ᚨ:）。

還有非常多相當奇特的物件，很難加以分類。其中很多是工具和日常用品，後來被當作護符來使用，還有一些，比如著名的迦勒胡斯黃金牛角（horns of Gallehus），以及庇特羅阿薩頸環（ring of Pietroassa），都是很有趣的工藝品。

圖 1.8 加伯勒咒式

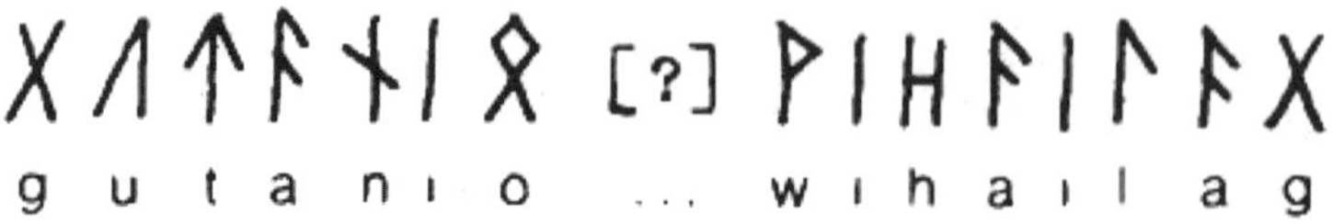

圖 1.9 庇特羅阿薩咒式

庇特羅阿薩頸環（年代約西元350-400年）就是這類奇特物件的最佳代表。它是（或曾經是）一個直徑約15公分的黃金頸環，可透過類似扣環的機關來打開和閉合。1837年，兩名羅馬尼亞農民在一塊大石灰岩底下發現了這枚金環，還有其他二十二件黃金物件（其中一些鑲有珠寶）。很可惜，目前幾乎所有物件都已丟失或遭到嚴重毀損。這件黃金頸環，只有刻有銘文的部分倖存，而且還裂成兩塊。這些物品似乎是異教哥德人祭司酋長（甚至可能是阿塔納里克國王〔Athanaric〕本人〔？〕）的神聖儀式工具。頸環是前基督教日耳曼世界的王權象徵。圖1.9是頸環上的盧恩文字解讀。整句可解釋為 *Gutani* :ᛟ: *wih-hailag*。第七和第八個盧恩文字之間有個不太清楚的符號可能是三曲臂圖（triskelion），第八個盧恩文字本身也可被解讀為一個表意字符（= *othala*〔歐瑟拉〕，繼承之遺產）。因此，整句魔法咒式翻譯出來大概是「哥德人繼承之財產，神聖不可背離」。若想了解此文物和哥德矛頭的更多資訊，可閱讀《哥德人之謎》（*Mysteries of the Goths*, Rûna-Raven, 2007）一書。

固定式物件

從本質上來說，古（弗薩克）傳統中有三類固定式物件，材質全部都是石頭，只是種類樣式和功能不同。第一種是岩石雕刻，直接在岩石表面、崖壁上做切割雕刻。第二種是所謂的「包塔石」（bauta stones），這類石頭通常經過特別挑選和修整，然後移動到某個預定地點放置。最後一種也是包塔石，但上面刻有象形圖案。

以下這四件石刻文物的年代，可追溯到西元400年至550年之間，發現地點全都在斯堪地那維亞半島。這類石刻似乎全都具有魔法意涵，而且通常都會有盧恩魔法師的署名，有些甚至可以看出其魔法派別結構。

所有的盧恩銘文都是為了啟動某種魔法力量而發出的宣言，因此盧恩魔法師都會把自己的魔法名字或頭銜刻在咒式中，有時甚至不只刻一個名字。此類咒式主要是用來聖化或保護一個區域，甚至可對其周圍環境造成某些特定改變。

圖 1.10 韋布隆斯內斯咒式

最直接的例子是挪威中部韋布隆斯內斯（Veblungsnes）的石壁（見圖1.10），其年代可追溯至大約西元550年。經過解讀後，韋布隆斯內斯咒式可以讀作 *ek irilaz Wiwila*，即「我是魔法師維維拉」（I (am) the Erulian Wiwila）（請注意，:ᛖᚲ: 是由 :ᛖ: 和 :ᚲ: 組成的綁定盧恩）。此魔法咒式的組成是：第一人稱代名詞「I」，接著是魔法啟動者的頭銜 *irilaz*（原始北歐語 *erilaz* 的地方變體），意思是魔法師（Erulian，一般通常專指「盧恩魔法師」），最後是這位魔法師的名字。不過，這個名字並不是這位盧恩魔法師的本名，而是一個聖名或入教名。它的意思是「被奉獻給神的小人物」或「成聖的小人物」。而 *Wiwilaz* 這個名字應該是維維茲（*Wiwaz*）的謙稱，這個名字也出現在挪威的圖恩石刻（stone of Tune），與北歐神祇威哈茲（Wihaz）相關聯（也就是北歐神維奕〔Vé〕，意思是「成聖者」）。盧恩魔法師就以這句咒式來行使其法力，將一個區域予以聖化。也就是說，他先「假定」一個神格角色，然後藉由雕刻盧恩文字來執行這個神格角色的工作。

包塔石是維京時代盧恩石刻的前身。其歷史可上溯到四世紀中葉至七世紀末之間，但在這個時期之後，仍不斷有盧恩石刻出現。

這類石刻銘文幾乎都跟祭拜亡者以及喪葬儀式和（或）習俗有關。大家都知道，這是世俗奧丁信仰的重要部分，而且始終跟盧恩文字緊密相連。有時，盧恩文字是用來保護亡者不被盜墓，或是不受到巫師詛咒，有時則是用來將亡者鎮住在墳墓中（以免變成恐怖的屍人〔*aptrgöngumenn*，活屍、殭屍〕），有時候，盧恩文字也會被用來跟亡靈做溝通，以執行魔法或宗教目的。

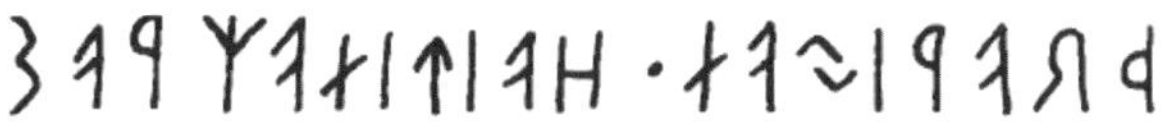

圖 1.11 卡勒比咒式

圖 1.11 這條卡勒比（Kalleby）盧恩石刻咒式，就是盧恩魔法師將亡魂鎮在墳墓中（或至少在外遊蕩一段時間後就會返回墳墓）的實際案例。這些概念在許多古代文化中相當常見。在日耳曼世界，巫師經常會用法術讓死屍復活變成「活死人」，命令他們去執行某些任務。

卡勒比咒式從右向左讀是 *thrawijian haitinaz*：「他〔亡者〕過去曾被命令腐槁〔於墓中〕。」我們發現，魔法銘文通常都是使用過去式時態，主要是基於技術上的雙重原因：(1) 根據基本的魔法格言：「執行魔法時，要當作此事已據汝之意志執行完成」；(2) 根據一個事實：用來執行魔法師之意志的儀式，在實際魔法效力產生之前已被執

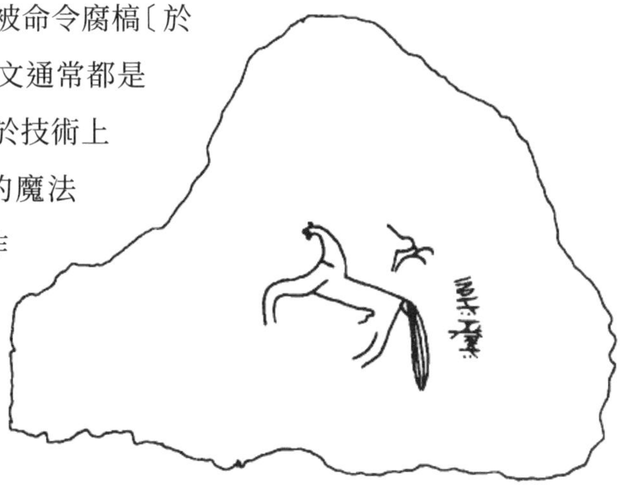

圖 1.12 羅伊斯盧恩石刻

行完成。這些概念都是建構日耳曼世界觀的基礎，日耳曼人認為：「過去」及其控制力並不受時空之限制。盧恩魔法師就是「運用」這點來達成他的意志。

象形圖文石是盧恩字符與象形魔法圖案的合體。最著名的例子就是艾格吉姆（Eggjum）和羅伊斯（Roes）盧恩石刻，這兩塊石頭上面都有出現馬的象形圖案（詳見E-盧恩）。盧恩文字與象形圖案結合的傳統似乎非常古老，這四件盧恩石刻銘文最古老的一件年代約在西元450年，最新的一件（羅伊斯）則是西元750年左右。此項技術後來發展成為維京時代斯堪地那維亞著名的象形圖文石刻傳統。

盧恩文字和馬匹圖像結合的最佳例證，應該是在哥特蘭島發現的羅伊斯石刻（見圖1.12）。這件大型護符（一塊約56×76×8公分的砂岩板），是十九世紀時在一座榛樹叢的樹根底下發現的。圖1.13就是從石板解讀出來的盧恩咒式。這個解讀並非沒有爭議，但最佳的讀法似乎要把U＋D＋Z看作一個組合的綁定盧恩，這樣整句咒式就能讀成*ju thin Uddz rak*：「派這匹馬去」。但這句話是什麼意思呢？

古北歐文學文獻為我們提供了解讀這個複合符號的一個絕佳線索。在《埃吉爾薩迦》（*Egil's Saga*）第57章，我們讀到埃吉爾如何在將一具馬屍首插在一根榛木桿上，做成用來執行咒術的馬頭杖（*nídhstöng*），施咒目的是為了將那位綽號血斧的埃里克國王和岡希爾德王后趕出挪威——而這個咒術真的奏效了。

在結束古弗薩克銘文這個主題之前，似乎可以來談談他們所使用的語言。大約是在盧恩字符開始用於書寫時，日耳曼語言才真正開始分裂成數個不同的語支。分裂之前那段時期的語言稱為原始日耳曼語（Proto-Germanic）或日耳曼語（Germanic）。在北方似乎也出現了一個早期分化，可稱為原始北歐語（Proto-Nordic）或古北歐語（Primitive Norse）。大約在公元紀年（Common Era，也就是「西元」）啟用之時，哥德人開始從斯堪地那維亞半島向東方遷徙（進入今天的波蘭和俄羅斯地區），並發展出東日耳曼語支（在早期盧恩銘文的歷史中扮演了重要角色）。在南方大陸，一個獨特的南日耳曼語群也發展出來，最後涵蓋了所有德語、英語和弗里西亞語支；在北部，原始北歐語已演變為西北歐語（West Norse，挪威地區）和東北歐語（East Norse，丹麥和瑞典地區）。在更古早時期的最初幾個世紀，所有這些語支都可互通互解。此外，後來的盧恩魔法師在雕刻盧恩銘文時都傾向使用古代語言，因為它們通常是年代古老且流傳已久的魔法咒式。據後人推測，甚至可能存在著一種由盧恩魔法師專門使用和傳承的泛日耳曼「神聖」方言。

圖 1.13 羅伊斯石刻咒式

盎格魯－弗里西亞盧恩

將古英語（English）盧恩和弗里西亞（Frisian）盧恩傳統分開來看的理由，就跟把它們放在一起看的理由一樣多。弗里西亞傳統鮮為人知，但裡面有很多魔法實務；古英語盧恩較為常見，但卻很少用於魔法實務上。不過，這兩種盧恩字符的外形卻有著驚人的相似處，基於此一事實，再加上早年英格蘭人和弗里西亞人之間緊密的文化關聯，讓我們得出此一結論：這兩種盧恩文字傳統應該存在某種關聯。可惜的是，我們無法找到完整的弗里西亞弗托克（Frisian Futhork）。

首先我們來了解一下較常被使用的古英語盧恩傳統。這件在不列顛群島發現的最古老銘文，是刻在諾維奇凱斯托（Caistor-by-Norwich）的小鹿踝骨上。年代約可追溯到五世紀下半葉日耳曼人第一次真正的大遷徙時。但它實際上很可能是屬於北日耳曼銘文，要不是被人在大遷徙時帶進來，就是由「斯堪地那維亞」的盧恩魔法師所刻寫的。必須考慮這種可能性，因為此銘文使用的 H 盧恩是屬於北方字形（:ᚺ:），而不是古英語盧恩（:ᚻ:）。古英語盧恩文物的年代和分布地區推測非常困難，因為文物證據相當少，而且大部分是可隨身攜帶移動的物件。古英語盧恩文物總數大約只有六十件，大部分在英格蘭東部和東南部地區發現的都是西元650 年之前的文物，這個時間點之後的文物主要是在北歐國家發現的。盧恩石刻傳統應該是早在西元450年就已出現，到十一世紀就已滅絕。之後盧恩文字在手抄本傳統找到了另一個出路。這些文物對我們的研究很有價值，但本質上跟魔法幾乎沒什麼關係。

古英語盧恩傳統的歷史，大致上可分為上述所說的兩個時期：(1) 西元650年之前（可看到大量日耳曼異教傳統）；以及 (2) 西元650年至1100年（大多已經基督教化，文物中較少看到魔法或祕術實踐）。

古英語弗托克

目前現存的唯一一件弗托克（futhorc）銘文古物，是一把表面略有受損的泰晤士鐵刃（Thames scramsax），年代可追溯到西元700年左右。它是一件製工精細的盎格魯撒克遜金屬器物，刀面有豐富飾紋，可看出是工匠先在刃面雕出凹模，再將銀、銅和青銅鑲嵌進去。刃面上的盧恩文字順序和字形，請參考附錄 I 的盧恩字母表2。弗托克文字後面是一節「裝飾」圖案，然後是一個人名「貝格諾斯」(Beagnoth)——可能是刀匠的名字，而不是盧恩大師的。因為我們看到，這排文字當中有好幾個字寫錯，順序也不對。因此，幾乎可以斷定，是貝格諾斯這個人雕模的時候就抄錯了。幸運的是，我們有更多證據足以證明(雖然年代較晚)，古英語盧恩文字傳統事實上發展得非常成熟，而且很接近歐洲大陸傳統的盧恩文字。證據來源就是手抄本(manuscript)傳統。資訊最豐富的手抄本文獻，當然就是「古英語盧恩詩」(參閱第8章)。

「古英語盧恩詩」總共記載了二十八個弗托克字母；索爾茲伯里法典手抄本140（the codex Salisbury 140）和聖約翰學院手抄本17（St. John's College MS 17)，也分別記載了二十八個與三十三個古英語弗托克。另一份手抄本科頓館藏圖密善 A9（Cottonian Domitian A9）甚至記錄了一套有分族(aettir)的弗托克。值得注意的是，其分族跟古弗薩克的分族完全相同。這也證明日耳曼盧恩文字的傳統是有延續性的。

英格蘭地區最早的盧恩文字傳統似乎是日耳曼通用的二十四個盧恩，後來很快增加到二十六個，而且將第四個和第二十四個盧恩做了修改：(4) :ᚨ:〔a〕變成 :ᚩ:〔o〕;(24) :ᛟ: 的〔œ〕音素變成了〔ē〕。此外，:ᚨ: 這個字的位置被改放在26，並命名為白蠟樹(aesc / ash tree)。這些變化早在六世紀時就發生了。隨著英語的發展和變化，古英語弗托克也跟著改變。這是字母表演變發展的正常現象。一種語言的發音系統變得更加複雜之後，其書寫系統也會跟著改變。

古英語盧恩主要使用在三類物件上：

非固定物件

固定物件（例如石頭）

手抄本

非固定物件最為常見，範圍最廣。年代最古老的銘文古物幾乎都屬這一類，但是晚期的文物也不少。不過很可惜，至今保留下來的物件很多都是碎片或已遭毀損，幾乎無法正確識讀。大多數可移動式物件都是將直接將盧恩文字刻在金屬、骨頭或木頭上；不過也有些是採用更複雜的金屬加工技術（比如泰晤士鐵刃），或精細的木頭／骨頭雕刻（例如著名的弗蘭克斯棺材板）。古英語盧恩石刻大多出現在基督教普傳時期，這似乎也代表此傳統後來已經基督教化，但可能仍具有魔法用途，當然也帶有宗教意涵。其中大多是紀念石碑或石頭十字架，而且通常由技藝純熟的石匠所雕刻。

沒有任何一本古英語手抄本全部使用盧恩文字來書寫，但它們卻廣泛出現在文學文獻中，而且同時具有隱密性和實用性目的。以鋼筆和羊皮紙來書寫羅馬字母表時，有兩個盧恩文字被英語採用了同樣拼寫法；一個是 p＜:ᚦ:〔th〕（*thorn*〔thorn，刺〕），一個是 P＜:ᚹ:〔w〕（*wynn*〔joy，喜悅〕）。這個拼寫法後來也被帶到德國和斯堪地那維亞半島。

上面提到的諾維奇凱斯托銘文，是早期非固定式物件的一個極佳例證。其盧恩文字如圖1.14所示。這塊骨頭是在一個火葬甕中被發現的，甕中同時還有另外二十九塊類似骨頭（但沒有刻盧恩文字），以及三十三塊圓柱形小骨頭。很可能是當時的人做占卜儀式時所使用的東西。銘文本身很難解讀，意思可能是「上色的人」（the colorer）或「刻刮的人」（the scratcher），應該是某位盧恩雕刻大師的聖名。

在古英語文物中很難得看到奧丁教派盧恩大師所刻寫的魔法物件，但在雀希爾唐恩（Chessel Down）當地發現的劍鞘底座很可能是少數之一

（見圖1.15）。這行銘文被刻寫在配件的背面，因此整把劍組好之後是看不到這行字的。整句銘文翻譯出來可能是：「可怕之物，傷害〔敵人〕！」若真是此意，那麼*reco*（可怕之物）就是這把劍的名稱，*særi*（傷害〔！〕）就是其功用。

七世紀的桑威赤石刻（Sandwich stone），也是異教時期魔法盧恩石刻的一個有趣例證。整句銘文可能是代表盧恩雕刻師的名字Rrehrebul，而且是墳墓最初的內部裝飾之一部分。圖1.16就是將它盡可能清晰化後所能看到的文字。

圖 1.14 諾維奇凱斯托銘文

圖 1.15 切塞爾唐咒式

圖 1.16 桑威赤石刻銘文

目前發現的盧恩文字手抄本中，最接近魔法實務的，是用盧恩文字將神祕含義隱藏在文本中。《艾克塞特之書》（*Exeter Book*）[1]第19個謎語當中有一段文字，從古英語翻譯過來是這樣：

> 我看見一匹 ᛋᚱᚩᚻ（horse，馬），剛勁有力、開朗明亮，在肥沃草地上飛快奔馳。牠背上載著一個 ᚾᚩᛗ（man，人），戰鬥力極強，身上並無穿著華麗鎧甲。他在 ᚪᚷᛖᚹ（ways，道路）上疾速前進，還帶著一隻壯碩的 ᚳᚩᚠᚩᚪᚻ（hawk，鷹）。他們的旅程前景一片光明。猜猜我在說什麼……

在這裡，書寫者用盧恩文字拼出單詞，但在文本中是倒著寫的。可以讀出這些盧恩文字單詞分別是 hors（馬）、mon（人）、wega（道路）和 haofoc（鷹）。不過，這實在很不尋常而且神祕，每一個盧恩文字的名稱都必須按照書寫順序讀出來，才能符合頭韻詩的格式。

弗里西亞盧恩文字

弗里西亞弗托克（Frisian Futhork）已經不存在，但我們確實有發現一塊有趣的銘文。迄今為止已發現大約十六座真正的弗里西亞石碑遺跡（還有一些是偽造的）。其年代可追溯到六世紀到九世紀間。這些銘文通常是刻寫在木頭或骨頭物件上，然後被保存在弗里西亞土丘（Frisian terpens，在沼澤地帶建造的人造土堆，是早期土地開墾的一種形式）的潮濕土壤裡面。

弗里西亞盧恩石碑似乎帶有明顯的魔法特徵，但其中很多已經難以解讀。我們可以肯定，它們是在堅定的異教信仰背景下產生的，因為這個信仰保守的地區，在拉德博德（Radbod）諸位英雄國王的統治下，頑強抵抗基督徒的宗教入侵，同時也抵制著卡洛琳王朝的政治顛覆直到七世紀末。我們甚至可以很有把握地說，在那之後很長一段時間，人們始終並不情願接受新宗教的規範。

這些弗里西亞銘文古物中，最為有趣也最難解讀又形式繁複的例子之一，是布里蘇姆（Britsum）的「魔法杖」（或護符，請見圖1.17），它是在1906年被發現，年代可追溯到550年至650年間。這支魔法杖是紫杉樹做成的，長約13公分。銘文的A面從左到右寫著 *thin ī a ber! et dudh*；B面從右向左讀是 *biridh mī*。毀壞的部分則完全無法辨識解讀。整句咒式翻譯出來就是：「時時刻刻攜帶此紫杉〔盧恩〕！力量〔*dudh*〕即在其中。吾攜此物⋯⋯」需要特別注意的是，B面的七個垂直分隔點符號，是代表由此處往回算第七個盧恩記號；也就是 ⁝ǀ⁝（在此銘文中）＝ ⁝ᛇ⁝ 紫杉——此咒式蘊含的力量。

圖 1.17 布里蘇姆魔法杖

第2章
維京時代盧恩
VIKING AGE RUNES
（西元800 － 1100年）

與所有歷史時代一樣，維京時代並非突然出現，而是西元前最後幾個世紀開始，隨著來自斯堪地那維亞半島的辛布里人和條頓人的第一次遷徙之後，長期持續發展的結果。哥德歷史學家約達尼斯（Jordanes）也因此稱斯堪地那維亞半島為「民族的子宮」。

西元800年左右數年間，斯堪地那維亞半島經歷了諸多內部變革，並開展出新的發展方向。瑞典（尤其哥特蘭島）早已發展出向東的貿易路線，一路進入斯拉夫部族地區，最終到達拜占庭、巴格達和波斯。丹麥幾位勢力強大的國王（比如戈弗里德和霍里克），也開始召集大軍和英勇隨從來塑造丹麥「國族」。至於挪威，在孤立和地形破碎的情況下，則採取較為保守的方式來鞏固其政權。雖然瑞典部分地區（烏普蘭和哥特蘭）以及丹麥群島某些地區長期以來一直很富庶，但斯堪地那維亞半島其他區域則是此時才剛開始積累財富和發展。西元793年，挪威維京人對英格蘭諾森布里亞（Northumbria）林迪斯法恩修道院（Lindisfarne）發動第一次襲擊，隨後又在794年洗劫蒙克威爾莫斯（Monkwearmoth），795年襲擊愛奧那島（Iona），這些劫掠行動全都預示了維京時代的到來。

正如歷史上的維京時代是漫長發展的結果，盧恩字符從古弗薩克演變為後弗薩克（Younger Futhark）的過程亦是如此。檢視古弗薩克銘文以及古弗薩克文字的替代形式，即可知道，後弗薩克成為標準盧恩文字形式，大約是從西元600年即已開始。西元八世紀期間，從古弗薩克演變為後弗薩克的速度相當快，到了西元800年，新興的後弗薩克字符系統已經從二十四個字母縮減到十六個字母，而且已發展完備和制度化，並在整個斯堪地那維亞地區傳播。

後弗薩克是一純粹的斯堪地那維亞文化現象，儘管許多銘文是在斯堪地那維亞半島以外發現的，主要是在不列顛群島和東部地區。但這些銘文，全都出自北歐盧恩雕刻大師之手。

可以非常確定，這樣的發展是在一個傳統宗教框架內發生的——若非如此，舊文字的轉變以及新文字的建立不會以這麼整齊劃一的方式發生，而且既快速又精準地廣泛傳播開來。從歷史發展的諸多面向來看，後弗薩克最初與古弗薩克是同時存在、併行發展的。不過，一個重大差別是，後弗薩克字符在某些地區被接受的速度相當快（有些幾乎是瞬間遽變）。這或許代表古弗薩克傳統正逐漸裂解，但事實上，字符內部順序（編號）系統、音素，以及分族（aett），依然保留著沒有改變，字符的使用模式也沒有更改（比如，都是用「刻」的，而不是用寫的），在在證明了古弗薩克傳統的深層力量。

我們可以猜測，改革後最早出現的「普行北歐盧恩字符」("Common Nordic" rune row）大概是如圖 2.1 這種形式。不過，最終標準化後的弗薩克，是圖2.2這個版本，與最早的版本略有不同。

圖 2.1 普行北歐弗薩克

弗薩克的演變發展有賴語言和魔法實務的結合。但若論及語言變化在後弗薩克演變過程中扮演的角色，必須特別一提的是，證據顯示，它並沒有那麼重要。古弗薩克很容易就能適應語言中可能發生的任何聲音變化。但結果並非如此。反而是，語言本身發展出更為複雜的發音系統後，書寫系統卻被簡化了——這是語言拼寫史上前所未聞。這說明了一個事實：這種轉變是基於「語言之外」的原因，也就是「魔法宗教信仰（magico-religious）之理由而發生的。

在我們進入到文字演變之前，有必要先談談幾個主要的語言演變，以及它們是如何反映在盧恩字符上，這樣我們才能更清楚銘文的「語法」。首先，:ᛇ: 的音素始終都不明確，而且除了魔法咒式的銘文之外，很少看到它出現。還有，:ᛃ: 變成 :ᚼ:，在早期（約西元600年時）音素就改變了，因為當時北歐語中原來的聲母〔j〕普遍都丟失了。這條發音規則的演變，有一個很好的例子可以來說明，就是盧恩文字本身的名稱，比如，日耳曼語的 *jēra* 變成原始北歐語的 *jār*，然後又演變為古北歐語的 *ár* :ᛅ:。由此可以看到，盧恩字符的音素從〔j〕變成了〔a〕。此外，:ᛅ: 也從〔a〕變成帶有鼻音的〔ą〕。另外很重要值得注意的是，由於整個書寫系統產生了新的歧義（雙重含義），以致有好幾個字符現在必須代表兩個或兩個以上的聲音（參見附錄 I 之表3）。

有幾個傳統要素明白顯示出古弗（薩克）和後弗（薩克）這兩個文字系統具有連貫性。這些元素清楚顯示，從一種文字系統過渡到另一種系統，是在一個宗教信仰框架內進行的，而且後弗字符的開發者對於古弗及其傳統相當了解。另一個事實也支撐了這個結論：此現象基本上是發生在一個無文字的社會。因為，雖然盧恩字符是當時的一種書寫形式，但尚未普遍用來作為簡單且世俗普行的人際溝通之用。在當時，若有人想要學習任何一種深奧複雜的知識系統（比如盧恩知識），都必須由另一人親口傳授。在那樣的年代，一個想要研究盧恩的人，他們沒辦法去圖書館拿起一本被塵封的大部頭書，令失傳已久的傳統重新復活。

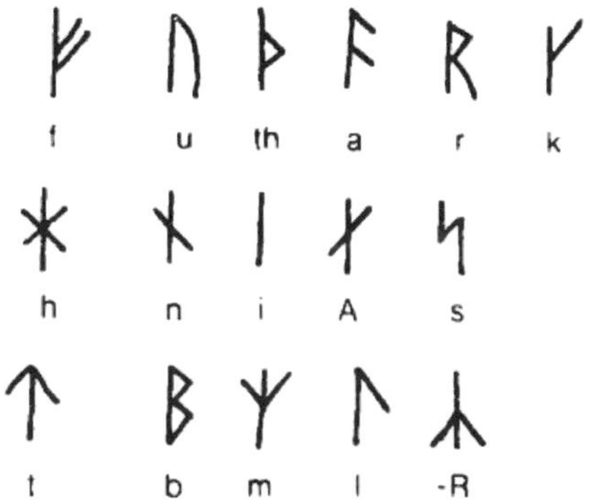

圖 2.2 標準北歐弗薩克

第一個要素是：盧恩字符順序的連貫性，尤其是前六個字符：F-U-TH-A-R-K 完全一致；除此之外，沒有一個後弗薩克字符被置換掉它在古弗薩克中的相對位置。只有某幾個古弗薩克字符被捨棄，然後新的順序出現。此規則的唯一例外是 :ᛦ:〔-R〕這個字，它被移到整排文字的最後。或許是因為這個字通常只出現在一個單詞的最末尾，但也可能是為了刻意保留古代分族系統的某些要素才這樣做。正如我們在討論古弗薩克時提到的，分族系統是古弗薩克傳統不可或缺的部分（在第9章有更多玄祕面向的討論）。這個不尋常的特徵卻出現在兩個不同文字系統，這種連貫性其實是宗教組織刻意操控的結果。後弗薩克的第一族由古弗薩克的前六個字符組成，而且順序沒有變。然後，後弗薩克的第二族與第三族開頭兩個字符，也就是 H-N 以及 T-B，也都跟古弗薩克相同。前六個字符被硬性歸入第一族之後，後面兩族也要均等分配，這樣勢必就要將 :ᛦ:〔-R〕移到最末尾；否則第三族的開頭就會變成 :ᛋ:。總之，古弗與後弗同樣都把文字分為三個族，這種延續性確實是一個顯著特徵。

兩個文字系統對應的簡化也令人驚訝。字符外觀形式的延續性值得我們注意：有十一個字符形狀完全沒變，另外有三個字符字形改變了，但實際上只是古弗薩克的另一種寫法（:ᚲ: ／ :ᛈ: ／ :ᛜ: ／ :ᛡ:），而 :ᛦ: ／ :ᛉ: 這兩個幾乎可互換的字符，最初就是從 :ᛯ: 演變來的。最後就剩下兩個字符比較有問題——:ᛞ: 變成了 :ᛉ:，然後 :ᚺ: 變成了 :ᛡ:。這些都還是可以根據其字形外觀來解釋。後弗薩克一般是把原本有兩個字符的字都合成單一字符，於是，藉由把開頭幾個字符放在一起，就出現了新的字形 :ᛉ: 和 :ᚼ:。而 :ᚼ: 原本就是沒改變的舊字形，因此當然是選擇改成 :ᛡ:。這種字形上的改變，其實也可以從神祕含義的理由來解釋（詳見第10章）。

另外值得一提的要素是，盧恩文字名稱的延續性，以及它們的主要音素（音值）。雖然我們目前找不到任何關於古弗薩克字母名稱來源的資料，但根據有提到盧恩名稱的幾個語言（比如古英語、哥德語和古北歐語）的比較研究，以及古弗薩克表意文字之使用（比如第34頁的庇特羅阿薩頸環）的綜合研究結果發現，後弗薩克字母的名稱確實是古弗薩克系統的延續。古北歐語傳統將盧恩字母名稱保留在盧恩詩歌中（詳見第8章）。唯一明顯的差異是〔-R〕:ᛦ: *ýr*（yew，弓）跟〔-R〕:ᛉ: *elhaz*（elk，麋鹿）的不同。不過，在古弗薩克中，這個字的另一字形 :ᛯ: 已經被解釋為跟世界樹的原始象徵意義有關（參見世界樹上的四隻雄鹿〔＝麋鹿？〕章節）。此外，第二個盧恩 :ᚢ: 也多了「毛毛雨」這個次要含義，理由是為了解釋神話、宇宙創造起源（詳見第10章）。

為後弗薩克指派一個最初的發源地似乎有其必要，否則我們很難解釋，為什麼挪威／瑞典和丹麥這兩個不同地區會同時發展出相同的文字系統。根據證據推測，最有可能的地點是在挪威最南邊以及鄰近瑞典的那個地區，因為在那裡，盧恩文字的使用一直到古弗薩克末期始終相當頻繁。大概就是在西元八世紀的最後那幾十年，盧恩文字從這個區域迅速傳播到丹麥，然後在那裡落地生根、成長茁壯，盧恩文字傳統開始在丹麥群島復興起來。在丹麥，經過些微修改後，大大影響了後來的文字發展形式。原因是，在這段時間，丹麥的文化和政治影響力在該地區普遍增長之故。

經歷以上這些演變，最後出現了維京時代斯堪地那維亞地區所使用的標準弗薩克形式。雖然在字形外觀上有所改變，但內部結構和組織依然保持著某種一致性。

圖2.3 丹麥弗薩克

後弗薩克在挪威南部和瑞典及其周邊地區正式編纂成典後，逐漸傳播到丹麥，字體形式如圖2.3所示。丹麥弗薩克後來也成為所有弗薩克中最普及的一種。使用年代從九世紀持續到十一世紀，甚至成為後來弗薩克發展的雛形。

不過，丹麥弗薩克在斯堪地那維亞半島部分地區很快就做了改造。西元850年左右，在挪威南部和瑞典的東約特蘭（Östergötland），已經發展出簡化的文字形式，請見圖2.4。

圖 2.4 洛克弗薩克

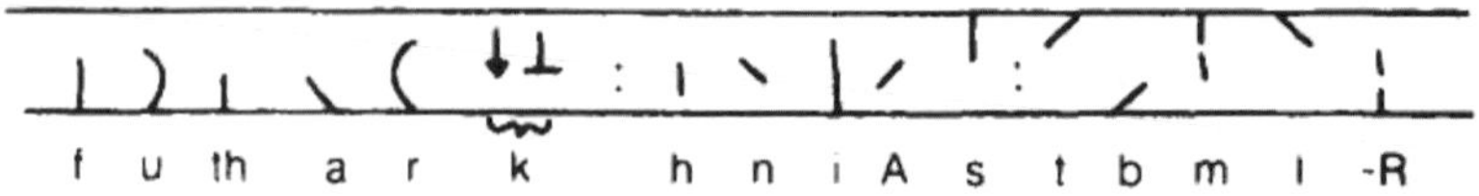

圖 2.5 哈爾辛加弗薩克

此系統一般稱為洛克（Rök）弗薩克，是以著名的「洛克石刻銘文」來命名的。這些特殊的字符線譜只持續到十世紀下半葉，之後又再次被更正規的丹麥字形取代。

維京時代的斯堪地那維亞半島除了使用這兩種主要弗薩克之外，瑞典還有一些零星地區使用一種極為簡化的字符系統，後來以其發現地命名為哈爾辛加盧恩（Hälsinga runes）。從它的字形看起來，幾乎都是把原先字形的頂端或垂直線條拿掉。參見圖2.5。

這個字形系統在銘文中很少見，據推測它實際上可能是一種速記形式，通常用在一般世俗溝通和法律事務上。可能早在十世紀就已開始使用，但最著名的銘文年代是在十一世紀中葉。雖然哈爾辛加盧恩只是一種地區性的慣用文字系統，但值得注意的是，它們仍然算是一種古代傳統文字。

維京時代銘文

大體而言，目前我們所發現的古弗薩克時期銘文種類，大多在後弗薩克時期也都看得到，但其中占最大多數的還是紀念石碑。主要是因為石碑本身較不容易損壞。不過，各式各樣的護符也非常多。截至目前為止，已發現約五千個各種類型的後弗薩克石碑，但隨著愈來愈多維京時代定居地點被發掘出來，石碑的數量也持續增加中。

盧恩石碑

傳統石雕最早是用在墓碑（經常在墳塚「裡面」發現具有魔法作用的墓碑），後來是帶有明顯魔法意義的紀念石碑，年代最早可追溯到古弗薩克時期。包塔石當然也跟墓碑密切相關。後弗薩克傳統更是將這種作法發揚光大，因此這個時期的文物主要就是以石碑為大宗。在後弗薩克時期，這類石碑未必跟墳墓有那麼密切的關聯，因此較為合適的稱法是紀念石碑。這類石碑經常被放置在旅行者會經過的地方，要不然就是讓有能力閱讀盧恩文字的人們可以看到的地方。此傳統大約始於西元800年的丹麥。值得一提的是，此時期盧恩文字實踐的復興如雨後春筍爆發，剛好就是在改革後的弗薩克廣為人們接受的那段時期，而且，從歷史發展來看，剛好與南方基督教的意識形態威脅有關。

古代墓碑的著名例子之一，是在斯諾爾德列夫（Snoldelev）發現的一塊盧恩石，它實際上是介於包塔石和紀念石碑之間的一種石碑類型（請見圖2.6）。石碑年代可追溯到西元800年到825年間，最初可能是放在

圖 2.6 斯諾爾德列夫石碑

墳塚裡面，但石碑上的咒式與後來的紀念石碑有部分相似之處。有趣的是，這塊石碑早在青銅時代（約西元前1500－500年）就被用於宗教目的。我們知道這件事，是因為石碑正面有一個太陽輪符號，在適當光線下仍隱約可見（參見圖2.6虛線圈出來的部分）。石碑上的銘文翻譯出來是：

kun uAltstAin sunaR

ruhalts thulaR asalhauku (m) [？]

意思是：「岡瓦爾德之石，羅哈爾德之子，薩爾豪根的圖勒〔*thulr* = 奧丁信仰的傳訊巫師〕。」

斯諾爾德列夫石碑最有趣的是那個跟奧丁信仰有關的頭銜（古北歐語 *thulr*，古英語 *thyle*），他等於是魔法師／巫師的角色，主要是負責吟誦律法、咒語、聖咒和宗教儀式的人，另外就是兩個強大的神聖符號：三個緊緊相扣的牛角杯（奧丁信仰的象徵符號），以及太陽輪／卐字符。（這也代表後來的太陽輪和古代太陽輪符號之間有所關聯。）

一個更經典的盧恩石碑例證，是瑞典南部（斯堪尼亞省）斯特羅村附近的斯特羅大石碑（great Strö stone）。這塊石碑的年代大概可追溯到西元1000年左右，原本是一座墳塚建築的一部分，墳塚由七塊大石碑組成，其中兩塊刻有盧恩銘文。雖然墳堆已經崩塌，但這是丹麥古物學家奧萊・沃姆（Ole Worm）在1628年提到的第一批盧恩石碑當中的一塊。

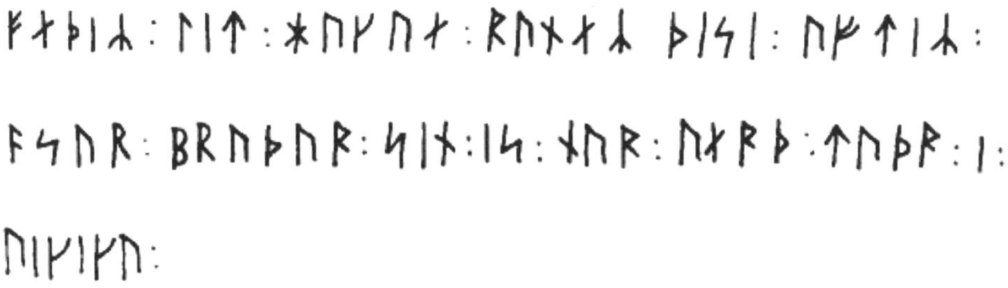

圖 2.7 斯特羅石碑銘文

這段銘文譯成古丹麥語是 *Fadhir lét hoggva rúnaR thessi øftiR Azzur bródhur sínn, esnorr vardh dødhr í vikingu*，意思是：「法迪爾（Father）刻下這些盧恩文字，以紀念他的兄弟阿塞爾，他在北方的一次維京襲擊中喪生。」

斯特羅石碑清楚顯示了這類盧恩石碑的紀念性質。從技術上來看也是如此。注意看，石碑上的字符沒有出現重複字母（ᚼᚢᚴᚢᛅ = *hoggva*）；:ᛆ: 可代表 *-ng-*，還有，銘文的拼寫帶有雙重歧義。

從這塊石碑我們知道，這些石碑是為了紀念在異鄉死去的維京襲擊者，這在當時顯然很常見。它同時也證明了一個事實：當時的（專業？）盧恩魔法大師確實有從事盧恩文字的雕刻工作。

這類紀念石碑有時可能也會提到魔法神話，格里普霍姆石碑（Gripsholm stone）就是一例。這塊石碑是為了紀念一位「英格瓦的兄弟」，他在東方與神話英雄（英格瓦）一起喪命。格里普霍姆石碑大小約為183×137公分，碑上文字大概可追溯到十一世紀中葉，如圖2.8所示。

銘文從蛇頭開始，譯出如下：

tula: lit: raisa: stain: thinsat: sun: sin: haralt: bruthur: inkvars: (thaiR) furu: trikila: fiari: at: kuli: auk: a: ustarlar: ni: kafu: tuu: sunar: la: asirk: lan: ti.

後半段是詩句，全部銘文翻譯出來是：

此碑乃托拉為其兒子哈拉爾德所立。哈拉爾德乃英格瓦之兄弟。
〔他們〕大膽英勇
向外遠征
在東方
他們餵老鷹〔食物／供品〕；
之後死於南方
絲克蘭一地。

（請注意，垂直雙點分隔符號通常代表單詞與單詞間的分隔，有時在單詞內也會使用。這裡的分隔點可能帶有某種魔法代碼功能。）

來自該地區（馬拉爾湖附近）、相同年代的三十多塊石碑，同樣都提到了人們與英格瓦在東方一起死去。這很可能是維京時代後期，對於在俄羅斯以及其他

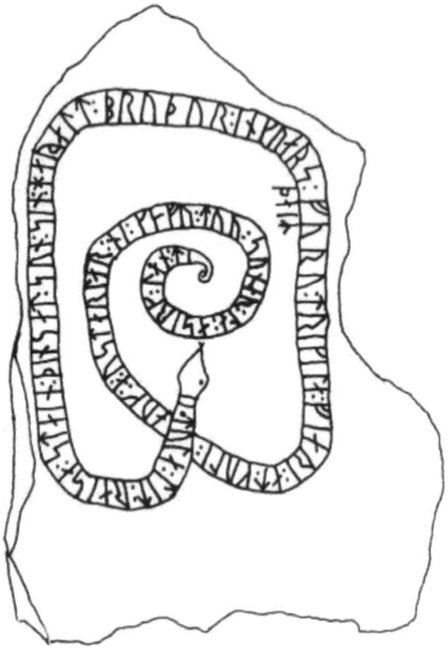

圖 2.8 格里普霍姆盧恩石

地區戰死的人，所進行的神話化儀式。石碑上提到的英格瓦其實是一位真實歷史人物，西元1040年左右，他在東邊（絲克蘭）發起一場對抗伊斯蘭世界的大遠征。（「絲克蘭」〔Serkland〕這個字的意思是「衣衫之地」或「絲綢之地」，有時是指狹義上的「波斯」）遠征隊伍從裏海東岸出發進入中亞，最後因全員滅亡而告終。基於這段歷史，再加上這位英格瓦（Yngvarr，有時拼寫為Ivar〔伊瓦爾〕）跟半神話人物英格瓦（六世紀或七世紀時代的人）有著相同的奇怪綽號（*vídhfadhmi*，遠行者或遠征者之意），而且同樣葬身於絲克蘭，這讓我們相信，在某個時間點，所有在東方被殺的人，在後來的紀念儀式上都被說成「與英格瓦一起倒下」，這位英格瓦，就是古北歐傳奇《海姆斯克林拉》（*Heimskringla*）當中提到的那位神話人物，幾乎整部中世紀冰島薩迦都在講述他的傳奇故事。

銘文中的詩句很有意思，因為它們證明了一個古老的神聖魔法咒式——*erni gefa*（向老鷹獻祭品）——這是表達戰爭之神聖本質的一種方式，跟奧丁信仰有關。

護符

在維京時代以及其後時期，人們一直都有使用各式各樣物件來當作護符。其中大部分是純粹作為護符之用（參見60頁的圖2.11），還有一些是將盧恩字符的力量注入到實際生活用品中，讓它變成護符。

著名的奧賽貝爾格船葬墓（Oseberg，九世紀末挪威），可能是奧沙女王（queen Asa）的葬船，船上有兩處出現盧恩銘文，一處是刻在一個水桶上，另一處是刻在一根圓木樁上（山毛櫸木，長度約240公分），但功能不太確定，可能是船舵的一部分。銘文是以挪威／瑞典（洛克）盧恩刻寫，如圖2.9所示。

這句咒式需要具備大量盧恩知識才有辦法讀。不過還是可以稍微分析一下字面意思：

Litil(l)-víss m(adhr)

最後一個字符是表意文字，用來代表這樣物品的名稱，整段文本可翻譯為 [the] man is little smart（此人不太聰明），或 [a] man [who] knowless（一位無知之人），它的用意是為了不讓未入門的外行人得知這句銘文的真正深層含義。

這句魔法咒式的深層含義被隱藏在刻意弄亂的盧恩文字裡，這是當時很常見的技術。以這個例子來說，它藏了一句很有名的咒式 *mistil*，這個字的含義跟 mistletoe（古北歐語 *Mistilteinn*）相同，意思是「槲寄生的嫩枝」(the twig of the little mist)。注意看，*mistil* 咒式的後半部被重複兩次，咒式的另一部分 *vil*（＝古北歐語 *vél*，法術〔craft〕）也有重複的情形。

因此，這句神祕銘文可以讀成：

Mistil-til-vil-il 或簡化為 *Mistil-vil*

以標準古北歐語來讀就是 *mistil-vél*，槲寄生法術——操控生與死的魔法力量。巴德爾（Baldr）之死的故事就有引用到這個魔法神話。

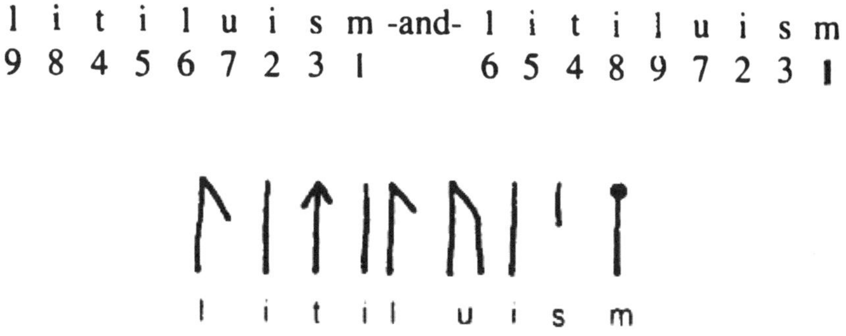

圖 2.9 奧賽貝爾格咒式

圖 2.10 隆德編織器咒式

另一種護符銘文是刻在生活用品上，文物案例是在瑞典隆德（Lund）發現的一個編織器，年代大約是西元1000年左右。編織器上的盧恩銘文內容很有趣，讓我們看到一個將愛與詛咒巧妙融合在一起的魔法咒術實例，這在北歐算是相當常見。其他文獻當中也有不少例子，可參閱《詩體埃達》（*Poetic Edda*）的〈史基尼爾之歌〉（*Skírnismál*）第25-36節，還有《埃吉爾薩迦》第72章，都可看到這種混合魔法。編織器上的盧恩文字請見圖2.10。

主式是 *Sigvarar Ingimar afa man min grat*，可翻譯為「西格娃的英吉瑪將因我而傷心」，後面接著一句八個字符的咒式 *aallatti*。主式這二十四個字符所隱藏的數值模式，再加上以盧恩咒（galdr，音譯：迦爾德）將後面八個附加字符吟唱出來，會讓這句銘文的魔法效果得到強化。刻咒的目的很明確，就是為了讓西格娃的丈夫（或未婚夫）英吉瑪因這條盧恩咒而犯相思病；也就是說，英吉瑪可能會因為某件事而失去西格娃，這樣一來，下這個咒的人就能跟西格娃在一起。

圖 2.11 克文內比綁定盧恩

維京時代護符的最後一個例子，是在厄蘭島克文內比（Kvinneby）出土的一塊銅片（大小約5公分見方），其年代可追溯至十一世紀末。這是一塊非常奇特的護符，到目前為止，我們還無法完全了解它的複雜性。銅片上的文字內容相當長（有144個盧恩字符），一共寫了九行，而且是以犁耕體方式來刻寫（boustrophedon，是一種古代書寫法，像耕田一樣，從左寫到右，再從右折返回到左，以此類推）。這是古弗薩克時期的盧恩銘文相當常見的作法。文本最前面有六個魔法綁定盧恩（第一個已經看不清楚）。綁定盧恩如圖2.11所示。這幾個符號後面接著一整段盧恩主文，翻譯如下：

我將榮耀歸予祢
波菲。請幫助我！誰
能比祢有智慧？且讓一切諸惡
遠離波菲。祈願索爾
保護他，因他之鎚
來自海上，亦能從邪惡回返。智慧
並非來自波菲。乃因諸神
在他之下，亦在他之上。

後面是一隻魚形狀的圖。

從表面意義來看，值得注意的是，這個護符用了神話意象來塑造魔法力量。也就是索爾之鎚妙靈尼爾（Mjölnir）的保護力，而且這把鎚子每次擊中目標後，一定會從「邪惡」源頭返回索爾手中。另一個重點是，圍繞在受保護者身邊的眾神，他上方有神，他下方也有神，這個意象也很重要，因為它顯示出眾神不只在天上也在地下。通常會被翻譯成 evil（邪惡）」的對應古北歐語單詞是 *illr*，這個字的原始主要含義是「具傷害性的、殘暴的、難對付的、不好的（事物）」等等，而不是後來基督教意義當中代表絕對道德力量的那種邪惡。

盧恩工藝技術

盧恩知識當中經常被忽略的一個面向是，製作盧恩物件實際使用的材料和技術。這是屬於「實驗考古學」的一部分，這個領域的研究非常有價值，因為它反過來可以讓人們更深入了解盧恩文字的內在世界。這裡所說的大部分內容，對古弗薩克和後弗薩克時期都適用。

從盧恩銘文文物本身，我們可以大略知道當時的盧恩雕刻大師是用什麼方式來處理盧恩文字。例如，除了實體物證之外，從一些盧恩術語也可以得知，當時人們是以什麼方法將盧恩文字刻在各種材質物件表面。最常見的相關術語是日耳曼語 *wrītu*（我雕刻），這個字後來演變成古北歐語 *ristan*（雕刻）。這些術語都是對應英語的 write（書寫）。不過最原始的意思是指 carving（雕刻）或 cutting（切割）。

我們不太清楚他們當時是使用何種雕刻工具來製作這些物件，只能猜測大概是什麼樣性質的工具。著名的艾格吉姆石刻告訴我們，它並不是用鐵刀刻出來的（*ni sakse stain skorin*）。因此我們知道，如果是要用於某種目的，那麼很可能就要禁止使用鐵器來切割出盧恩文字，但我們也知道，很多物件確實都是用鐵刀雕刻出來的。沒錯，我們現在就是在討論盧恩工藝的基礎知識。維京時代的一些大型盧恩石，應該都是先用尖嘴鎬和（或）斧頭大略修整後，再用鎚子和鑿子去做雕刻。有些銘文很可能是直接用鎬鎚在石頭表面敲出盧恩字符線條而做出來的；斯諾爾德列夫石碑似乎就是採用這個作法。有些魔法銘文則是使用其他工具，比如刀子（參閱《埃吉爾薩迦》第44章）和針狀工具（一定是用來切出銘文的，例如克文內比護符）。有些針狀工具可能是用有色金屬（青銅、紫銅等）或非金屬材質（例如骨頭或石頭）製成的。

除了實體物證可充分證明盧恩字符雕刻所使用的材料外，盧恩銘文和文獻術語也給了我們一些線索，知道哪些材質較常被拿來使用。木材顯然是盧恩雕刻師最常選擇的媒材。在描述盧恩這樣東西時，最常出現的術語幾乎都是木頭，而不是任何其他材質。最常被拿來當作盧恩文字的同義字的，應該就是 stave 一詞，它的字面意思就是「棍子」或「棍棒」。英文的 stave 是 staff（古北歐語 *stafr*）的複數形。這指出一個事實，最初用來代表奧祕意義的圖形是被刻在小木棍上（施展魔法和占卜之用），演變到後來，stave 就變成最常用來代表盧恩字符這個概念的同義詞了。雖然這種關聯性必須追溯到盧恩文字的起源時代，但是用 stave 來代表「盧恩字符」的最古老例證，是出現在已經遺失的古瑪普盧恩石刻（stone of Gummarp，年代約在西元600年），石刻上面寫著：

HAthuwolAfA
sAte
stAbAthria
ᚠ ᚠ ᚠ

可翻譯為「哈圖武夫放置了三個盧恩字符：ᚠᚠᚠ」。

stave 這個字不僅被用來代表盧恩字符，更承載了 rune 這個字本身的所有意涵，古北歐語的 *stafr* 這個字（更常見的是複數形 *stafir*），不只是「棍棒、棍子、柱子」的意思，更有「知識、神祕學、智慧、魔法符號」的意涵在內。

跟盧恩有關的詞彙早已深植於各語言中，以致許多語支裡的拉丁字母詞彙都被它重塑了。在古北歐語中，書面字母就稱為 *stafir*，甚至還用它來指稱更繁複的魔法符號（古北歐語 *galdrastafir*，魔法字符），儘管它們有時是用鋼筆和墨水來繪製的。古英語 *stæf*（字母、書寫）和古高地德語 *satb*（字符、字母）也是。另外，現代德語則是用 *Buchstabe* 與 *Stab*（棍子、棍棒、魔法杖之意）來代表 letter（字母）。

盧恩工藝技術中，經常被忽略卻極為重要的另一面向是，為雕刻出來的字符和物件上色。我們同樣也是透過古弗薩克銘文得知，當時盧恩字符確實有上色，因為銘文中大量出現動詞*fāhidō*（我著色，或我塗色）這個詞。後來的古北歐語詞彙，同樣持續使用這個從日耳曼語演變而來的動詞*fá*。此外，我們也從古代銘文得知，當時人們最喜歡用的顏色是紅色（通常是用鉛和其他礦物氧化後所產生的紅色物質，或是最常見的赭石來作為顏料）。魔法儀式當中也經常用紅色顏料來代替血液（參閱《埃吉爾薩迦》第44章）。比較歷史語言學也為我們提供了充分證據，證明日耳曼民族在操作魔法時紅色是一個非常重要的顏色。古英語的*teafor*這個字就是紅赭石的舊稱，但這個字在古高地德語中寫做*zouber*（魔法、占卜之意），在古北歐語中寫做*taufr*（護符魔法、護符之意）。由此看來，古代「施展魔法」的其中一種方法，似乎就是「用赭石將象徵物件塗上紅色」，這樣就能將魔法力量轉移到此物件上。這個技術在上面提到的《埃吉爾薩迦》章節中描寫得非常清楚。

其他顏色，特別是後期的盧恩石刻，有黑色（由煤灰製成）和白色（石灰溶液），也有藍色和棕色。有些石刻上面都還可見這些顏料的殘留痕跡。維京時代的盧恩石刻，最初並不是像我們現在看到的那種灰撲撲的顏色，而是如烽火般鮮豔亮麗的引路指標，豎立在世界各地的風光景色中。

上色的方式也極為多樣。它原本的功能無疑是跟魔法有關。不過，當中還有各種不同層次。盧恩字符被塗上跟背景不同的顏色（通常是在白色或黑色背景塗上紅色字），是為了將盧恩字符凸顯出來。此外，也會用顏色來區隔單字，分別為每個單字（或字句）塗上不同顏色。也有證據顯示，有些盧恩字符其實並沒有被「刻」在石頭上，而只是直接用顏料「畫上去」（painted）而已！所以我們就知道，很多盧恩文獻大概就是因為這樣而遺失的，因為那些畫在岩石或木製物件表面上的盧恩文字，時間一久，就全部被沖刷或風化掉了。

維京時代銘文使用的語言通常是古北歐語、古瑞典語或古丹麥語，跟石刻製造地所使用的語系有關。不過，只要了解古北歐語的文體，再加上一點基礎盧恩知識，要破解維京時代盧恩石刻上的盧恩文本，基本上不會太困難。這是因為，直到西元100年左右，北歐各方言語系的相似度依然非常高；之後才發展出東北歐語（瑞典語和丹麥語）以及西北歐語（挪威語和冰島語）。即便如此，直到維京時代結束時，語言的變化相對上來說依然不大。

第3章

中世紀盧恩

MEDIEVAL RUNES

（西元1100－1600年）

維京時代大約是在1050年左右開始邁向終點，到了1100年，以維京劫掠為特徵的時代正式結束。基督教逐漸成為宮廷皇室的官方信仰，之後更普及到大多數民眾。但我們從這個複雜時代的歷史資料得知，當時人們所信奉的基督教，從很多方面來看都不是純正的基督教，事實上是混合了阿薩特魯異教和基督教的一種宗教信仰。

丹麥在十世紀末正式成為基督教國家；雖然挪威人有很長一段時間都在對抗外來信仰和政治結構，但到了十一世紀初，挪威也正式歸入基督教陣營。瑞典的情況則更為複雜。在維京時代初期，瑞典就已經有為數不少的基督徒（沒有放棄自身生活方式的愛爾蘭奴隸），再加上十一世紀期間，許多傳教士遠征隊伍被送進瑞典，當地的異教信仰開始跟基督教規例接觸，後來那些規例也開始融入了異教信仰的某些作法。但一直到西元1100年左右，瑞典才正式成為基督教國家。

在這段宗教的危脆動盪時期，隨著更龐大信仰架構的入侵，原本行之有年的盧恩信仰傳統也開始遭到破壞。不過，基於諸多原因，比如斯堪地那維亞的神職人員相對不熟悉基督教義、對於歷史的態度較為寬容，再加上全區地處偏僻、天高皇帝遠，等等這些因素加起來，為盧恩傳統提供了肥沃土壤，讓它得以在農民和少部分貴族當中存活下來。

想要更深入了解日耳曼世界的文化，以及古代異教形式如何在基督教化過程中倖存下來，可閱讀《北歐黎明》（*The Northern Dawn*, Arcana Europa, 2018）一書。人們經常認為，要麼就是舊有生活方式在基督教化過程中徹底被摧毀，再也無法恢復，不然就是完全相反，一定是古代習俗在某個隱密內飛地裡（因政權無法擴及而）未被打破。然而，實際情況比這兩個極端都更為複雜，也更加引人入勝。

在天主教普行時期，盧恩文字開始被用來服務教會——或者看起來是這樣的目的。但這種結合其實為盧恩文字帶來很大的傷害，因為中世紀的盧恩大師普遍仍握有古弗薩克知識，但那些知識其實已經支離破碎。魔法依然是盧恩文字的主要功能，儘管已經逐漸變成一般世俗（非宗教目的）溝通之用。但由於沒有實體宗教組織來支撐盧恩傳統，導致盧恩文字在這段時期逐漸衰落。不過，盧恩傳統的主要核心，是透過背誦學習盧恩文字名稱和字形而得以保留的，有時也會保留在非宗教的世俗作品文本中。此過程，是在更廣大的日耳曼尼亞各地，不知不覺中進行的，在後面的討論，我們會不斷看到相關證據。除了因外部世界「命運之網」（the webwork of wyrd）的導引而倖存之外，盧恩也早已融入在古日耳曼盧恩魔法師的血液中而傳承下來。盧恩奧祕知識，實際上已被編碼在我們所謂的「集體無意識」中。

宗教改革於1527年在瑞典發端，之後於1536年在挪威／丹麥正式展開，它帶來了祝福，也帶來了可怕的詛咒。祝福的部分，是因十六世紀中葉瑞典民族主義興起，全面推動本土文化而帶來的。大哥德主義（storgoticism）學說，就是根據瑞典烏普薩拉最後一任天主教大主教之理念所制定，興起時間約在1554年。詛咒的部分，則是因新教（Protestant）浪潮被吸收後，隨之而來的宗教不寬容政策而產生，最後甚至所有堅持古老信仰者因此遭到迫害，尤其是農民和鄉村階級。

維京時代發展起來的十六字符系統，其歧義性對於受過訓練的盧恩大師來說並無太大困難，反而非常適合祕傳魔法實踐，因為字符含義有組織地被保留在系統化結構裡。然而，隨著訓練水準下降，帶有歧義的字符開始被「圓點盧恩」（dotted runes，古北歐語 *stungnar rúnar*）取代，而且丹麥早在十世紀末就開始使用這套系統。最初，只是偶爾在字符上多加一個圓點，來消除銘文中可能存在的歧義。雖然這種作法很明顯代表當時盧恩字符的「世俗」解釋變重要了，但至少在兩百多年時間裡，主要還是遵循著十六字符系統（偶爾加上「圓點」）這個規則。

圖 3.1 圓點弗薩克

將圓點直接壓在字符線條上，或放在靠近字符的位置，以此來顯示它跟原本的字符在發音上有所不同，例如 b:p、t:d、k:g。最古老的圓點盧恩及其代表之音素，請見圖3.1所示。

這個發展後來逐漸「拉丁化」，到了丹麥國王「征服者瓦爾德馬」（Valdemar the Conqueror）統治時期（1202-1241），終於正式編成法典，制定出一套真正的「盧恩字母表」（runic alphabet）。也就是說，羅馬字母表裡的每一個字母，都分別對應一個盧恩字符，因為它一直以來都被用於書寫當代各個斯堪地那維亞語言。

圖 3.2 盧恩字母表

在挪威，十三和十四世紀普遍是使用圖3.2的這套盧恩字母。中世紀期間，包括冰島在內的整個斯堪地那維亞半島也出現類似情形，在西元1100年之後不久，智者阿里（Ari inn Fródhi）和盧恩大師索羅德（Thóroddur Rúnmeistari）創建了一套普及的標準化弗托克（Futhorkh）來與拉丁文字競爭。

中世紀銘文

在這個時代，我們看到盧恩文字與盧恩魔法開始出現了更多不同的用途。在一些保守地區，一方面延續著許多古老傳統，同時也引入盧恩文字的新用途，最常見的是用來取代拉丁字母。此外，關於盧恩文字和盧恩魔法的故事，在十三和十四世紀的冰島比比皆是，我們可以確定，盧恩文字確實有被用在神祕魔法技藝中。

一直到西元1700年之後，盧恩紀念石碑（包塔石）在哥特蘭島上依然是相當活躍的傳統！儘管它們表面上已經基督教化，但其象徵意義，以及在更深層結構中，仍然有很多東西提醒著我們古老傳統大概是什麼模樣。一些了解盧恩字符深奧知識的人，此時很可能仍相當了解其隱藏含義。

出現在這些盧恩石碑上的「神聖符號」（表意符號），似乎往往帶有複雜含義。十字符號通常是三曲臂形式，有時中間還會出現一個太陽輪，如圖3.3所示。

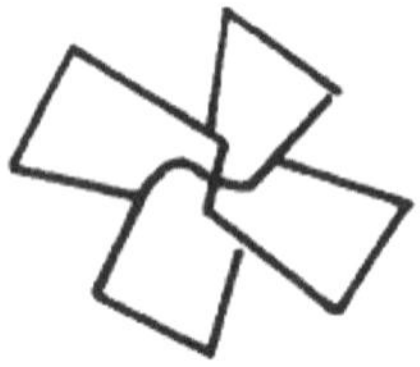
圖 3.3 太陽輪／十字符號

此一主題及其相關發展，一直持續到這個時期結束。據推測，這種十字符號應該是異教時期類似背景下出現的 *ægishjálmr*（怖畏／敬畏之盔）符號的替代品。基督教後期包塔石的典型實例是烏普蘭的莫比石刻（Upplandic Morby stone，參見圖3.4）。它遵循了此時期（基督教早期，約1050-1150年）發展出來的特殊傳統，家屬要為死去的親人建造一座渡橋，而且要立一塊石碑提及這座橋，以慰亡者之靈（soul，古北歐語 *önd* 或 *sál*）。莫比石刻上的盧恩字符解讀出來是：

khulu lit kira bra f (u) rant kilaufhla tatur sin [a] uk sum ati ulfr ubir risti

這些盧恩文字很容易翻譯，意思是「古德勞格為他的女兒、烏爾弗之妻吉勞格建造此橋，以告慰其靈。盧恩文字乃歐皮爾所刻」。石碑上的那個「簽名」，就是史上最有名的盧恩雕刻大師之一歐皮爾（Øpir）。盧恩護符（talismans，*taufr*）的作法一直持續到近代，而且整個中世紀時期都相當盛行。但由於一般是刻在木頭上（而且木頭通常非常小塊），再加上

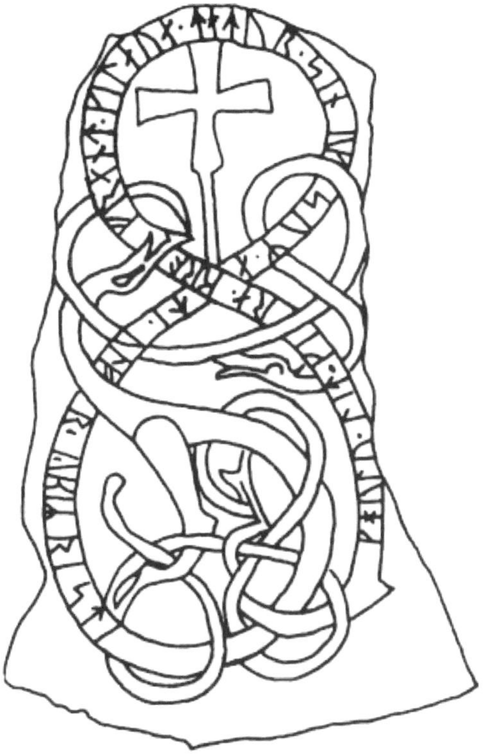

圖 3.4 莫比石刻

後來很多都是寫在羊皮紙上，因此可以整保存下來的非常少。此外，盧恩大師有時也會在進行完魔法工作後立即將護符銷毀，其中有很多是因為宗教改革後對盧恩魔法師的迫害而被毀掉的。

中世紀時期魔法護符的一個實例，是在瑞典東約特蘭省薩爾金德（Särkind）的老教堂中發現的一根肋骨（長約76公分），年代可追溯到十五世紀。

這根骨頭很可能是用來作為魔法杖（*göndr*）之用，上面刻有複雜的銘文，請參72頁圖3.5。

A 面前半段翻譯出來是 *thaet tae refen*（這是肋骨）。後半段是一個由綁定盧恩（bind rune）組成的複合符號，含義不明。可能是為了隱藏魔法師的名字，也可能是為了某種魔法目的，而將某幾個盧恩文字組合起來。最後是以一個粗大的哈格拉茲盧恩（*hagall*）作結尾，在此時期的奧祕學派中，這個盧恩是代表世界樹，也代表多重宇宙種子，意思是順利成長發展。B 面的三個盧恩字符，主要是用來鎖定和引導巫師所發出的魔法力量，這從跟 :ᚱ: 盧恩有關的奧祕知識可清楚得知。

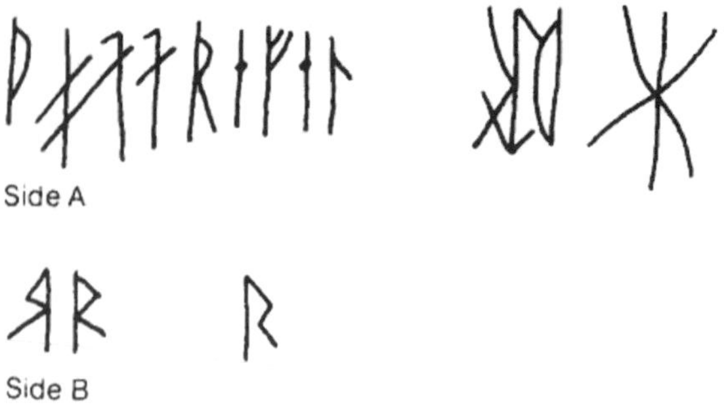

圖 3.5 薩爾金德魔法杖

除了以上這些古老且跟宗教有關的用途之外，盧恩文字也開始被用在跟宗教無關的世俗溝通事務上。我們知道在整個十三和十四世紀期間，這樣的情況愈來愈多，因為後期的薩迦文獻經常提到用 *rúnakefli*（盧恩木杖）來互通訊息。《海姆斯克林拉》（*Heimskringla*）當中的〈哈康薩迦〉（*Hákonar saga Hákonarsonar*）就多次提到這件事。不過，「盧恩通訊」最有力的證據，是在挪威卑爾根碼頭區挖掘出來的古物，裡面有多達數十條這類信函式的訊息。有些訊息很簡單，就是「紙條」的性質，比如妻子叫丈夫趕快從酒館回家之類的，有些則非常有趣，其中一個例子可追溯到十三世紀初，翻譯如下：

> 我想請你離開你那群狗黨。請刻字回訊給歐拉夫．赫特斯維恩的姊妹——她在卑爾根的修女院——若你想商議此事，就來向她和她的親友尋求忠告建言。你不該頑固如前……

後面接著一串盧恩字符，至今尚無令人滿意的解釋，但從音譯可得出 *atu:kena:nu:baetu*。可能是一條帶有密碼的訊息；總之，從字面來看，這顯然是某個黨派成員在向另一黨派成員喊話，要求收訊者離開自己原本的陣營，投向發訊者陣營，但訊息是透過第三方（修道院裡的女人）偷偷進行的。

盧恩字符此時也逐漸頻繁出現在書面紙頁上。起初，是因為有一群人（例如之前提到的智者阿里與盧恩大師索羅德）致力發展盧恩文字，以代替羅馬字母表。用盧恩文字書寫的手抄本可能很多，但留存至今篇幅較長的只有一份，就是所謂的《盧恩法典》（*Codex Runicus*）。在一些手抄本中也使用盧恩文字或類似盧恩文字的表意符號，以代表盧恩名稱或其他象徵意涵。在《盧恩法典》當中（也包含《詩體埃達》在內的手抄本），經常用 :ᛘ: 來代替 *madhr*（人）這個字。其他還有很多手抄本，包括用盧恩文字書寫的詩句，還有幾篇討論盧恩的論文，例如日耳曼學者／僧侶赫拉巴努斯．茅魯斯（Hrabanus Maurus）撰寫的一篇手抄本。此外，也不能漏掉《冰島魔法書》（*Galdrabók*）這部重要文獻，因為它記述了盧恩以及類似盧恩的「字符」、盧恩魔法咒等等內容，都跟魔法緊密相關。

盧恩詩是非常重要的盧恩文字手抄本實例，這部分我們會在第 8 章單獨討論。

我們發現，唯一致力保存盧恩文字、用盧恩文字來替代拉丁字母的典籍，似乎只有《斯堪尼亞法》（*Skaanske Lov*）手抄本（也就是《盧恩法典》）。這部手抄本的年代可追溯到十四世紀。後來，也有一些古文物學家嘗試將盧恩文字「復興」，用它來作為實用文字，其中一些人相當嚴肅認真，他們的信仰實際上就是「新異教」（詳見本書第76頁約翰尼斯．布勒斯相關章節）。

除了以上用途，盧恩文字也被廣泛用於製作萬年曆，即盧恩曆（primstaffs）或盧恩年輪（rim-stocks）。這些東西名義上是用來計算基督教的節日，但事實是，至少從十四世紀一直到十八世紀，盧恩幾乎完全只用於製作這類物件，這也顯示出，盧恩知識在斯堪地那維亞土地上永恆長存的本質。

第 4 章

現代盧恩史

MODERN RUNIC HISTORY

（西元1600－1945年）

此一時代最初在歷史上與宗教改革時代緊密關聯。不過，知識學者與民間也逐漸產生差異，一邊是有意識地想要重建古代知識架構，另一邊則是為了讓盧恩存活下來，無意識地隨著時代演進改變其形式；一方著力於復興（revival），另一方著重在生存（survival），兩條路線差異愈來愈大，但各有其優點與缺點。

復興主義者一開始就致力追溯古弗薩克時代和維京時代的材料，接觸的都是「最純粹的」與最傳統的形式；而民間傳統（如《冰島魔法書》所記錄之內容）則總是願意吸收外來元素特性，導致原始系統佚失（比如：盧恩「字母表」的拉丁化）。但民間傳說卻是直接與古代世界觀的原始種子形態相連結，雖然它可能是在無意識中進行的，而且也不甚完美，但這是復興主義學者無法享有的優勢。學者大多受過「正統」傳統教育，被灌輸了猶太教和基督教思想，而且幾乎都受過赫密士魔法學派的啟蒙。因此，在復興古代知識架構的作法上，難免會受到新近傳統之影響。但由於他們的努力與開創性，最終還是可以超越這些限制，讓他們的研究直抵古代水準。

第一個進行復興的盧恩故鄉是瑞典，在這裡，盧恩曾一路被謫貶到最偏遠的鄉村地區，但那裡卻是最深層的文化寶庫。西元1600年左右，瑞典成為新崛起的世界強權國家，對自己的過去感到自豪，並為未來制定了宏偉計畫。宗教改革賦予瑞典知識分子知識自由（當然絕不會是一般庶民），加上民族主義日益崛起，兩者相結合，產生了名為大哥德主義（哥德優越主義〔megleogothicism〕）的封聖意識形態。這種意識形態的根源可能更早，第一次出現是在西元1200年代末期，也就是瑞典「基督教化」之後的一個世紀內。大哥德主義被所謂的哥德人包裝到幾乎成為一種神話。隨著Goth（哥德）或Gothic（哥德式）此一詞彙和概念被賦予各種不同含義，此現象也持續出現在各個層面。在中世紀，此一近代「哥德神話」的第一個文獻記錄，出現在1434年於巴塞爾舉行的一次教會會議的記錄中，西班牙人在會議上聲稱，他們在某件事情上比英國人更優秀，因為他們（西班牙人）也是哥德人，因此是更古老的民族。對此，瑞典人則回答說，若論此事應該也是瑞典人較優，因為瑞典人才是最早的哥德人，而且是這個民族的主幹。

大哥德主義最終由烏普薩拉最後一位天主教大主教約翰尼斯·馬格努斯（Johannes Magnus）在其著作《哥德與瑞典歷代國王史》（*Historia de omnibus gothorum sveonumque regibus*, 1554）中正式編纂入典。根據約翰尼斯·馬格努斯之說法，大哥德主義與希伯來神話緊密相連。他認為，瑞典就是雅弗後裔在大洪水後的第一個定居地。這類神話在同時期的大不列顛帝國也相當常見。從本質上來說，馬格努斯的神話式歷史，其實是一個先射箭再畫靶的幻想，是為了滿足面子威望，而將瑞典人和希伯來人做了連結，他還聲稱，古代所有的智慧知識（比如希臘人所擁有的智慧）實際上都是由瑞典人傳授給全世界的。此外，他也認為，盧恩「字母表」是世界上最古老的文字（希伯來文可能除外）。

這個神話影響了之後一整代的大哥德主義者，也就是瑞典進行宗教改革並發展為世界強權的此一時期。大哥德主義的偉大改革者是約翰尼斯・布勒斯（Johannes Bureus，或稱約翰・布勒〔Johan Bure〕，1568-1652），他是瑞典國王古斯塔夫・阿道夫（Gustavus Adolphus）的導師兼顧問。當時，大哥德主義已經成為一種虛擬宗教，約翰尼斯・梅塞紐斯（Johannes Messenius）在其著作《斯康迪亞摹繪》（*Scandia Illustrata*）中對其歷史面向有過一番精煉分析。但我們感興趣的主要是布勒斯這個人。

布勒斯是第一位偉大的盧恩復興主義者，學問相當廣博。他最重要的任務之一就是蒐集和記錄瑞典各地的盧恩銘文。到他臨終前，已譯出當時銘文數量的大約四分之一。布勒斯在烏普薩拉大學擔任歷史學院主席後，於1630年被指定主掌皇家古代文物館（Antiquary Royal）。1620年，他宣布該學院未來擔任主席者都必須學習「盧恩」（包括以盧恩文字來表音的古代語言），也要知道如何解釋這些符號。西元1599年至1611年間，布勒斯寫了三本跟盧恩有關的書籍，包括一本銘文圖輯、他的個人著作《盧恩文物》（*Runarafst*），以及一本盧恩入門書。儘管布勒斯的科學研究工作相當可觀，但大部分都被與他同時代的丹麥古物學家奧萊・沃姆取代了。不過這項學術研究也只占布勒斯盧恩研究的其中一部分而已。

1600年之後不久，布勒斯開始發展出一套他稱為「阿杜爾盧恩」（adulrunes）的系統。在這套系統中，他開始將盧恩與神祕魔法結合。據說他一開始是向達拉納的偏鄉農民學習盧恩，但布勒斯顯然不滿足於只是建立民間傳統，因此開始將盧恩知識應用於他熟悉的魔法教導——「基督教卡巴拉」（Christian Kabbalism）。阿杜爾盧恩體系只是將希伯來口傳知識《形塑之書》(*Seper Yetzirah*)加以類推而發展出來的(我們知道他讀過這本書)。目前還不清楚本土的日耳曼傳統(比如盧恩)對中世紀「主流」魔法的影響有多大,但無論如何,這時候已經出現一個必須跟基督教有關的基本理論框架,而且需與民間傳統做出某種程度的區隔。布勒斯主要參考的文獻是帕拉塞爾蘇斯(Paracelsus)和偽帕拉塞爾蘇斯著作(例如《阿佐斯之書》〔*Liber Azoth*〕和《阿爾巴特爾》〔*Arbatel*〕)、早期玫瑰十字會,以及阿格里帕·馮·內特斯海姆(Agrippa von Nettesheim)的著作。他的主要盧恩技術是改造自「泰穆拉」(*temura*,一種卡巴拉祕法,以一個單詞之字母排列來給出新的、「被揭示的」含義)。布勒斯相信,所有知識最初都來自同一源頭,而且,以盧恩為代表的哥德知識學說是所有知識中最古老的,因此他能夠藉由掌握阿杜爾盧恩的能力來獲得內在知識。不過,布勒斯並不認為自己是新異教徒(neo-pagan)。恰恰相反,他認為自己是一位「真正的」基督徒,他深信,敬拜上帝和掌握祈禱之力量是他這套系統能夠成功的關鍵。

1613 年,布勒斯更加深入鑽研其研究的奧祕層面,尤其著迷於推測世界末日。到了1620年代初期,當地教會開始對布勒斯的異端理論起疑,但因他與王室關係交好,才躲過了教會的起訴。他堅信審判日即將到來,因此在1647年(根據他的推算,這一年是世界末日年)將自己名下所有財產分送給窮人,後來在王室的援助支持下又多活了五年。

布勒斯的研究工作在兩個領域影響甚鉅:(1) 它是科學系統化盧恩學的開端;(2) 它再次將盧恩運用在繁複魔法和哲學研究上。不過,他在後一領域的努力,瑕疵也是相當明顯的。

整個大哥德主義運動也對政治產生了深遠影響。在民族主義浪潮中,瑞典國王古斯塔夫·阿道夫與天主教決裂,隨之以大哥德主義之思想為說詞,展開他的民族主義計畫。在宗教領域,似乎也有一群菁英聚集在高層小圈圈，以宗教改革之名掩護其「大哥德信仰」。皇家古代文物館這個新的國家宗教的中心，則由布勒斯領軍，並得到國王的大力支持。

盧恩在這個系統的內部運作中擔負了重要角色，但它們受到吹捧則是因為更實際的理由。布勒斯當時發展了一種草寫的盧恩文字，希望用它來取代拉丁字母。在三十年戰爭期間，瑞典將軍雅各布·德拉加迪（Jacob de la Gardie）用盧恩文字作為代碼，與他的戰地指揮官進行通訊。

隨著瑞典實力的衰落以及啟蒙時代的來臨，大哥德主義學說與布勒斯等人的理論失去了當權者的青睞，再度沉睡於更陰暗更偏遠的角落。

盧恩研究的下一個突破點始於歐洲浪漫主義時期，大約一百年後，也就是十八世紀末、十九世紀初。就真正的復興主義而言，其中最強而有力的代表一樣是瑞典。1811年，詩人暨社會改革家艾瑞克·古斯塔夫·蓋耶爾（Erik Gustave Geijer）與佩爾·亨里克·林（Per Henrik Ling）在瑞典成立了哥德聯盟（Gotiska Förbundet）。他們的運動本質上是植基於文學之上，但主要仍是致力於喚醒古老精神。

另一方面，盧恩知識也持續在整個日耳曼尼亞及其殖民地的民間流傳。斯堪地那維亞半島尤為活躍，盧恩祕法和盧恩文字書寫不僅被用於日常事務中，也用於魔法咒術。

在斯堪地那維亞半島和北大西洋群島，以盧恩字母表作為書寫系統，一直延續到二十世紀。達拉納、瑞典和冰島等偏遠地區尤其如此。這套盧恩字母表單純只有盧恩文字，一直到十八世紀中葉，拉丁字母開始取代盧恩字符，才變成一套混合文字。除了這套書寫系統外，盧恩也被用於建構盧恩曆或盧恩年輪。這類萬年曆在中世紀傳入斯堪地那維亞半島，一般都是雕刻在木頭或骨頭上，是十九世紀北歐常見的計時方法。

與盧恩有關的知識一直在民間傳統中保有其活力，口傳知識和工藝作品也隨著盧恩文字的世俗用途而得到保存。在斯堪地那維亞半島更為偏遠的地區，還有盧恩魔法師用唱咒（*galdr*）來執行魔法，而在冰島，使用盧恩文字和魔法字符（*galdrastafir*，類似盧恩文字的魔法符號）來操作魔法也至少延續至十七世紀。正如我們先前所述，在民間層面以及學術層面上，「建制魔法」（establishment magic，也就是猶太－基督教價值觀）的元素迅速在整個系統中傳播開來，而且融合得相當順利。但研究過十六世紀《冰島魔法書》（此書到十七世紀仍被使用及添加內容）的人就知道，其基本方法實際上與本土傳統完全相同。想了解《冰島魔法書》的文本以及其他冰島魔法的實例，可參閱《冰島魔法書》（Galdrabók, Rûna-Raven, 2005）和《冰島魔法》（Icelandic Magic, Inner Traditions, 2016）。

在南日耳曼地區，有明確證據顯示仍保存著類似盧恩文字的傳統。最有趣的例證之一，是在德國黑森林地區的「異教徒之屋」（Heidenhäuser）裡面發現的。這種房子都是非常古老的農場建築，在打穀場以及房屋的部分區域刻有裝飾性的魔法符號，其中有一些毫無疑問就是盧恩文字。有些是單獨的盧恩文字，比如 ◇ ᛞ ᛟ ᛉ ᛡ ᚾ ᛦ ᚴ ᛏ，有些則是組合式的綁定盧恩或宗教神聖符號，例如  。刻有這類符號的建築，幾乎都是興建於十六世紀末至十八世紀初。這些符號很可能是由當時一群「宗教組織入門者」（initiates）所雕刻的，這群人不僅了解這些符號的意義，也知道如何使用這些符號來執行魔法。在德國哈爾茨地區也有發現類似的魔法符號，如果一些調查報告是可信的，那麼，很多中世紀符號可能都是源自盧恩字形。但被保存下來的並不僅僅是字形，也包括跟這些字符有關的核心知識。不過，對德國和北歐大多數國家來說，從1914年到1918年，以及1939年至1945年間發生的事件，導致許多人死亡、社會結構撕裂，這些僅存的遺產也因此被摧毀。黎明之前，總是最為黑暗。

圖 4.1 六角符圖形

我們不僅在歐洲發現了這類倖存遺跡，在美國似乎也有盧恩文字遺產。這裡我們要談的不是備受爭議的「美國盧恩石」，而是美國「德裔」賓夕法尼亞人所保存的魔法傳統。在十八世紀，來此定居的歐洲移民帶來了豐富的魔法遺產，其中最主要的魔法工具就是「六角魔法符」(hex sign)。之所以這樣稱呼，很可能是早期對於德文 *Sechszeichen*（six sign，六角符號）的誤解而來，因為最早和最常見的符號通常是設計成六角星或六條線交叉的圖形，如圖 4.1 所示。

Hex（魔法、符咒）一詞同樣非常古老，因為這個字來自古日耳曼宗教詞彙，最初是指「神聖結界」以及在結界當中執行魔法咒術的人（尤其指女性）。

這種六角符號其實就是日耳曼的揚特拉（*yantras*，譯注：梵語的工具、裝置之意，密宗稱為幻輪），可用於各種魔法目的。一般是在木頭圓盤塗上顏色鮮豔的圖案，然後放在要執行魔法的位置，比如穀倉或房屋內外，甚至也可做成護符隨身攜帶。由此我們又再次看到這項傳統的重要社會面向。唯有真正入門受過訓練的巫師（Hexenmeister），才能製作出帶有魔法力量的六角符號，而且符號上必須有魔法咒語。南卡羅來納州就有一條很有名的魔法咒語，據說可以召喚索爾大神下凡！美國歷史中確實還有很多這類面向藏在陰暗角落、尚未被挖掘，值得我們這個領域的人來進行更多研究。若想了解如何使用和建構這類符號，可參考《北歐魔法》（*Northern Magic,* Llewellyn, 1992, 1998）一書。

民間傳統的實踐者對於他們自身的過往歷史細節並無刻意去意識，只是根據他們自己的需求和環境條件不斷重新創建系統。這個過程確實相當自然而且健康；但是當民間傳統受到一種對它帶有敵意的意識形態所「汙染」，這種作法就變得不再那麼有效率了，因為它的生命力已慢慢枯竭。在這樣的狀況下，開發新的工具來挖掘古老遺產中失去的生命和知識，就變得相當必要。而承擔起這項重責大任所需的精神，也於十九世紀初，在文學浪漫主義運動和純理論語言學旗幟的號召下，於北歐重新誕生。

十八世紀末，當人們發現到印度和歐洲語言存在著某種程度的關聯，在北歐，特別是德國，一個偉大的思想派別開始崛起，試圖將這些語言和文化的研究建立在科學基礎上。這就是所謂的浪漫主義時代（Age of Romanticism）。從很多面向來看，「浪漫主義」這個用詞並不恰當，因為北歐的「浪漫主義」運動人士幾乎把研究重點都放在古日耳曼時期，而不是古希臘羅馬文明的古典時代。比較恰當的術語可能是「日耳曼主義運動」（German-ticism）。總之，人們對日耳曼時代事物、它們的起源，以及它們跟更大範圍印歐世界之關聯，開始產生濃厚興趣。其中，雅各布·格林（Jacob Grimm）對此領域的貢獻可說最大，他和他的弟弟威廉一起著手研究各種手抄文獻，並大量蒐集民間傳說故事。過程中，他們也實際創立了歷史語言學、比較宗教學和神話學，以及民俗學等學科。藉由現在所稱的「格林法則」（Grimm's Law），人們看到日耳曼語是如何從印歐語系不斷衍變而出，也看到它跟該語族中其他語支（比如梵語、希臘語、拉丁語）的關聯。

除了語言學研究之外，對於歷史文本當中出現的宗教——包括《埃達》、《吠陀經》、《荷馬史詩》、《愛爾蘭薩迦》等——以及諸神的名字，也都做了對照比較；解釋神話的方法的思想流派也開始發展起來。不過可想而知，其中許多理論在今天看來可能相當天真，但重建之路本來就充滿困難。這段歷史過程的細節實在太過複雜，無法在此詳加敘述，但還是得提一下古代研究者所持有的兩種論述。其一是傾向採用「自然主義」

的解釋，將神話單純視為自然現象的反映，但我們現在知道，這只是神話功能的一部分而已。第二種傾向（或者說爭論）是在兩種觀點間搖擺不定——有人認為神話是古代祭司或統治階級創造出來的，也有人認為神話本質上就是民間傳統故事的產物。這種二分法的認知其實頗為鞭闢入裡，後來也成為相當重要的概念。

這項開創性工作的重要性在於，這些調查都是建立在科學基礎之上，是根據各種現有證據謹慎進行研究的。如果能夠以客觀但又帶著同理心的態度來進行研究工作，那麼，負面的（基督教所加諸的）心理制約迷障就會被去除，如此才可能深入到最古老的意識形態層面。

魔法的復興

魔法盧恩的復興，是直到二十世紀初才開始進行，但這個復興運動乃根植於多重原因，而且它本身也具有多重面向。十九世紀末，大眾文化中開始出現通靈論（spiritualism）和玄祕學（occultism）。此現象最主要的影響是來自海倫娜．布拉瓦茨基（Helena Petrovna Blavatsky）所倡導的神智學（Theosophy）。就在人們對玄祕學開始產生興趣時，日耳曼主義復興運動（或稱新浪漫主義）也於焉展開。於此同時，政治上的泛日耳曼主義運動（Pan-Germanicism）也隨著1871年德意志帝國的統一開始成長茁壯。

所有這些因素，與神話、宗教、科學（特別是達爾文主義）以及哲學的最新理論結合後，開始發揮作用。在這股強勢混合之下誕生的，就是所謂的「條頓運動」（Deutsch-Bewegung / Teutonic Movement）。此一運動的擁護者，在各方面都講求務實。他們不願只在象牙塔裡做哲學思考，而是想要改變他們身處的世界。他們希望把整個社會帶回到它傳統的（基督教進入前的）根源處。即使很多公開宣稱自己是「基督徒」的人，也拒絕接受某些基督教習俗，而改以日耳曼神話和民間故事的傳統習俗取代之。這一支派的運動者通常是打著「德意志基督徒」（Deutsch-Christen，條頓基督徒）的旗幟來進行其運動。不過，這場社會改革的另一群成員或許更為誠實，他們不僅完全拒絕基督教傳統，而且再次改宗崇信眾神之父奧丁（All-Father）。

從盧恩復興運動的核心宗旨來看，當時最偉大的代表人物應該是奧地利神祕學家吉多．馮．李斯特（Guido von List, 1848-1919）。李斯特出生於維也納一個富裕的生意家族。雖然吉多從小就對神祕事物及自然世界有著濃厚興趣，而且想要成為藝術家和學者，但或許部分出於責任感，他後來還是追隨父親的腳步，進入了商界。據說，在他十四歲時，曾站在維也納聖斯蒂芬大教堂地下墓穴的一座廢棄祭壇前，大聲宣示：「等我長大，我要為沃坦建造一座神殿！」（Wenn ich einmal gross bin, werde ich einen Wuotans-Tempel bauen!）

擺脫家族責任之後，起初，李斯特只在家鄉下奧地利到瑞士的阿爾卑斯山地區進行探查。1877年，他的父親過世，之後他便開始更專心致志於藝術家、神祕主義者、詩人和預言家之工作。1877年到1889年間，對李斯特來說是一段艱難且卑微無名的歲月，但在後面幾年，他的兩卷小說《卡農圖姆》（*Carnuntum*）終於問世。這部歷史小說，描繪了多瑙河邊境日耳曼文化和羅馬文化之間的鬥爭，這也是他作品中最喜歡觸及的主題。不僅在書評界大獲好評，也得到讀者的青睞。

在他生命的下一階段（1889-1891），李斯特顯然致力於學習和內在修練，因為在此時期的最後一年，一個新的階段開始了，顯示他的論述已逐漸成形。1891年，他出版了兩部著作，一部是《條頓神話之景觀構成》（*Teutonic-Mythological Landscape Formations*，原文書名為 *Deutsch-Mythologische Landschaftsbilder*），是針對下奧地利地區的巨石紀念碑、古墓、土方工程、城堡，以及其他聖地所做的景觀調查；另一部是哲學的實境教義問答，書名是《堅不可摧：日耳曼哲學大綱》（*The Invincible: An Outline of Germanic Philosophy*，原文書名為 *Das Unbesiegbare:Ein Grundzug germanischer Weltanschauung*）。這兩部作品都顯示，他更為簡練也更具獨創性的系統化思想即將誕生。

在那幾年當中，神智學所傳達的意識形態在德語國家中頗具影響力，儘管李斯特本人與神智學會本身關係並不明確，但他似乎確實有受到神智學會哲學和宇宙論述方向的影響。持平地說，在這幾方面，李斯特大師與布拉瓦茨基夫人至少是勢均力敵的。事實上，當時許多知名神智學家也都是李斯特的追隨者。

1891年至1902年間，李斯特的文學生涯即將來到終點——因有更偉大的事業在等著他——但這也是他的文學事業巔峰時期。他創作了多部戲劇和他的第二部重要小說：上下兩卷《皮帕拉》（*Pipara*）。

1902年是李斯特思想演變的重大轉捩點。這一年，他接受了雙眼白內障手術。有十一個月的時間，他幾乎是失明狀態。這段期間，李斯特似乎經歷了一段內在開悟啟蒙，打開了他的內在之眼，如同〈至高者箴言錄〉（*Hávamál*）中奧丁自述的那樣（詳見本書第8章），看見了盧恩的奧祕。他開始利用這份新獲得的（或者說更精煉的）能力，來探索日耳曼的過去及其奧祕。1902年至1908年間，他出版的一本書後來成為他的百科全書系列巨著的第一部總綱，這段時間，他的內在和外在活動皆極為蓬勃活躍。李斯特與幾位泛日耳曼主義政治人物有非常密切的聯繫（比如維也納市長卡爾·呂格博士〔Dr. Karl Lueger〕），同時也和多位有錢實業家關係良好，他們全都大力支持李斯特的古代日耳曼神祕學調查工作。於是在1905年成立了吉多・馮・李斯特協會(Guido von List Gesellschaft),以資助這位「大師」的研究工作。此外,這個通俗顯學派也跟一個名為阿瑪寧教團(Armanen Orden)的內密團體結合,開始計劃接受成員入會並傳授更多祕術實踐。

1908年,李斯特出版了其調查系列的第一本書,書名為《盧恩的祕密》(*The Secret of the Runes*,原文書名為 *Das Geheimnis der Runen*),書中他推測原始弗托克是由十八個盧恩文字組成。最初這套字符都附帶有某些公式化的「核心字詞」(kernel words)。這些核心字詞及其變體可以用來解碼其他任何一個古代或現代字詞,以回到它們在「原始語言」(Ursprache)中的最初含義。

雖然李斯特獲得的盧恩啟示還附帶一整套的魔法系統,但一直到他離世,這套系統大多依然是祕密——直到今天仍是如此。

同年,繼這本盧恩著作之後,李斯特又出版了一部上下兩卷本的作品——《雅利—日耳曼民族的阿瑪寧主義》(*The Armanism of the Aryo-Germanic People*,原文書名為 *Die Armanenschaft der Ario-Germanen*)——概述了古代社會結構和宗教,並指出其重生之路。同年,《雅利—日耳曼民族的神聖法則》(*The Sacred Law of the Aryo-Germanic People*,原文書名為 *Die Rita der Ario-Germanen*)隨之問世(書名中的 rita 是借自梵文的 *ta* 或 *rita*,意思是宇宙秩序、法則)。在這部作品中,李斯特試圖在宗教宇宙的基礎上,重建日耳曼的律法和政治結構根基。

隔年,也就是1909年,出版了《日耳曼尼亞部落之名及其解釋》(*The Names of the Tribes of the People of Germania and Their Interpretation*,原文書名為 *Die Namen der Völkerstämme Germaniens und deren Deutung*),書中李斯特運用他的理論分析核心音節,研究日耳曼部落名稱和字詞中的隱藏含義。

1910年,他出版了《雅利—日耳曼民族的符號文字:雅利—日耳曼象形文字》(*The Symbol Script of the Aryo-Germanic People: Aryo-Germanic Hieroglyphics*,原文書名為 *Die Bilderschrift der Ario-Germanen: Ario-Germanische Hieroglyphik*),該書主要研究各種符號字形的奧祕含義,包括盧恩、象形雕刻文字(神聖記號),尤其是紋章。著名神智學家(李斯特團體成員)弗朗茲・哈特曼(Franz Hartmann)在其刊物《新荷花》(*Neuen Lotusblüten*)中將這部作品與布拉瓦茨基的《奧祕教義》(*Secret Doctrine*)做了一番比較,他寫道:「作者揭開了日耳曼古代歷史的重重面紗,讓我們深入了解古日耳曼人的奧祕教義及其符號學意涵。」[1]

系列著作中內容最複雜,也最全方位的一部書是《雅利—日耳曼人的原始語言及其神祕語言》(*The Primal Language of the Aryo-Germanic People and Their Mystery Language*,原文書名為 *Die Ursprache der Ario-Germanen und ihre Mysteriensprache*)。這部書一直到1915年才完整問世,雖然其中部分內容早在十年前就已出版。這部鉅作中還收錄了李斯特的卡拉(kala)系統,將一些字詞加以解碼以揭露其隱藏含義。此系統可說是民間魔法語源的虛擬科學,在魔法實踐上相當強大有力,但完全無視於歷史語言學的規則。這本書的姊妹作是《阿瑪寧與卡巴拉》(*Armanismus und Kabbala*)。在這本書中,李斯特列出了這兩個系統之間的關聯性,以及說明為什麼卡巴拉實際上就是被吸收到猶太基督教思想和奧祕哲學中的阿瑪寧智慧。不過,就在1919這一年,手稿實際付梓之前,李斯特就撒手人寰,而手稿顯然被阿瑪寧教團成員竊走或祕密收藏了起來。

李斯特著作中所表達的宏偉思想和宗教哲學過於龐雜,無法在此詳細介紹。但他所闡述的幾個主要觀念,已經在現代芬蘭的盧恩復興中看到成果,包括:(1) 三位一體(trifidic-triune triad);(2) 二元並存(bifidic-biune dyad);以及 (3) 表層基督教或世俗文學與符號學中隱藏的古代知識甚至宗教系統的歷史概念。若想了解李斯特的總體思想,可閱讀《盧恩的祕密》（*The Secret of the Runes*, Destiny, 1988）這本書。

二元並存的思想後來也衍生了精神與物質平衡之概念，以及物質實際上是精神之濃縮的觀念。

不過，李斯特思想體系中最具特色的，應該是三位一體概念的運用。從很多方面來看，它可說是喬治．杜梅齊爾（G. Dumézil）印歐社會宗教結構三功能理論（詳見第13章）之雛形。李斯特三位一體思想的核心概念是：產生（誕生）、成為／存在（生命）、消逝而後重新產生（死亡／重生）的原型模式。這個模式也發展出許多概念，形成一極為細緻的宗教魔法哲學觀。其中最重要的是應用在宇宙學原理上。但最有趣的應用之一，應該要算是對神話以及任一概念或符號的三層次功能解釋系統。這個系統主張，一個概念可以有三個層次的解釋：(1) 普遍層次，也就是一般共同的理解方式；(2) 世俗象徵符號層次；以及 (3) 奧祕層次。也就是說，任何一個字詞或概念，都可透過這種螺旋式的語義排列來揭示它的內在真義和隱蔽關聯。

大師過世後，吉多．馮．李斯特協會仍繼續運作發展，其他數十個新日耳曼團體也是（但並非所有團體都跟盧恩知識有關聯）。在1933之前的數年中，其他研究者，比如弗里德里希．伯恩哈德．瑪比（Friedrich Bernhard Marby）和齊格菲里德．阿道夫．昆默（Siegfried Adolf Kummer），開始傳授盧恩知識的實用面向（尤其是盧恩字形體式——也就所謂的「盧恩瑜伽」——以及護符魔法）。

要了解納粹主義（National Socialism）與盧恩學的關係，我們必須先知道，這些東西在十九世紀末、二十世紀初是到達怎樣的一種流行程度。在當時，盧恩和類盧恩字符已再度成為德意志民族（Deutschtum）的象徵符號（但僅限於幾個「常見」符號）。盧恩學不僅成為學術界熱衷研究的主題，也成為了外行人熱烈討論的話題。

當時，非猶太教宗教復興的想法也相當強烈，包括從「條頓基督徒」（以日耳曼口述傳說和「雅利安化」的耶穌來取代《舊約》）到吉多·馮·李斯特協會等重要異教組織，皆然。

納粹主義的根源，面向非常複雜，我們無法在此深入探討。不過，我們可以指出納粹對盧恩文字的使用和誤用情況。在評論之前，我們必須先聲明，無論我們談的是盧恩還是宗教，「政治路線」的納粹信條，基本上就是對純正日耳曼思想概念的根本厭惡和詛咒，而且經常與奧丁哲學與實踐的核心模式相對立。然而，在親衛隊（Schutzstaffel，簡稱 SS）高層，海因里希·希姆萊（Heinrich Himmler）也結集了一些祕密研究組織，在威斯特法倫的韋韋爾斯堡（Castle of Wewesburg in Westphalia）公開進行魔法儀式實驗。關於堡內世界的內部教導，《神祕國王》（*The Secret King, Feral House*, 2007）這本書中有部分探討。

很顯然，這些祕密組織中某些成員對於日耳曼宗教世界觀的建立有著強烈興趣。然而，該黨的最高領導層級似乎對此興趣缺缺。

不過，他們全都是善於操縱群眾心理的魔法高手，包括使用帶有刺激性和鼓舞性質的流行符號，來激起群眾的意志（這大概就是現在我們所說的廣告或創立品牌吧）。這個操作過程最重要的一個步驟就是：利用符號來進行所謂的「意義轉移」（meaning shift），或語義轉移（semantic shift）。先用一個代表強大力量的典型符號（例如＋或卐），然後為它賦予個人化意義（前者是耶穌，後者是希特勒），就能產生非常強大的效果。納粹主義運動使用的一些常見符號，請見表4.1。

ᚼ	Lebensborn（生命之泉）種族優生計畫。
ᛏ	Hitler Jugend（希特勒青年團）使用這個符號作為其徽章的一部分。
ᛋᛋ	兩字符並立代表親衛隊（Schutzstaffel，簡稱SS）。

表 4.1. 納粹主義者使用的盧恩符號

1933年納粹上臺後不久，除黨本身組織外，所有參與日耳曼復興運動的團體全都被宣布不合法而遭到取締。數十個組織和個別領導人所做的工作，有的被黨吸收成為官方信條、儀式和符號，有的遭煙滅。弗里德里希・瑪比本人也在達豪集中營被關了九十九個月。

1933年至1938年，納粹黨權力鞏固期間沒有被摧毀的東西，隨後又遭到戰爭本身的進一步破壞。戰爭不僅摧毀了一群身懷知識的人，也撕裂了整個歐洲社會。西歐各國的敵對行動，以及隨後的社會經濟革命所造成的集體流離失所，可說是對殘喘於農村地區的民間傳統給出了最後一擊。

確實，黎明前的時刻似乎總是最為黑暗，傳統盧恩的重生亦然。在基督教會對傳統的蓄意破壞，以及政治運動的誤導扭曲之後，要將盧恩奧祕重新迎回我們的文化結構中，可說困難重重，但這也是對我們這個時代的人所下的一封英雄戰帖。

第 5 章

當代盧恩復興
CONTEMPORARY RUNIC REVIVAL
（西元1945–現在）

第二次世界大戰後，對日耳曼宗教和盧恩的愛好在德國遭到反對，甚至連在學術圈也是如此，因為尚未完全脫離「納粹－盧恩學」（NS-runology）的影響。儘管日耳曼宗教信仰脈絡的德國奧祕盧恩學幾乎已被消滅，但卻在其他西方祕術支派以及德國神祕主義最負盛名的魔法組織「土星兄弟會」（Fraternitas Saturni，英文名 Brotherhood of Saturn）找到了新家。以吉多．馮．李斯特、弗里德里希．伯恩哈德．瑪比，以及齊格菲里德．阿道夫．昆默等人之理論和實踐為基礎的盧恩書籍，也成為土星兄弟會魔法課程的一部分內容，主要帶領者是埃拉圖斯分會（Frater Eratus）的卡爾．史皮斯伯格（Karl Spiesberger）。史皮斯伯格致力於將奧祕層次的盧恩知識引導到普世方向，並使其脫離納粹德國民族主義（völkisch）的解釋，主要論述可參考他的兩本著作《盧恩魔法》（*Runenmagie*, 1955）和《所有人的盧恩庇護所》（*Runenexerzitienfür*

Jedermann, 1958)。此外也有一派摻入大量赫密士－諾斯底思想，此趨勢在早期的盧恩魔法師中已多少可看出端倪。

二戰結束，F・B・瑪比從達豪集中營獲釋後，再度活躍起來，但之後的成就，已經無法和過往相提並論。

以復興古日耳曼為脈絡的盧恩學此時緩緩展開。1969年左右，阿道夫和西格倫・施萊普弗(Sigrun Schleipfer)重啟阿瑪寧教團，並接管戰後一直處於休眠狀態的吉多・馮・李斯特協會之領導權。這群新任大師開始立基於日耳曼神祕主義，著手將阿瑪寧教團打造成真正的魔法教團。當時活躍於德國的其他新日耳曼團體，則對盧恩魔法沒什麼興趣。整個1970和1980年代，盧恩學在德國發展出截然不同的兩條路線，一條是普世(universalist)與半普世主義(semi-universalist)奧祕盧恩學(代表人物是卡爾・史皮斯伯格、沃納・科斯巴布〔Werner Kosbab〕等人)，另一條是部落－民族主義(tribalist-nationalist)奧祕盧恩學(以阿瑪寧為代表)。德國的這些團體全都是使用18個字符的弗托克。

對於所有愛好日耳曼文化的人來說，盧恩始終具有一種特殊神祕感。隨著日耳曼文化復興再度於歐洲和北美傳播(從1970年左右開始幾乎是自發性地)，盧恩經常在許多群體的代表圖像和象徵符號中占有一席之地；舉例來說，英國奧丁儀式團(Odinic Rite)使用的儀式稱為「發現盧恩」(Discovery of the Runes)，阿薩特魯自由會(Ásatrú Free Assembly)出版的期刊《盧恩石》(*The Runestone*)，也是以盧恩為刊名。不過，那些年當中，並沒有任何一個組織在進行奧祕盧恩學的深度研究工作。

1974年夏天，我在大學圖書館偶然發現了卡爾・史皮斯伯格所寫的《盧恩魔法》一書[1]。在那之前有一天，我突然靈光一閃，聽見「RUNA」這個字的「聲音」。從那天起，我的盧恩研究之路就此展開。我對魔法的研究，一開始專注於原魔力量(daimonic splendor)，在哲學上毫無進展之後一腳陷進了新卡巴拉主義的泥淖。盧恩，以及展現其大能的奧丁之道（Way of Woden），讓我重新踏上了通往偉大力量的道途。當時我對當代日耳曼復興一無所知，直到1978年才開始有了轉機。發現史皮斯伯格的書之後，那個夏天，我開始深入研究阿瑪寧弗托克的哲學思想與實務，並以卡爾・史皮斯伯格、吉多・馮・李斯特和魯道夫・約翰・戈爾斯雷本（R. J. Gorsleben）等權威著作中的概念為素材，編纂出一本書。這本書就是1975年8月完成的《阿瑪寧盧恩魔法》（*Runic Magic of the Armanen*，未出版）。這些研究讓我對日耳曼宗教和魔法產生了濃厚的學術興趣。翌年，我成為研究生，開始學習古北歐語，同時開始在知識層面研究奧丁之道。

不過，我對日耳曼事物的興趣並不是從1974年突然開始的。在那年之前，《命運之矛》（*The Spear of Destiny*）[2]這本書就已經打開了我對日耳曼的想像，也激發了我的探究熱情。自此，我開始追尋建造出這座宏偉建築的原始文本。後來我發現，其中有許多文本都被誤用，不然就是解釋錯誤。在更早之前，我腦海中也一直盤旋著一句話：「夜之渡鴉已往前高飛……」

我繼續獨自一人探索我的隱密道路，直到1978年夏天，我接觸到阿薩特魯自由會，開始了一段與新日耳曼團體的密切合作。於此同時，我手邊正在進行的二十四個盧恩古弗薩克奧祕系統的恢復工作也即將完成，成果就是1979年出版的《弗薩克：盧恩魔法手冊》（*Futhark: A Handbook of Rune Magic*）一書[3]。我從知識層面的研究發現，人們若要了解盧恩的真實面貌，一定得從古代原始系統開始研究起，才能窺見其真相。

不過，當時我並不知道，這條旅程上我其實有一位旅伴：大衛・布拉格溫・詹姆斯（David Bragwin James），他在美國康乃狄克州紐哈芬市，也在與我類似處境下，朝著同一方向戮力前行。

很快我們就發現，英語國家當中沒有任何團體了解深層盧恩學知識，因此，以連貫且可溝通的方式加快我們對民間盧恩奧祕的了解，這個重責大任就落到了我身上——這並不是一件容易的事。於是，我們成立了一個名為「盧恩行會」（Rune-Gild，譯注：同業公會、啟蒙學院性質）的獨立機構，來進行盧恩研究和盧恩魔法的實踐與教學工作。最初很多人都認為這個機構是隸屬於某些新日耳曼宗教團體，但事實證明這根本不可能。從某方面來說，盧恩魔法師似乎是「社會邊緣人的同業公會」，因此他們大多也會是其他組織機構的邊緣人。盧恩行會的宗旨在於提升人們對純正日耳曼傳統的知識和興趣，以系統化的方式進行盧恩研究，並提供大眾一個可信賴的管道，來學習基礎盧恩技能與盧恩智慧，也讓少數人有機會進入公會殿堂。經過早年的一番努力，盧恩行會逐漸成熟，成為有效運作的組織，並出版了一套著名的盧恩入門教材《中土米加德的九道門》（*The Nine Doors of Midgard*, The Rune-Gild, 2016, 5th edition）。

第6章

盧恩魔法與占卜之歷史淵源

HISTORITAL RUNES MAGIC AND DIVINATION

太多的現代盧恩魔法學派，或因對亙古傳統的無知，或因無力掌握傳統的奧祕，以致刻意無視或遺忘我們祖先傳承給我們的純正盧恩輝煌寶藏。在這一章，我們就要來探究真實存在的盧恩文獻資料，從中找尋古人實踐盧恩魔法的確實證據。

刻在石頭和金屬上的灰白古老文獻，就是肉眼可見的盧恩魔法活化石。文學記載大大幫助了我們補足這部分細節，但若要真正了解它，最終還是必須向下直探盧恩口傳知識的深奧內裡。

銘文

盧恩銘文代表的就是「訊息傳達」，是一種帶有奧祕本質的訊息。它們的內容通常相當複雜，而且是以象徵符號來溝通，只偶有少數是以「清晰易讀」的自然語言來呈現。很多時候，銘文上的訊息都相當混沌不明。然而，仔細分析文物證據後，我們還是可以從往昔的一些盧恩魔法操作方法得出一點有意義的結論。

從魔法的操作行為來看，我們可以將銘文上的盧恩句式分為七類：(1) 自然語言訊息；(2) 象徵性單詞咒式；(3) 弗薩克咒式；(4) 咒式符語（例如：*luwatuwa*）；(5) 盧恩表意文字（例如：魔法字符〔*galdrastafir*〕）；(6) 數字咒式；以及 (7) 盧恩魔法師咒式。

自然語言訊息

由於盧恩能夠被用來和其他（外部客觀）現實直接做溝通，因此盧恩魔法師可以單純僅用自然語言刻寫盧恩訊息，來對環境造成一些改變。這通常是藉由發聲誦念魔法詩句，象徵性地透過刻寫儀式，把句子置入外部標的現實中。最有名的就是詛咒性質的咒式（防止有人褻瀆墳墓或聖地），以及用來將亡者鎮在墳墓中的咒式。「活屍／屍人」（*aptr göngumen*）是古代北歐人相當擔心的問題。人們有時會對這種現象不察，因為這類死屍經常是藉由某位魔法師的意志而復活，然後被派去破壞村莊社區。

在古弗薩克時代，這類魔法操作最有名的例子是瑞典南部斯坦托夫坦（Stentoften）和比約克托普（Bjorketorp）盧恩石上面發現的詛咒魔法式（年代皆為西元650年左右）。兩句咒式內容很類似，這裡我們僅列出較為清晰的比約克托普銘文，讀出來是這樣：*ūtharba-spā! HaidR-rūnō ronu falhk hedra, gina-rūnaR, ærgiu heartma-lausR, ūti ær wela-daude sāR that brȳtR*。這句咒式可意譯為：「此乃毀滅之讖！我，盧恩魔法師，將帶有魔法力量的光明盧恩藏在這裡。凡破壞此石碑者，將遭邪惡詛咒，無有間歇，注定慘死」。藉由盧恩魔法師之意志，然後透過盧恩文字的力量，將這個意志注入外部客觀現實環境中，這句咒式直接了當說，任何破壞或騷擾聖地的人，將會被盧恩魔法師的隱藏力量（*wela-*）詛咒至死（另請參閱第59頁有關隆德護符的討論）。由於不可能有法官或劊子手來執行此任務——而且潛在的犯罪者應該也不認識這些盧恩文字，因此死刑純粹是透過魔法手段來執行的（順便一提，比約克托普盧恩石上的銘文至今依然完好無損）。這座三角形石碑顯然是豎立在一個儀式和執法場所，因為附近地區並沒有看到任何墳墓。

單詞咒式

另一種更為簡潔的魔法溝通句式，是將單一咒式字詞與強大的多重符號力量結合在一起，來執行魔法。在古弗薩克時期，這類單詞包括：*alu*（麥酒、欣喜若狂的精神力量）[1]、*laukaz*（韭菜）[2]、*ehwaz*（馬）、*lathu*（祈請）、*auja*（好運）、*ota*（畏怖），甚至包括 *rūno*（盧恩）「祕傳知識」這個字也是。

很多時候，這類單詞會被單獨刻在各種物件上，這樣就能隨時呼召那個單詞所代表的概念之力量，將它載入物件中，或者更常見的情況是，載入到該物件所在的環境場所。上面提到的每一個單詞，都帶有巨大的心理魔法力量和意涵，對我們的祖先來說，這些力量和意涵從表面明顯可觸，但對現在的人而言，則是潛伏在我們內在深處的原型之中。*Alu* 源自一個古印歐語概念，代表狂喜力量以及藉由這股力量所施展的魔法。這個字毫無疑問跟西臺語（Hittite）的 *alwanzahh* 相關聯，意思就是「出神」（*enchant*）。這個基礎含義後來被轉用來代表日耳曼民間祭祀和魔法儀式當中使用的神聖麥酒，因麥酒當中含有能激發狂喜心境的神聖物質。在古代，laukaz 是各種蔥屬植物的總稱（包括大蒜、洋蔥、韭菜等）。這類植物不僅能夠強健身體，還具有保存保鮮的功能。此外，由於韭菜生長速度快、莖桿筆直翠綠，因此也常用來作為增長力量和活力的魔法象徵物。在日耳曼傳說中，「馬」代表的魔法力量及概念眾所周知，而且相當複雜（參閱 E- 盧恩章節）。若用在盧恩單詞咒式，則是代表轉化變革的力量符號，也是奧丁的八足神駒斯雷普尼爾（Sleipnir）的象徵符號，以及人馬關係中馬的活力象徵（:ᛗ:）。

上面提到的每一個符號單詞，在自然界中都有一個實體對應物。但單詞咒式也包括較為抽象的概念。我們先把 *rūno* 和 *lathu* 這兩個字放在一起看。這兩個字都可以用來代表魔法師發出的唱咒聲，也就是發出聲音來祈請（*galdrar*，聖詠、聖咒），目的是將魔法力量帶入外部客觀現實中，而且它本質上是祕傳魔法，絕不對未入門者透露。*lathu* 這個字基本上等於英語的 to load（載入），可以理解為將魔法力量載入到一件物體中，或是「邀請」神聖存有（神靈）進入某個區域（參見德語的 Einladung）。不將 *rūno* 這個字作為字母或書寫字符來解的一個實際例子是，弗賴勞貝爾斯海姆（Freilaubersheim）胸針上的簡單咒式：*Bōso wræt rūno*（巴索刻下此盧恩〔單詞〕）。此外，我們從其他例子也看到，rune 這個單詞在整個古弗薩克時期幾乎都是用來意指「祕密知識」或「魔法祈請咒」。*auja* 一詞跟 *hailagaz*（神聖）在概念上非常相似，通常意指「使其充滿神聖或聖潔力量」，因此衍生出幸福和好運的意思。最後是 *ota* 這個相當晦澀的魔法咒式，它通常用來代表魔法力量的反面，原始古字是 *ōhtan*（敬畏、恐懼、畏怖之意；與古北歐語的 *ægi-* 相關聯，比如 ægishjálmr〔怖畏之盔〕）。這些單詞，都是以盧恩字符刻寫成咒式，因此可受到儀式操控，成為一種魔法媒介，將魔法師及他的刻寫內容結合起來的「主觀現實」與外部「客觀現實」間建立連結，「奧祕大師」的意志因此得以實現。

弗薩克咒式

盧恩咒式當中最引人注目的類型，就是完整或縮寫形式的弗薩克咒式（請參閱第1章的古弗薩克實例）。這類銘文在維京時代，尤其是中世紀時期也相當常見。這類弗薩克咒式，偶爾是為了教學目的，或是只做為「練習用」。不過，若單純為了這個目的，其實還有其他更省時簡便的作法。事實上，弗薩克咒式最常出現的時機，幾乎都是為了魔法用途。盧恩文字的符號意義至少有兩層：(1) 它是所有「必須執行之事」的集合體；(2) 它是由一個特殊的、設定好的指令來執行。換句話說，盧恩就是必要執行之事的指令符號。將指令（宇宙的、大自然的或心靈的）帶到一個特定環境（主觀或客觀），無疑是魔法施作相當常見的動機。

盧恩符語和魔法咒式符語

如果說弗薩克咒式是指令符號，那麼所謂的無意義銘文（nonsense inscriptions）即為非指令符號，或是某種非自然指令符號。我們將那些似乎隨機組合，而且很難發音或不斷重複的字符排列稱為「盧恩符語」（rune formulas）。這類咒式最常出現在黃金薄片墜飾上。另外還有一些字符排列是可以發音的，但在自然語言的日耳曼語詞彙中找不到這些單詞。這些「詞語」或許確實是來自「諸神之語」，是直接從另一世界接收而來的非自然語言。最著名例子像是 *luwatuwa*、*suhura-susi*、*anoana*、*salusalu*、*foslau*，以及後期的 *suf-fus*。有些詞語可被「解碼」，有些則沒辦法。這些不過是奧丁大神和他的凡間盧恩魔法師共用的非自然魔法語言之斷簡殘篇——也是我們必須再次將它找回來的一種語言。這些詞語可能是由魔法巫師（seidhmenn）在出神狀態下接收然後說出來，隨後在其魔法傳統中流傳，成為魔法用語的一部分。只要根據盧恩的「客觀化原則」，這類盧恩咒式中的詞語就可再次被理解。

表意盧恩

理論上，唯一有資格稱為表意盧恩（ideographic rune）的字符，是能夠用這個弗薩克文字來表示其名稱（也就是所謂的語素文字〔logograph〕），要不然就是根據刻瀀物品之需要，在一個單詞範圍裡面用到某個弗薩克字符。不過，也有某些類型的魔法字符（galdrastafir）是由幾個盧恩文字組合的「綁定盧恩」所組成，而且通常具有高度圖畫風格。像前面章節提過的錫沃恩金幣墜飾、庇特羅阿薩頸環、古瑪普盧恩石刻，以及克文內比護符，都屬於這一類。這類表意盧恩事實上是另一種形式的編碼盧恩，是把神祕意涵封藏在那個符號裡面。之所以要把它隱藏起來，動機上並不是為了讓別人讀不出來——其實很少有銘文（尤其古弗薩克時代的銘文）是要讓人「讀」的。剛好相反，它的目的是為了讓內容看起來更有親和力，更能引起人們對其他隱密世界的共鳴。一個圖案愈簡潔、隱藏的含義愈多，人們就愈能強烈感受被盧恩大師藏起來的、關於其他八個隱密世界的魔法訊息。

數字咒式

關於盧恩數字學這個主題，我們會在第 11 章詳細討論。簡而言之，數字也是一種隱藏奧祕含義的方式，它的動機跟日耳曼傳統中其他形式的「隱藏魔法」相同。

盧恩魔法師咒式

如果不朝魔法的方向去解釋許多盧恩大師的咒式，那是非常荒謬的。因為很明顯，當盧恩大師刻下 *ek erilaz fāhidō rūnō*（我，盧恩大師，為盧恩著色）這句咒式時，他並不僅僅是在進行某種精心設計的塗鴉藝術而已（雖然兩種行為的心理過程或許相同）。盧恩大師咒式就是魔法師以神的分身來施展變形魔法的檔案記錄。很可能，我們現在看到的那些盧恩大師所刻寫的銘文遺跡，只是一個繁複儀式過程的一小部分而已。盧恩大師魔法式可以跟一個儀式工作結合，為儀式帶來加持力，或單單只使用這句咒式來執行某個魔法。若是後面這種情況，我們發現，盧恩魔法師經常會給自己冠上各種魔法名號（名字往往跟奧丁的一些聖名非常相似）。瑞典中部發現的賈斯伯格石刻（Järsberg stone）就是最著名的例子之一。石碑上面寫著 *ek erilaz rūnōz wrītu. Ūbaz haite*, Hrabanaz haite（我，盧恩魔法師，刻此盧恩。惡毒之人是我，渡鴉乃我之名號）。這塊石碑附近沒有任何墳墓，因此很可能最初是儀式用石碑的一部分，然後這位盧恩魔法師幫自己冠上「惡毒之人」和「渡鴉」這種語帶威脅的名號，來幫這塊石碑做法力加持。魔法師把這些讓人心生恐懼的面貌跟這塊石碑連結，一方面為石碑注入魔法力量，同時也保護它免受褻瀆者的破壞。

文學文獻

如果沒有書面資料留下來，尤其是古北歐語和拉丁語文獻，我們將很難用科學方法來確認，自西元100年左右以來的盧恩魔法究竟是如何操作的。這些記載，以及其中使用的某些詞彙，為我們提供了了解盧恩儀式結構的關鍵鑰匙，也為某些類型的盧恩魔法施作提供了脈絡資訊。不過，這項證據也有其局限。首先，這些文本大多來自中世紀時代，雖然它們確實可代表更古早時代使用的材料，也能反映古代的一些作法，但我們應該注意這個時間上的差距。其次，薩迦所記載的內容畢竟有摻入口述傳說，而且可能內建了某種程度的文學慣例。但若從更大範圍的盧恩傳統來看，這兩件事都是屬於次要的。盧恩魔法很顯然在維京時代和中世紀確實非常普遍，因此很自然成為薩迦的一部分，其呈現度之真實，甚至可能讓某些人感到驚訝。

盧恩占卜

在本書第三部，我們會為現代盧恩學人詳細解釋如何進行盧恩占卜，這裡主要是解釋這項技藝的歷史淵源。

當日耳曼民族開始像希臘人和羅馬人那樣書寫文字，他們把用來執行此項任務的線圖稱為「盧恩」(runes)。每一個盧恩都代表一個謎(奧祕)，也連結著某個祕傳知識的原理(這並不奇怪，因為創建和維護這套系統的人，同時也是該文化其他知識和宗教資料的保管者)。除此之外，這套系統本身就能用來呈現自然語言，因而得以用語音把魔法咒式保留下來。這套盧恩文字（或稱盧恩字符線譜〔runestaves〕），因此成為「祕密的低語者」。透過它們——悄然無聲且超越時空限制——所有溝通皆可達成。或許也可以這樣說，這套文字有能力讓不同存在界域間彼此相互溝通對話——包括神對人、人對神，甚至對大自然界。

只要是對魔法或占卜有一點興趣的人，都知道這件事情非常重要。盧恩文字雖然不是以詞語慣常意義形成的語言，但它確實建構出了元語言（metalanguage）。元語言是一種符號系統，藉由這套系統，便可傳達那些無法以自然語言傳達的意義或弦外之音。詩歌也具有這樣的功能。事實上，經典的日耳曼詩歌很可能就是從盧恩占卜實務中衍生出來的。

透過這種元語言，盧恩魔法師便可與他或她所在的環境（包括內部和外部）進行有意義的對話。這個面向，正是「盧恩」（rune）這個字的真正含義之根源。若我們把它放到古代日耳曼的多重世界論以及多重靈魂心理學的脈絡中來理解，一切就更清楚易懂了。

盧恩占卜的歷史與文獻

若無書面資料留下來，特別是古北歐語和拉丁語文獻，我們便很難從科學角度來確認盧恩占卜最初的歷史樣貌。這些記載，以及其中使用的某些詞彙，為我們提供了許多有關盧恩占卜儀式結構的線索，也為一般占卜行為提供了背景脈絡。然而，這項證據也有其局限。首先，這些文本大多來自中世紀時代，雖然它們確實可代表更古早時代使用的材料，也能反映古代的一些作法，但我們應該注意這個時間上的差距。其次，薩迦所記載的內容畢竟有摻入口述傳說，而且可能內建了某種程度的文學慣例。但若從更大範圍的盧恩傳統來看，這兩件事都是次要的。

實際考古記錄中，並無找到任何為占卜目的而雕刻的盧恩文字物證，但這很可能是因為，當時的占卜字符都是刻刮在一些容易腐爛的材料上。或者，可能在占卜完成後依正常程序在儀式中予以銷毀。另一個令我們驚訝的事實是，古北歐文學中並無直接的、非神話的內容提及盧恩占卜行為。儘管如此，根據語言學證據，以及歷史文本中的故事記載，我們可以非常確定，占卜在當時是眾所周知的。

語言學上的證據相當豐富，主要分為兩大類：跟盧恩占卜工具有關的詞彙，以及用來描述盧恩占卜結果的術語。當時用來雕刻單一盧恩文字或盧恩文字組合的木片（通常會用血液或紅色染料來上色），古北歐語稱為 *hlaut-teinar*（單數形 *hlaut-teinn*，籤枝，斯諾里〔Snorri Struluson〕稱之為「血枝」）和 *hlaut-vidhar*（籤木）。原始日耳曼語當中也有 *stabaz*（木枝、木棍）這個字，很可能也跟用刻有盧恩文字的木片來做占卜有關。因為卜筮這個行為，使得 *rūno*（盧恩）和 *stabaz*（木枝）這兩個字緊密關聯，以致後來變成了同義詞。古英語當中也有發現一個有趣的佐證，*wyrd-stæf*（命運木籤）這個詞彙，顯然就是指占卜使用的工具、道具。

古日耳曼各語支當中，用指稱各種類型的盧恩／木枝的複合詞可說俯拾皆是。有些是屬於技術上的描述（古北歐語 *málrúnar*〔言語盧恩〕、古北歐語 *blódhgar rúnar*〔染血盧恩〕、古高地德語 *leod-rūna*〔誦歌盧恩〕等）；還有一些是代表其工作目的（古北歐語 *brim-rúnar*〔大海盧恩－令其平靜無波〕、*bjarg-rúnar*〔生產盧恩－幫助順產〕等等）。其中也有一些是對盧恩占卜的結果做分類，比如，有些是屬於吉兆（古北歐語 *líkn-stafir*〔健康盧恩〕、古北歐語 *gaman-rúnar*〔喜悅盧恩〕、古北歐語 *audh-stafir*〔財富盧恩〕、古北歐語 *sig-rúnar*〔勝利盧恩〕）；另一些則是不吉利的預兆（古北歐語 *myrkir stafir*〔陰暗盧恩〕、古北歐語 *böl-stafir*〔邪惡盧恩〕、古英語

beadu-rūn〔衝突盧恩〕、古北歐語 *flaerdh-stafir*〔詐騙盧恩〕)。當然，有很多情況，這些術語的被動解讀結果都可反過來變成主動性操作。

至於如何進行盧恩占卜，塔西佗在其著作《日耳曼尼亞誌》（著作年代大約是西元98年）第10章中有非常詳細的描述。早前，關於他書中提到的 *notae*（符號）是否真的就是盧恩，很多人有所爭議，因為當時挖掘出來的最古老銘文年代是在西元150年左右。不過，梅爾多夫胸針（年代大約是西元50年）發現後就證據確鑿，證明盧恩文字在《日耳曼尼亞誌》被寫下來之前，就已為人所知。塔西佗的描述可翻譯如下：

> 人們都迷上用預兆和擲籤來做占卜……他們從果樹砍下一支細枝條，然後劈成數條小木籤，上面分別做上不同符號，然後在一塊白布上隨意拋擲。若是公共事務，則由該區祭司負責主占；如果是私人事務，則由家族之長主占；向眾神祈請後，主占者一邊望著天空，一邊拾取木籤，一次拿一支，共取三次，全部取完後，根據木籤上的符號來解釋它們的含義。得到訊息若是不准許，則當天不能再對該問題做進一步詢問；若是允許，則需進一步占卜確認。[3]

凱撒大帝於西元前58年撰寫的《征服高盧》（*In The Conquest of Gaul*, Book I, 53）一書中，也有提到「抽三次籤來問卜」(ter sortibus Consultum)，因此這一定是日耳曼卜筮的一個重要面向。[4]

《埃達》當中也有三處提到這種既神奇又神祕的盧恩占卜法，但都是在神話的背景脈絡下發生的。〈女先知預言〉第20節寫道：「（諾恩三女神）在木條上刻記，她們制定法則，她們為孩子選擇生命，她們預言孩子的命運（古北歐語 ørlög〔厄勒格〕)」。〈至高者箴言錄〉第80節告訴我們：

「當你詢問盧恩，即得到印證，那是由眾神所指示」。〈至高者箴言錄〉第111節也有一段寫道：

此刻我們要在
聖者寶座上歌唱
在那兀爾德之井旁
我觀看但不說出口
我觀看和思惟
我聽見至高者之口傳
我聽見人們談論盧恩
在至高者的大殿
在至高者大殿內
我親耳聽到他們這樣說

這段文字不僅客觀描述了占卜儀式過程——就像塔西佗以局外人身分所做的記錄那樣——甚至還讓我們窺見了盧恩占卜者心中的主觀、內在過程。若非真正擅長盧恩占卜的內行人，是無法這樣描寫的。

基督教徒也有一些其他的歷史記載，不過他們只告訴我們，三是非常重要的數字。

魔法（聖咒）

當然，盧恩也被廣泛用於魔法目的。古北歐語 *rýna* 這個從 rune 衍生而來的動詞（意思是用盧恩施展魔法或問卜），也讓我們看到占卜和魔法操作行為之間的密切關聯。此外，經常用來表示某些事情即將發生的詞彙（比如 *sigrúnar*〔勝利結果〕），也會被用於透過魔法操作達成這個狀態。當我們刻寫和（或）說出「勝利盧恩」，就等於把這些字的力量注入到客觀現實中。

或許可以趁這個時候來談談，諸如「勝利盧恩」、「麥酒盧恩」、「生產盧恩」、「大海盧恩」等這些詞彙的真正意涵，這類詞彙在古北歐語、古英語、古高地德語當中經常出現。許多門外漢研究者（和一些學者）通常都會想要用特定盧恩來對應這些術語，例如：勝利盧恩是 :ᛏᛏ: 和／或 :ᛋᛋ:，前者典故來自《詩體埃達》著名篇章〈勝利賜予者之歌〉（*Sigdrifumál*）第ㄎ7節（女武神告訴齊古爾〔Sigurdhr〕「若想獲得勝利就呼喚提爾之名兩次」），後者則來自古北歐語 *sig*（勝利之意；或來自現代德語 S Sieg）與 S- 盧恩之間的「隱喻連結」（skaldic link）。兩種假設各有道理，效果也都不容否認。不過，由於他們並沒有深入研究跟 rune 這個字有關的複雜知識，因此無法解釋這些術語究竟如何使用。如果我們能夠時時記得，古日耳曼語 *rūno* 的主要含義就是指奧祕，而且它是一個從聲音概念（耳語、咆哮等）衍生出來的詞語，那麼這類詞彙所能涵蓋的廣度就會變得更加清晰。*Sig-rúnar*「不僅僅是」象徵勝利或能帶來勝利的盧恩，它同時也意指能達到相同結果的魔法聖咒（galdrar）或整段詩節。因此，這類詞彙的使用就逐漸演變成意指帶有相同效果的一般言語，例如，古北歐語的 *gaman-rúnar*（喜悅盧恩）變成代表氣氛愉快的談話，古北歐語的 *flaerdh-stafir*（詐騙盧恩）變成代表說出騙人的話。到了晚期，*rún*（盧恩）、*stæf*（木枝、字符線譜）和 *galdr*（咒歌、咒語）這幾個概念有時實際上是相同意思，實際例子像是：古北歐語複合詞 *líkn-stafir*（治療盧恩）、*líkn-galdr*（治療咒語），還有 *val-rúnar*（死亡盧恩）／*val-galdr*（死亡咒語）。

古北歐文獻中有多處提到盧恩刻寫儀式。《薩迦》的記錄讓我們得以清楚看到魔法師在平常生活中如何使用盧恩，而《埃達》的某些章節也清楚描寫到這些儀式背後的神話魔法根據。

在〈至高者箴言錄〉第142節，就有描述到偉大的盧恩魔法師奧丁所執行的盧恩刻寫儀式過程：

你應追尋盧恩
解讀那隱密文字
無比強大之線譜
堅實有力之筆畫
由偉大聖者芬布圖爾〔奧丁〕著色
至高力量眾神塑造
預知之神赫洛普特爾〔奧丁〕所刻寫

現存文獻中提到最偉大的人類盧恩魔法師，是在《埃吉爾薩迦》。埃吉爾發現他的牛角酒杯被下了毒（第44章）：

埃吉爾拔出刀，刺入自己掌心，然後拿起牛角杯，在杯上刻寫盧恩，接著將鮮血抹在字上。他說：

我將一盧恩〔單數！〕刻在杯上
我以鮮血染紅此咒
我之話語將入此獸耳（譯注：指牛角杯）……
牛角杯隨即裂開，酒液潑灑在稻稈吸管上。

同樣是這部薩迦，在後面的章節（第72章），埃吉爾治癒了一名被疾病盧恩詛咒的生病女孩。那個 *laun-stafir*（祕密盧恩，也就是「代碼盧恩」）是一位農民的兒子所刻，原本是想幫女孩治病，結果卻讓她病得更嚴重。後來他們在她床上找到一塊刻有盧恩代碼字符的鯨骨！

埃吉爾讀了上面的盧恩字符後，開始用刀子把盧恩削下來，將它們刮進火裡，並燒掉那塊鯨骨，還把女孩用過的床單掛起來吹風。然後埃吉爾說：

「人不該雕刻盧恩
除非他熟知如何解讀
許多人受此之擾
因暗黑字符致使靈魂四處遊蕩
我看到鯨魚骨上
刻了十根祕密盧恩線條
使得那瘦弱女孩
長久受痛苦折磨。」

埃吉爾便又刻了幾個盧恩字符，將它們放在她枕頭下；她感覺身體似乎好多了……

關於祕密盧恩 *laun-stafir*（代碼盧恩）的性質和用法，我們會在第7章討論。盧恩最著名的用途之一就是刻在詛咒木樁／獸頭杖（*nídhstöng*）上。至少兩部薩迦當中有詳細描述到這種作法。《埃吉爾薩迦》第57章就有提到一個例子：

……埃吉爾〔來到〕島上。他帶著一根榛木杖（古北歐語 *stöng*），走到一處岩石峭壁，面對著內陸方向；然後拿起一具馬頭，將它架在木杖上。接著他唱了一段咒語〔古北歐語

formáli〕，然後說：「我在此豎起馬頭杖，我將這個凌辱咒語〔古北歐語 *nidh*〕導向埃里克國王〔綽號血斧〕和岡希爾德王后身上」——接著他將馬頭轉向眼前這片土地——「我將這個凌辱詛咒轉向棲居於這片土地的土地靈〔古北歐語 *land-vrettir*〕，讓他們全都得四處遊蕩，無法憶起也找尋不到自己的居所，直到他們將埃里克國王和岡希爾德王后趕出這片土地。」接著將馬頭杖塞進岩石縫裡，讓它立在那裡；並讓馬頭面向這片土地，然後在杖上刻下盧恩文字，接著又唱起咒文。

我們可以將上面這段敘述拿來跟《瓦特恩斯達爾薩迦》（*Vatnsdæla Saga*）第34章當中對詛咒木杖的描述做個比較：

兄弟倆一直等到下午三點，時間一到，喬古爾和法克薩－布蘭德爾就來到芬博吉的羊欄，他們還扛來一根木杖〔古北歐語 *súl*〕，放在欄邊。羊欄裡面有幾匹馬，是來這裡躲暴風雨的。喬古爾在木杖頂端刻了一個人頭雕像，然後在杖身刻了幾個盧恩文字，還有之前念的所有咒語。然後喬古爾將一匹母馬殺掉，從馬屍胸口剖開，將馬頭架在木杖上，並將馬面朝向博格……

另一段關於盧恩魔法的描述，是出現在《格拉提爾薩迦》（*Grettir's Saga*）第79章：

〔瑟里德爾〕步履蹣跚……彷彿受什麼引導，來到一個地方，那裡有一根木樁，非常巨大，大到可以讓一個人扛在肩上。她看了看，就命令人們把木樁帶到她面前，然後翻到另一面。那面看起來像是有被燒過又磨過的痕跡。她找到一小塊平坦處，將它削得很平滑。然後她拿起刀子，在上面刻下幾個盧恩，並用她自己的血將盧恩染成紅色，然後對著它念咒語。她向後退，繞著這根木樁來回走，對著它念非常強大的咒語。接著，她命令人們將木頭推進海裡，並對著木頭說，它應該被趕到德蘭吉去，格雷蒂爾應該受此詛咒傷害。

另一個由神明施展盧恩魔法的例子，也清楚寫在《詩體埃達》〈史基尼爾之歌〉第36節：

我以巨人盧恩對你下咒
外加三項
貪慾、墮落和淫蕩
然我亦可刮去這些刻痕
如同我之前將它們刻上
只要證明詛咒無其必要

弗雷神（Freyr）的信差史基尼爾（Skírnir，光輝閃耀者）用詛咒威脅巨人少女格爾德（Gerdhr），說如果她不願意成為他領主弗雷的新娘，就必須嫁給三頭巨人。整首詩有很多奧丁信仰的元素在內。例如，弗雷是從奧丁的至高王座（Hlidskjalf）來觀看各個世界，史基尼爾則是騎著一匹馬在各世界穿梭。至於弗雷和奧丁之間的關係，我們留待第13章來探討。

從上面所舉的幾個歷史實例來看，很明顯，盧恩既可用來治病，也可用來傷人。但除了神祕巫術儀式外，是否也有其他形式的智慧魔法或自我轉化儀式（self-transformation）呢？答案是肯定的。但由於薩迦故事很自然跟「衝突」有關——畢竟，這些故事的目的既是為了娛樂，也是為了敘述「歷史」事件——因此很少提及這類儀式。在思考這個問題時，我們必須記得，啟示性盧恩占卜的主要目的就是這樣的一個轉化過程。盧恩占卜者實際上是透過溝通而「得到啟示」（in-formed），而不僅僅是一個被動、客觀的訊息接收者。這就是為什麼真正的盧恩占卜不應被當作通俗「遊戲」，或由未入門的外行人任意為之。最著名的智慧盧恩儀式，可以在〈勝利賜予者之歌〉中看到，它細數要刻寫盧恩的二十四個神話處所（第15-17節）後，在第18節中為我們提出了這個寶貴的魔法處方：

所有〔盧恩〕被刻寫出來後
會被刮下來
混入神聖蜂蜜酒中
然後分送到各處

這等於是給出了智慧魔法的實際儀式處方，可以直接照做，也可象徵性地執行。

雖然我們希望能從古日耳曼文學文獻中得到更多關於盧恩魔法運作的細節和實例，但還是必須慶幸，目前我們擁有的斷簡殘篇當中已經透露了非常多準確訊息。這些資料已足夠讓我們以極高的歷史準確性來重建盧恩魔法和盧恩占卜操作的物理環境。

操作公式包括三個基本步驟：(1)「刻寫」盧恩字符；(2) 為字符「上色」（用血液或染料）以及 (3) 將字符圖像「用聲音念出」。第三步驟有很多進行方式，比如，直接吟唱盧恩字符名稱、說出與該魔法工作相關的有力語言、說出銘刻字符所代表的實際意思，或是類似詩歌吟唱形式。操作步驟的第四個面向是，從已完成雕刻的物件媒材上把盧恩字符刮掉，這樣就能破壞或轉移那些字符的力量。這是我們從文獻資料上所得到，最簡單明確的儀式進行方式。不過，在〈至高者箴言錄〉第 144 節，我們也清楚看到更繁複的盧恩魔法儀式：

你知道如何刻寫〔*rísta*〕嗎？
你知道如何解讀〔*rádha*〕嗎？
你知道如何上色〔*fá*〕嗎？
你知道如何驗證〔*freista*〕嗎？
你知道如何祈求〔*bidhja*〕嗎？
你知道如何供奉〔*blóta*〕嗎？
你知道如何賜贈〔*senda*〕嗎？
你知道如何獻祭〔*sóa*〕嗎？

這節裡面的專有名詞顯然都跟盧恩魔法操作有關，但只有前三個技術性詞彙——刻寫、上色和解讀（也就是在執行占卜時解讀盧恩字符）跟盧恩文字有關。其他五個詞彙通常是用來描述祭祀儀式的過程。在古北歐語中，*freista* 的意思是測試、驗證或執行。這裡的驗證可能是指找出跡象或徵兆，來證實或確認占卜得到的啟示或預示。*Bidhja* 則是指向神明祈求或要求神明給予「回應」，最後三個詞彙更直接代表實際向神獻祭的作法。所有這些詞彙的使用都讓我們相信，完整的盧恩魔法儀式中，有時也會包括祭祀儀式的執行。

至於盧恩占卜的儀式進行方式，古北歐文獻談的極少。北歐人當然知道各種啟示性占卜技術，其中有很多被歸類為賽德魔法（seidhr，巫術，也就是出神儀式）。盧恩占卜則比較屬於分析性質和咒語導向。因為大家都知道，盧恩在西元一世紀的日耳曼民族中相當常見，而且，由於塔西佗在《日耳曼尼亞誌》第10章有非常詳細的描述，包括後來一些片段描述所證實的部分，所以我們幾乎可以肯定，那段敘述就是一個貨真價實的盧恩占卜作法。整個占卜的基本架構如下：

1. 切割和刻寫字符木籤。
2. 召請諾恩三女神（或其他神明）。
3. 拋擲木籤（在一塊白布上）。
4. 召請眾神明。
5. 抽（三根）木籤。
6. 坐上主占座位（希爾之凳）。
7. 解讀符文籤。
8. 用徵兆做確認，等等。

賽德魔法

在古日耳曼魔法歷史中，還有一種魔法形式，稱為「賽德」（seidhr）。雖然後來這種魔法的名聲不佳，但很可能是因為當初這種魔法主要（但非絕對）是由女性來主導。在神話中，據說（《英格林加薩迦》〔*Ynglinga Saga*〕第7章），奧丁從華納女神弗蕾雅（Freyja）那裡學到了這項魔法技能。我們客觀了解有關賽德魔法之後，在《賽德魔法典故》（*A Source-Book of Seidhr*, Lodestar, 2015）書上作出了總結。由於本書主旨不是要討論賽德魔法的實踐，我們關心的是盧恩魔法的實際作法，但因賽德魔法仍有其重要性，值得在這裡將賽德魔法的基本理念做一下說明。

seidhr 這個字目前無法確定它的字源，但可以確定跟沸騰（seething）

的概念無關。它很可能是指某種聲音表現。根據文學文獻對此魔法的描述，聲樂表現——包括吟唱某些歌曲來召喚靈體，或是吟唱魔法曲調（seidhaeti）來造成直接影響——是此一魔法傳統的重要部分。

或許，那些後來被歸類為「賽德」的魔法，最初其實是印歐文化和宗教中所謂的「第三功能」傳統魔法。它是屬於農民和牧民、工匠和鐵匠、樂師甚至賣藝者的魔法。他們的魔法非常強大且獨特，而且根據文獻所載，這種魔法幾乎都是由女性巫師來主持。數千年前，當印歐人遷移來到歐洲大陸，此種魔法也同時被吸收，成為屬於所謂古歐洲人的在地魔法。

日耳曼祕傳傳統在這部分並沒有很完整的文獻記錄。正因如此，任何試圖復興這個魔法傳統的人，在運用已知資訊時都應該特別小心。很多人可能禁不住想要拿來自其他文化的現成作法來填補未知的空白，但這樣的作法很可能反而導致失去更多寶藏。

從目前我們掌握的資料顯示，出神狀態是由助手吟唱歌曲來誘導，儀式通常是在一座高臺或高架空間的最高處來進行。可能還有伴隨敲打某種像是木箱之類的打擊樂器，木箱裡面裝有巫師的護符和聖物。巫師開始進入出神狀態，並持續一段時間保持沉默無語，這時候是處在一種非正常意識的狀態。等到恢復正常意識後，女巫（seidhkona）或男巫（seidhmadhr）開始敘述她／他在出神狀態下從其他靈體接收到的資訊。這也大致描述了以賽德魔法進行占卜的整個過程。

第 7 章

盧恩代碼

RUNIC CODES

複雜的「盧恩文字系統」(請參閱第9章)最為人注目的面向之一就是，它能夠創造出各式各樣的盧恩代碼。之所以能夠做到這種複雜度，主要是因為盧恩本身有「分族」(aett)系統。它基本上是將所有弗薩克字母分為三部分(或稱「三排」〔three rows〕)。古弗薩克時期的字母有三排，每排八個字母，如圖7.1所示。

我們從五份古代手抄本文物證據也看到，古英語弗托克同樣是分為三組，另外加上第四組的四個字符，如117頁的圖7.2所示。古英語盧恩的分族系統清楚顯示，前二十四個盧恩被認為是一個整體，後面四個盧恩(晚期則是五個或五個以上)是為了補前面盧恩字符的不足而「硬擠出來」的。

後來的古北歐文字系統也有分族。但是很怪，盧恩字母從二十四個減到十六個，這樣就沒辦法平均分成三組。於是就變成兩排有五個盧恩，另一排有六個盧恩。這個分族系統最初的分族方式請參見117頁圖7.3。不過，以維京時代的盧恩代碼結構來看，通常是改成依照117頁圖7.4的順序。因為某些隱密理由而在順序上重新安排，很可能是繼承自古早時代的古老作法。建立在分族系統上的盧恩代碼，背後的基本概念大多為「雙數字組合」（binary number set），前一個數字代表其所屬分族（在古弗薩克系統就是介於1到3之間），後一個數字代表從該排最左邊開始算起的排序（以古弗薩克來說就是介於1到8之間）。舉一個簡單的例子，2:8＝:ᛊ:（第二族的第八個字符）。這種雙數字組合碼有很多表現方法；到了晚期，唯一用來決定如何表現的，大概就是靠盧恩大師的想像力了。儘管盧恩密碼學（runic cryptology）這項技藝似乎是在維京和中世紀時代才達到顛峰，但這種作法從盧恩傳統誕生之初就已廣為人知。古弗薩克文字分族系統最早的代表性文物是瓦斯泰納／莫塔拉金幣墜飾，另外還發現有多達六件古弗薩克銘文，似乎也帶有某種盧恩密碼在裡面。

圖 7.1 古弗薩克分族

科林指環（ring of Körlin）上面有一個:ᛋ:符號，還有一段銘文:ᚢᛚᚨ:。後者很清楚是一個逆寫的魔法咒式（*alu* formula），而前者可能是盧恩代碼2:1（即第二族的第一個盧恩＝:ᚺ:）。不過，看起來也可以解成一個由 A

＋L組成的綁定盧恩。跟代碼形式結合，就成為另一個魔法咒式。這枚黃金指環的年代可追溯至西元600年。

因此，任何以圖案形式代表兩個數字的方法，都可以用來編寫隱密盧恩訊息。但當然，「解讀者」必須熟悉分族系統及其所有複雜性，才有辦法解釋該訊息。這種古早時期的盧恩代碼，在克羅斯塔石刻（stone of Krogsta，年代約西元550年）上也有看到，其中一部分是:ᛉᚨᚾᛁᚨᛁᛊ:，從右到左讀起來是SIAINAZ。沒有任何語言上的意義。但如果我們把:ᛇ:盧恩讀成1:1＝:ᛏ:的代碼字符（以重新排序的分族順序來看），那麼它就會變成一個有意義的字*stainaz*（石頭）。就是指這件物體，或者很可能是雕刻這行字的盧恩大師之名。

圖7.2 古英語弗托克分族

圖7.3 後弗薩克分族

圖7.4 後弗薩克分族的祕密編碼

在古代銘文中，古英語傳統的代碼盧恩相當罕見。目前我們只發現它有特殊的字母分族，以及一件銘文，就是哈克尼斯石碑（stone of Hackness，雕刻時間約在西元700年至900年間）。不過，銘文破解後得出的咒式，沒有任何語言上的含義。

目前已知的數十種隱密盧恩形式中，最廣泛被使用的是伊斯盧

納 *isruna*（也就是 is- 盧恩）。這是從一件以拉丁文書寫的中世紀日耳曼手抄本「伊斯盧納小冊」(lsruna-Tract）所得知。第118頁圖7.5就是這個盧恩代碼系統的一個實例，是在瑞典烏普蘭的羅特布倫納石碑（stone of Rotbrunna）上發現的，它用盧恩代碼拼出了 Eirfkr 這個名字。

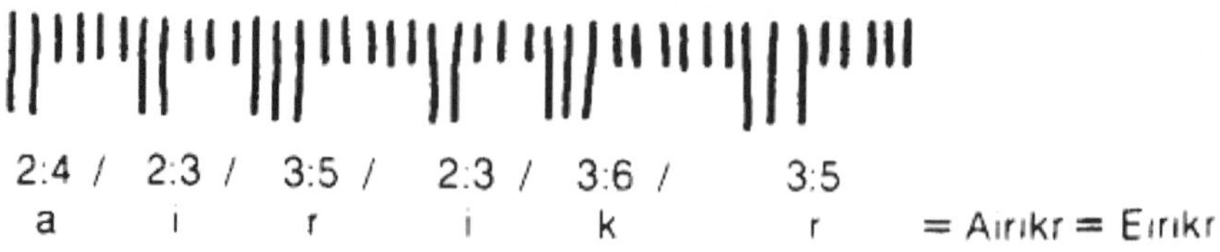

圖 7.5 羅特布倫納的伊斯盧恩

後面這個 is- 盧恩系統，可能就是我們在第108頁引用的《埃吉爾薩迦》第72章那段盧恩魔法的關鍵。當中埃吉爾有談到（鯨魚骨上）「刻了十根祕密盧恩線條」，原本是想用來幫女孩治病而刻的。以治病來說，比較適合的表意咒式是 :ᚠᚢ:，(*fé* 和 *úrr*，菲胡和烏魯茲)，代表精力能量和生命力。將這些概念變成盧恩代碼，讓它帶有更強的魔法力量，就得到圖7.6a 這個 is- 盧恩。但那位不熟悉盧恩字符代碼的農民小男孩，多刻了一條線，變成圖7.6b 這個樣子，結果讓女孩病得更重。圖7.6b 是 *fé*（能量、熱）和 *thurs*（巨大的破壞力）的組合——這句咒式基本上並不適合用來治病。此外，古挪威盧恩詩和古冰島盧恩詩也都有提到 TH- 盧恩對女性的負面影響！外行的盧恩刻寫者，因為在這句祕密盧恩咒式中刻太多條線，結果導致完全相反的效果：*Skal-at madhr rúnar rísta, nema rádha vel kunni.* ...... 人不該雕刻盧恩，除非他熟知如何解讀，切記啊……）。

除了分族代碼外，還有很多方法可以將盧恩咒式的自然語言訊息隱藏起來。讓音素隨著弗薩克的順序改變也是一種方法，舉例來說，:ᚢ: = F，:ᚦ: = U，:ᚨ: = TH，依此類推。單一盧恩文字也可以用圖像化圖形

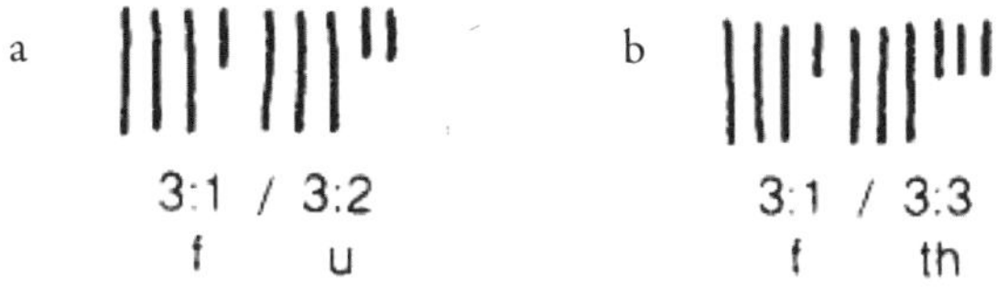

圖 7.6 左：重新建構的 is- 盧恩治病咒式（總共九條線）
右：農民小男孩刻的 is- 盧恩咒式（總共十條線）

（logographically）來代表其名稱，例如，在《詩體埃達》中，:ᛉ: 這個字有時會被寫成古北歐語的 *madhr*（人）來代替。單一關鍵詞有時也會有各種不同的縮寫方式。當我們看到單一盧恩文字代表其盧恩名稱以外的詞彙時，我們就知道那當中應該是隱藏了盧恩名稱之外的祕傳知識，這也是我們盧恩行會正在研究的一個主題。

將自然語言訊息模糊化或加以改變，還有幾種常見的方法，包括 (1) 省略某幾個盧恩（例如將所有母音都省略）；(2) 打亂單詞的順序；(3) 將整段文本或其中一部分文字從右向左反向刻寫（這種情況還滿常見的，似乎是常用方法）；(4) 用特殊的非盧恩文字符號來替代某些盧恩文字；以及 (5) 後弗薩克銘文用古弗薩克盧恩字母來刻寫。

這些盧恩代碼的魔法（操作）效用都相當明顯。它們（至少最初）並不是為了讓「閱讀者」看不懂。它們的目的是要把盧恩藏起來，被隱藏的東西會在隱藏的主觀界域產生作用力。於是，在神靈所化身的盧恩知識框架內，主觀現實與客觀現實之間便建立起了有效連結。

第 8 章

盧恩詩

RUNES POEMS

除了盧恩文字之名稱、字形、排序和分族的主要知識外，關於盧恩文字最古老的系統化知識，全都包含在盧恩詩中。最初這樣的詩歌可能有好幾部，但無疑全都屬於同一宗教信仰傳說體系。在這一章，我們會介紹最重要的三部盧恩詩，以及一部很少人研究，但淺顯易懂的盧恩字母口訣詩，或許我們能從中發現一些東西。所有詩節的翻譯，我們都儘量不做評注或內部解釋。除了這幾部盧恩詩——基本上是一節一節的解釋性詩句，每一節都以一個盧恩名稱／盧恩文字作為開頭——《詩體埃達》當中也有許多跟盧恩知識直接相關的詩節，我們也會針對這些詩節提出一些奧祕面的觀點意見。這些詩歌作品的原始目的，可能是為了幫助盧恩魔法師在進行占卜時，能夠掌握某些關鍵概念，或者，也可能只是傳統上對於盧恩知識的簡要陳述方式。不管是哪一種目的，我們會在本書第三部解釋盧恩占卜時用到這些詩歌內容。

關於盧恩詩的原始語言文本以及所使用的詞彙，可參考《盧恩詩》（*The Rune Poems*, Lodestar, 2018）一書，當中有收錄完整的詞彙表。

古英語盧恩詩

古英語盧恩詩（The Old English Rune Poem）記錄了二十九節古英語弗托克詩。這部盧恩詩特別重要，因為它收錄了好幾個沒有在後弗薩克中出現的古弗薩克字母，是非常重要的參考資料。缺點是，它似乎有為了基督教信眾而改動了其中一些詩節。但我們也要記得，在中世紀早期，英國宮廷社會的「基督教」很難說是屬於正統基督教，而且它確實保留了許多古老的異教文化。

關於這部詩的文本內容，我們主要根據漢弗萊．萬利（Humfrey Wanley）的抄寫本，這個抄寫本後來也被收錄在1705年印刷出版的《喬治希克斯大辭典》（*Thesaurus of George Hickes*）中。不過，這部詩歌抄寫本因1731年的一場大火，在柯頓圖書館中跟著被燒毀了。這部抄寫本的原始抄本，年代大約可追溯到十世紀末左右，因此很可能這些詩歌最早的版本是出現在八世紀末或九世紀初：

ᚠ **〔財富〕乃是**
人人所歡迎
但亦應大方
奉獻付出
若欲得到
上主之讚許

ᚢ〔野牛〕無所畏懼
雙角巨大無比
牠乃極其兇猛動物
以雙角與敵人戰鬥
眾人皆知牠乃曠野遊俠
無比勇敢之獸

ᚦ〔荊棘〕最為鋒利
任何王公貴族
誰握住它
即受傷害
誰落入荊棘叢中
即受酷刑

ᚨ〔神／嘴巴〕乃一切言語
之根源
是智慧的柱石
智者之安慰
為每一位貴族伯爵帶來
希望和喜悅

ᚱ〔騎馬〕極為容易
因戰士住於嬌柔宮中
戶外跨騎
則甚為費力

偉大種馬在長長道路
奔馳萬里

ᚳ〔火炬〕為所有活著的人
所熟悉
因那耀眼燦然
之火焰
總在貴族歇息之處
燃燒

ᚷ〔禮物〕之慷慨贈與
帶來信用和榮譽
支持與尊敬
對於被社會遺棄
一無所有之人
則是利益與有形物質

ᚹ〔喜悅〕乃屬
對苦難知之甚少、
未經悲痛與憂傷，
以及擁有權力與至樂
和華美住屋之人
所專有

ᚻ 〔冰雹〕是最純白之穀物
從天堂閣樓迴旋而下
被強風折騰四處飄蕩
之後融化成水

ᚾ 〔需求〕離乳房最近
它經常向人類孩子證明
那是幫助和醫治之兆
若他們及時留意

ᛁ 〔冰〕太過寒冷
滑不可測
如玻璃那般閃亮
與寶石最為相像
被霜雪凍過的地面
看起來非常漂亮

ᛄ 〔年／豐收〕乃眾人之希望
若上主、神聖天界之王
讓大地結出
閃亮果實
富人與窮人皆得均霑

ᛇ 〔紫杉〕外觀看來
是表皮粗糙的樹

但它強壯又穩固
是火的守護者
由深根撐持
為家增添喜悅

ᛈ〔棋盒〕總是意謂著
遊戲和歡笑
之中亦有戰士
坐於其間
於飲酒大殿
愉快相聚

ᛉ〔麋鹿〕莎草大多出現
在沼澤
生長於水中
能將人割傷
若有戰士以手握之
必定染上鮮血

ᛋ〔太陽〕對水手來說
是高懸的希望
在他們出海
逡巡魚群之時
直到那海上駿馬
將他們載回岸上

ᛏ〔提爾〕是指路之星
對王子們
克忠職守
在其軌道上
戰勝黑夜迷霧
永不墜落

ᛒ〔樺樹〕不結果實
雖不結種子
但會生出吸芽
因是從葉子長出
其枝條光輝壯麗
高舉著樹冠
直入天際

ᛖ〔馬〕，在戰士看來
只是貴族的娛樂
馬為牠的蹄子感到驕傲
當富人在馬背上
為牠誇耀爭辯
馬是不安之人
永遠的慰藉

ᛗ〔人〕深感喜悅
對其親屬深愛至極
但每個人都注定

與其友朋至親分離
因天主按其旨意
將脆弱的肉體
帶到塵世人間

ᛚ〔水〕對人來說
似乎無邊無際
若他們冒險
登上搖晃之船
海浪將令他們
恐懼驚怕
這匹海上駿馬
並不受韁繩所羈

ᛝ〔殷格〕首次現身
是在東丹麥人部落
之後便乘浪東去〔或返回〕
其身後有馬車跟隨
自此之後
人稱他為英雄

ᛞ〔白晝〕乃神所差遣
深受人們喜愛
是偉大造物主之榮光

是歡樂和幸福
無論是富是窮
平等為眾人服務

ᛟ〔家產〕是所有人
珍愛之物
只要他能好好守住
並適當使用
就能在自家宮殿
坐享無盡繁榮

ᚪ〔橡樹〕為地球人類後代
養肥豬隻
它經常
橫過塘鵝之浴池〔＝大海〕
攪動波紋測試
它能否信守
高貴忠誠

ᚫ〔梣樹〕極為高大
對人類而言
其樹幹粗壯
穩穩抓地
儘管總受
無數敵人攻擊

ᚣ〔弓〕為每一位王公貴族
帶來歡樂和榮譽
騎馬配戴甚是好看
它是可靠旅伴
乃戰士之絕好裝備

ᛡ〔大蛇〕是一種河魚
但牠總是喜歡
在陸上覓食
牠擁有一處美麗住所
四周環水
牠在那裡無憂無慮生活

ᛠ〔墳墓〕是所有戰士之恐懼
當不動之死屍
開始冷卻
躺臥於黑暗大地之懷抱
榮華衰敗
歡樂逝去
一切盟約
都被打破

古挪威盧恩詩

古挪威盧恩詩（The Old Norwegian Rune Rhyme）的年代可追溯到十二世紀末至十三世紀初。很明顯它和「冰島盧恩詩」（The Icelandic Rune Poem）屬於同一傳統，儘管它有受到部分基督教元素的汙染。每一個詩節結構都極為簡潔凝練，實際上就只有兩句：前句包含兩個帶頭韻的字符，後面一句則包含一個帶頭韻的字符。最早原始文本前後兩句都有押韻。前後兩句的思想內容看似毫無關聯，事實不然；後句其實是對前句的更深一層論述，等同一個重點結論。從占卜啟示的角度來看，這些詩節的作用跟禪宗公案非常像：

ᚠ〔財富〕惹親族之爭端
狼於森林中被豢養

ᚢ〔爐渣〕來自劣質的鐵
馴鹿不時跑過結凍冰雪

ᚦ〔巨人〕導致女人生病
極少有人為厄運而高興

ᚬ〔河口〕乃多數旅程之通道
非是收藏劍柄之劍鞘

ᚱ〔騎馬〕據說對馬匹最為摧折

侏儒萊金鍛造了上好利劍

ᚴ〔瘍瘡〕乃兒童致命之因

死亡造就一具蒼白屍身

ᚼ〔冰雹〕是最冰冷之穀物

基督 * 開創世界之初

ᛁ〔冰〕，吾人稱之為寬橋

盲人須有人攙扶引導

ᛆ〔豐收〕是對人類之祝福

那是弗羅迪慷慨大度

ᛋ〔太陽〕是大地之光明

我向天神注定命運低頭致敬

ᛏ〔提爾〕是阿薩的獨臂之神

經常有鐵匠鼓風鍛劍

ᛒ〔樺樹〕葉子最為翠青

洛基的詭計則是僥倖

ᛘ〔人〕是塵土之擴大

偉大乃老鷹之爪

ᛚ〔水〕是山腰落下的瀑布

而黃金是昂貴之物

ᛦ〔紫杉〕是冬季最翠綠之樹

燃燒時劈啪爆裂四射〔爆出熱火〕

古冰島盧恩詩

古冰島盧恩詩（The Old Icelandic Rune Poem）的年代可追溯到十五世紀，但它跟所有盧恩詩一樣，都在詩歌中保留了古早時代的盧恩知識。第一句帶頭韻，是該節詩主要的資訊本體，後面接著一句內含頭韻的單一獨立詩句，每一段詩節後面我們都放了兩個單詞：(1) 是該盧恩名稱的拉丁「譯名」（譯注：例如「黃金」），通常是對該盧恩文字奧祕意涵的闡釋；(2) 是一個帶有「首領」稱謂的古北歐語頭韻單詞，同樣是作為進一步解釋該盧恩文字深層含義的關鍵（譯注：例如「戰隊首領」）。在這裡，我們已將古北歐語單詞翻譯成「同字源」的英文單詞：

ᚠ〔財富〕惹親族之爭端
亦是海上之火
以及毒蛇之路徑
黃金　「戰隊首領」

ᚢ〔細雨〕是雲哭泣的淚滴
破壞乾草之收成
牧人對它厭惡至極
陰影〔應該解讀為驟雨？〕　「首領」

ᚦ〔巨人〕是女人之折磨
是懸崖上之住民
以及女巨人瓦德魯納的丈夫〔一位巨人？〕
薩頓　「事物之統治者」

ᚨ〔阿斯＝奧丁〕是老父親
以及阿斯嘉特之首領
以及英靈神殿之領袖
朱比特　「地方領導者」

ᚱ〔騎馬〕是騎士之樂趣
亦是速度的旅程
以及馬匹的苦勞
旅程　「有價值的人」

ᚴ〔瘍瘡〕是兒童之災

亦是一種禍害

以及腐肉之屋

鞭子　　　　　　　　　　*「國王」＝皇親後裔*

ᚼ〔冰雹〕乃冰冷穀物

是強勁之冰凍雪雨

以及巨蛇之疾

冰雹　　　　　　　　　　*「戰鬥領袖」*

ᚾ〔需求〕乃受奴役婦女之苦惱

亦是鬱悶壓迫

以及吃重苦勞

困難麻煩　　　　　　　　　　*古北歐語 níflunger「亡者之後代」*

ᛁ〔冰〕乃河流之樹皮

亦是波浪之屋頂

以及天數已盡之人的危機

冰　　　　　　　　　　*「戴著野豬頭盔的人」*

ᛆ〔豐收〕是對人類之祝福

是美好的夏季

以及作物豐滿成熟

年　　　　　　　　　　*「全能統治者」*

ᛋ〔太陽〕是雲的盾牌
是閃耀的光芒
以及冰的摧毀者
輪子　　　　「*勝利者之後裔*」

ᛏ〔提爾〕是獨臂神
是從狼口逃生的不死者
以及神廟的掌理者
瑪爾斯　　　　「*指揮者*」

ᛒ〔樺樹〕是多枝葉之樹
是小樹
以及青春之木
銀杉　　　　「*保護者*」

ᛘ〔人〕是人之歡喜安慰
以及塵土之增加
和船隻之裝飾
人　　　　「*慷慨之人*」

ᛚ〔水〕是泉湧之流
亦是大水壺
和魚的國度
湖泊　　　　「*值得讚美之人*」

ᛦ〔紫衫〕是彎曲之弓
是易碎之鐵
以及箭之法布提〔＝一位巨人〕
弓、彩虹　　「英格維的後裔」

諾德曼尼庫姆（北歐字母表）口訣詩

由於《諾德曼尼庫姆》（*Abecedarium Nordmanicum*）是一部非常奇特的作品，通常不會被當作盧恩詩來看待，因此我們要在這裡特別提一下。這首詩是在瑞士聖加爾（St. Gall）的一部手抄本中發現的，可以說是現存最古老的一份盧恩詩手抄本，年代可追溯到西元 800 年初。不過，其內容似乎並不屬於古代異教傳統。它是以高地和低地德語混合寫成，還摻雜了一些古北歐語。這部手抄本可能是由瓦拉弗里德·斯特拉波（Walafrid Strabo）整理而成，西元827年至829年間，他在富爾達（Fulda）拜入赫拉巴努斯·毛魯斯（Hrabanus Maurus）門下跟著老師學習。而赫拉巴努斯就是中世紀最偉大的盧恩口傳知識蒐集者撒克森·阿爾昆（Saxon Alcuin）的學生。雖然這三人都是基督教神職人員，而且他們採集這些資料的理由可能是為了傳教給信仰阿薩特魯異教的北歐人，但卻無意間蒐集到大量真正屬於日耳曼信仰的教義知識。

ᚠ 財富第一
ᚢ 原牛第二

ᚦ 巨人排在第三

ᚨ 阿斯在他之上

ᚱ 車輪寫在最後

ᚴ 然後由此斷開：

ᚼ 冰雹有 ᚾ 苦惱需要

ᛁ 冰 ᛅ 豐年 ᛋ 以及太陽

ᛏ 提烏 ᛒ 樺樹 ᛘ 還有人在中央

ᛚ 水清晰明亮

ᛦ 紫杉撐持萬物萬象

這首「口訣詩」呈現的是十六個後弗薩克盧恩，但這首詩的創作脈絡，其實是對那些已經具備古英語弗托克知識，也了解其傳統的人所作的。從手抄本當中的古英語注釋（這裡未收錄）即可清楚看出這一點。乍看之下，這首詩的大部分內容，似乎只是把所有盧恩字母名稱依正常順序編排在一起（作為記憶口訣）而已，但其實當中至少有四處帶有奧祕意涵：(1)「阿斯（譯注：指奧丁）在他上方」（那個「他」＝巨人）——這很明顯是一個神學上的論述；(2)「人在中央」——顯然不是指實際空間，而是宇宙心理學上的陳述——人居住於中土米加德；(3)「水清晰明亮」——指的是閃閃發光的生命之水（參閱「古挪威盧恩詩」當中提及的黃金）；(4)「紫杉撐持萬物萬象」——世界樹紫杉中含藏著多元宇宙之本質。

《詩體埃達》中的盧恩詩節

除了以上幾部盧恩詩，《詩體埃達》當中也有三個篇章直接談及盧恩傳統。不過，內容與弗薩克詩完全不同。《詩體埃達》可能是按盧恩字母順序來描繪一系列盧恩魔法咒（galdrar），但確切的盧恩魔法咒式依然隱晦未明。雖然基本上是按照弗薩克順序將含義做出分類，但每節詩未必僅對應單一弗薩克。而且當中有一部分詩節很明顯是作為教導工具之用。《詩體埃達》的這三個篇章是：〈奧丁盧恩頌〉（也就是〈至高者箴言錄〉或稱為〈哈瓦瑪爾〉138-165節）、〈勝利賜予者之歌〉以及〈格蘿亞咒歌〉（*Grógaldr*，也就是〈斯維普達格之歌〉〔*Svipdagsmál*〕前半部）。

〈奧丁盧恩頌〉

「盧恩頌」（Rúnatals Tháttr）在奧丁信仰傳統中是極為重要的資料，所有盧恩人都應該好好閱讀、仔細研究。這個篇章基本上由三部分組成：(1)獲得盧恩啟蒙（138-141節）；(2)技術性盧恩知識之教學（142-145節）；以及(3)十八首盧恩魔法咒歌（146-164節）。第一部分描述了奧丁受啟蒙（或自我啟蒙）而獲得盧恩智慧的過程。奧丁將自己倒吊在一棵有九個世界的世界樹尤格德拉希爾（Yggdrasill，意思是「尤格〔奧丁〕的戰馬」，或「紫杉樹」）樹幹上，並「以長矛刺傷自己」。這是一個典型的薩滿巫師啟蒙主題，受啟蒙者必須接受某種酷刑折磨或模擬式絞刑（這在宇宙學上具有重大意義），如此他才能與死亡面對面。將準備犧牲的人倒吊在樹上，然後用長矛將他刺傷，這是向奧丁大神獻祭的傳統作法，從古羅馬文獻到維京時代的薩迦傳奇，經常可看到此類描述。這段描述到，奧丁將自己當作祭品獻祭給他自己——「作為奧丁的祭品，自己獻祭給自己」。這些話語當中其實含藏了「給勃」(gebo，禮物)這個偉大的奧丁盧恩，這也是奧丁自我獻祭儀式的真正精髓。奧丁信仰者並不是將他的「本我」(Self)獻給奧丁，而是學習奧丁之道，將他的本我交給他自己。

在倒吊過程中，奧丁往下深入冥界(Hel)；在生與死之間的昏暗不明中，進入激烈對立的漩渦(:ᛞ:)，就在那時，他接收到盧恩啟蒙的靈光，盧恩文字顯現在他面前，他與宇宙奧祕本質合為一體。之後他從這個層界重新回到意識層界——也就是諸神和人類所在的世界——將他獲得的奧祕傳遞給這些層界中的眾神以及某些凡人眾生。第140節寫道，這些盧恩的實質內容也藏在詩歌蜂蜜酒中。

這個啟蒙神話其實並不是在描述「真實歷史事件」，而是描述一個超脫時空限制的過程，在那當中，「受啟意識」(*wōdh-an-az*)和「宇宙奧祕」融合在一起——不是受它們所控，而是能夠掌握它們的運用之道。這些技術面也為魔法工作提供了一種儀式模式(眾多模式之一)。

在第141節，奧丁大聲說出這個啟蒙對意識的影響；他的意識開始進化、成長且智慧增長。從最後兩行我們看到，奧丁魔法之複雜和語言轉化本質，不僅在他自身內部，也在眾神和凡人之間。在受到盧恩啟蒙的「瞬間」，他「一邊撿拾盧恩，一邊瘋狂呼喊」——意思是，當一個人與宇宙奧祕融合之時，必定伴隨著發出某種振動，化為聲音從身體發出。因此，「奧祕」和「聲音」之間存在著一種原始聯繫。在這個漩渦當中，原本的自然語言已經無力表達那個體驗的全部精髓，也是在這個漩渦當中，魔法咒術應運而生。

「盧恩頌」第二部分提到基本的技術性盧恩知識，雖然還是用很神祕的方式來表達。第142節教導我們，首先要去「發現」和「解讀」那些奧祕，也就是說，要完全掌握它們的被動性知識。學習去理解和解釋那些偉大且力量強大的盧恩字符。接著是主動去使用它：幫它們上色、塑形、雕刻，而且要用它們來進行主動性工作。後面那節詩，列出了一連串技術性用語，我們在第112頁已詳細討論過，若想成為盧恩人，每一項技術都要熟練精通。這部分章節的結論是，不要「過度犧牲獻祭」——最好的結果來自恰如其分的祭祀行為。最後兩行則是整段詩節的主要框架：

> 桑德爾／雷霆〔＝奧丁〕即如是刻寫
> 在其人殞命之前
> 他從那裡揚升
> 在他返回之時

這讓原本屬於太古、非關歷史的文本變得清晰起來，同時也告訴我們，他從世界樹上「掉回來」，實際上是一種揚升。這句咒式的象徵意義也暗喻了奧丁信仰的轉化之道，乃是兩個極端之間的激烈振盪，還有，世界樹不僅有濃密分枝，也有無數條根，而奧丁就是在那些樹根間穿行前進。

每一節詩分別描述一個盧恩字符，闡述它們的根本意義。談的是十六個字母的後弗薩克，然後（基於奧祕理由）還多加了兩個舊的 E- 盧恩和 G- 盧恩。每一個盧恩的魔法用途也在詩句中不言可喻地表現出來：(1) 幫助化除各種痛苦和衝突（用「財富」盧恩 :ᚠ:）；(2) 消除疾厄、治療疾病（用「生命力」盧恩 :ᚢ:）；(3) 鈍化敵人武器（用「破壞力」盧恩 :ᚦ:）；(4) 解開束縛和腳鐐（用「狂喜魔法力量」盧恩 :ᚬ:）；(5) 直接以魔法注視敵人武器使其打偏（魔法引導 :ᚱ:）；(6) 將魔法詛咒反射回其源頭（重新引導能量方向 :ᚴ:）；(7) 控制蔓延的火勢（冷卻命令之力 :ᚼ:）；(8)

化解衝突(以意志來逆轉壓力之作用 :ᚾ:);(9) 令大海風平浪靜(利用內縮力盧恩 :ᛁ:);(10) 讓具有破壞力的中介者產生混淆(將大量魔法力導至所欲方向 :ᛆ:);(11) 戰士護符(以幸運盾牌作為裝備 :ᛋ:);(12) 了解亡者之祕密(藉由刻寫此盧恩讓倒吊於世界之軸的死者復活 :ᛏ:);(13) 戰士出生時的護符(建立魔法結界使其具備不受傷害之能力 :ᛒ:);(14) 關於諸神和其他世界之知識的智慧魔法(召喚神靈和宇宙在人間之遺產 :ᛘ:);(15) 向其他諸世界傳送力量(提振生命力之盧恩 :ᛚ:);(16) 情愛吸引力魔法(在對方身上注入情慾力量來與對方結合 :ᛦ:);(17) 兩性情慾結合魔法(與對方結合之力 :ᛗ:);(18) 動態性慾交換魔法(啟動性愛魔法的盧恩 :ᚷ:)。

值得注意的是,這十八首魔法咒歌似乎分為兩組,每一組各有九首,前九首是用魔法將能量抽走,後九首是用魔法來增加能量。因此,它仍是屬於在兩極起伏擺盪的奧丁信仰世界觀。

〈勝利賜予者之歌〉

作為盧恩文獻,〈勝利賜予者之歌〉(或譯〈希格德莉法之歌〉)是古北歐文獻中最為複雜的一部。內容由好幾部分組成,每一部分自成完整篇章,但很可能後來被串連拼湊在一起。其中,希格德莉法/布倫希爾德(Brynhildr)(女武神〔valkyrja〕,也就是希格德莉法的「高我」分身)給英雄戰士齊古爾的盧恩忠告,主要有三部分。在第一部分(第6-14節),她舉出各種盧恩類型:第7節是 *sigrúnar*(勝利盧恩),用此盧恩即可獲得勝利;第8節和第9節是 *ölrúnar*(麥酒盧恩),使用此盧恩,人可獲得更高層意識和力量的保護;第10節是 *bjargrúnar*(助產盧恩),使用此盧恩,可讓事物順利生成;第11節是 *brimrúnar*(大海盧恩),可平息大自然之干擾騷動；第12節是 *limrúnar*（肢體盧恩，或樹枝盧恩），可協助治癒疾病；第13節是 *malrúnar*（言語盧恩），可幫助獲得好口才；第14節是 *hugrúnar*（心靈盧恩），藉由此盧恩可獲得聰明智慧。

在盧恩忠告的第二部分（第17-19節），希格德莉法列出奧丁用來「刻寫盧恩」的二十四樣東西。從這些物件（以及其數量）的神話學本質可以看出，盧恩的刻寫正是宇宙形塑之工，是透過意念形成的神祕振動之力，在原初世界意識（*Wōdh-an-az*）上面做工。這三節詩實際上講的就是傳授最原初智慧給奧丁的巨人密米爾（Mímir）（詳見第13章）。我們從這三節詩中學到的第一項功課是，二十四這個數字，就是代表宇宙整體的宇宙學「關鍵數字」，而且，這個整體系統是藉由展現奧丁意志的盧恩而「鮮活起來」。

第三部分（第24-39節）列出的盧恩，跟我們先前在〈至高者箴言錄〉看到的內容很像，而且在〈格蘿亞咒歌〉還會再次看到。不過，這段跟〈至高者箴言錄〉前面詩節的風格一樣，都比較帶有說教性，而且較少談及「魔法」。系統分類的概念數字是十一（剛好是後弗薩克第十一個字母 *sól*〔太陽〕之數字，代表倫理力量）。

整體而言，〈勝利賜予者之歌〉這三部分盧恩詩節都具有向英雄傳授魔法操作、宇宙論和倫理智慧的功能。而這些都被描繪為來自「更高的分身靈」女武神之佛爾格雅（fylgja-valkyrja）。

〈格蘿亞咒歌〉

〈格蘿亞咒歌〉跟〈女先知預言〉是屬於同類型的詩，都是一位死去的女先知從冥界沉睡中被召喚出來，為人們提供所需之智慧建言。女先知格蘿亞（Gróa，來自威爾斯語 *groach*，女巫）的兒子斯維普達格將她召喚出來，請她用魔法幫助他尋找巨人妻子夢格洛德（Menglodh），於是格蘿亞對他唱了九首魔法咒歌。這九首歌的魔法用途如下：(1) 堅定一個人的真實意志（:ᚹ:）；(2) 保護人免受惡意咒語之侵擾（:ᚢ:）；(3) 提供安全通道渡過危險水域，並在黑暗界域保持清明意識（:ᚦ:）；(4) 控制敵人之行動（:ᚨ:）；(5) 解除綑綁束縛（:ᚨ:）；(6) 平息海上暴風雨（:ᛁ:）；(7) 提供火的生命熱能（:ᚴ:）；(8) 防止惡毒活死屍之侵擾（:ᛆ:）；以及 (9) 獲得口才和創意（:ᚨ:）。

在閱讀〈奧丁盧恩頌〉、〈勝利賜予者之歌〉和〈格蘿亞咒歌〉等詩篇時，要注意兩件事：(1) 它們未必都是按照弗薩克的順序；(2) 似乎魔法咒歌本身往往不會留下公開記錄（我們看到的都是對其用途和效果的描述而已）。解開這些代碼式文本的關鍵鑰匙，都有收錄在我們盧恩行會的出版品中。

第二部

隱密知識

HIDDEN LORE

第 9 章

內密盧恩學

INNER RUNELORE

在本書第一部，我們希望透過對隱密和永恆知識的洞察，在盧恩知識的通俗面向（exoteric aspects）建立牢固的傳統基礎。在第二部，我們也會繼續盡可能立足於扎實的傳統框架上來做討論。如果我們不想被強迫將某人（或某一群體）的論述當作「聖經」，那麼，把重點放在可驗證的傳統（包括盧恩字母系統的歷史淵源、古日耳曼文獻、古代歷史）就變得非常重要。

不過，當然我們也一定會超越學術／科學面向必然存在的限制，深入探究盧恩的實際應用面。我們藉由奧丁的啟發，加速了學術研究的成果，但我們也始終對透過純粹知識手段得出的新發現和結論，抱持開放態度。理想情況是，資料的系統化蒐集以及對這些資料進行邏輯分析來做出合理結論、對多元宇宙奧祕的直觀理解，以及利用奧祕知識來改變或塑造現實，三方面應該協同合作，互相彌補彼此之不足。如此一來，那些隱密未顯的門才得以雙向打開。這也是我們盧恩行會正在進行的工作。

「盧恩」(Rune)本身就是一種魔法咒式。矛盾的是，作為一個單字，我們愈是精煉 rune 這個字的定義，它的含義就愈加浩瀚廣博。這就是為什麼，將 rune 這個字含糊地「翻譯」為「祕密」或「奧祕」是合宜的(或許值得再提一次，若將盧恩這一詞當作專有名詞，通常只是用來指稱次要意義上的盧恩字符〔staves〕)。作為魔法用語，盧恩必須從自我創造的角度被理解，也因此，它的真實「含義」無法透過世俗的、平常自然的言說而被傳達。作為魔法詞彙，它是它裡面的奧丁「在我們耳邊祕密私語」。

這條道路的起點是認識到，在宇宙學層面，盧恩是複雜隱密宇宙框架中的能量／物質之焦點；在「心理學」層面，它們是宇宙智慧與人類智慧互動的「參考點」。在深入探究盧恩的這條道路上，你必須讓自己攜帶著所有與盧恩特性相關的知識，允許它們陪伴你同行；唯有這樣裝備自己，埃瑟靈(atheling，譯注：古英語的王公貴族、善良而高貴之人)才能在複雜的盧恩知識國度找到他的路。

古弗薩克之盧恩知識表

對盧恩學習者來說，要擴大自己對盧恩含義的理解領域，最可靠的方法是，沉思冥想它們的字符形狀、聲音以及名稱，但最重要的是，沉思冥想它們所對應的盧恩詩(如果有的話)。必須時時牢記，每一個盧恩字符知識都只是奧祕的一部分，還有更多知識是以隱密方式編織在多重宇宙的存在網絡中。因此，以下這二十四張盧恩字符知識表，必須被放在與盧恩字符系統及盧恩世界有關的章節（第10章）脈絡下來閱讀。若要真正理解盧恩，有一件事非常重要：巫師（vitki，或稱魔法師）不僅知道為什麼菲胡（fehu）會是菲胡（fehu），也知道菲胡如何跟整個盧恩文字系統中的其他盧恩結合在一起，更知道如何找到隱藏在其中的那些連接線。每一個字符內部都擁有一幅更廣闊壯麗的風景，每一個字符都從它的中心點向外延展，與其他盧恩的本質精髓相連結。有心學習盧恩知識的人，在閱讀這些表格時，一個主要任務就是，從中獲得對每一個盧恩文字含義的基礎知識與本能「感受」，將它視為一個類別範疇，但這個類別範疇外圍包著一層半透明的薄膜，可以允許共感能量及本質精髓與之交流交換，但同時又具有隔離作用，防止相反概念進入。

在這裡，我們會把重點放在，以我們的現代語言來闡述每一個奧祕盧恩的神話學、宇宙學和心理學面向。你也可以將此章節的每一個段落，看做是對每一盧恩所對應之盧恩詩節的奧祕評析。

ᚠ

FEHU
菲胡

從神話角度來說，F- 盧恩與三位北歐大神相關聯，他們的名字都是以這個音開頭，這三位大神就是芙麗嘉（Frigg）、弗蕾雅（Freyja）和弗雷（Freyr）。他們的神力有一部分就是來自菲胡的奧祕。芙麗嘉和弗蕾雅是從菲胡的靈火獲得未卜先知的預言能力。同樣的，盧恩魔法師也是從這個根源獲得他們在占卜時「正確解讀盧恩」的能力。

菲胡乃「黃金財富」之奧祕。換句話說，它就是我們現代社會中所謂的金錢或財富靈力（眼下就是由這類「金錢奧祕」主導的社會）。這個盧恩存在於力量或能量的巨大生態系統中。若要增強此盧恩的力量，必須

「服從於」感官感受之區域(:◇:)。透過流通，它的力量會得到增強，而且會從一種形狀轉變為另一種形狀。不過，這絕不能盲目進行，必須要有遠見和智慧才能這樣做。

菲胡的力量自然就是掌握在真正的王公貴族(athelings)手中，而且他們有責任確保它被正確使用。凡違背此道之人，都將面臨由眾神代理人「上主」(the lord)所執行的自然淘汰過程。此類責任若遭廢除，結果就是導致衝突。

從宇宙學角度來說，此盧恩是原始宇宙之火的真實外擴力量——也是化解冰(:|:)之收縮和凝固力的那股膨脹之力。這把火，是從水中所生成，且暗藏於多元宇宙之黑暗深處——也暗藏於本我的陰暗角落。

正因為它暗藏於自我內部，菲胡的力量對盧恩人來說也最為重要。F- 盧恩是隱藏於大多數人靈魂中的一股力量——如同森林裡的狼——但也可能循著巨蛇的路徑現身。從死亡當中，我們看到生命；自黑暗當中，我們看見光明。

ᚢ

URUZ

烏魯茲

在神話學中，烏魯茲被認定就是宇宙原牛歐德姆布拉(Audhumla)。這是未經馴化的「野性」創造力量，是凝練專一的成形意志(will-to-form)。因此，烏魯茲是顯化之母。它是有形物質(Ymin〔尤彌爾〕)逐步成形的過程，世界因此以其多樣立體形態被塑造出來。

烏魯茲是所有能量當中最為重要的一種。它是與生命之泉混合交融的一股火焰，這股生命之火，可除去所有虛弱——所有廢物浮渣(就像歐德姆布拉的舌頭！)——並將脆弱轉化為強壯。不過，這股強大生命能量若被用在錯誤方向，沒有智慧來引導，可能會對個人或社會造成破壞。

成形意志是人類內在強大且根深柢固的本能（因此，它屬於「曠野」）——正如改變也是一種本能，因此它們必須合力工作。成形意志的其中一部分，就是渴望捍衛外部形式，甚至不惜任何代價——也要捍衛靈魂「家園」（:ᛟ:）之安全安穩。

「古英語盧恩詩」中提到的「野獸」之角，非常重要。獸角天生自然指向上方，但這個盧恩字符卻是指向下方。這種兩面性（twofoldness）也暗示著在客觀宇宙中的顯化，以及透過意志力滲透進入其他次元的能力。

THURISAZ
索里沙茲

:ᚦ: 象徵純粹行動、效能，以及不帶自我意識的本能「意志」。它是受引導之宇宙原始力量，兩極能量以直線投射而出之後相互結合，具體展現於多元宇宙之中。

一方面，此原始力量由巨人族（thurses）持有，並被導向與阿薩神族所代表的覺知意識相對抗。然而，阿薩神族也有能力與這股力量抗衡，而且是以蠻力對抗蠻力，因他們有偉大的守衛者索爾——阿斯嘉特（Asgardhr）神域的看守人。

因此，TH- 盧恩不僅代表巨人族，也代表雷電以及主掌雷電的大神——索爾。這是因為，他們的力量同樣都來自兩極之力衝突碰撞的結果（參閱第10章），而且他們的作戰方法和動機皆相同。彼此互為反作用力。巨人對阿薩神族的意識擴張作出回應，索爾也用他的巨鎚妙靈尼爾回應巨人的抵抗。以此，兩者達到平衡，只不過，是一種不穩定的危險平衡。

索里沙茲（3）是潛在能量的同化，這股潛在能量包藏在任何一種兩極極端和它們的動力表現之中。由於這個奧祕本質，TH- 盧恩也代表再生和生育繁殖的力量。如同雷電是穀物豐收之雨的預兆，索里沙茲也能打破對立並釋放能量，形成嶄新的開端。在這個質性上，它跟一個與它字形相似的盧恩 :ᛒ: 緊密關聯，但 :ᛒ: 是「釋放者」，而 :ᛜ: 則是「接受者」。

大多數人認為這種張力是壓力的來源，但對少數人（王族戰士或盧恩魔法師）來說，它卻是力量的根源。

「荊棘」不只象徵陽具，也象徵王子戰士用以徹底改造自我的性心理衝動。

相當明顯，在某個層面上，TH- 盧恩是 F- 盧恩和 U- 盧恩的結合展現：火能量被組織引導，力量與外部形態就能相互結合並受引導。

ᚨ

ANSUZ

安蘇茲

A- 盧恩體現的是，奧丁覺知意識在多元宇宙結構及人類心理情結之中融合之後的力量。它是代表覺知意識的盧恩，尤其是大腦左右半球成功整合之後的意識狀態。這個盧恩也是人類自誕生以來代代相傳的魔法傳承力量。安蘇茲（*Ansuz*）是古代至高神靈的名字。若使用單數形，通常是指奧丁大神。神明意識與人類心靈之間的連結，始終牢不可破，然而巨人族與其「眾神」卻想盡辦法要打破它。

:ᚨ: 之中含藏的力量，是由奧丁、維利和維奕（Odin, Vili and Vé）這個「奧丁三位一體」（另一說法認為是奧丁、霍尼爾和洛德爾〔Odin, Hoenir and Lódhurr〕三位一體）在塑造人類時所賦予的，也是他們送給人類的唯一禮物（請參閱第12和13章）。人類接收這些力量，並用它們作為媒介，接受奧丁之引導，透過追求知識，以及將那份知識展現在語言和工作之中，人類能進行自我變革。

在宇宙學層面上，安蘇茲描繪了一個能量生態學。它是接收力量的媒介，是力量的接收器，同時也是受啟精神狀態所表現出來的力量本身。這是代表魔法語言與氣息的盧恩，是語言思維以及盧恩魔法師和吟遊詩人詩歌中的非語言、圖像力量之綜合體。

ᚱ

RAIDHO

萊多

萊多象徵正確秩序之宇宙法則，包括在多元宇宙、在人類世界，以及在靈魂世界中。它是物質世界的奧祕，我們每天都在太陽的起落以及活動和睡眠的循環中經驗到它。一切帶有規律節奏的行動，包括舞蹈、音樂和詩歌形式，全都因萊多而有。

正是藉助此盧恩之力量，各種類型的機構，像是國家、宗教團體、行會等等，才得以組織起來。若有自然法則被打破，萊多的力量也會使它們重新恢復平衡——只是有時是以暴力方式。

在盧恩世界的生成旅途（the journey of becoming）上，R- 盧恩既是載運工具（馬車），也是路途本身（整個「騎行路程」）。這條路有時極為艱難，經常與社會或自然環境相敵對，需要一臺堅固的馬車（＝精神力量）和馬匹（＝具有靈性之實體物；參閱依瓦茲盧恩）才能成功抵達目標。這就是正確有序的行動路徑——儀式運作。它是各個世界之間的道路網，也是在這些路徑穿行所需配備的一個重要成分。

萊多掌理各種類型的數學（幾何）比例、區間，以及邏輯運算。它是認知的盧恩。也是藉由其能力，計數學才得以發揮作用——它能積極協調各種力量，順利抵達所欲目標。

R- 盧恩的最大奧祕之一是，它與人類身心複合體內部「脈輪」概念的關聯性（參閱「古冰島盧恩詩」當中的拉丁語注釋輪子〔iter〕）。開悟啟蒙的魔法旅程，正是行走在這些「輪子」之上。

萊多的力量流動模式始終具有特定方向性，但它也具有螺旋效應，能確實將力量集中起來送往既定目標。它作為一項魔法儀式工具的實用性絕對不容忽視。

ᚲ

KENAZ

開納茲

這是創造力的盧恩，或者更精準一點，以日耳曼語詞彙來解釋，它是具有形塑能力的盧恩。它的象徵物是「可受控制之火」，也就是火炬、火把，不過，像是爐子、耙（＝祭壇）、熔爐和柴堆，也都是它的象徵物。每一種都為人類意志服務，用以形塑和重塑它自身，或它所在的環境。以人類而言，它就是我們所說的「克里斯瑪」（charisma，個人魅力），個人身上散發的光芒。雖然它始終存在於盧恩人身上，但唯有在「運作狀態」下最為甦醒，這個時候，他的靈感旺盛，但身體會躁動不安。

開納茲是所有技術性知識的根源，是技藝工匠和詭計多端之人的盧恩，代表人物就是韋蘭鐵匠（古北歐語 *Volundr*）和洛基（Loki）。它也是性與創造力之間產生深層連結的奧祕所在，這是奧丁信仰道途的一個明顯特色。

開納茲盧恩背後隱藏的根源概念是消解（dissolution），無論是透過有機方式（比如它的古北歐語名字 *kaun*〔膿瘡、瘡痂〕），還是透過火（火炬）。若想根據所欲計劃重塑某樣東西，那麼「消解」就是必要的。從某

個角度來說，它就是煉金術咒式 *solve et coagula*（溶解與凝固）當中的那個「溶解」步驟。這句咒式中的凝固部分就是 :ᛗ: 盧恩——將各個力量在已轉化的、帶有自我覺知的核心精神中予以重組 |v|（譯注：左右兩邊是代表凝固的伊薩盧恩，中間是開口向上的開納茲盧恩）。

從很多方面來看，K- 盧恩是以 A- 盧恩（安蘇茲）為開端，然後透過 R- 盧恩（萊多）進行運作的這個過程的巔峰結果：以理性精雕細琢而出的靈感啟示。

X

GEBO

給勃

這個盧恩代表的是三位一體奧丁大神送給人類的禮物（參閱第13章），這三樣禮物就是：知覺意識、生命氣息以及有形色身。[1]這個盧恩強調的是力量的交換——力量之流從一個系統轉換到另一個系統，最後返回其源頭。

在人類社會中，此盧恩在經濟領域表現得最為明顯——它就是施與受的過程，施與受的物件就是菲胡和／或歐瑟拉（*othala*，財產）。這樣的交換會在社會內部建立起堅固聯繫，同樣的過程也發生在神與人之間，以此，諸世界間建立起穩固橋梁。給勃是代表祭祀（或「獻祭」）的盧恩，也就是人類向眾神獻禮，然後神明盡其義務將禮物回報給人類。這是神與人相互依存的奧祕。此奧祕之力量到了 E- 盧恩（依瓦茲），會於盧恩人的內在得到提升和內化。

:X: 是「魔法（或煉金術）聯姻」的符號。我們在 |X|（瑪納茲）會再次看到相同表現，而且在此得到充分體現，而在 |X|（達嘎茲）中，此過程是純然內在和永恆的。這個魔法聯姻最著名的例子出現在《沃爾松加薩迦》（*Völsunga Saga*），英雄齊古爾騎著他的神馬格蘭尼（Grani，參見

:ᛖ:），穿過火焰圈，登上欣達爾山（Hindarfjell，雌鹿之岩），喚醒了沉睡中的女武神希格德莉法（也就是布倫希爾德）。

這個故事很可能是「睡美人」童話的最古老版本。在這座山頂上，齊古爾與希格德莉法交換誓約信物，並從她那裡獲得盧恩智慧。這描述的就是盧恩人與他的「高我」或「神聖本我」達成神聖交流的過程。

:ᚷ: 的狂喜是一種平靜的喜悅，是內在流動的生命力處於完美和諧、凝練集中的寧靜平衡狀態。

ᚹ

WUNJO

溫佑

這個 W- 盧恩是指，具有相同根源（國家、部落、宗族、家庭）的組成分子或存在體之間的和諧狀態，以及藉以辨認共同體之隱密親緣關係的魔法力量。溫佑描繪的是，當一個人跟自己以及環境達到內／外和諧狀態時，內心所升起的主觀感受。這是種主動願意朝著特定演化目標前進的調和狀態。溫佑將共感實體當中的各種樣態力量和（或）存在體統整起來，以達到共同目標。這就是為什麼，溫佑是主掌綁定盧恩製作過程的奧祕盧恩。

如何達到溫佑狀態，「古英語盧恩詩」給出了具體指引。從詩中我們學習到，盧恩人應該讓自己遠離各種類型的禍患（只保留其中一些），然後保有三樣東西：(1) 財富（古英語 *blaed*，能量的流進和流出）；(2) 至樂幸福（古英語 *blyss*，感覺有意義且充滿喜悅）；(3) 華美住屋（古英語 *byrg geniht*，靈魂的善所）。將不利於專心致力的負面影響排除之後，人還需要擁有強大生命氣息、心理上的意義感，以及健康的身體。

當盧恩人能夠在有形世界達到調和狀態——凝聚和集中力量來遂行他的意志意願，溫佑即隨之到來。

ᚺ
HAGALAZ
哈格拉茲

這是代表宇宙火與冰——多元宇宙的兩極——以充滿活力的酵母種子形態進行原始聚合的符號，它是宇宙冰雹、「冰蛋」(hail-egg)，尤彌爾即是由此誕生(詳見第10章)。

哈格拉茲是世界的框架，多元宇宙就是在這個模型上由意識的三位一體——奧丁－維利－維奕構築起來的。H-盧恩含藏著純然潛在能量的完整模式，因為它的有形色身擁有火和冰的全部動力。當所有潛在力量處於這樣的和諧平衡狀態，它的內部空間就會發生內在進化轉變。

哈格拉茲的數字學象徵概念非常重要。九這個數字，在日耳曼體系中代表完成、結果，以及帶有動能的整體。所有這一切都聚集在 :ᚺ: (9)之中。世界樹的枝幹和樹根裡面也有「九個」世界，這九個世界就是代表內在固有模式，它同時存在於種子狀態以及成熟大樹之中。

每一個正在進化或正在成長之物的種子，都隱含完成後的模型，那個模型就是 H-盧恩。就像漿果內隱藏的遺傳密碼已包含整棵紫杉樹，同樣的，世界種子內也包含著完整的、轉型後的宇宙。哈格拉茲是密碼——正在成形與完成後之模型。它是完美狀態的隱藏形式，一切具意識的塑造(創造)最後都導向它。

「冰雹」也是盧恩之母，當它被包含於一件固體中，它蘊含著所有盧恩，你可以從它裡面讀到每一個盧恩字形(見圖9.1)。根本而言，它是一個多次元立體模型，在第191頁第10章談到世界樹時，會再次詳細討論。

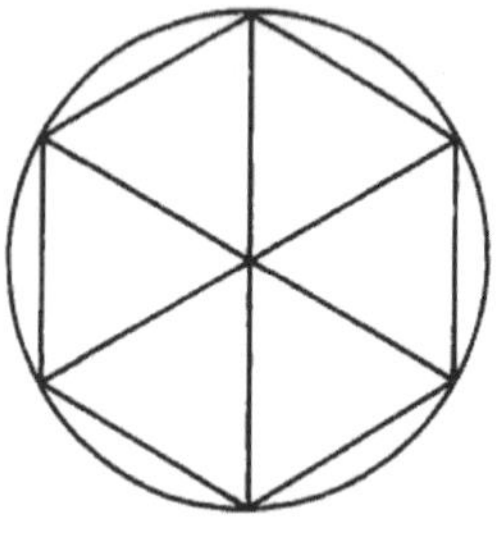

圖 9.1. 冰雹乃盧恩之母

哈格拉茲是將所有對立面統合起來化為一股潛力。它的奧祕之內蘊含著轉型之力，以及根據覺知意識或神話所決定之模式，從一種形態轉變為另一種形態的演化之力。

冰雹也帶有破壞力的一面，但如果將它導向外部作為一種保護，則可將破壞力轉化為有利的優勢。

NAUTHIZ
瑙提茲

正如盧恩詩歌所示，不了解如何使用 N- 盧恩力量的人，可能會對這個盧恩有不愉快的經驗感受。瑙提茲是對於意願及其行動的一股巨大抵制力量。它是層層累積的心靈材料之根源，這些心靈材料（譯注：過去行為的層層堆疊），就是北歐人所稱 ørlög（厄勒格，命運）之本（參見 P- 盧恩）。但這個「需求」是從覺知意識之外部強加的，對於知道如何使用，以及何時使用它的盧恩人來說，它也可以成為救贖的來源（請見「古英語盧恩詩」）。

N- 盧恩是對於行動作為（actions）的抵抗抵制，是物質間的巨大摩擦。這種內部壓力，會透過「需求之火」（兩種惰性物質〔inert materials，譯注：不會產生化學作用的物質〕相互摩擦產生的火）的奧祕，被轉化為力量。一旦火焰被點燃，那個「需求之寒」（the cold of need）就減輕了。但如果沒有「需求」，人根本不可能會發現「火」。從這個盧恩也可以看到「需求乃發明之母」這句諺語的由來。

當我們更深入探究需求之火的奧祕時，我們發現它是一種自生的火焰。在清明意識領域，我們可以將它理解為各個心靈面向之間的某種張力或摩擦。這個摩擦會進一步點燃更高層次的意識火焰，而且只有透過這樣的手段，才能達到那個境界。

由於在願望顯化之前必然需要經歷抵抗，因此，N- 盧恩既是因果的奧祕，也是諾恩三女神（Norns，命運三姊妹）的奧祕。諾恩三女神（參閱 P- 盧恩）來自巨人國約頓海姆（Jötunheimr），因而設下了因果法則，以及對阿薩神族意志的抵抗。這也帶來了「熵定律」（laws of entropy，譯注：事物從有序走向無序，最終走向滅亡），播下宇宙毀滅的種子。每當有事物誕生、逐漸成形存在，諾恩三女神和 N- 盧恩之法則就會被啟動。我們在操作任何一種盧恩魔法時，一定要牢記這條特別的定律。它是代表「事物從出現到成形存在」的盧恩。

ᛁ

ISA

伊薩

I- 盧恩的這個「冰」，不是霧國尼夫爾海姆（Niflheimr）的冰，而是從那個冰霜國度流向火國穆斯貝爾海姆（Muspellsheimr）的大冰河。它是絕對收縮或絕對靜止或缺乏振動的凝鍊之力的延伸。伊薩的力量能將火能量吸引到「核心」處，並藉由形成冰雹（:ᚼ:），讓我們所謂的「有形物質」成為可能。I- 盧恩是一種「原質」（-prima materia）（或使這樣一種物質成為可能的那股壓縮力）。它是純然向內聚合的一種力量，跟火同樣具有破壞力（表現為 :ᛈ:），但彼此相互取得平衡，是多元宇宙之明意識力量所追求的狀態。若無意識力量拿到主導權，整個模型就會失去平衡，火與冰的破壞力就會展現出來。不過，一定要記得，這樣的起伏消長，在不斷演化的宇宙中是必然的。破壞性力量的週期性釋放，對於真正的改變是必要的。

對個人而言，伊薩能使原本具有多重面向的心靈聚合在一起，使「全我狀態」成為可能（polypsychic omniego / all-I，也就是能夠覺知精神物質複合體的全部面向，詳見第 12 章）。伊薩能將所有心理面向予以預先調整，使其和諧地結合在一起，它在我們頭腦完全處於靜止和集中狀態時，表現得最為明顯。I- 盧恩可以作為一種心靈黏合物，讓我們在充滿壓力的初始階段仍能穩固保有自我。但若受到神祕動能影響而失去平衡，這個靜態黏合物質也會導致遲鈍和蠢行。

:ᛁ: 是匯歸點，也是從那個點延伸出去的那條直線之奧祕含義。這兩個意象可以用來作為意識連結的橋梁工具，從中土米加德向外連接到其他次元界域。伊薩就是一塊堅固地面，在這塊地面上，我們能進行意識轉換，但有時那塊地面的寬度僅如一根毛髮，走在上面並不輕鬆。

JERA
耶拉

J- 盧恩是代表十二個月陽曆循環的符號，它的奧祕面指的是一年中的「夏季」，也就是農作物播種、生長、收穫的季節。（古代日耳曼曆只有兩個季節：夏季和冬季；至於「春季」和「秋季」則只是夏冬季節邊界的短暫交接之際。）

這個盧恩最重要的力量在於它周而復始的本質。它是代表「永恆輪轉」的盧恩。耶拉體現了事物從誕生、成為，到消逝，然後又重新開始的概念；它（與 :ᛇ:）剛好位於整套盧恩字母排序的正中央，足以顯示它的重要性。

它是動態二元組合，也是無遠弗屆的圓形循環。

耶拉實際的意思是「成果豐碩的年」或「收穫」。這是在自然（和超自然）法則下，經過不斷努力工作後獲得的回報。農耕過程所代表的象徵意義，讓耶拉的含義更顯清晰。種子不問是誰將它種下，也不問為什麼要種下它，只問如何栽種。若栽種行為正確、種植得當，成果應該會相當豐碩（參見 :ᛈ:）。耶拉是對辛勤工作的獎勵。

J- 盧恩的奧祕含義基本上與第一個和最後一個盧恩字符緊密關聯，它們是代表和平、繁榮和自由的象徵符號。

J- 盧恩是宇宙石磨，它的中心軸就是 EI- 盧恩。

ᛇ

EIHWAZ
艾瓦茲

EI- 盧恩是無遠弗屆的宇宙中心軸——世界的臍輪（omphallos）——也是位於所有盧恩字母排列核心二元組合的第二個盧恩。

它是世界樹尤格德拉希爾的垂直中軸，居住於世界樹上的松鼠拉塔托斯克（Ratatöskr）就是順著這條通道跑來跑去，像電弧（electric arc）一樣，在樹頂的老鷹和樹根下的巨蛇尼德霍格（Nidhhöggr）之間挑撥，讓他們相處不和。

EI- 盧恩以動態的方式將兩個極端對立能量統合起來——生／死、白天／黑夜、夏天／冬天（參見 TH- 盧恩和 D- 盧恩，並注意其數字對應：3-13-23）。這個盧恩貫穿三個領域：神域阿斯嘉特、中土米加德，以及冥界赫爾（Hel）。它是將這三領域中任何一個領域之精髓轉化為其他兩領域精髓的途徑。「有形物質」物體可藉由這個盧恩的奧祕力量變成帶有「靈性」。

EI- 盧恩就是我們內在潛藏的、自給自足的、帶有變革力量的火焰（由 N- 盧恩予以啟動，然後在 K- 盧恩顯化出來）。它是隱密、不朽的意志之火，在死亡（寒冬）中仍保有堅韌不拔的生命力。

沿著我們身體內部的「紫杉中柱」，帶有變革力量的魔法之火即得以生成，然後藉由身體內部的「輪子」（脈輪）上升和下降（參見 S- 盧恩）。那三首盧恩詩所指涉的，就是這個巨大奧祕。

ᛈ PERTHRO 佩斯洛

這是所有盧恩當中最需要小心的一個盧恩。它是命運奧祕——兀爾德（wyrd）之謎的宗教象徵，是諾恩三女神的奧祕力量，它彌補了阿薩神族所代表之明意識力量的不足。盧恩學習者必須學習探究命運兀爾德的運行之道，這樣才能真正了解命運，並在需要之時，克服命運之安排（這也是奧丁在「諸神命運／諸神黃昏」中的偉大成就）。

P- 盧恩是代表透過盧恩占卜方法探究命運路徑的符號。佩斯洛是用來擲籤卜筮進行命運占卜的籤杯，或那個框架。它代表命運之井兀爾德的符號（Well of Wyrd，也稱為烏爾德之井〔Urdharbrunnr〕，烏爾德是命運三女神當中第一位，也是年紀最老的一位）。

在佩斯洛，我們看到因果法則（因 x 導致 y，進而使 z 產生變動）以及同步法則（x、y、z 明顯同時發生）兩者的結合。因果法則是水平（機械性）面向，同步法則是垂直面向的意識縱軸。將兩者結合起來的元素，就是代表時間的心靈精神面向。這股力量，與 N- 盧恩和 B- 盧恩之力量相結合，就成為多元宇宙中促發改變或促使成形的主要媒介。

命運兀爾德的概念也參與了這個水平和垂直現實的結合過程。兀爾德真正的意思是「那已經『成為』或已經『改變』的」。因此，它跟厄勒格（*ørlög*）一樣，都是意指「（行動的）原始疊層」，裡面包裹著過去之奧祕。「過去、過往」（pastness），這個概念在日耳曼人的思維中非常重要。唯有「過去」和「現在」才擁有客觀現實。「未來」則是一團尚未分化、具生成潛力的混沌整體，是由多種力量組合塑造出來的——包括循環法則、生命力量與傳統習俗的有機流動、存在於眾神和其他靈體中的意識模式，以及人類的意志（尤其是盧恩人的意志）。這些概念最明顯也最具代表性的體現，就是偉大的命運三女神的名字——Urdhr（烏爾德，已經成為）、Verdhandi（薇兒丹蒂，正在成為），以及 Skuld（斯庫德，即將成為）。從語言學上來說，古北歐語 *urdhr* 和英語 wyrd（weird，神祕詭異之意）是同義字（第一個字母 w 丟失，則跟 *Wōdhanaz* 變成 Odin 的演變規則相同）。

ᛉ
ELHAZ
埃爾哈茲

埃爾哈茲是一個人與他自身的守護靈（fetch，音譯：費奇，也就是分身靈）之間的神聖連結（詳見第12章）。Z- 盧恩描繪的是人的心靈與他的精神體「神性本我」（divine self）之間那股相吸之力。這股吸力若與索維洛盧恩之力量結合運作，即能生成魔法意志。它也是女武神的一個象徵符號，代表具有保護力量的女性守護靈（fetch-wife），通常會透過魔法附著在劍上或其他象徵武器上（這也是「古英語盧恩詩」第15節的隱藏含義：麋鹿莎草＝劍）。獸角和劍之間的這種象徵連結，在弗雷的神話中表現得最為明顯。據說，弗雷用他的劍換來巨人妻子格爾德後，他只剩下一隻鹿角可以用來戰鬥。

:ᛉ: 也代表彩虹橋（Bifröst），象徵中土米加德與上界及下界之間的連繫。

在 Z- 盧恩我們看到，唯有與「個人守護神靈」連結才能產生保護力。希臘人將這個守護靈稱為代蒙（daimon），羅馬人則稱之為精靈（genius）。在盧恩學當中，費奇分身靈或女武神是靈性啟示的來源，是個人與靈啟之終極來源奧丁大神之間最直接的聯繫。

這個盧恩字符的意象 :ᛉ:，在日耳曼符號學中是最強大的力量圖像之一。它代表張開的手（＝保護、人性）、驕傲而有力地朝天高舉的雄鹿角、飛翔的天鵝（女武神的象徵），以及日耳曼信仰在祈禱和祈請時的手臂姿勢。從這裡我們也更清楚，為什麼這個字形最後會被後弗薩克用來作為代表「人」的盧恩字符（man-stave）。

用這個盧恩來載入魔法力、超自然力或精神力量，可以讓一個人或一個場所擁有非常強大的力量，因此而變得神聖，或受到神聖力量的隔離和保護。

此外，這個盧恩和 :ᛇ:（紫杉盧恩）之間也存在著自然、潛在的連結關係。從很多方面都可看得出來，最明顯的是它們的字形。很可能最初的字符形狀是 :ᛯ:，後來 :ᛦ: 就變成後弗薩克的紫杉盧恩了（這個字形在古弗薩克是埃爾哈茲盧恩的另一種寫法）。

ᛋ SOWILO 索維洛

太陽是成長成形路途上的光明指引。索維洛是覺知意識的明光，也是它在客觀宇宙中呈現的樣態，讓所有尋求自我改變的人皆得以看見它。原始形態的太陽，以及它的夜間對應物「昴宿星團」，能引導「航海者」從一個意識領域到達另一個意識領域，從一片「陸地」到達另一片「陸地」。它是目標，能讓意志產生動力。在天文學中，它是橢圓星系（昴宿星團）的「恆星」，在夜間沿著與白天太陽相同的路徑運行。

古代北歐象徵主義中，經常以輪子或盾牌來代表太陽。由此可看出，它帶有變革性、保護性、培育滋養的面向。作為輪子，索維洛是象徵沿著世界樹（紫杉）樹幹路徑上升下降的輪子，盧恩人即是藉由這條路徑得到意識上的進化。索維洛也是覺知意識的盾牌，而且能賦予它更大意義，朝那個目標奮鬥前進。一個人若能藉由 S- 盧恩的明光（在各個面向上）來培養自己的意志，他就能獲得榮譽和成就。

太陽盧恩描繪的是與 :ᛁ:（伊薩）相互抗衡的一股力量。不過，這兩個盧恩，對於世界以及盧恩人本身的整體穩定發展，都是必要、不可或缺的。S- 盧恩也跟北歐巨蛇之謎相關聯，代表光明天界和黑暗冥界力量在地表上的連結點。:ᛋ: 的力量能打破我們心理上或其他方面的惰性，將它轉化為生氣勃勃的動力。

TIWAZ
提瓦茲

提瓦茲盧恩也是指路燈塔，但它跟 S- 盧恩的動態循環路徑不同，T- 盧恩這座燈塔，是距離更為遙遠、更為深層，也更寧靜的力量——是屬於指路星、極星或北極星的力量。古代日耳曼水手稱它為「指路之星」——持守真理誓言的軸心之星，其他星星全都圍繞著它運轉（:ᛋ: 盧恩的恆星則是在橢圓形軌道上運行）。這顆北極星是提瓦茲神力的有形象徵，也是世界之柱伊爾明蘇（Irminsūl）的最頂點。

提爾（Tyr）的宇宙進化之力表現在形塑多元宇宙必要的初始過程，也就是：宇宙物質的分離或兩極化，如此一來，火與冰兩極之間的生命才得繁榮展現。T- 盧恩就代表這根宇宙支柱的其中一個面向，使宇宙兩極保持分離，並撐持著宇宙秩序。

這也是提爾神（the god Tyr，英語 Tiw，又譯為「提烏」）的本質（T- 盧恩的重要面向會在第 13 章中討論）。它是位於萬事萬物核心之中的那股超然、超智慧之力量。這剛好與 A- 盧恩的廣泛多樣本質形成對比。

在人類國度，提爾神以這個盧恩掌理日耳曼人的事務（法律集會）。他根據法律來衡量正義（可參閱關於命運法則〔*ørlög*〕的說明）。T- 盧恩是宇宙和人類世界「法律與秩序」的象徵。

ᛒ BERKANO 貝卡諾

試圖從「古英語盧恩詩」來辨認貝卡諾究竟是哪一種樹，其實沒有意義。B- 盧恩是一超自然聖界，而非大自然植物有機體。

貝卡諾是擁有多重面貌的偉大「樺樹女神」，她掌管人類和地球的生命過渡，比如，人類生命過程中的重要儀式——出生、青春期、婚姻、死亡——以及農業耕作的年度季節循環。B- 盧恩掌管事物的出現（誕生）、形成（生命）、消逝（死亡），到再次出現（重生）的循環過程。

從象徵角度來看，「古英語盧恩詩」清楚闡明，貝卡諾的力量是自給自足的。它可以獨立生長，不需依靠外部力量，但如果沒有 B- 盧恩的自我生成過程作為助力，自然界中的任何生長都無法發生。貝卡諾將種子物質隱藏或包藏於外殼之內，然後突破外殼，將轉型後的物質顯露出來。它在結構上與 NG- 盧恩（殷瓦茲）相連結，但又與 NG- 盧恩各自獨立存在。

B- 盧恩的象徵物是樺枝束（birch rod），它是一種魔法工具，可以用來召喚土地和人體中的各種力量（生育、轉化、性慾）。

從宇宙學角度來說，:ᛒ: 是「形成過程的最小單位」（unit of becoming）。它就是「存在之當下」（moment of being，即出現－形成－消逝的單次「小循環」），所有的「形成」（becoming）都是以這個「永恆的當下」為基礎。B- 盧恩也描繪了演化過程中，多重機會的現象學隨機原理。

貝卡諾是一種帶有保存性、保護性的力量，並掌管隱密結界（尤其是轉化儀式中使用的那類結界）。

B- 盧恩也隱藏著「詞語煉金術」的巨大奧祕，藉由其力量來編織詞語，產生的意義會超越原本詞語的實際定義。貝卡諾在這個功能上與安蘇茲密切相關。這是可以理解的，因為在所有女神之中，弗蕾雅是 B- 盧恩所有功能面向的主掌者。

ᛖ

EHWAZ

依瓦茲

這是代表夥伴之間共生關係的盧恩，兩者雖屬不同生物系統，但卻能彼此和諧運作。在古代，這種關係形態的最直接體現就是人和馬的關係，特別是印歐人，他們是最早訓練馬這種強大生物的民族。依瓦茲也代表了二元並列和共感力量之奧祕，比如：人與馬、馬與戰車，等等。

E- 盧恩是盧恩人自我轉化旅程的實際承載工具：也就是代表佛爾格雅（*fylgja*）本身的盧恩（而不僅僅是雙方之間的吸引力 :ᛉ:），它的角色是受控者或合作實體。古北歐語魔法咒式 *marr er manns fylgja*（馬是人的分身靈），證明了這個象徵符號有非常深的歷史淵源。以「馬／人共生關係」來隱喻真實人類（或是王公領主，或盧恩魔法師），完全可從這個綁定盧恩看出來 :ᛗ:（e ＋ m（＋ k），意思是「我是」）。最接近依瓦茲核心奧祕的，可能是奧丁的坐騎八足神駒斯雷普尼爾（洛基變身成母馬生下的後代）。奧丁與斯雷普尼爾關係之密切，也被記錄在《智者海德瑞克薩迦》（*Saga of Heidrek the Wise*）第 72 號謎語中：

那兩人是誰？

他們有十條腿

三隻眼

以及一條尾巴

（答案：奧丁騎著斯雷普尼爾）

依瓦茲是盧恩人從一個世界「滑入」另一世界的那股力量。它代表極高的忠誠度，尤其是男女之間，也是合法婚姻的象徵。

這個盧恩的原型力量至今仍活躍在我們生活中，流行文化中也很常見，甚至在不知不覺間，「馬」已經變成引擎車輛的代名詞。男人／馬／女人這個「三角關係」，幾乎已是陳腔濫調。

這個盧恩代表人類內在的（神性）意識結構，它是透過基因遺傳的連結與神之意識結合，而賦予給人類。正如《詩體埃達》當中〈里格頌歌〉（*Rígsthula*）所描繪的，人類與神的連結程度各有不同。這個連結之所以存在，歸根究底來說是因為，人類就是神的「後裔」。也就是說，這個關係是繼承性質，而非「契約性質」。因此，實際上人與神之間的關係是牢不可破的。

在塔西佗時代（西元一世紀），人們崇拜一位名叫曼努斯（Mannus）的神，他可說是〈里格頌歌〉當中記載的人類社會起源里格（Rígr）／海姆達爾（Heimdallr）的古早對等神明（參閱《日耳曼尼亞誌》第2章）。

瑪納茲是神造的肉體人身，但這並非如基督徒所稱，是一個特殊歷史事件，而是一個偉大的生物學、社會學、心理學上的意識顯化過程。這就是與這個盧恩字符相關聯的盧恩詩節背後所隱藏的奧祕。

M- 盧恩是「心智思維」和「記憶」的和諧結合。在 M- 盧恩，渡鴉胡金（Huginn）和穆寧（Muninn）自由對話交談，然後向奧丁大神的完整本我諭知報信（詳見第 12 章）。這也是人接受奧丁信仰（盧恩魔法師）之啟蒙，進而成為完整之人的過程。用榮格的術語來說，他的本我已完成個體化（the individuated self）。

瑪納茲也是月亮的盧恩，由三部分構成：黑暗●—逐漸成為◐—光明○。在日耳曼神話中，月亮是陽性的（月亮裡的人），具有變革的本質。它是人類內在直覺和理性（丈量、分析）智力之綜合體。它真正的名字含義是「（時間的）丈量者」。和奧丁一樣，他的面貌一直在變換，但又始終沒有改變。

ᛚ

LAGUS

拉古茲

此拉古茲是從霧之國尼夫爾海姆湧出的原初之水——含藏所有生命潛力——後來被轉化為冰，由火國穆斯貝爾海姆的火焰予以活化。它是生命持守之力的終極媒介（請參閱第10章「宇宙起源論」）。

拉古茲是從異次元領域（Útgardhr，外域）「落入」實體顯化領域的一股力量。這股向下的能量流，剛好跟這個 L- 盧恩的另一名稱 *laukaz*（韭菜）描述的向上能量彼此互補。因此，瀑布是這個盧恩之動態奧祕象徵的有力符號。值得一提的是，尼伯龍根的黃金寶藏最初就是藏在一座瀑布底下。「古挪威盧恩詩」的第二行所談的正是這個奧祕的神話。

L- 盧恩描繪的是生命法則的疊層，原始行動疊層 *ørlög* 運作之後形成了命運兀爾德（wyrd），以及在它之內的各種元素。

拉古茲是代表有機生命的盧恩，也是進出此狀態的通道。這個

「水」，是潮濕泥土混合物當中的主要元素（古北歐語 *aurr*），諾恩三女神就是從兀爾德之井把這個水引出來，用以維持世界樹的有機生命。日耳曼人會在嬰兒出生後進行「灑水」（*vatni ausa*）儀式，代表這個宗族的有機生命跟這個嬰兒重新融合。這裡的名詞 *aurr* 和動詞 *ausa* 源自同一字根。此外，古日耳曼的葬禮儀式通常也跟水的象徵含義相連結（船葬、火葬船、在船形石砌設施內施行土葬或火葬等）。人們深信，通往冥界的入口是河流，因此奧丁也經常被看作是靈魂的擺渡人。

作為一個代表生命和生命力的盧恩，拉古茲與烏魯茲的奧祕面含義密切相關聯（藉由咒術法則，烏魯茲便能與 *aurr* 概念相連結）。

L- 盧恩也代表水的難以預測、深層黑暗、原始狀態以及死寂狀態。若盧恩人（航海者）的航行工具（船）禁不起風浪，海水的起伏搖晃力量就會讓他恐懼害怕、提心吊膽。這匹「海上駿馬」必須受到羈束控制，旅程才能順利。

殷瓦茲之力必須被釋放出來，才能有豐年（:ᛃ:）收穫。這可從兩者字形上的關聯得到證明。將殷瓦茲打開的那股力量就是貝卡諾（:ᛒ:）。NG- 盧恩是滋養照顧，是孕育期間所需的種子能量。貝卡諾將宇宙食物包藏起來予以消化，並藉由它的力量補足循環過程中失去的能量。

值得注意的是，NG- 盧恩最初被刻寫時的字形比其他盧恩還要小，而且其他盧恩有時底下會有一條假想的底線，但是 NG- 盧恩並沒有。它退回到隱密且獨立的領域，進行能量的祕密交換，改變因而發生。NG- 盧恩當中蘊藏著「退回—轉化—重新回返」這個轉變過程的奧祕。此過程在啟蒙儀式當中非常好用，但其實對任何一種形態的改變都是很強大的助力（見圖9.2）。

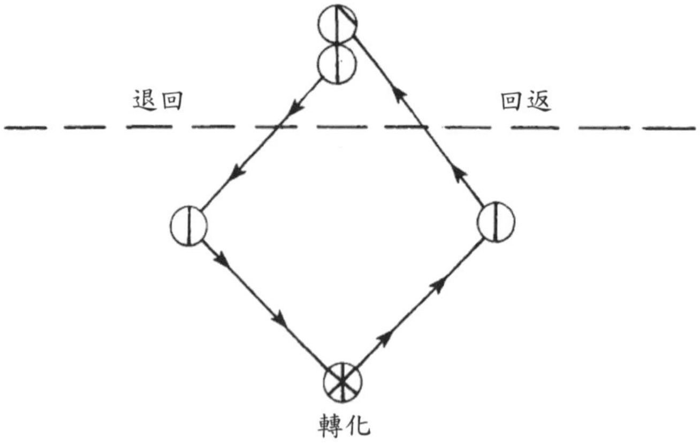

圖 9.2 轉化之過程

此過程也經常發生在我們的智力層面，當一個尚不完整或不甚完美的想法冒出來，它會暫時被「擱置」在無意識（unconscious）當中一段時間（或者更好的說法是，擱置在「更高意識」〔hyperconscious〕當中），加以孕育，然後才成為完整且完善的概念。深深潛入隱密領域的這個面向，在「古英語盧恩詩」中表現得非常清楚。「乘浪東去」就是意指進入巨人國度（realm of the etins），也就是前意識（preconscious）的黑暗力量。

D- 盧恩是在極端邊緣地帶發生的過程。當白晝和黑夜在暮光與潮汐燈塔中融合，晨星與夜星（Dagaz〔古北歐語 *Dagr*〕，是星星的名字）的光芒照耀在中土米加德。這是代表明意識之光的符號，是從奧丁－維利－維奕三位一體送給人類的禮物中所誕生。

根據「古英語盧恩詩」的描述，達嘎茲是介於靈啟（drighten）（神＝沃坦或奧丁）和條理秩序（metod）（衡量者＝提烏或提爾）兩股力量間的一個綜合體，是右腦和左腦思維之間的調和，是代表靈感啟示的符號。

達嘎茲是「奧丁悖論」狀態——一種瞬間的頓悟（當一個人運用意志力使兩端意識達到協調一致後）所感知到的第三種狀態，這個狀態包含了原本的兩個對立面在其中。這也是奧丁信仰（意識的日耳曼信仰）的核心思想，是屬於更高意識領域的奧祕。藉由 D- 盧恩的明光，兩個極端之間的路徑便清晰可見。奧丁信仰者不會在正中心處尋找達嘎茲的奧祕，而是到兩個極端邊界去尋找。它是帶有同步性、雙向性的一種意志，這幾乎是日耳曼魔法知識所獨有。當兩個極端邊界之內容物落入到單一完整的「中心」漩渦（實際上是一個異次元空間的概念），追尋就來到終點。

從 :ᛞ: 這個字形，我們看到了像是莫比烏斯環和環形渦旋，這類超越次元空間的模組形態（見圖 9.3），在那之中，內變成外，外變成內。當奧丁信仰者在思考其使命本質時，這是極為重要的一個思考點。

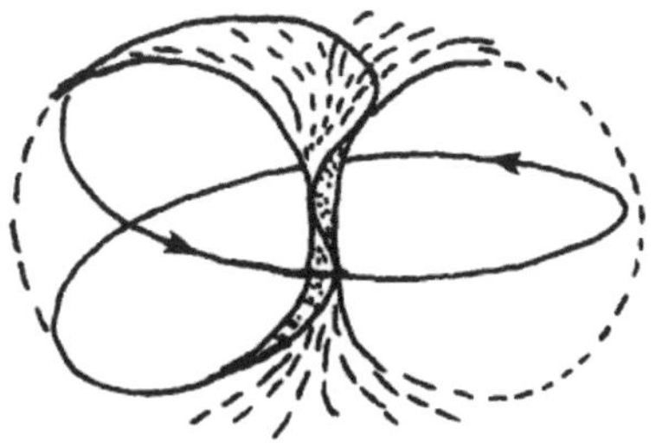

圖 9.3 環形漩渦：達嘎茲

ᛟ OTHALA 歐瑟拉

歐瑟拉是神聖結界。它是中土米加德之概念的具象化，也是日耳曼（和印歐）思想中非常重要的「內域」及「外域」觀念的具體展現。O-盧恩描繪的是一道環形圍牆，代表一塊封閉的土地，與周圍一切區隔開來，在這裡執行聖化儀式（古北歐語 *Vé*）。它是代表執行宗教神聖目的之封閉場所（比如神殿或大廳）的符號。歐瑟拉的力量經常在很多場合被用來作為一種區隔屏障。它能夠阻止不利的力量進入內部，以免危害到內部形態之健全，但實際上它也可以將有益的能量傳導到內部。

盧恩字符開始傳播時期的社會，人口流動性極高，歐瑟拉的概念很快就有了抽象上的意義，被用來象徵宗親或部落的精神遺產。因此，O-盧恩也是代表家族守護靈（*kynfylgja*）的符號。家族守護靈就是一個親族群體的精神遺產總和，他們會代代相傳，並附身在部落或國族領袖身上（參閱第12章「盧恩心理學」）。這是一種形上遺傳的概念（metagenetic concept），因此尚無法用物理上或純粹有機生物詞彙予以充分解釋。它是一種隱藏性的遺傳基因密碼，受家庭、氏族、部落、國族的遺傳法則所控制——但同時又超越其外。

O-盧恩環圈內所持有的力量必定井然有序且和諧，並遵循著正確道路（:ᚱ:）。在此狀態下，公共利益得以實現，社會享有和平與自由。在內域，眾人能得到眾神之父奧丁之保護，但奧丁也同時看顧「外域」，因此奧丁信仰者經常能從外域汲取力量和靈感，為自身和眾人之利益服務。但對非奧丁信仰者來說，當他們被推入外域（變成流民），就等於被判了死刑。這是因為，非奧丁信仰者的本我意識尚未發展到能夠承受那樣的心理衝擊。只要將他的人類身分剝奪掉，他整個人就徹底被毀了。O-盧恩涵蓋了這個奧祕的所有面向。

歐瑟拉描繪的是秩序與混亂狀態之間起伏不定的奧祕本質——巨大的無常流動狀態。但是，當藉由意識力量建立起來的封閉範圍（神域阿斯嘉特和中土米加德）與外部黑暗力量（外域）相互作用，而達到平衡的時候，它亦同樣歡喜讚揚。奧丁和他的盧恩魔法師所致力追求的，就是這種平衡。眾神之父極有智慧，知道最終結果，但也極為狡詐，知道如何戰勝它。

盧恩文字系統

研究完上述盧恩字符表後，讀者應該會對盧恩文字間的相互關聯性留下深刻印象。盧恩文字可以彼此內外相互交織，結合成帶有複雜意義的符號。事實上，盧恩之遺產既屬於詩歌（斯卡爾德詩藝〔Skaldcraft〕，譯注：古北歐吟遊詩人創作之詩歌），也屬於「科學」。以詩歌來說，其關聯性是透過「字詞」（思想概念）之編排而形成，也就是說，讓各個字詞在不同層面上產生連結，包括：聲音（押韻、頭韻等）、空間安排（韻律）和神話典故等。斯卡爾德詩藝原本就源自盧恩知識和盧恩魔法咒術（runecraft），因此實際操作上有其相似性並不奇怪。盧恩字符系統的用意，是要打破意識當中的障礙，將隱藏在多重世界中的意義揭露出來。透過時而錯綜複雜的字詞和圖像網絡，彼此相互共鳴迴響，就能達到這個目的。每一個盧恩都能與另一盧恩形成連結綁定，因為它們各自有自己代表的獨特含義。關於盧恩文字相互關聯所產生的晦澀含義，我們會在第10章的「盧恩」段落中詳細探討；而這裡，我們要先討論傳統盧恩文字的神祕排列，也就是盧恩的三個「族」(aettir)。

沒有任何「邏輯」或語言上的理由可以解釋，為什麼盧恩文字要分成三組、每組八個字符。這是古弗薩克與古希臘語的一個共同特色，也有可能是受到遙遠古代印歐人的神祕「二十四屈折」(twenty-four-foldedness)所影響。此外，就算在學術界，不同學者對於盧恩文字為什麼會擁有實際意義的名稱，這點也沒有共識。希臘和羅馬字母表都只有無意義的名稱，就像英文字母的名稱(也不具意義)一樣。以有意義的單詞作為字母名稱，這個概念是凱爾特歐甘(Celtic ogham)字母和希伯來字母的共同特徵。

大家都知道，盧恩是一個有組織的知識體系，其內容龐大，遠遠超出一個簡單字母表系統要保存一千多年所需要的資訊量。總之，我們已把所有盧恩文字知識彙整在表 9.1 當中。

ᚠ	ᚢ	ᚦ	ᚨ	ᚱ	ᚲ	ᚷ	ᚹ
f-ehu	u-ruz	th-urisaz	a-nsuz	r-aido	k-enaz	g-ebo	w-unjo
1	2	3	4	5	6	7	8
ᚺ	ᚾ	ᛁ	ᛃ	ᛇ	ᛈ	ᛉ	ᛊ
h-agalaz	n-authiz	i-sa	j-era	ei-whaz	p-erthro	elha-z	s-owilo
9	10	11	12	13	14	15	16
ᛏ	ᛒ	ᛖ	ᛗ	ᛚ	ᛜ	ᛞ	ᛟ
t-iwaz	b-erkano	e-hwaz	m-annaz	l-aguz	ing-waz	d-agaz	o-thala
17	18	19	20	21	22	23	24

表 9.1 盧恩文字彙整表

要解鎖這張表，會面臨一個雙重問題。首先，我們必須深入研究盧恩文字本身的內在奧祕知識，但在此之前，我們必須充分了解這些盧恩名稱和字形結構的基本含義。理解古老知識之後，我們對永恆性質之奧祕知識的了解，也會隨之增長。

多重宇宙奧祕（盧恩文字）的深層結構，精準反映在盧恩字符線譜系統的外部形態當中。盧恩字符系統是一個相當複雜、時而具弦外之音的知識框架，整個架構包含以下幾個元素：

1. 個別的字符形狀

2. 字符的音素（音值）

3. 字符的名稱

4. 解釋性詩節

5. 字符順序（＝數值）

6. 字符的三個分族

對於一個簡潔且具有語言功能的字母系統來說，只有第二個元素是真正必要的。其餘所有元素都比較是為神話魔法目的服務。在這個章節，我們希望能夠開始對立志學習盧恩的人灌輸更深層的知識，它們一直以來都潛藏於盧恩傳統形式與歷史演變的底層。

字符形狀

就個別盧恩字符形狀而言，似乎存在著一些不同變體。不過，這些變體很少超過所謂「類型學」變體之範圍。舉例來說，在古弗薩克時期，S- 盧恩的字形有很多種：ᛊ ᛊ ᛋ ᛋ ᛊ ᛊ ᛊ ᛊ，但它們全都是屬於之字形或蛇形這類形狀的字符。當我們用直觀來探究盧恩字符形狀的內在含義時，應牢記這些原則。從歷史演進來看，有些字符形狀一直都沒有變，有些則發生改變。改變與否，其實都有其隱密意涵。

音素

個別盧恩字形的音素／音值（sound value）也相對固定，只有某幾個字母有系統性的變化。事實上，此系統的第二個元素，完全是由第三個元素來決定的。

字符名稱

這些帶有思想概念和文化色彩的名字都是縮寫形式。換句話說，是以盧恩字母名稱的第一音來作為該字母的音素，例如菲胡 *f-ehu* =〔f〕。不過，盧恩的「名稱」（names）本身，也可從三個層面來解讀。正如所有盧恩學習者所知，這個多層次取向的解讀法，正是所有盧恩占卜解讀的基礎。以烏魯茲盧恩為例，三個解讀層次分別是：(1)「根本」或字面層次（原牛——指身形巨大且力大無比的野生四足獸）；(2) 奧祕或隱喻層次，通常跟社會神話有關（原牛——代表形體色身的原初宇宙母牛）；(3) 盧恩魔法層次（the runo-Erulian），跟盧恩心理學相關（原牛——代表明意識中的生命力循環與理解事物的能力）。[2]

名稱包含概念和聲音。古早時候很可能存在一套複雜的名稱系統，每一個盧恩都各有一組單詞（可能是三個）用來作為該字母的名稱。我們盧恩行會目前正在努力慢慢將這些資料找回來，但在這裡我們僅處理主要名稱及其含義，詳見表9.2。

任何對盧恩文字有強烈興趣的人，都會希望在這三個層面上將盧恩文字做出關聯。哪幾個字形跟其他哪些字形有關聯、是什麼樣的關聯？哪些盧恩名稱跟其他哪些盧恩名稱相關聯、是什麼樣的關聯？比如，以名稱來說，你一定有注意到，盧恩字母的主要名稱分別來自某個生命領域：(1) 超人類層界：安蘇茲、索里沙茲、提瓦茲、殷瓦茲，或許貝卡諾也算；(2) 有機性質：菲胡、烏魯茲、艾瓦茲、依瓦茲、瑪納茲；(3) 無機性質：哈格拉茲、伊薩、耶拉、索維洛、拉古茲、達嘎茲；(4) 技術：萊多、開納茲、佩斯洛，可能瑙提茲也算這類；(5) 文化領域：給勃、溫佑以及歐瑟拉。這些類別還可以進一步分析和重新組合，以賦予更深層的含義。

菲胡 fehu (f)	家牛、牲畜、貨幣價值單位、財富（**FEE**）
烏魯茲 uruz (u)	原牛（**AUROCHS**）、野生角獸
索里沙茲 thurisaz (th)	原始巨人（**THURS**）、力大無比之物
安蘇茲 ansuz (a)	一位古代主神（阿斯／奧丁）
萊多 raidho (r)	馬車、騎行（**RIDE**）
開納茲 kenaz (k)	火炬（第二名稱：匡納茲〔kaunaz，瘡瘍〕）
給勃 gebo (g)	禮物（**GIFT**）、好客
溫佑 wunjo (w)	喜悅
哈格拉茲 hagalaz (h)	冰雹（**HAIL**）
瑙提茲 nauthiz (n)	需求（**NEED**）、必要；需求之火
伊薩 isa (i)	冰（**ICE**）
耶拉 jera (j)	（豐）年（**YEAR**）；收穫
艾瓦茲 eihwaz (ei／i)	紫杉（**YEW**）
佩斯洛 perthro (p)	擲籤骰杯
埃爾哈茲 elhaz (-z)	麋鹿（**YEK**）（第二名稱：奧吉茲 algiz〔保護〕）
索維洛 sowilo (s)	太陽
提瓦茲 tiwaz (t)	提爾（神，古英語 Tiw）
貝卡諾 berkano (b)	樺樹（**BIRCH**）（女神）
依瓦茲 ehwaz (e)	馬（參見拉丁語 equus）
瑪納茲 mannaz (m)	人（**MAN**）
拉古茲 laguz (l)	水，湖泊（**LAKE**）
殷瓦茲 ingwaz (ng)	殷格（神）
達嘎茲 dagaz (d)	白晝（**DAY**）
歐瑟拉 othala (o)	祖先的（**ODAL**）財產

表 9.2 盧恩文字名稱及含義
〔粗體字代表現代英語的同源詞，亦即直接從古代詞彙派生的詞語〕

盧恩排列

二十四個盧恩的排列順序，也為每個字符提供了一個介於1到24之間的數值，並將這二十四個字符分為三族，因此每一族有八個字符。這些數值咒式原本就存在於盧恩系統中。這個系統在維京時代進行的改造，正是透過系統性減少一些數值咒式來完成的。[3]

所有盧恩都是共時存在的，每一個盧恩彼此在不同層面上相互連結。最明顯的連結可從排序和分族（aett）看出。確實，在某個層面上，菲胡與烏魯茲相關聯，而烏魯茲又與索里沙茲相關聯，依此類推，從1開始直線排到24。這條線被分成三組，每組就有八個字符（稱為「一族」），同一族字符擁有某些相同特徵，此外，如果以垂直排列來看，等於把全部字符分為八組，每一組有三個盧恩（例如 :ᚠ: ／: :ᚺ: : ／:ᛏ:），同樣以個別特有方式組合在一起。另外值得注意的是，水平排列的1到24個字符，也可以三個字符為一組（1-3、4-6以此類推），這種分組也很重要。對於認真的盧恩學習者來說，這些都可以作為冥想和沉思的絕佳主題。

三個分族（airts）的潛在含義很清楚。第一族勾畫的是，盧恩人在踏上奧丁信仰這條艱難道路之前必須先學習和掌握的奧祕。這一族告訴我們，盧恩人需要建立的基本才能和個性特質包括：活力能量、理解力、行動力、靈感鼓舞、儀式、受控的意志力、慷慨大度，以及友誼。它對應的是戰士（dreng）。第二族帶有正反兩面性，而且充滿考驗和磨難。H- 盧恩到 J- 盧恩，概述了克服客觀環境的對抗、最後獲得豐盛成果的過程；EI- 盧恩到 S- 盧恩，描述的是內在主觀衝突以及邁向成功之途徑。這對應的是貴族（thegn）之工作。第三族（提爾族）描繪的是盧恩魔法師（也就是盧恩雕刻師）的工作層界。這個國度建立在世界樹的頂端（:ᛏ:），而且能夠沿著世界樹的路徑（:ᛒ:）在內部產生自己的力量，盧恩魔法師與他自身所創並整合的神聖「自我」相結合（:ᛗ:），讓他能夠穿越生命的所有疊層（:ᛚ:），成為獨立、自足、不斷進化、擁有魔法力量的神之代言人（:ᛜ:），受白晝之「光」的靈啟（:ᛞ:），時時刻刻與「外在」世界保持互動，同時又超越一切衝突競爭（:ᛟ:）。此乃英雄、君王（drighten）之工作。

下一章會更清楚說明，盧恩事實上是屬於第四次元世界，因此，若企圖想要用什麼來代表它們，或代表它們彼此之間的關係，必然都有所不足。究極而言，唯有在達嘎茲的「明光」之中，盧恩才得以清楚被看見。藉由編織巨大奧祕之網，如毛蟲般一路向前蠕動，對隱密世界有所覺醒覺知，盧恩人就能煉成現身，飛向眾神所在的國度。

第10章

奧祕宇宙學

ESOTERIC COSMOLOGY

（世界之誕生）

本章主題談到宇宙起源論（cosmogony），我們也將在此依序討論諸神系譜學（諸神的誕生），以及人類起源學（人類的誕生）。在〈欺騙吉爾菲〉（*Gylfaginning*，譯注：《散文埃達》其中一篇）第5-9章，我們鉅細彌遺讀到世界的誕生過程。當中描述到，從位於北方的霧國尼夫爾海姆，流出載滿原生酵母菌毒液的冰流，另外，從南方的火國穆斯貝爾海姆，噴出火焰和火花。這兩股極端能量，通過金倫加鴻溝（Ginnungagap）這個充滿魔法的空間，相互流向對方，並在鴻溝中心點形成一和諧局面；當穆斯貝爾海姆的火花和熱空氣撞擊到寒冰，加速了酵母菌的生長，這些能量最終匯聚成一具形體——巨人始祖尤彌爾（Ymir，咆哮者）。

霜巨人（the rime-thurses）是尤彌爾的後裔。尤彌爾是雌雄同體，他的左腋底下誕生出一男一女，他的一隻腳與另一隻腳合力產下一個男孩。

在尤彌爾誕生過程中，火與冰相遇凝結成霧淞，誕生出宇宙原牛歐德姆布拉。歐德姆布拉用她乳房流出的乳汁餵養巨人尤彌爾，自己則舔舐寒冰下的岩鹽，讓第一個生命布里（Buri）從冰霜中被解放出來。布里也是雌雄同體，生下一名男孩名為包爾（Borr），包爾後來娶了名叫貝斯特拉（Bestla）的女巨人，貝斯特拉就是巨人博爾頌（Bölthom，邪惡巨人）的女兒。原始神包爾和巨人妻子貝斯特拉的結合，生出奧丁－維利－維奕三位一體神。

這三位一體神後來將巨人尤彌爾殺死（作為獻祭），然後將他的屍體帶到金倫加鴻溝正中央，並用這個肉體塑造出多元宇宙的框架。世界因此被塑造出來，並以四季啟動世界的運轉機制。他們用尤彌爾的頭骨創造出天空，並在天空四個角落放置了四位侏儒——北方的諾德（Nordhri）、東方的奧斯特（Austri）、南方的蘇德（Sudhri），以及西方的維斯特（Vestri）。然後在正中央，以尤彌爾的眉毛造出一座堡壘，名為中土米加德。

現在，三位一體神奧丁－維利－維奕開始塑造人類。他們在靠近大海的中土米加德發現了兩棵樹。奧丁把 *önd*（精神、呼吸氣息）給了這兩個生物，維利給了他們 *odhr*（意識心理活動），維奕給了他們形體色身、言語和感官覺受。這個人類誕生過程，也出現在《詩體埃達》的〈女先知預言〉（第17-18節），當中的三位一體神則是「奧丁－霍尼爾－洛德爾」。男性生物名叫阿斯克（Askr，梣樹），女性是恩布拉（Embla，榆樹）。

這段內容值得所有盧恩學人好好研讀並深入思考，因為裡面包含很多盧恩祕密。

我們將整個宇宙開創／神之起源的過程整理成圖10.1，它是將古代日耳曼民族眼中所見的宇宙原初進化過程予以概念化，而得到的一張

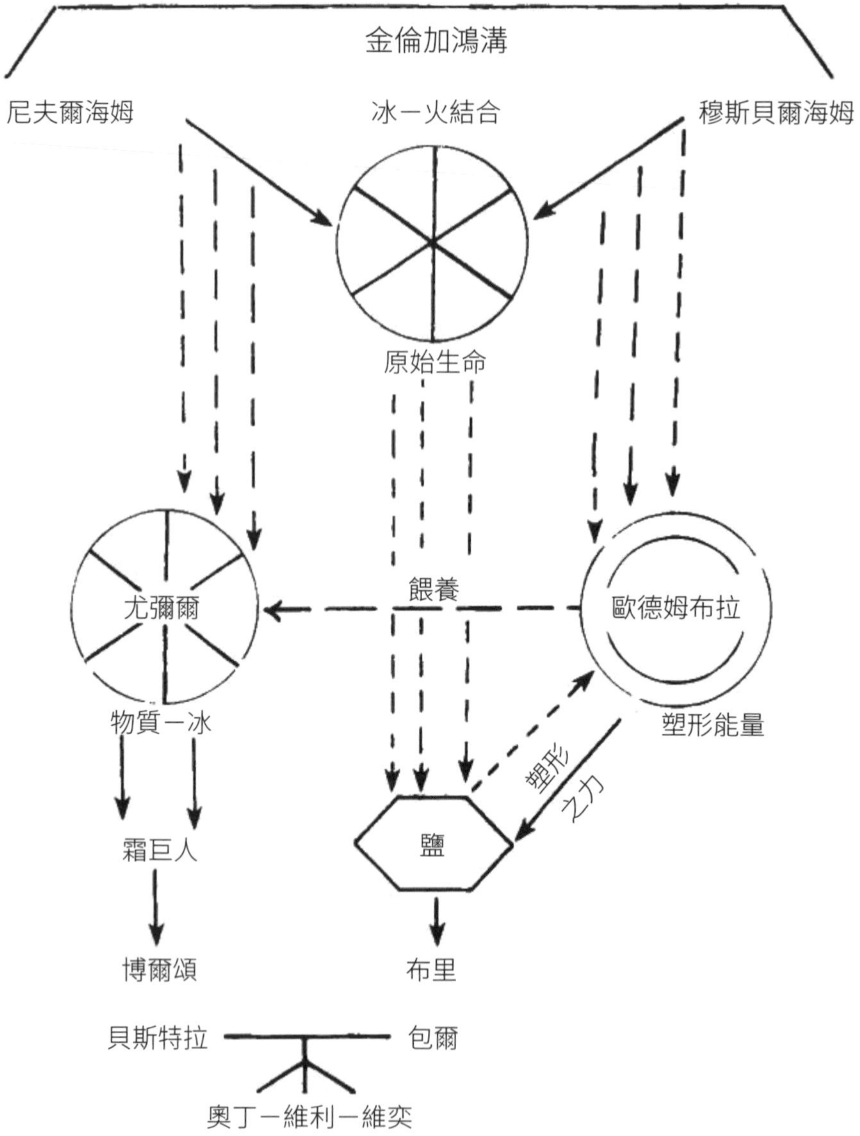
金倫加鴻溝
尼夫爾海姆
冰－火結合
穆斯貝爾海姆
原始生命
餵養
尤彌爾
歐德姆布拉
物質－冰
塑形能量
塑形
之力
霜巨人
鹽
博爾頌
布里
貝斯特拉
包爾
奧丁－維利－維奕

圖 10.1 宇宙誕生過程

圖。不過，這只是一個模擬想像圖，因為實際過程是發生於多重次元宇宙當中。

金倫加鴻溝是一個充滿原始能量的空間場。裡頭的能量由尼夫爾海姆和穆斯貝爾海姆共同構成，相當兩極化而且強大，然後這兩股能量又在中心點與它本身的能量相互作用，產生了一個內建原先多元宇宙模式、全新的有形色身。它的象徵符號就是 :✱:，也就是世界樹的圖案，而世界樹就是這個種子圖案最終的結晶。這個雪花圖案也代表這些未顯化意象的本質，一旦它們得到適當能量和物質的餵養，就能變成肉眼可見之實體物。火之國就是振動頻率最高的光之能量的有形顯化，而冰霜之國就是黑暗能量的凝固體，裡頭包含著生死奧祕的元素核心——原生酵母菌、鹽和毒液。

當這個原始種子的有形色身被塑造成形，它又分裂成另一個兩極，也就是原始物（尤彌爾）和原始能量（歐德姆布拉），但還有一些來自原始種子的能量落入金倫加鴻溝，再次結晶為冰塊，然後原始能量運用它的塑形之力，塑造出雌雄同體的原始神／巨人布里。布里裡面包含了火與冰直接結合的純粹模式，但它也是由原始能量本身的力量塑造出來的（並以自我犧牲的形式將自身奉獻給宇宙牛歐德姆布拉）。尤彌爾，這個原始宇宙物質堆塊以及內建原始宇宙模型的「冰之種子」（冰雹，也就是哈格拉茲 :✱:），最後被三位一體神（也就是原始意識的化形）所犧牲。這三位存有（實際上是三位一體），是宇宙最早具有覺知意識的神聖存有，因為他們能夠理解二元性並塑造他們的環境，這是由於他們是來自三個源頭的複合意識：(1) 原始種子結合體；(2) 尤彌爾；(3) 歐德姆布拉。這意識的三位一體神，將尤彌爾的肉體分解，然後依據肉身本身（尤彌爾）和原始種子的先天形態特質，將它們重新塑形，從靜態宇宙變成一個動態、具有生命力而且具有意識的有機組織。

人類是由具有覺知意識的神後來塑造出來的。不過要再強調一次，人類原本就是整個大宇宙的一部分，不是「眾神」(從無到有)創造出來的東西。阿斯克和恩布拉一開始就是生命體(有機生物：在這裡是以植物作為象徵)，然後由三位一體神(均等、同步地)將複合的人為擴展意識賦予給他們，成為在中土米加德意識非自然進化之一部分。

盧恩

盧恩本身界定了存在與意識之模式，因此，在整個宇宙開創過程中，盧恩一直都在發揮作用。尤彌爾犧牲之前，那些模型尚未顯現，僅是處於一種基本區別狀態。只有陰暗盧恩(murk runes，古北歐語 *myrkrúnar*)和明亮盧恩(shining runes，古北歐語 *heidhrúnar*)的二元分別是明顯可見的。奧丁－維利－維奕誕生之後，盧恩開始活力綻放，顯化為各自獨立且相互區隔的一種狀態(此時，陰暗盧恩和明亮盧恩重新結合，成為一完整連貫系統)。最後，以神聖意識和世間生命之形態顯化出來。當意識的三位一體神犧牲(殺)掉尤彌爾(盧恩模型的結晶種子)，他們根據其內在本具的盧恩結構塑造出這個原始物質。他們將它排列成世界樹尤格德拉希爾的九個世界之形狀(參見第193頁圖10.7)。

必須記得一個概念，這些「事件」都是發生在我們的三次元世界之外，因此，我們現在必須按時間順序討論的那些過程，很可能都是「同時發生的」。奧丁－維利－維奕的誕生、尤彌爾的犧牲、盧恩和世界(世界樹尤格德拉希爾)之顯現，以及奧丁獲得盧恩啟蒙等等這些「事件」，都是如此(參閱第13章「眾神盧恩學」)。這些事件，是分別從不同層次描述同一個面孔：意識從秩序之外進入到有機秩序狀態。

關於盧恩系統的（再次）誕生，則經歷以下過程：(1) 盧恩從中心點開始，分別朝左右兩個方向（或左右兩半球形狀）向外綻放（參見圖 10.2）；以及 (2) 綻放之結果依序在一個八等分的平面上繞行（見圖 10.3）。

這使得盧恩擁有容易理解且容易溝通的一種組織結構。它提供秩序和方向。

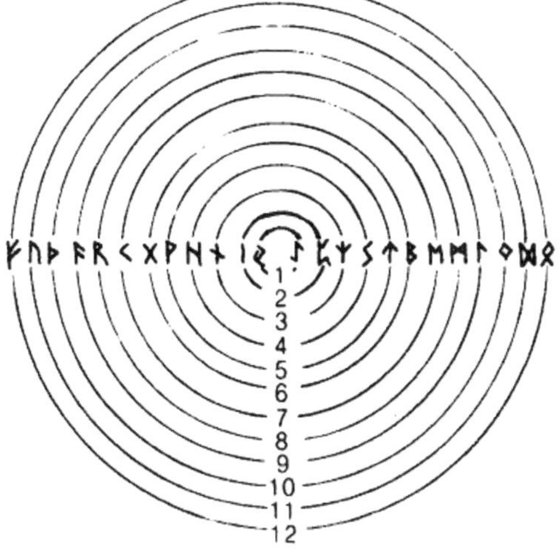

圖 10.2 弗薩克的同心圓顯化模型圖

從中心點開始的第一層開展，是從圓形循環力（:ᛜ:）和垂直力（:ᛇ:）這兩個核心盧恩開始——它們分別代表事物成形的循環軌道與存在的中心軸。因此，根據二十四個奧祕模型，盧恩字符開始一一顯化，成為一個十二層的同心圓；同心圓不斷往外擴大，每一個盧恩也根據「同感／反感法則」（a "law" of sympathy / antipathy）與另一盧恩配對出現。1 到 24 的數字順序，是意識排序力量的結晶，所有盧恩由左到右組織排列（依自然順序，也就是太陽的運行路徑）。不過，必須記得，盧恩字符可以從任何方向來刻寫——由左到右、由右到左，或前後方向刻寫都可以。這些事實也給了我們一條路徑，能夠更深入去認識盧恩文字背後的隱藏含義。弗薩克的同心圓排列請見圖 10.2。從圖 10.2 這個向外綻放的同心圓，應運而生的盧恩配對組合之含義，請見表 10.1。

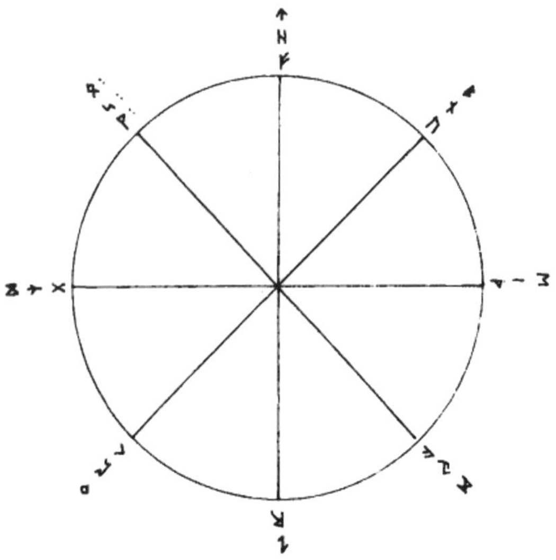

圖 10.3 弗薩克的八個分組

同心圓數值	盧恩字形	宇宙演化特徵
1	ᛃ : ᛇ	環形軌道／中心軸
2	ᛁ : ᛈ	收縮／進化
3	ᚾ : ᛉ	阻力／吸力
4	ᚺ : ᛊ	種子形態／光之結晶
5	ᚹ : ᛏ	和諧／秩序
6	ᚷ : ᛒ	交換／保留
7	ᚲ : ᛖ	能力／信任
8	ᚱ : ᛗ	宇宙秩序／人類秩序
9	ᚨ : ᛚ	轉化／成長
10	ᚦ : ᛜ	破壞者／包容者
11	ᚢ : ᛞ	結構狀態／矛盾狀態
12	ᚠ : ᛟ	可移動之力量／固定不動之力量

表 10.1 盧恩的配對組合

從上一章我們知道，盧恩的分族排列本身就帶有重要意義。當盧恩按照1至24的順序排列，它們是從「北方」(也就是通往其他世界的入口)進入到生命存在的水平面，而且像一條蛇那樣，以中土米加德為中心點，在這個平面上將自己環形纏繞三圈。在日耳曼傳統中，一個平面被分成八等分，這樣就能取得在該平面上的位置或方位。這八個等分或八部分就稱為「埃蒂爾」(aettir，這個字既是指「一族」，也是指「八個」，也就是「八個方位」)。(古蘇格蘭語支單詞*airt*至今仍保留著這個含義。)弗薩克分族最初的意義，可能就是從這個宇宙學模式衍生出來的(參見圖10.3)。

不過，盧恩還有第三種基本「排列」，是把重點放在世界樹尤格德拉希爾的分支當中所隱藏的多重宇宙世界，會在後面章節討論。

盧恩元素

關於元素這個主題，在盧恩知識脈絡中，一直是致力於追求奧丁信仰之道的人最熱衷研究，並進行內在修練的領域之一。很大原因是由於，風、火、水和土四元素的概念，在赫密士／新柏拉圖神祕哲學學派中具有舉足輕重的地位，因此經常被拿來與盧恩做比較，又或者較近期的發展是，希望能讓盧恩與四元素概念脫鉤。新柏拉圖學派的元素概念，很可能是源自某個形式化的印歐模式，因此元素概念很可能確實是日耳曼民族所共有。元素，基本上是對於自然界中存在的物質加以分類，若運用在冥想當中，可藉以引發某種主觀心理反應。元素就是精神物質複合體(psychophysical complex)的分類工具。因此，深入探究盧恩

（把知識的學習與「魔法巫術」相結合），探索盧恩的思想形態，直接從中提煉出盧恩元素的奧祕本質，對學習者而言是最有益的。這裡必須先附注提醒一件事：雖然以下內容是以傳統資料作為基礎根據，但我們無意將它變成獨斷的教條法則。其他解釋也可能存在。主要是希望這個研究能打開一些大門，或者，至少能讓那些早已敞開的大門再更加開闊一些。

就盧恩知識而言，兩部《埃達》的奧祕長期以來一直被忽視。如果你願意睜開眼睛，那當中其實蘊藏著大量隱密知識。比如本章一開頭探討的宇宙開創神話，就藏著好幾把解開古老且複雜之盧恩元素祕密的關鍵鑰匙。

兩極化的主要元素有兩個：(1) 火和 (2) 冰；次要元素是 (3) 水和 (4) 風（空氣）。《散文埃達》的〈欺騙吉爾菲〉當中還描述到其他更多生命的組成元素，包括：(5) 鐵（爐渣以及來自穆斯貝爾海姆的高熱「火花」）、(6) 鹽、(7) 酵母、(8) 毒液；這些元素最後在 (9) 土當中全部結合在一起。以上這些元素都是在「顯化之平面」（也就是水平面向）上運作，而不是在意識的垂直縱軸上運作。圖 10.4 就是這些元素的圖解。以下就簡單描述每一種元素的本質，把它跟宇宙開創神話以及盧恩字符系統放在一起閱讀，將有助於理解其複雜性：

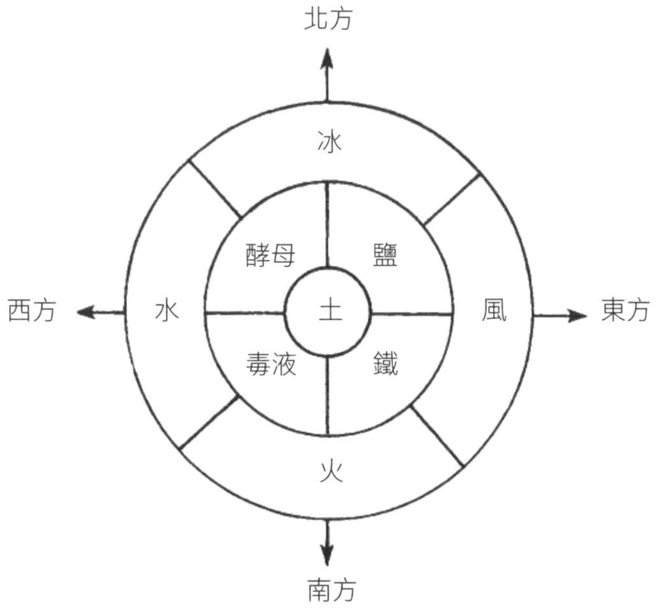

圖 10.4 水平面上的盧恩元素

火：完全膨脹、高度振動、高熱、光亮、乾燥、原始能量——動態。

冰：完全收縮、無振動、冰冷、黑暗、原始物質——動態。

水：靜止、演化之生命、潮濕、色身之基質——靜態。

風（空氣）：無所不在、無形之空間、溫暖、意識之基質——靜態。

鐵：原始合成、熱／冷、堅硬、動態性穿透、惰性物質。

鹽：「維生之物」與有機生命物質、形體色身的維持物。

酵母：動態「生命力」、有機運動、生長、健康。

毒液：潛在溶解力、腐蝕性、有機動能（負面演化因素——重塑前必要之破壞）。

土：一切潛在可能、有形顯化、最終的元素合成。

我們不能將這些元素解釋成哪一個是哪一個的「散發物」。在它們於多元宇宙中被顯化出來之前，原本就真實存在，而且潛藏於於整個宇宙中。

主要配對組合元素〔火：冰〕，在金倫加鴻溝的遼闊範圍內相互作用（鴻溝中充滿裂口〔ginnung〕，原始意識深淵，它之後會「凝固」在垂直縱軸上），而那些動態兩極作用進一步喚起第二組具有平衡與調和作用的〔水：風〕元素。這些元素的相互作用，導致有機生物的生成。在火與冰之間，最直接也最少介質的接觸點上，原始鐵在宇宙坩堝中被鍛造，它最初也最純粹的「元素」〔火：冰〕合成物，像一道閃電，與酵母／鹽／毒液這些潛層有機混合物，在〔火：冰〕／〔水：風〕基質中相互作用。這個生命火花一開始先加速了酵母的生長，接著又啟動有機生物的誕生過程。整個過程則是由鹽來維持其生命，使其結合在一起。不過，潛層的毒液也確保了整個過程持續保持活力和進化，因為它不斷將生命溶解，讓意識可以將它重新塑造成更複雜的形體色身。在這裡，我們看到了「神聖大三角」（三組二元配對）之有形實體面向的起源——誕生－生命－死亡後重生（請見圖10.5）。

圖 10.5 生成的元素循環

這些元素都影響了水平面中心地帶（鴻溝中央）的形成與加速作用，也為完整全體（土元素／地球）的發展和繁殖提供了理想條件。它同時也是世界垂直縱軸的中心點，這條軸線也讓完整全體的實現成為可能。但這些似乎僅構成了盧恩元素智慧的第一層。事實上，元素的成分要素可能會愈來愈多，也愈來愈精煉（跟物理科學一樣），最後會建構出一張真正的盧恩元素「週期表」。盧恩系統的基礎元素，請見圖10.6。

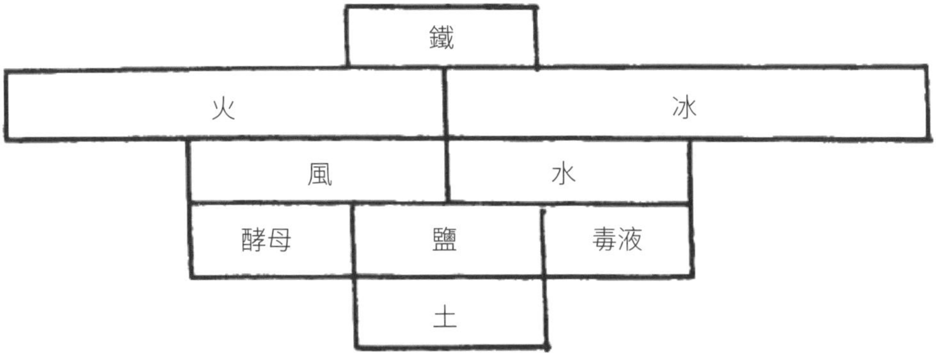

圖10.6 盧恩元素表

在發展一套真正的哲學時，運用「元素思維」會有極大幫助；也就是，不僅僅將知覺意識納入思考，同時也將自然界納入思考，並在兩者間建立象徵與心理橋梁。這是因為，對外部物理現象進行有意識的分析、分類和經驗，能夠進一步將外部環境予以內化，讓大自然真正成為活生生的知識大師，這條邁向完整的道路也會變得更加清晰。

世界樹

眾神根據原始物質的模式塑造出宇宙，並讓整個宇宙全體開始運轉，成為一個活生生的、有機的、能夠不斷進化的東西，這個宇宙全體，就是我們所稱的世界樹——尤格德拉希爾。兩部《埃達》對宇宙結構的描述並沒有完全一致，但我們也不會去期待，在多重宇宙系統中會有完全一致的圖像出現。隱喻中蘊含的謎團和奧祕告訴我們，這些都是超意識旅人、薩滿巫師眼中所看到的景象，而不是理性哲學家用教理建構出來的。不過，在目前這個階段，我們還是需要先用系統化的圖解方式來幫忙解開某些宇宙謎團。因此，在我們真正潛入尼夫爾海姆的未知水域之前，必須先對這些奧祕做一些分析和探索。請務必謹記在心，這樣的圖像解析只是一種近似狀態的推估。

根據《散文埃達》以及關於尤格德拉希爾的九個世界之知識，我們可以建構出宇宙的基本架構。但在這九個「世界」（古北歐語 *heimar*；單數形 *heimr*〔海姆〕）內部及其周圍，還有許多宮殿住所，兩部《埃達》都在許多章節中提到過它們。

我們知道，中土米加德（Midhgardhr，顯化後的「物質」世界）是位在金倫加鴻溝的「中央」；換句話說，它並不像某些祕術哲學所說的，是位於宇宙最底部。中土的北邊是尼夫爾海姆（Niflheimr），南邊是穆斯貝爾海姆（Muspellsheimr）；東邊是約頓海姆（Jötunheimr，巨人國），西邊是華納海姆（Vanaheimr）。一條正中央（但又無所不在）的垂直軸線——伊爾明蘇（Irminsul），穿過中土米加德的中心點，這條垂直線上也有好幾個世界，分別在米加德的「上方」和「下方」。一定要記得，這些方位都是永恆且無所不在之奧祕的象徵。中土米加德的下方是斯瓦塔爾夫海姆（Svártalfheimr，黑暗精靈〔＝侏儒〕國），然後最下方是赫爾冥界（Hel ＝亡者國度、隱密之地、寂止之域）。米加德上方是約薩爾夫海姆（Ljóssálfheimr，光精靈之國，或簡稱精靈國），最上方是阿斯嘉特（Asgardhr，阿薩神族的國度）。這九個世界，就這樣沿著世界樹之平面以及立體雪花圖案排列。圖 10.7 是世界樹之奧祕的詳細圖解。這張圖包含了水平面向上的穆斯貝爾海姆－尼夫爾海姆－華納海姆－約頓海姆－中土米加德，以及垂直面向上的中土米加德－約薩爾夫海姆－斯瓦塔爾夫海姆－阿斯嘉特－赫爾冥界。

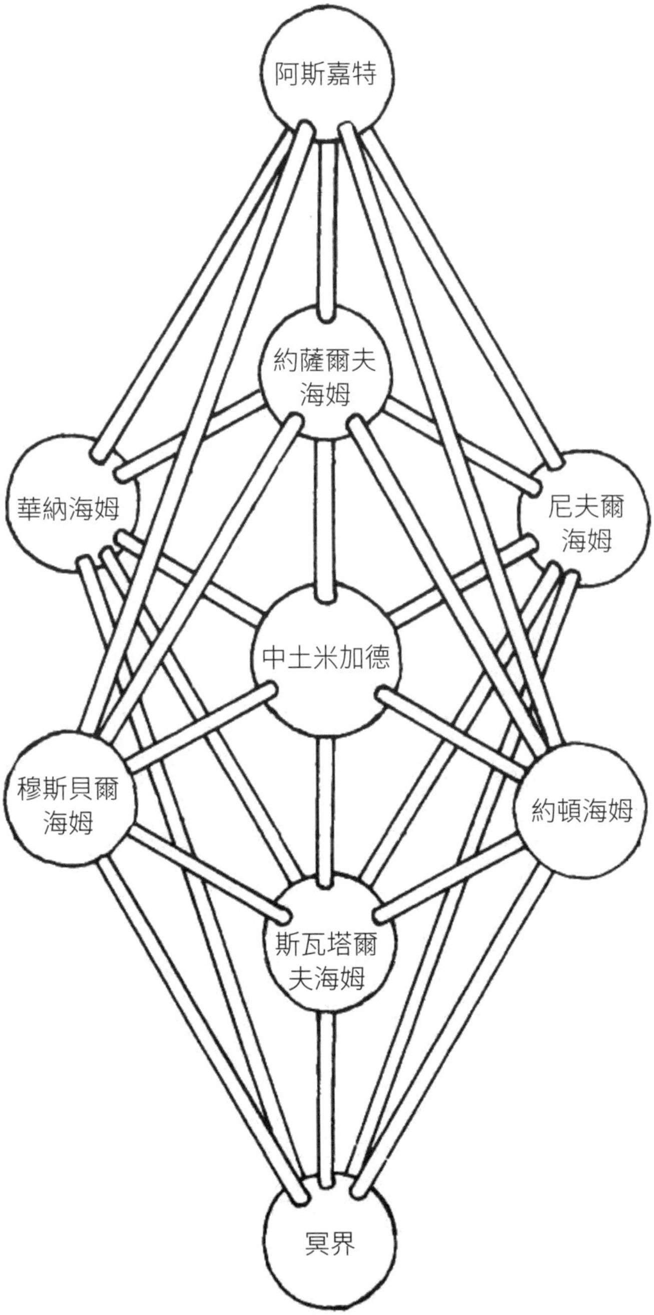

圖 10.7 世界樹尤格德拉希爾

其實，那個想像出來的中央平面應該稍微帶點傾斜，這樣一來，位於北方的尼夫爾海姆就會在比較下方，而南邊的穆斯貝爾海姆的位置會稍微高一些。我們知道，這是一個古代概念，因為從語言學證據來看，north（北方）這個字的字根（**ner-*）最初的意思就是「在～下方」。中土米加德的上方是光的國度——「天界」；下方是黑暗世界——「冥界」。然後由伊爾明蘇，宇宙支柱世界樹，將它們相連在一起。伊利亞德（M. Eliade）的書《永恆輪迴的神話》（*Myth of the Eternal Return*）對這個奧祕謎團有一番精彩論述。垂直中柱（或中軸）將心靈宇宙劃分為意識與無意識、光明與黑暗兩邊，如同水平平面將火的擴張性電能與冰的收縮性磁能劃分為二。水平世界是能量，也是「有形物質」能量所在的平面；垂直世界則是意識與存在體的心靈模式。這一切全都以潛在和諧狀態，相會於中土米加德。這個潛在和諧狀態可以被盧恩人所活化、啟動。

阿斯嘉特	意識的國度，內部本身構造極為複雜，有許多區域和宮殿大廳，包括瓦爾哈拉（Valhöll），也就是英靈殿。分身靈的居所，精神意識（古北歐語 *önd*）的家園。
約薩爾夫海姆	光的廣闊國度（裡面包含其他次級平面）。心靈與記憶的居所——智力領域。
米加德	中土。以宇宙而言，它是物質的實際顯化，也就是地球。在人之構成中，它是肉體，也是本我的全部潛能。所有世界都在米加德相會。
斯瓦塔爾夫海姆	侏儒的居所（侏儒可能有形體，也可能無形）。是一個黑暗的「地下」世界，形體就是在這裡鍛造。情感領域。
赫爾冥界	本能直覺的國度。寂止和惰性的居所——無意識之領域。無信仰者之靈魂的最後安息地。

尼夫爾海姆	霧凝結成冰的國度，收縮與磁力的居所。反物質的力量，一個不斷自我向內拉扯的黑點，像個「黑洞」。
穆斯貝爾海姆	熾熱火花的國度，擴張與電能的居所。純粹能量之力不斷向外朝自己的反方向擴張。
華納海姆	有機模型與聚結的國度──水。力量的居所，既富有又平靜之平衡狀態。
約頓海姆	不斷運動的國度，到處尋找對手，無論遇到什麼都予以反抗。消滅與欺騙之力。破壞的反作用力量（乃進化改變所必需）。

表 10.2 打開世界樹九個國度的關鍵鑰匙

第 11 章

盧恩數字學

RUNIC NUMEROLOGY

如果人們有機會接觸大量盧恩魔法的學術著作，一定馬上對當中充斥的數字學解釋大感震驚。這類研究似乎都是基於這樣的假設：僅憑數字模式（無論是真實的或想像的）就足以顯示盧恩銘文的「魔法」本質。這些研究的不足之處在於，作者從未告訴我們，這些銘文上的數字模式是如何產生魔法作用，也沒有告訴我們，若要以這種方式來理解銘文，得先具備哪些日耳曼本土的數字學知識。從純歷史的角度來看，盧恩是否曾經被用來當作數字使用，甚至都值得懷疑。把盧恩字符當作數字使用，並無明確例證，銘文上面若出現數字，也全都是用盧恩文字來拼寫（但這並不是說，數字學知識中不存在有別與「世俗」數字使用的宗教或魔法傳統）。研究盧恩數字學的學者認為，古代盧恩魔法師除了使用盧恩字符來計數（計算一塊銘文、一行字，或一個句子當中的盧恩字符總數；例如 :ᚠᛁᚢ: ＝3），也會用盧恩來加總（根據銘文上每個字符的排列順序所對應之數字來計算加總；例如 :ᚨᛚᚢ: ＝4＋21＋2＝27）。

那麼，問題來了：由於普遍缺乏歷史證據，這些作法是否合理？答案是肯定的，理由有二：(1) 歷史證據通常已遭破壞，我們需要對科學研究案例（尤其關於盧恩計數）保持開放態度；(2) 本著古代盧恩魔法師一貫的創新精神，我們新一代盧恩人也應該無所顧忌地將盧恩計數知識納入我們的系統當中，無論其歷史地位如何。我們的目標不僅僅是複製古代作法，而應該要用與傳統無違的方式來拓展它。我們對盧恩數字學（runic numerology）或計數知識（tally lore）的探討，應本於對日耳曼獨有的數字知識（經常被支持外來系統的早期學者忽視）的深入了解，並以直觀創新精神為根據。

盧恩數字學

數字模式形態（Numerical patterning）能讓銘文在對應關鍵數字所代表的領域時，更加有效地發揮效用。這只是一般魔法工作所需之系統性共感法則的一部分。有意地在更精微（隱微）的層面（subtle levels）塑造有效的溝通，能讓魔法產生更強大的效果。換句話說，為了使魔法施作更有效，它必須採用某種「形式」（form）——你也可以說它是某種「代碼」（code）——讓魔法施作的目標對象能夠「了解」並做出反應。數字模式就是屬於這個編碼過程的精微層面。這也是對於奧丁所提出之問題「你知道如何刻寫嗎？」的一個回答，雖然這個回答比較帶有隱晦含義。從另一方面來說，此一主動操作還具有一個重要的被動面向。我們還必須能夠回答「你知道如何解讀嗎？」這個問題。也就是說，當盧恩魔法實踐者看見盧恩字符出現在他面前，無論是用心靈之眼還是肉眼看到的，他都必須能理解它們的含義。因此，盧恩數字知識的技能也是一項工具，能讓我們用來進行屬於精微層面、占卜性質的魔法工作。

有一件事一直在阻礙盧恩數字知識充分發揮作用，那就是，很多人想要讓盧恩數字知識能夠符合希臘人、希伯來人和其他民族的地中海靈數系統。雖然日耳曼數字系統與希臘人使用的靈數系統相似（畢竟兩個民族最早都同屬印歐民族），但是從二到三以及及其倍數，發生了重要轉變，導致日耳曼民族採用了準十二進位系統（quasi-duodecimal system）。這就是為什麼英語的十一是 eleven、十二是 twelve，而非我們預想的 onteen 和 twenteen。古日耳曼數字系統是以十二及其倍數為底數的系統，這也是盧恩數字知識的基礎。當一個住在英格蘭的古撒克遜人聽到 hundred（百）這個字，他想到的其實是我們日耳曼人說的120件「東西」（things）——*teontig*（ten-ty ＝ 100）、*endleofantig*（eleven-ty ＝ 110），以此類推。後面那個字甚至演變成 elebenty 保留在某些南美洲語支中。

從盧恩代碼系統的本質來看（參閱第7章），數值很明顯就是古代盧恩傳統的一部分。第9章所討論的盧恩字符系統，以及整個盧恩宇宙學，也都帶有很強的數值基礎。在盧恩字符系統中，有幾個關鍵數字特別重要。三及其倍數最為明顯，例如：盧恩有「三個」分族。三也是垂直超自然國度軸線上代表「宇宙結合」的重要數字，它等於是一句咒式，把「在其之上」和「在其之下」跟「此時此地」連結起來。三以及它的所有倍數，都包含著這個根本值（root value）。

四和八這兩個數字對屬於自然界的水平平面有類似的影響力。注意看盧恩的分族排列，就能清楚看出這些數字群的象徵意義。

從天體和立體多重空間的角度來看，數字十二和十三則是關鍵數字（參閱第10章）。它們位於整個盧恩字符系統的核心，各自帶有獨特且明顯相異的奧祕。換句話說，十三不只是十二加一。十三的本質是完全獨立、截然不同於十二的東西（無論是盧恩字符系統或日耳曼數字系統，這都是中央的「斷點」）。

代表最終完整圓滿的數字是二十四。它代表整體、完整、完全，但它的倍數也很重要。例如，24×3＝72 這條咒式就具有重要意義。雖然後來字符系統進行改革，但二十四所代表的「整體」含義還是被保留了下來。此一事實最有力的一個證明是，女武神希格德莉法告訴齊古爾，要把盧恩刻在「二十四樣東西」上面（參閱《詩體埃達》〈勝利賜予者之歌〉篇章）。

根本來說，系統關鍵數字有四個：十三、十六、十八和二十四。每一個數字都代表整體的其中一個面向。此外，所有的質數——獨立、自由、自我孤立的數字——則分別代表盧恩魔法師之魔法意志的一個面向。

古北歐數字知識

盧恩字符含義解釋表1 某種程度揭露了許多關於數字含義，以及盧恩字符之間數值關係的知識。然而，若我們仔細閱讀最古老的日耳曼口傳知識文獻就會發現，不同數字特性具有特定力量，這些都是渴望追求真相的盧恩學習者應該要知道的。而且這些數字特性通常與地中海靈數學的數字特性完全不同。

一（**1**）是根本因（root causes）與單一力量之起始。這個數字極少出現在盧恩魔法和神話文獻中。

二（**2**）是串聯之力加倍作用的合作之數字。實際魔法操作中，有時會用它來增強力量，尤其是體能上的力量。在神話傳說中，它代表互補配對團隊的合作力量：胡金／穆寧、基利／弗雷奇（奧丁的兩匹狼）、阿爾瓦克／阿爾斯維迪（拉太陽馬車的馬隊），或者奧丁／洛基的神力結合。

三（3）在數字知識中，這是最常出現的「神聖數字」。它代表完整圓滿的運作過程，也是精神動力產生的根本之力。在盧恩魔法中，「三」會被用來幫助事物完成和加速進行——讓事物順利運轉。在神話傳說中，「三」可說比比皆是。例如，諾恩三女神烏爾德－薇兒丹蒂－斯庫德、三位一體神奧丁－維利－維奕、世界樹根部的三座泉井，以及詩歌蜂蜜酒的三個容器奧特羅里爾－松－博丹。

四（4）是靜止、穩固和等待的數字。它蘊藏力量，這也是它的主要用途之一。在神話中，我們知道有四隻雄鹿在啃食世界樹上層的綠芽，有四位侏儒諾德－奧斯特－蘇德－維斯特分據世界的四方。

五（5）是代表時間和空間秩序的數字。古日耳曼人的一星期有五個晚上——古北歐語稱為*fimmt*——人們必須在這個時間內回應法律傳喚。在神話傳說中這個數字很少出現，但在魔法操作上，它是強大的祈禱式。

六（6）是代表生命活力和力量的數字。可用於創造，也可用來破壞。這個數字很少出現在神話文本中。

七（7）是代表死亡，以及與「異世界」被動接觸的數字。根據傳統，人過世之後到舉行葬禮要間隔七個晚上（古北歐語*sjaund*）。神話中不常看到這個數字。不過，某些神話事件似乎有受到占星學知識的影響。

八（8）是代表完全顯化和完美對稱的數字。它的重要性可從天界被劃分為八等分看出（參閱第10章）。它是空間排序的數字。八在神話魔法知識中也經常出現，主要是作為條列事物的方法，例如八種禍患及其治癒法（〈至高者箴言錄〉第137節）、八種盧恩魔法（〈至高者箴言錄〉第144節）以及八樣「最好的東西」（〈格里姆尼爾之歌〉（*Gríminismál*）第45

節）。這些內容全都可以在《詩體埃達》中看到。

九（9）是「最為神聖的數字」，也是心理宇宙力量的根源。它可以為任何目的的魔法提供力量。它也是代表生命永恆和死亡永無止境的數字。九能改變它所碰觸到的事物，但它本身卻始終永恆不變。神話和魔法中處處可看到這個數字出現。這裡僅舉幾個例子：世界樹有「九個」世界，奧丁在世界樹上倒吊了「九個」晚上，之後被傳授九首力量強大的詩歌，最常出現在魔法師面前的女武神人數是「九人」。

在弗薩克字母的實際運用上（特別是本書第157-161頁這幾個字母），將盧恩當作數字來進行魔法操作，主要有兩種方式。這兩種方法包括：計算盧恩字符數目（所使用的盧恩字符個數），以及盧恩總值（把每一個盧恩字符的數值加總）。舉個例子來說明，這是出現在西元500年前後，一條非常有名且複雜的盧恩咒式（林德霍爾姆護符〔Lindholm amulet〕）的其中一面，請見圖11.1。

圖 11.1 林德霍爾姆護符的背面

「盧恩數目」通常代表這條魔法咒式所要作用的領域，而「盧恩總值」則代表這條咒式的魔法目的，或最終想要得到的結果。這兩個數值還可進一步分析：將其個別數字相加，會得到一個關鍵「靈數」（tally）（要加總到讓數字介於1到24之間），並藉由找出其倍數值，來得出「倍數」關鍵碼。這些數字能夠將盧恩數目和盧恩總值數進一步析煉，顯示出它們使用的「魔法工具」。以林德霍爾姆護符背面的數值分析為例，請見表11.1。

盧恩總數	24	魔法作用之領域
關鍵靈數	6	
倍數關鍵碼	4 x 6	在該領域的運作方式
盧恩總值	235	魔法作用之目標
關鍵靈數	10	
倍數關鍵碼	5 x 47	抵達目標之途徑

表11.1 林德霍爾姆護符（背面）之數值分析

藉由這種方式，我們就能「正確解讀盧恩」，從圖11.1的銘文，我們看到裡面暗藏了奧祕術語：以純粹有序（5）的一位魔法師之意志（47）來執行魔法（6）在整個客觀宇宙之內（24）使之完全顯化（10）。

在結束本章的數字討論之前，我們必須談談日耳曼文獻中最神祕的數字象徵實例，也就是《詩體埃達》的〈格里姆尼爾之歌〉第24節，當中寫道：

我知道總共有五百
又四十扇門
矗立在瓦爾哈拉英靈殿：
八百位英勇戰士〔古北歐語 *einherjar*〕
各穿過一扇門
前去與狼〔＝芬里爾〕戰鬥

許多學者和神祕學家都被這節詩歌震撼。從數值分析得到的結果似乎是540×800＝432,000——這個數字在印度教宇宙學架構中剛好等於一個「鬥爭時」(Kali Yuga)的年數。這讓歷史學家得出結論：當時的北歐可能大量借入了印度－伊朗文化思想，又或者，這就是從史前時期以來古印歐傳說為兩文化共有的一個實際例證。

不過，從北歐在地文化的角度來看，我們必須記得，當古北歐人說「一百」時，他腦子裡想的是我們所說的120，因此〈格里姆尼爾之歌〉的那句咒式應該是這樣：

五百（＝600）加四十（40）＝640（＝16×40）
八百（＝960）（＝24×40）

兩個數字相乘結果是614,400（＝40×15,360）。兩個系統性關鍵數字（16和24）就出現了，而且很明顯意圖倍數是40，所有這些似乎都指向一個彼此獨立但又內部相互連貫的日耳曼數字符號系統。這個奧祕的最終解答仍有待揭開。

第12章

盧恩心理學

RUNIC PSYCHOLOGY

關於靈魂（soul）的知識——心理學——是盧恩（奧祕面）研究當中非常複雜但又基本的一個面向。古日耳曼民族也有自己的一套靈魂知識，而且跟歷史上其他民族的靈魂學一樣複雜且精確，甚至比我們今天大多數人熟知的靈魂學還要複雜得多。藉由研究古日耳曼民族用來描述各種靈魂概念和精神肉體運作過程的詞彙，便可從中窺探這個奇異世界的大概樣貌。當一個族群在某個特定領域擁有高度專業化或技術性詞彙時，即容易得知，因為 (1) 他們了解其緊密運作方式，而且需要專用詞彙來區別他們所掌握之知識的各個面向；(2) 這對他們的生活來說是非常重要的領域。除了「靈魂」之外，主宰日耳曼思想的另一個重要概念是「命運」——兀爾德（wyrd）。離開靈魂知識，命運的概念就無法完整被理解，而且它會反過來幫助我們準確解釋靈魂如何在我們體內運作。

靈魂的形式

討論盧恩學時把「靈魂」與「肉體」分開，其實並不那麼正確。因為實際上它們兩者緊密相繫，但矛盾的是，靈魂和肉體也可藉由盧恩魔法的施作，有意識地被分離開來。如果沒有操作這類魔法，這件事只會在一個人自然死亡時發生。當我們談到所謂「整個人」（whole person），最精確的描述或許是「精神肉體」（psychophysical）或「心身複合體」（psycho-somatic，靈／肉）等這類有點累贅的詞彙。無論用哪一個，靈魂都是由好幾個面向組成（包括本質精髓和／或有形物質），其中某些面向在某些個體當中可能處於休眠狀態，但在盧恩人的內心卻可以被喚醒，重新獲得生命。這一點也不奇怪，一個民族一旦失去某個經驗的專用詞彙，那個經驗很快就會從人們的記憶中消失。但盧恩知識和盧恩魔法可以將那段記憶重新喚回。

由於斯堪地那維亞半島是日耳曼民族當中最後「改信」基督教的地區，而且在冰島，改宗的早期階段對宗教信仰仍相當寬容，因此，最完整的盧恩心理學也被保留在古北歐語和口傳知識當中。以下所有分析，都是以口傳知識為依據。不過，其他日耳曼民族，包括盎格魯－撒克遜人（英國人）、德國人、哥德人等，也擁有對等的知識系統。

所謂「整個人」，是由九個心靈結構所組成（每一結構之複雜度皆不同）。

1. 肉體載具（physical vehicle），由多個元素組成。肉體（古北歐語 *lík*〔里克〕）是多種物質（古北歐語 *efni*）的複合體，包括「外觀」（一個特殊的古北歐語詞彙 *lá*，可能指頭髮；以及古北歐語 *sjón*，參閱後文的

hamingja〔哈明格雅〕)、運動(古北歐語 *laeti*)、健康或良好氣色(古北歐語 *litr*)。這些都是洛德爾神最初送給人類的禮物。肉體的這些「物質」是通往本我其他面向的門戶,同時也是魔法工作最終的容器。因此,肉體中的某些精微物質就成了本我或整體意識發展的焦點,在崇高的自我狀態中覺知所有面向。

2.「形體」(古北歐語 *hamr*〔哈默〕),與「肉體」密切相關聯。它為物理現實世界提供了可塑性的基礎或精微基質(subtle matrix)。不過,它也可以受意志之控制(在意識頭腦中;古北歐語 *hugr*),根據意志來塑形,先產生精微形體,而後形成更具實質性的形體。這是憑藉想像的力量。若發展到最極致,甚至可以透過意識投射,讓那個想像的存有(包括自然與非自然)變成「物質化」的生命體。古北歐文學文獻中,此類描述比比皆是。最典型的是,巫師躺著像是睡著或死了一樣,然後他顯化為某種動物的形體,出現在另一處,與敵人對戰或跟蹤他的敵人。如果這個形體受到外傷,躺著的那個巫師身體上也會出現傷痕。

3. 狂喜能力(古北歐語 *ódhr*〔奧德〕),是霍尼爾神送給人類的禮物。這也是一種經驗、一種心智狀態,跟其他幾項一樣。它是從一般意識狀態上升到高層次熱力與熱情的能力——這種情緒能力幾乎全是透過身體經驗而來。*Ódhr* 與 Odin(奧丁)這個名字擁有相同字根,而它正是透過這股力量來操縱魔法之力。這是受意志指揮的主動性力量。奧丁所主掌的正是這股力量。

4. 與狂喜能力密切相關的是生命氣息(古北歐語 *önd*〔翁得〕),這是奧丁送給人類的禮物(必須記得,奧丁－霍尼爾－洛德爾三位神實際上就是三位一體的奧丁)。*önd* 是「神性火花」,是所有生命所依賴、無處不在的生命能量,也是所有盧恩魔法的基礎。這個概念與印度的普拉納(*prāna*)概念類似,甚至連 *önd* 這個字本身也與梵文的阿特曼(*ātman*,精神、本我）相關聯。它是通往更高層次存在的橋梁。

5.「心智思維」（古北歐語 *hugr*〔赫格〕），其實是一個複雜的實體。它實際上由三種能力組成：(1) 意志力；(2) 感知力；及 (3) 認知力。這是意志的所在地，因此它有能力將心身複合體的其他面向同化到自己身上。這就是為什麼 *hugr* 這個字經常出現在古北歐文學文獻中，用來代替原本應該是其他面向的東西。它似乎「接管」了進階盧恩人的性格，因為他們的進化愈來愈受到意識控制。藉由這種能力，人們可進行有意識的分析思考。它是左腦功能的代名詞。

6. 與「心智思維」密切關聯的是「記憶」（古北歐語 *minni*〔密尼〕）。這兩個心靈面向的代表就是奧丁的兩隻渡鴉：胡金和穆寧（心智思想和記憶）。這個能力確實是指記憶力，但其內涵又比我們通常從記憶一詞聯想到的東西要多得多。不僅單指對過去事件的回憶，它也是一切奧祕的倉庫，偉大的盧恩寶庫。這也是為什麼奧丁在〈格里姆尼爾之歌〉（第20節）中談到胡金和穆寧的相對價值時說：

> 胡金與穆寧
> 日日穿梭飛越於人間世界
> 我擔心胡金
> 在飛行中未能歸來
> 但我對穆寧的擔憂更甚

思維和記憶能力協調運作即生出「靈智」（intelligence）。思維處理外部刺激（包括從記憶接收而來的刺激），記憶則反照其自身無窮無盡的材料。記憶相當於我們的右腦。

7.「靈魂」(古北歐語 *sál*〔薩爾〕),通常只在人死之後才發揮作用。這是暗影(shade)——是一個精微體,肉體面向的東西死亡後,精神面向的東西(或其中幾樣)就被聚集在這裡。有生命之時,它是屬於心靈的一部分,被動接收一個人的行動記錄,同時也保留了一個人往負面發展的空間。它類似榮格的「陰影」(shadow)概念,是心靈未顯露的面向,這部分會在下一節討論。

8.「守護靈」(fetch〔費奇〕,或稱分身靈,古北歐語 *fylgja*〔佛爾格雅〕),從很多面向來說,它都是暗影的光明面。男人的守護靈是呈現女身,女人的守護靈則呈現男身。事實上,隨身守護靈有三種:人類身形、動物身形、幾何圖形。每一種各有不同功能。人形守護靈會在一個人在世時一直跟在他身邊,而且會隨著血緣遺傳或根據意願的投射代代相傳。動物身形的守護靈通常會呈現與它所附身之人的性格相應的動物身形——比如狼、鷹、馬、狐狸、老鼠等等。它可以從巫師身上分離出來,去執行魔法工作。巫師也可以將他的意識意志投射到分身靈中,來執行魔法。幾何形狀的守護靈則經常由具有「靈視力」的人在擁有權勢的人身上看到。佛爾格雅就是它所附身之人過去一切行為的存放處。它可能是強大力量的來源,但也可能代表重責大任甚至艱難人生。這個實體就是命運(*ørlög*〔厄勒格〕)的保存倉庫——它具有保護力,也具毀壞力。守護靈費奇跟女武神(瓦爾基麗〔*valkyrja*〕)或狄斯(dís)的附身實體緊密關聯,有時甚至相同。

9.一個人的「好運」(古北歐語 *hamingja*〔哈明格雅〕),是一個極為複雜的概念,從很多方面來看,都跟「守護靈費奇」密切相關。*hamingja* 這個詞,語言學上源自 *hamr*(哈默,也就是 *ham-gengja*,能夠用另一種身形到處行走的人),本質上是一種「力量」的概念,類似於波里尼西亞語的 *mana*(瑪那,譯注:法力),易洛魁語的 *orenda*(歐蘭達)等。它也擁有幾種擬人化象徵，可以代表：(1)「好運氣」（個人生命力量）；(2) 守護靈（從好運衍生出來的象徵）；以及 (3) 變身、變形能力（這是哈明格雅的原始意義）。各式各樣帶有意識的行動，都可發展出這種魔法力量。它還可以從一個人身上轉移到另一個人（不過它的效果只是暫時性的，除非附身於守護靈妻〔fetch-wife〕身上）。哈明格雅是集體力量以及個人力量之主體。它一方面由守護靈妻提供力量，同時也餵給靈妻力量，因此，有時我們談到一個男人的一生時，也會討論到他的哈明格雅－佛爾格雅複合體是否能和諧運作。

以下這張精神肉體複合體的示意圖（圖 12.1），或許可以更清楚說明這些概念彼此之間如何相互關聯與相互作用。不過，跟世界樹尤格德拉希爾的推想模型（第 193 頁圖 10.7）一樣，這個模型實際上應該是立體多重或超次元的，二次元甚至三次元的模型都不足以準確描繪。

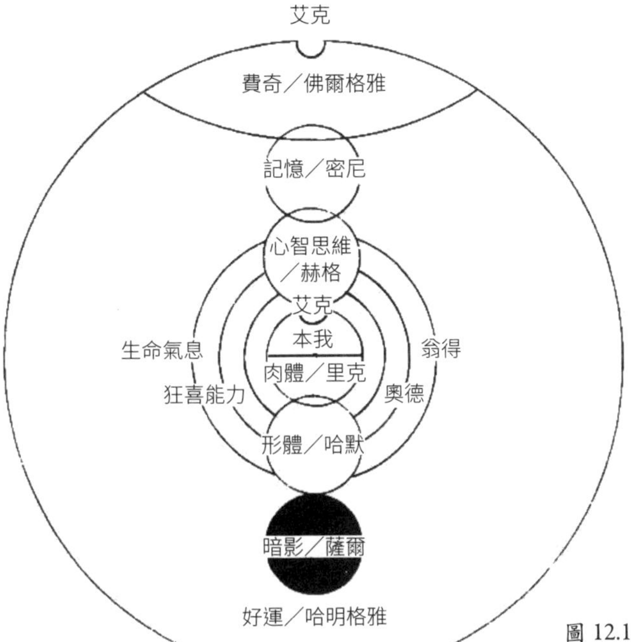

圖 12.1　日耳曼民族的心身複合體結構圖

這張圖當中還包含了其他結構，包括自我（ego）或「我」（I）的概念，以及「魔法我」（或稱人格角色〔persona〕）。「我」（古北歐語 *ek*〔艾克〕）跟一個人的名字相關聯，或是等同於其名字。在奧丁信仰之道上，盧恩人——當他／她跟自己的守護靈費奇發展出更緊密牢固的聯繫關係，而且其他心靈面向的力量也得到提升時——會形成與守護靈費奇結盟的「魔法我」概念。這些替代性人格角色通常跟「天生肉體」擁有相同性別。每個角色各有一個名字，並且可以用適當咒式來將他們召喚出來。盧恩魔法師（盧恩人）就是在這些自我塑造的魔法形體中，來執行盧恩魔法。魔法人格的數量可能有很多個，但每一個都是整個心身複合體的一部分化身；每個魔法人格都是一個超意識實體。究極而言，只有進入這些概念，才有辦法真正理解奧丁信仰的本質。它同時也是了解日耳曼英雄神話的關鍵鑰匙，而且每一個盧恩字符都至少論及這個領域的其中一個面向。

盧恩與榮格心理學

唯一接近古日耳曼實用靈魂知識的現代心理學架構，是由瑞士精神病理學家卡爾・榮格（C. G. Jung）提出的心理學理論。榮格心理學以前一直以研究「神祕學」為主，但日耳曼心靈體系似乎與他提出的架構氣味非常相投，因為以榮格的術語來講日耳曼體系，特別容易理解。榮格本人也曾在一篇文章中花了一些篇幅討論「沃坦原型」（Wotan archetype），文中他將這個大半被遺忘的原型比作一片乾涸的河床，只等待生命之水的引流，才能讓它依循古代模式重獲新生。[1]關於靈魂的概念也是如此。作為一種文化，我們對靈魂的認識始終相當貧乏——隔絕祖先傳承下來的靈魂觀念——只以模糊又經常自相矛盾的教義作為替代。現在時機已經到來，生命之水將再次灌注到祖先的河床，靈魂將再次恢復生機。

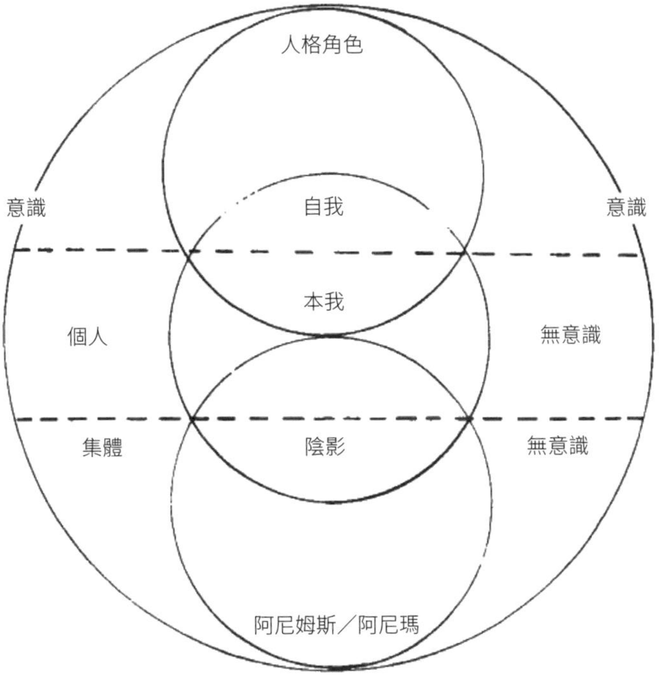

圖 12.2 榮格心理學的靈魂結構圖

榮格心理學的架構特徵如圖12.2所示。當然，榮格的理論缺少了哈明格雅－佛爾格雅這類明顯與魔法（實務）有關的功能，但仍然可以從阿尼姆斯和阿尼瑪（靈魂的男性和女性面向）之間的「煉金聯姻」過程看到類似的對照。靈魂內部異性面向的結合，可說是這兩個系統在實務層面上最為相似的地方。還有，榮格設計用來啟動「超越功能」（transcendent function）的技術，對於現在想要與自身守護靈妻或守護靈接觸的人也非常有幫助。

此外，榮格的陰影概念也跟日耳曼靈魂理論當中的「暗影」功能非常相似。即便是眾神，也有自己的陰影，或許可以說，洛基就是奧丁的陰影面。榮格心理學最明顯的特色應該是關於「集體無意識」的架構。這部分論述則跟日耳曼靈魂理論談到的「記憶」(minni)，以及渡鴉穆寧所傳授的奧祕非常相似——或許也跟大腦左右兩半球的理論非常符合。

第 13 章

眾神盧恩學

RUNELORE OF THE GODS

（奧祕神學）

盧恩學的主要人物就是奧丁。盧恩人的求道之路就是奧丁走過的道路。然而，正如奧丁本人親身示範，其他眾神對於整體宇宙、社會和心靈秩序的健全運作也極為重要。我們從僧侶史學家薩克索（Saxo Grammaticus）的《丹麥人事蹟》（*History of the Danes*）第一卷講述的一個故事得知，奧丁的意願是保護和促成眾神整體單一結構——也就是建立眾神殿。從故事中我們讀到，奧丁離開他的王國後，他的位置被一位名叫密托丁的人物取代。密托丁（Mitódhinn）這個名字的意思可能是「在奧丁旁邊的人」（Mit-Odin），或是「衡量的人」（Mitódh-in），與古英語的 *Meotod* 這個字相關聯，意思就是「神」。無論哪一種解釋，指的似乎都是提爾神。密托丁想要為每一位神單獨建立一個教派。但奧丁回來後，推翻了密托丁的作法，恢復共同祭拜，讓眾神殿內所有男神和女神一起接受祭祀（每年舉行三次）。因為密托丁的作法一定會導致社會分裂，而奧丁恢復共同祭拜的用意在於維護眾神整體的凝聚力。之後我們就會看到，這兩種不同傾向，正是奧丁和提爾的不同。

在深入研究奧丁原型之前，我們應該先回到奧丁之道，從盧恩或奧祕的角度來描繪整個日耳曼眾神的結構。在二十世紀，兩位研究者分別從兩個不同角度出發，為我們提供了解開諸神相互關聯性的兩把鑰匙。榮格的集體無意識原型理論（參閱第12章），為我們提供了基礎架構，來了解人類心靈與我們眾神祖先之間的關聯性。法國宗教歷史學家兼印歐學家喬治．杜梅齊爾則給了我們另一把鑰匙，來打開眾神結構的奧祕。[1]

男神和女神存在於主觀現實中（個人心靈之內），也存在於多重客觀現實世界中（在個人心靈之外）。客觀現實基本上有三個：(1) 民族群體內部的客觀現實（繼承而來的「形上遺傳」神靈模式）；(2) 智人物種內部的客觀現實；以及 (3) 獨立於人類之外的客觀現實。並非所有眾神都會參與這三個客觀現實。第一個現實是人與神最強烈的客觀連結。這種遺傳連結在相近民族／相近語言之內的影響力也最大，也就是，一個人跟民族遺產的相應關係（雖然所有以英語為母語的人還是會吸收到大量自己國家的本土架構，無論其民族遺產為何）。但那個「大民族」或語言族群（比如印歐語系、閃米特語系、漢藏語系）也會產生重大影響。只有奧丁，作為人類的塑造者，獨立於它之外。

神，或女神，究竟是什麼？以盧恩學詞彙來說，神是一個生物體，擁有某種存在狀態，獨立於個人心靈之外，儘管大多數神明最終極的起源可能是在人心之內。它可被併入心身複合體內部的任何一處；也就是說，它的起源可能來自本能、情緒、肉體、心理，或靈魂。正如大多數人首先會想到的，神，是本我內部的一種精微（隱微）傾向，然後可藉由神話、儀式、盧恩魔法等手段為它注入精神能量。神的擬人化形體就是這個精神能量的有形象徵。這是最簡單的一種方法，讓大多數人得以掌握那位具有特定角色，以及跟他擁有複雜關係的實體。擬人化象徵並不是任意塑造的，因為諸神本質上是眾神之父（All-Father，一切之父，譯注：也就是奧丁）賦予給人類之偉大意識力量的創造物。神的一部分就居住於每個人的「記憶」（minni）之內，是來自祖先的形上傳承。

歸根究底分析，有多少種人，就有多少種神明概念。沒有兩個人對一位神明或神學的理解方式會完全相同，但還是有一些內在傾向，是來自形上遺傳的決定。當然，還有另一種情況，是預言式宗教先知用教條予以強制規定。

對於希望了解一位男神或女神之內在或外在現實的個人來說，必須發展出認識內在形式，並將內在形式與其外在對應物連結起來的方法。這是人與神靈溝通的一種方式，也是宗教主要關心的事情。不過，奧丁盧恩魔法師的任務，並不在這個範圍之內，接下來我們很快就會看到。

阿薩神族的大神

日耳曼列位眾神，以深刻且古老的方式相互關聯，並且讓我們得以從中探知盧恩的深層知識。第216頁表13.1簡要列出了古早日耳曼眾神最重要的架構面向。它相當於北歐眾神的社會架構，基本上是以杜梅齊爾所重建的（三功能模型）論述為主，另外再加上一些與盧恩有關的見解。[2]另一方面，多重宇宙的非人元素也延伸到了阿薩神族與華納神族界域之外，請參見193頁圖10.7的世界樹架構。

同樣的，眾神之間的關係也可以在個體心靈、在一個民族的族群精神當中看到；他們在客觀多重宇宙中也有其對應國度。從某個角度來說，這些關係也讓我們看到「記憶」（minni）」的內在結構——它就是一個人與生俱來的心靈「之物」。在這個心靈國度內生活的居民，他們彼此之間的互動關係，就是偉大神話的起點。透過各式各樣帶有宗教本質的活動，人便可將自己的心靈元素與神話傳統的客觀世界元素建立連結，並從中獲得諭知訊息。

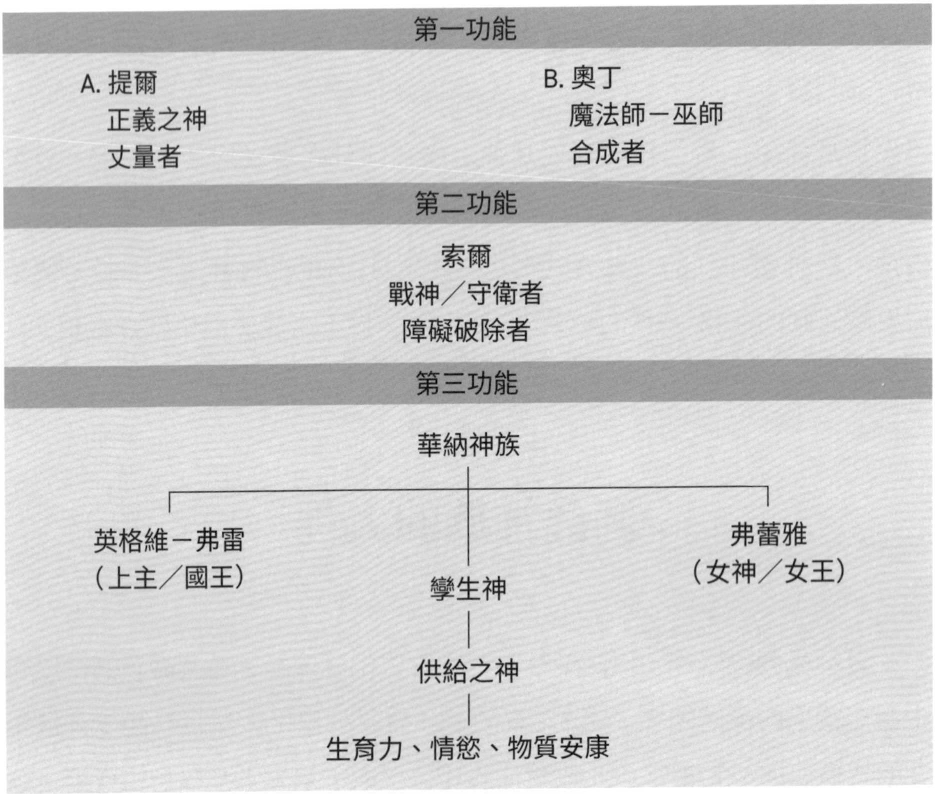

表 13.1 日耳曼眾神之架構

奧丁

雖然本章從頭到尾都會深入探討奧丁，但在這一節，我們會把這位神放在眾神的脈絡下來探討。

奧丁是獨一無二的神。他是眾神之父（Alfadhir / All-Father）。之所以有這個稱號是因為，奧丁就是眾神和人類意識之源。他的禮物是擴大人類意識，讓逐漸統合的本我概念得以誕生。正是這個原因，奧丁信仰者不太會去崇拜一個外在的奧丁神像，而是崇拜他自身內在的「本我」，藉以體現和發展奧丁賦予的本我概念和意識。別的宗教可能轉而向外去崇拜某位神明的實體形象，但奧丁信仰者則是轉向自身，去追尋本我內在的那個神。奧丁信仰者不崇拜他的神——他讓自己成為那位神。

就本質而言，奧丁會將身邊一切事物含攝於自己身上。他將一切納入己身，並依自己的意志來使用它們，同時又與外部事物保持著根本上的區別。在日耳曼神話歷史中，我們看到原型的奧丁將提爾的身分加以吸收，然後自己擔起戰士與工匠／農民的身分。

奧丁的根本結構是三位一體。這三個形體最古老的名稱是沃坦納茲－威爾瓊－威哈茲（*Wōdhanaz-Wiljōn-Wīhaz*，古北歐語 Odin-Vili-Vé，即奧丁－維利－維奕）。從這些名稱的含義，我們可以看到意識的三個形體是如何運作的。沃坦納茲（*Wōdh-an-az*，靈感）是意識與熱情根源中那股廣大、包羅萬象的狂喜和變革力量；威爾瓊（*Wil jōn*，意志）是有意識地讓期望之計畫得以實現；威哈茲（*Wīhaz*，成聖）是一個獨立神聖「空間」中的分離靈魂。意識和「本質」（意識之外）必須先予以分離，變形或「魔法」才得以實現。三者缺一不可；三者應該作為一個整體彼此協力合作。

不過，奧丁最原本也重要的身分是意識合成體之神，此一特徵使他能夠擔任起亡靈之神、詩歌之神，以及各種智性技藝（包括盧恩魔法）之神的角色。後面那個身分也使他成為具有革新意識的戰士和國王之菁英團隊的最愛。

奧丁之謎，就在於他的多重身分面貌。他是由許多部分組成的整體。神話中清楚記錄，他不僅有三種面貌外觀，還有許多「名號」（nicknames，古北歐語 *heiti*）。有記錄的就超過一百個，大部分名號都可以在〈格里姆尼爾之歌〉（第47-55節）當中看到。這些名號範圍極廣，從施作厄運的人（古北歐語 *Bölverkr*〔博爾維克〕到一切之父（古北歐語 *Alfödhr*），以及介於這兩者之間的各種心性特質都有。所有這些特質或許可以用一個名號來概括，那就是——變形者（*Svipall*〔斯維帕爾〕，顯示出奧丁就是一位具有變身能力的神。這位神的「多重人格」，也說明了為什麼奧丁經常被誤解。事實上，那些從非奧丁信仰觀點來接近他的人，勢必會感到失望、困惑，甚至崩潰。

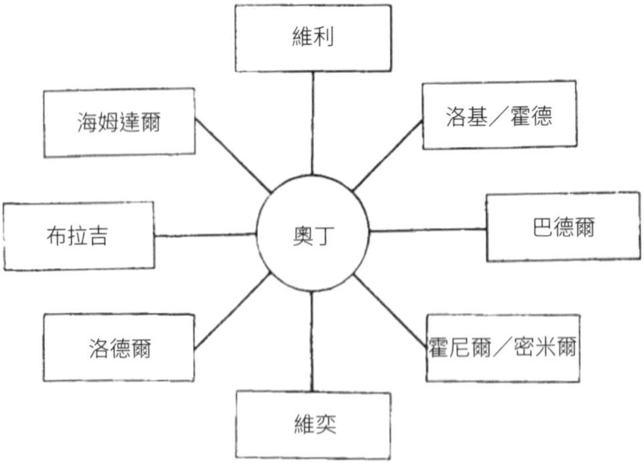

圖 13.1. 奧丁的八個主要身分

如果名號還不足以讓非奧丁信仰者感到困擾，那麼他的各種神明身分（原質〔hypostases〕，或譯位格）應該連專家都會感到困惑。原質／位格，就是指一位神的身分面貌，它看起來是個獨立的神形，但若仔細探究就會發現，它其實是這位神發展最為成熟的一個功能面向。由於奧丁具有多面性格，特別容易被人用這種方式來理解。圖13.1 列出了奧丁的八大神明身分（八個位格）。其中幾個在性質上又具有雙重身分。

維利和維奕先前已討論過，之後在「奧丁：盧恩的隱密之神」（第231頁）這一節還會進一步解釋。洛德爾和霍尼爾這兩位神形，是奧丁的另外兩個身分（同行者），這是斯諾里在他的《散文埃達》（*Prose Edda*）當中講到人類源起神話時提到的。霍尼爾也被認為是另一位名叫密米爾的神的分身。世界第一次戰爭（譯注：阿薩神族與華納神族之戰）結束後，霍尼爾和密米爾被送到華納神族去當人質，原本號稱智者的霍尼爾，後來被發現根本「腦袋空空」，除非由密米爾給他建言。這讓華納神族怒不可遏，便砍下密米爾的頭顱，送回給阿薩神族。據說，奧丁後來保存了這顆頭顱，以便從它學習隱密知識。乍看之下，這個神話相當令人費解，尤其當我們看到霍尼爾被描繪成代表強大的智力力量時。在〈女先知預言〉中，霍尼爾把 *ódhr*（智力／狂喜能力）送給阿斯克和恩布拉，諸神黃昏末日之戰（Ragnarök）後，他又以能夠解讀盧恩的首席占卜師身分回來。但如果我們將霍尼爾／密米爾理解為奧丁的分身，一切就變得清晰起來。事實是，他們從未真正獨立行動，這是一個暗示，而他們的名字則透露了關鍵訊息。霍尼爾（Hoenir）與赫格（*hugr*，心智思維）源於同一字根，密米爾（Mimir）和密尼（*minni*，記憶）有相同字根。因此我們看到，奧丁身邊的這兩位人物，剛好對應奧丁的兩隻渡鴉胡金和穆寧。這些都是奧丁神的認知與反思功能。

布拉吉（Bragi）是奧丁的詩人身分，這個名字來自一位古代吟遊詩人，也是最古老的詩歌之神。巴德爾（Baldr）是奧丁的年輕戰士身分，同時也是激勵年輕戰士加入武裝戰隊的人。海姆達爾是奧丁的守衛者身分。他看守彩虹橋，抵抗霜巨人之攻擊，不過，他還有一個身分負責與人類溝通。奧丁還以海姆達爾之身形，為自己取名為里格，成為人類社會的祖先。關於海姆達爾的奧祕含義，請參閱 M- 盧恩。

其中最令人費解的是洛基這個位格。在洛基這個身分中，奧丁為他埋了一顆自我毀滅的種子，但這也是新世界重生轉型的一個必要過程。洛基，作為一個名字和一個獨立實體，他是日耳曼眾神廟的後來者，只出現在與古北歐起源有關的資料中。大多數時候，洛基這個角色都對應奧丁的「陰暗面」，是一位狡猾、會說謊騙人，又個性乖僻的神。從某個角度來說，洛基就是奧丁本我當中的「陰影面」（shadow-self）。但他一方面也與他的「黑暗兄弟」協力合作，據說甚至還成為「歃血為盟的兄弟」（參閱〈洛基的謾罵〉（*Lokasenna*）第9節）。事實上，他們乃是同一「血源」。

洛基最受注目的地方是他在眾神審判日「諸神黃昏」當中的角色。當我們體認到，諸神黃昏實際上是一個代表轉型、轉化的模型，然後將「奧丁－巴德爾－洛基／霍德」這個核心三位一體形象理解為這個轉化過程的內部力量，「黑暗兄弟」的真正含義就變得清晰起來了。盲眼霍德（Hödhr，這個名字的意思就是「戰士」）在邪惡之力（洛基）的引導下，殺死了光明之神、勇士巴德爾（意思也是「戰士」）。巴德爾被送往陰暗、死寂的赫爾冥界，就在巴德爾上火堆受死之前，奧丁在他耳邊細語，悄悄將最偉大的祕密（盧恩）傳授給他。巴德爾就這樣待在冥界，等待諸神黃昏後新世界再次誕生。洛基也因殺死巴德爾為而被眾神綁在地府作為懲罰。他也在那裡等待最後的「末日之戰」。黑血兄弟的這一行為，也開啟了通往諸神黃昏的進程。末日時刻到來，奧丁率領英靈殿和阿斯嘉特大軍轉往南方，迎戰洛基以及來自赫爾冥界和穆斯貝爾海姆的軍隊。意識之神開始轉身面對自己的陰影。海姆達爾和洛基互相殘殺，奧丁被惡狼芬里斯（Fenris-Wolf，洛基的兒子）吞噬。後來，奧丁的兒子威達（Vídharr）用劍將狼劈開（一說是割斷狼的喉嚨），將狼殺死，為奧丁報了血仇。盧恩智慧告訴我們，這意謂著奧丁也以轉型狀態「重生」，進入了新世界。但是以什麼身分出現呢？就是霍尼爾，他將「掌管血枝」（blood-twigs，譯注：就是盧恩木籤）。

諸神黃昏作為代表轉型轉化的神話範式，在盧恩魔法中具有非常強大且相當有用的含義，它也讓人們對洛基和奧丁的「陰暗面」功能有了更深刻的了解。

在回到奧丁的含義和大能之前，我們應該先來研究一下，奧丁信仰者是如何看待其他北歐諸神。

提爾

這位神的根本奧祕，就體現在以他名字命名的 T- 盧恩中。提爾是正義之神，也是為社會利益而自我犧牲的神。神話對此也有所描繪，眾神用六樣帶有隱微奧義的東西做成一條繩索，將惡狼芬里斯綑綁起來，提爾則將他的（右）手放在狼的嘴裡發誓擔保，保證芬里斯無法脫身。當芬里斯發現自己無法掙脫繩索，提爾的手就成了這位洛基之子（惡狼）嘴裡的犧牲品。作為神話人物，提爾在此之後退居到相對不是那麼活躍的位置。不過，在宗教儀式中（尤其是與法律相關的事務），他仍是具有重要地位的神。星期二（Tuesday）就是以他的名字來命名。德語的星期二稱為 *Dienstag*，就是從古字 *Dings-tag* 演變而來，意思是法定集會日（day of the thing)。因此，從一種語言，我們認識了這位神的名字；從另一種語言，我們認識關於他所主掌之事務的指示。

正如眾神心理宇宙學的整體結構所示，理論上來說，提爾和奧丁應該分別作為左腦和右腦彼此和諧運作。在形塑或創造任何事物之過程中，這兩種力量缺一不可。提爾面向制定計畫，奧丁面向將計畫付諸行動，並將它實現。提爾是計畫者；奧丁是執行者。日耳曼人的靈魂，本質上是屬於一種行動與無止盡的運動。因為這個緣故，奧丁在眾神之中總是居於主位；奧丁是至高之神和一切之父。奧丁的廣大的變身能力讓他得以展現各種面貌，幾乎是把提爾的能力都含攝在內了。從這裡我們就很清楚，為什麼在後來的傳奇故事中，北極星的名字叫做「奧丁之眼」。當然，北極星主要是指提爾（參閱 T- 盧恩），但從某種意義上來說，提爾變成了奧丁高掛在「至高王座」上的那隻全視之眼。這是一隻能看見所有世界的眼睛，而他允諾獻給密米爾之井的那隻眼，則深入「地下」所有世界，看見它們最深的祕密（盧恩）。

奧丁和提爾之間的潛在對抗，就僅是互補系統內經常發生的對抗。需要憑藉意志，來使他們和諧合作。

索爾

這位神看似單純，其實相當複雜。TH- 盧恩中包含了索爾的巨大奧祕。從本質上來說，索爾是古代的戰神。後來，奧丁將這項功能吸收下來，索爾也因此幾乎失去了他在人類國度中的這項屬性。不過我們注意到，他在眾神間依然保有這個功能。他是眾神的護衛者，他運用他的強大體能和宇宙大鎚妙靈尼爾的力量，來對抗代表無意識或前意識力量的約頓海姆巨人。

阿薩神族——祖先意識與變革之神——面臨著來自東邊和南邊（外域之外）的無意識勢力和熵之壓迫。為了對抗這些力量，眾神需要與巨人族相似的力量，但只能效忠於他們。那就是索爾。索爾很少為自己「著想」，他遵循至高無上的眾神指令。從現實來說，「戰士」和「巫師」之間當然存在表面上的對立（參閱《詩體埃達》〈哈爾巴德之歌〉〔*Harbardhsljódh*〕），但最終戰士仍要遵循巫師的領導。巫師以智慧統治；戰士以武器統治。只要奧丁仍擁有主導權，武器就要受智慧之統治。失去平衡的索爾，勢必導致族群災難。

弗蕾雅

儘管盧恩魔法的「神學」主導者是偉大的盧恩魔法師奧丁，但另一位神—弗蕾雅—在日耳曼魔法中也占居重要地位。甚至有一傳說，弗蕾雅曾將一種古北歐語稱為「賽德」（*seidhr*）的魔法（薩滿信仰誘導靈魂出體的方法）傳授給奧丁。從很多方面來看，弗蕾雅都是女版奧丁。她是女魔法師的原型，就像奧丁是男魔法師的原型一樣。從最基本的身分面向來說，弗蕾雅是「女王、夫人」（Lady，這也是弗蕾雅這個的名字的字面意思）。她的同伴是她的哥哥／情人弗雷（國王、男爵〔Lord〕之意）。然而，正如我們先前提過，若認為弗蕾雅的主要角色是生育女神，那就大錯特錯了。必須記得，在華納神族當中，她是最關心超自然現象的神。以她真正的本質而言，她體現的是一個人與奧丁信仰之道的深刻關係。

和奧丁一樣，弗蕾雅也有很多名號。這裡僅舉幾個例子，比如：華納狄斯（Vanadís，華納神族的女神）、華納新娘（Vanabrúdhr）、荷恩（Horn，亞麻夫人）、葛芬（Gefn，給予者）、秀爾（Syr，黃金母豬——她的太陽面向）、瑪朵（Mardoll，大海般的光輝），以及古薇格（Gullveig，貪求黃金者）。這些名字讓我們看到弗蕾雅的職能範圍和她的地位。她在華納神族居於要位，在很多地方可能比她的哥哥地位要高。她確實跟繁榮與成長有關，她將自己的天賦（包括物質的和超自然的）送給人類。在天體宇宙方面，因為她擁有「黃金母豬」的形象，因此對應太陽（在日耳曼語言中，太陽是陰性；參閱 S- 盧恩）。野豬和母豬分別是弗雷和弗蕾雅的動物。現在的德國人，遇到太陽很熱的時候，他們還是會說 *Die gelbe Sau brennt*（金色母豬在燒）。弗蕾雅跟黃金也有很多連結，這也進一步代表弗蕾雅作為華納神族主掌繁榮與豐饒之神的能力。這也把菲胡這個盧恩的奧祕表現得非常清楚。

在〈女先知預言〉中，我們讀到一位名叫古薇格的女巫，在兩個神族交戰時從華納神族來到阿薩神族。這也是弗蕾雅的另一化身。我們之所以知道是因為，雖然後來人們發現弗蕾雅是阿薩神族之一員，但她並不是這兩個神族締結休戰合約時，被當作人質送到阿薩神族的華納神之一（被送去當人質的是弗雷、尼約德〔Njördhr〕，可能還有喀瓦西〔Kvasir〕）。

在我們詳細探究弗蕾雅的三個神話之前，最好要先知道，關於她的傳說其實已大半遺失。曾經有大量神話和宗教素材與這位女神有關，但或許是因為她的神祕和神話帶有情色性質，這些素材後來都被來到北方的僧侶傳教士特別挑選出來予以消滅。即使在宗教信仰一向寬容的冰島，關於她的詩歌——漫頌（*mansöngr*，情歌）——也被禁止傳誦。很不幸，弗蕾雅教無法進入到首領大廳的保護範圍。不過，還是有一部分被吟遊詩人的詩歌作品救了下來。

海德

阿薩神族（第一和第二功能）與華納神族（第三功能）之間的對戰——也就是世界第一次戰爭期間，一位名叫古薇格的女巫來到了阿薩神族，執意進入奧丁的大殿。阿薩眾神用長矛將她刺死，還用大火將她燒死。但她每一次都死後又復活。到了第三次，她從古薇格變成了海德（Heidh，光輝者）。這位「三度被燒死又三度重生」的沃爾娃（völva，女巫），很可能就是弗蕾雅，而她就是以這個精通賽德魔法的女巫身分，成為奧丁的老師。後來，關於她的知識傳說和信仰被奧丁和阿薩神同化，賽德魔法的知識也成了盧恩知識（奧祕面研究）當中不可或缺的（但極專業）的一個領域。

布里希嘉曼

這條耀眼無比的項鍊，並不單純是一件漂亮的小飾品。它是擁有巨大魔法力量的四重宇宙鍊環，由偉大的女神弗蕾雅所操控。它的魔法等同於環繞整個宇宙的中土巨蛇。根據《索爾利傳說》（*The Tale of Sörli*），弗蕾雅與鍛造這條項鍊的四名侏儒——也就是布里辛斯（Brisings，光輝者的後裔）——各度過一夜，而獲得了這件魔法寶物。這四名侏儒很可能跟諾德、奧斯特、蘇德、維斯特一樣，駐紮在世界的四個主要方位。原本她可能是與這四名侏儒同時發生關係，也有可能是共度了四個夜晚。無論哪一種情況，結果都一樣：弗蕾雅獲得了宇宙四重循環以及宇宙生成與再生能力的控制權。據說，這件寶物可以當作腰帶或項鍊佩戴在身上，端視這位女神想如何運用其力量。有一次，喜歡惡作劇的洛基把布里希嘉曼（Brisingamen）從弗蕾雅那裡偷走，後來被海姆達爾取回歸還給她。這個故事有趣的地方是，通常人們認為，洛基和海姆達爾就是奧丁的分身（原質、位格）——分別代表奧丁的黑暗面和光明面，也許可以這麼想。

尋找奧德

據說弗蕾雅嫁給了一位名叫奧德的神，這位奧德，就是奧丁本人。奧德這個名字的意思就是狂喜的力量、魔法啟示之心智思維的力量。女神弗蕾雅確實是與這等力量結合，這也是她努力的主要目標（奧丁亦是如此）。因此，當奧德決意遠行去流浪時，弗蕾雅為了尋找他也跟著到處流浪，還流下金子的眼淚。很多人可能會希望從這件悲傷的尋人故事找出跟蘇美神話伊絲塔女神尋找愛人塔穆茲之故事的相似處。不過，這個蘇美神話和弗蕾雅尋找奧德的意義完全不同。弗蕾雅的追尋與生育力沒有直接關係——她尋找的是神明身上所體現的那個「超自然靈啟經驗」。

以上三個神話，每一個都代表了弗蕾雅的一種魔法或超自然心性。從這個心性品質而來的生育力、財富、豐饒和情色性慾，或許是附帶產生的，但卻極為重要。

關於弗蕾雅，還有另一件重要事實，她會接收在戰鬥中陣亡的半數英靈，到她居住的宮殿福爾克旺格（Folkvangr，戰士之地）。另外半數當然就是進入到奧丁的瓦爾哈拉英靈殿。

和奧丁一樣，弗蕾雅也是三重功能神。沒有其他女神跟她一樣，涵蓋了北歐眾神的全部三個功能：(1) 她是一位魔法師；(2) 她是一位女戰神；(3) 她也是華納神族的神，擁有所有華納神族的力量與能力。她可令事物誕生，可令其成形，亦可令其消逝，然後再次重新誕生。這種魔法力量就是她所主掌的生育繁殖功能的根源。究極而言，弗蕾雅和奧丁之間的「婚姻」，其實相當「現代化」。弗蕾雅並不是奧丁的「女性面化身」（奧丁自己身上原本就有這一面——或者原本就包含在他的「邪惡」面洛基身上）；奧丁也不是弗蕾雅的「男性面化身」——她自己身上原本就包含男性面向。很可能，弗雷原本是從弗蕾雅分出來的，就像男神尼約德從女神納瑟斯（Nerthus）分出來一樣。無論哪一對，他們都是兩個獨立的神，因一個共同目標而結合。關於這位神威顯赫的女神，仍有許多謎團等待解開。

弗雷

在北歐諸神中，跟奧丁最無牽連的應該是弗雷，人稱世界之神（古北歐語 *veraldar godh*）。除了彼此獨立之外，也或許正因如此，弗雷和奧丁之間幾乎沒發生過衝突。事實上，在很多方面他們似乎都具有共同性。從盧恩的研究中我們發現，除了奧丁之外，在古代口傳盧恩知識中，最具代表性的人物就是弗雷。也是基於此一事實，古代盧恩魔法師都一致認同弗雷對於世界運作的重要性。

弗雷其實並不是這位神的真正名字，而是一個頭銜。這並不罕見。但以這個例子來說，我們或許可以從 NG- 盧恩找到這位神的真正名字，很可能就叫做殷瓦茲（*Ingwaz*）。另一種可能是，這是兩位神被同化之後的名字，一個是阿薩神殷格（Ing），另一位是華納神弗雷。這位神的奧祕就蘊藏在 NG- 盧恩當中。英格維（Yngvi）也是古代王室的一位偉大祖先（在瑞典歷任國王名單就有出現這個名字）；英格林是斯維亞人（瑞典人）勢力最大的一個家族。

雖然弗雷有時會跟戰爭的意象連結在一起，但最常出現的是和平、繁榮和快樂的形象。古北歐人會在仲夏節為他獻祭，以祈求豐收與和平

（古北歐語 *til árs ok fridhar*）。弗雷的另一個名字可能是弗羅迪（Fródhi），他是一位傳奇國王，統治北歐的黃金和平時代，因此有了和平弗羅迪（Fródha fridhr）這個稱號。從盧恩文字來看，這也為我們指出了耶拉（*jera*，後弗薩克名稱 *ár*）這個盧恩的含義方向。正如「古挪威盧恩詩」所寫道：「那是弗羅迪慷慨大度。」從世界之神弗雷身上，我們看到了主掌 J-盧恩和 NG- 盧恩有機結合過程的那股力量。:◇: 是閉合的年度循環，也就是孕育期，而 :ᛃ: 是動態開放的年度循環，代表結實累累的豐收成果。

奧丁和弗雷最和諧的合作是在《沃爾松加薩迦》當中。不過，這個合作幾乎很難被外人（非經奧丁信仰啟蒙者）看出。奧丁是沃爾松加家族的祖先神明，他和他的傳訊者負責向這個家族的成員傳授諸神祕密，此乃眾所周知，大家都看得出來。但弗雷鮮少為人所知的戰士形象，也出現在最偉大屠龍者沃爾松加－齊古爾（也就是齊格飛）身上。在某些神話版本中，齊古爾是在森林裡被母鹿養大的，後來也被看到變成一隻雄鹿（其實是他的動物分身靈）。現在，弗雷也跟這隻長角獸有了緊密關聯，而且，當他為了追求巨人少女格爾德而放棄自己的劍後，他唯一可用來作戰的武器就只剩下一支鹿角。這些隱密關聯都讓我們看到，弗雷和奧丁可在各自獨立下一起合作，以帶來重大啟示——奧丁的角色是祖先和啟蒙者，弗雷的角色則是塵世物質的供給者。

非人

除了高高在上的阿薩神和華納神，世界樹的枝幹內還有許多重要存有（beings）居住在其他國度。奧丁也經常主動與居住在這幾個世界裡的存有交往互動。畢竟，奧丁自己本身就是巨人純粹力量與神靈意識的的合成體（參見第10章），他與生俱來的廣闊意識在所有國度中尋求智慧，而且任何有助於實現他意志的東西，他都來者不拒。

精靈

精靈（elves，古北歐語 *álfar*；單數形 *álfr*）是非常複雜的物種。他們棲居在約薩爾夫海姆，有時跟弗雷也有關聯。精靈這個字的意思就是「閃亮純白者」。他們是光的實體（有時未必可被肉眼看見，因為他們的體型非常小），有時會幫助人類，有時則對人存有惡意。本質而言，他們是集體成群的發光體或「思想」（古北歐語 *Hugar*）（若呈現女性身形，則被稱為 *dísir*、dises 或 ides），不斷與人類的心智思維有所接觸。他們有非常多知識和智慧可傳授給人類。他們是已經被吸收到宇宙有機體當中的祖先精神能力。

侏儒

侏儒（Dwarves），古北歐語稱為 *svart-álfar* 或 *dökk-álfar*（黑暗精靈），他們居住於中土米加德「底下」的斯瓦塔爾夫海姆。這些生物也有很多知識可傳授給人類，但他們主要的功能是鑄形者（formulators）。他們可以令事物在中土米加德被塑造成形，尤其能夠根據一位戰士或魔法師的意志讓事物成形。這就是為什麼他們總是被稱為魔法武器的鍛造者。他們也代表重新被吸收的祖傳技藝和手藝。

巨人族

傳統上最常被簡單翻譯成「巨人」(giant)的這個詞彙，實際上是三個不同的字。古北歐語的*rísi*(ris)，是指真的巨人、體型龐大的生物，甚至可能就是指北歐的史前居民。傳說裡經常提到，他們會跟人類通婚並生下後代。而且往往個性慈藹和善，外表也很好看。另一種是埃丁斯(etins，古北歐語*jötnar*；單數形*jötunn*)，他們的特徵是力量大、年紀大，但體型上沒有大小限制。可能大到像世界(比如尤彌爾)，也可能小到幾乎看不見(古北歐語裡有一種蟲的名字就叫做*jötunuxi*〔巨狐〕)。埃丁斯是力氣強大的長壽生物，通常代表他們所活過年代的萬世智慧。關於意識與無意識間的永恆「戰鬥」，他們屬於中立。也就是說，有些是站在阿薩神族這邊，有些站在巨人族這邊。可以確定的是，他們真實存在。埃丁斯是屬於非演化生物——從億萬年前到現在都長得一樣。也是因為如此，奧丁經常與埃丁斯巨人妻子生下後代。最後一種無意識力量的體現是瑟爾斯(thurses，古北歐語*thursar*；單數形*thurs*)。在後來的故事中，他們以頭腦愚蠢出名。瑟爾斯也是一種年歲很大的古老生物(參見第10章)，但他們跟意識力量一直處在敵對狀態，還試圖利用他們的冰霜無序力量來摧毀意識力量。來自火國穆斯貝爾海姆、用火摧毀宇宙秩序的「穆斯貝爾眾子」——以及他們的領袖蘇爾特(Surt)——也被歸屬於這一群，他們與霜巨人分別居於南北兩極。從一位奧丁信仰者的觀點來看，我們不可能將這些力量跟基督教義上的「邪惡」劃上道德等號。他們只不過無意識的自然力量，是不具思考性，或不斷在追求靜止狀態的有機體多重宇宙之中的一股力量。總之，他們是與人類和諸神目標完全對立的生命實體。

關於整個多重宇宙之一切眾神和一切非人靈體（wights）的知識，奧丁信仰者都必須掌握學習。因此，沒有什麼是他不感興趣的，也沒有一條道路對他而言是走不通的。但是，在其他諸神的道路被開啟之前，奧丁信仰者必須先深入探究這位大神所示現之道路的深層精髓。

奧丁：盧恩的隱密之神

要真正認識奧丁，必須知道他的真實本質就是奧姆尼德烏斯（omnideus）——內在存有／轉化變形與永恆奧祕的全能之神。奧丁掌握開啟新黎明之門的神聖語言，但他絕不會將它們隨便送人，我們必須憑藉自己的意志去贏得。要得到這份禮物，第一步就是要去探究他的神性特徵。

「奧丁：盧恩的隱密之神」這句話是什麼意思？首先，讓我們重新解釋一次奧丁這個名字的來源，並探討它的延伸含義。幾個日耳曼主要語支（古高地德語 *Wuotan*、古英語 *Wōden* 以及古北歐語 *Odhinn*）都有出現這個名字。日耳曼語寫做 *Wōdhanaz*，含義非常明確。*Wōdh-* 這個字代表欣狂喜悅的情緒、受啟發的超自然或精神活動；一個心身複合體對一個高度刺激產生生理反應，表現出諸如狂喜、狂熱、體能力量湧出，以及對神的駭人面貌產生敬畏感等等。*Wōdh* 最重要的概念是指魔法力量。中間字素 *-an-* 通常是代表它前面那個概念的「主掌者」（比如古北歐語 *thjódh-inn*，就是人民之主〔＝國王〕；古北歐語 *drótt-inn*，就是軍隊領袖）。字尾的 *-az-* 讀者應該已經很熟悉，因為它出現在好幾個盧恩名稱中。大多數情況下，這個字尾在古北歐語會變成 *-r*，但如果接在 *-n-* 之後，就同樣變成 *-n*。此外，長 *ó* 或長 *ú*，前面的字首 *w-* 也已經在語言演變中丟失，大家熟悉的例子就是古北歐語 *Urdhr* 演變成古英語 *Wyrd*。因此，從 *Wodhanaz* 變成 Odin，只是語言上的正常演變結果。

啟蒙大師（The Master of Inspiration）只是這位年紀很大、實際上無法稱名的隱密之神的眾多名號（heiti）之一。玄奧精神力量或奧祕原型，無法被外貌面紗遮蔽，不僅因其超凡入聖，也因其無所不在。這是為什麼他能擁有眾多名號的原因。奧丁之所以特別「玄祕」，乃因他的外顯存在帶有極強的矛盾性。他的分身（co-equal presence），就是他與他的相反面向的那股連結力，這是奧丁性格的一個基本特徵，但此一特徵，卻讓習慣二元對立思考的人類經常感到困惑。奧丁能透過正反兩極結構的方式來理解整體，他用「全眼」（the whole eye）來觀看事物。這就是為什麼，用我們的理性（「兩隻眼睛」〔two-eyed〕）的心智頭腦來看，根本看不到真正的他——他是「超越理性之全體」的具體化身。

奧丁是一位神，因為他擔任的角色（而且已擔任億萬年）是人類意識表現、發展和轉化的典範。從遠古以來，這個角色在日耳曼民族的「民族宗教」中幾乎已經制度化，每一個日耳曼部落，在整體傳統框架內都有一個屬於他們自己的奧丁。奧丁，無論叫什麼名字，自印歐人誕生以來就開始履行此一職責，因此，除非用物理方式毀滅他的子民，否則他永遠不會被消滅。

盧恩就是奧丁精神本質的一個組成部分，因為正是透過盧恩，奧丁獲得了無窮力量，變得堅不可摧，而且能夠將多重宇宙的奧祕傳授給他的人類親族。奧丁、盧恩和人類，三者共同形成一個矩陣，在那之中，意識與無意識相遇，存在與非存在相遇。

若想建立一個探索和仿效奧丁原型的傳統框架，最明智的作法就是閱讀奧丁倒吊九個夜晚而得到啟蒙的相關文章，他在開悟那晚所確立的求道路徑，已經成為一種既定、制度化的生活方式，完全沒有受到數世紀以來的混沌無知所干擾。因此，我們必須全神貫注研究古北歐文獻段落中所描述的，奧丁智慧和力量的來源。

最重要的奧丁啟蒙神話，是〈至高者箴言錄〉第138-165節中所描述，奧丁倒吊在世界樹上自我犧牲的過程。這個過程必須被理解為發生在一個超越時間之外的領域，發生在命運法則（參見N-盧恩和P-盧恩）出現之前的巨大宇宙創造空間中。奧丁的「誕生」和世界樹的自我獻祭，本質上是同時發生的——沒有它，奧丁就不是奧丁。在此過程中，奧丁倒吊在尤格德拉希爾世界樹上（尤格德拉希爾的意思是尤格〔＝奧丁〕的坐騎，也就是紫杉樹幹），並將他的「本我」（self）獻給「他自己」（himself）。這時主體（subject）已轉向自身，並成功讓自己成為他自身工作的對象。奧丁變成了全體（omnijective）。透過這個行為，奧丁與赫爾冥界的黑暗國度（無意識）相遇，並在保有自身智慧的同時與無意識融合在一起。於是，頓悟發生了，整個盧恩模型注入到他全身。由於奧丁本質上是三位一體，是一意識實體，因此這個盧恩模式也經由他的意志重新塑造為可被傳遞溝通的形式。透過這個核心奧丁祕密，意識與無意識、光明與黑暗融合在一起，並經由奧丁的超意識本質將它轉換成一種可被理解的形式。此時奧丁開始將盧恩設計成元語言，含藏在盧恩文字系統、盧恩詩歌，以及自然語言當中，如同〈至高者箴言錄〉所描述：「一個字接一個字，一首詩接一首詩」。奧丁送給我們的這顆種子禮物，就是他的後代追隨者能夠理解這件事的關鍵：成為意識覺醒的人類。

從密米爾身上，我們看到奧丁祕密智慧的複雜根源。在本書第218頁我們曾經提過，密米爾實際上就是奧丁的「記憶面向」之分身，對應的是霍尼爾分身神。但在俗世層面上，密米爾也是屬於「初代（第一功能）阿薩神」，有人認為他是智慧的阿薩神，也有人認為他是巨人。之所以具有這種兩面性是因為，密米爾在很有可能就是奧丁的「祖先記憶」，而奧丁的祖先就是瑟爾斯巨人和埃丁斯巨人！奧丁也透過兩個方式從密米爾這裡得到智慧：(1) 他向密米爾被砍下的頭顱請益；(2) 他將自己的一隻眼睛藏在（或獻給）密米爾之井。

根據阿薩神族和華納神族在交戰中相互交換人質的神話（參見第219頁），我們知道，密米爾的頭顱被憤怒的華納神砍下，因為他們發現霍尼爾（密米爾的同行夥伴）實際上並不像他被塑造出來的形象那樣聰明，因此覺得自己被騙了。奧丁後來把密米爾的頭顱浸在藥草中，並對它施咒讓它繼續活著。這顆頭顱帶著古老智慧被保存在密米爾之井。向「密米爾的頭顱」請益也是一個魔法意象，代表本我可以進入到「密尼」（記憶）面向中。但由於外道（未被啟蒙者）對它不信任，導致它被「砍斷」，因此需要藉由意志的魔法施作讓溝通管道保持通暢。當奧丁從密米爾的頭顱（記憶）中獲得建言忠告，霍尼爾（心智思想）同時也收到訊息，如此形成了另一個三位一體模式，如圖13.2所示。究極而言，「密米爾的頭顱」是一個隱喻，代表意識集中於記憶之中——在密米爾之井裡。

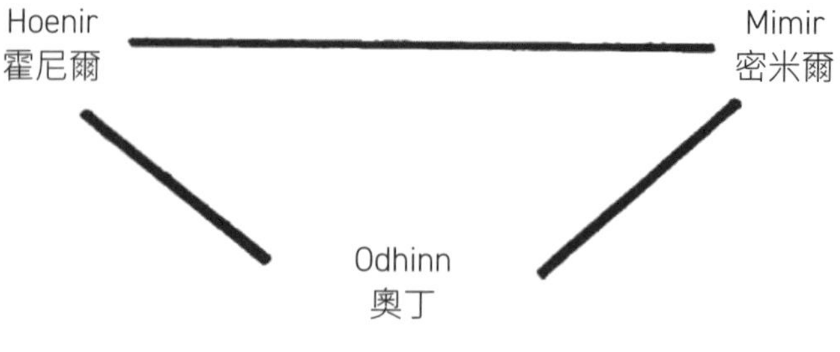

圖 13.2 奧丁—霍尼爾—密米爾複合體

據說，這口密米爾之井是位於巨人國約頓海姆方向的世界樹根部底下（世界樹的古北歐語稱為 *Mímameith*，意思就是密米爾之樹）。為了獲得和增長智慧，奧丁希望能夠喝到這口井的井水，但密米爾的頭顱要他用一隻眼睛（也就是他自己的一部分）作為代價或祭品來換。於是奧丁便將他的一隻眼睛順著這根垂直意識樹柱往下沉，藏在這口泉井深處。在那裡，他的眼睛仍是活體，能夠看到東西，能「吸收」各個世界的智慧。因此，奧丁擁有兩種視力——一個是（從他的至高王座）觀看「這個世界」，另一個是（從密米爾之井）觀看「其他世界」。另外一提，海姆達爾也是將他的赫爾約德（*hljódh*，聽力或耳朵）存放在這口井中。因此，他（奧丁）也能夠聽到所有世界的聲音。

從密米爾神話，奧丁信仰者認識到進入密尼（記憶）領域的必要，因為那裡就是魔法神話意象的傳承寶庫，也認識到統合密米爾和霍尼爾這兩個名字所代表的心靈面向之必要。而這必須藉由一種祕密「技術」，執行魔法意志，才能進入這個寶庫（頭顱），獲取並同化它所持有的智慧。一隻眼睛往下深入聚焦於「兀爾德」（圖像意象）之井，另一隻眼睛則往外聚焦於語言和詩文的廣闊世界（這裡似乎又再次代表大腦左右半球的功能）。

奧丁也會從他自身之外的管道來獲取知識。此類知識的主要來源就是弗蕾雅。我們先前提過，華納狄斯（弗蕾雅）將賽德魔法傳授給奧丁。我們有十足理由相信，這個魔法的脈絡應該跟性愛有關，其中某些祕法可能就是我們今天所稱的「性魔法」，這類魔法最初都是由女性啟蒙者傳授給男性，要不然就是由男性啟蒙者傳授給女性。在神話中，我們也經常看到這類魔法聯姻，比如戰士與他的女武神結合，或是人類與非人啟蒙者結為夫妻。〈奧丁盧恩頌〉（參見第138頁）告訴我們，第十八個奧祕（可能是指 G- 盧恩）「除了對擁抱我的女人，或我的妹妹」之外，絕不對任何人透露。正是在這個祕術背景下，奧丁和芙蕾雅交換了魔法奧祕。賽德魔法的技術還包括用來做預言占卜的靈魂出體誘導、變形變身（也可以用咒歌來達成）、奪取他人靈魂、製造幻象，以及其他或多或少被認定是「薩滿信仰」使用的一些方法。不過，這裡必須稍作提醒，從宗教史的立場來看，薩滿似乎是一個完全不同的信仰傳統。這些技術經常被用於攻擊性的魔法，因此某種程度上導致被認定是邪惡魔法。不過，名聲不佳的另一部分原因可能是因為人們覺得這種魔法「不夠 man」；因為在魔法操作時，男人必須將自己變身成女性，以便透過性巫術來生出魔法動物（通常具有傷害力）。洛基就是用這個魔法讓自己變成一匹母馬，後來生下了八足神駒斯雷普尼爾。

還有另一個追尋，重要性僅次於世界樹的啟蒙儀式，那就是：從巨人國獲取詩歌蜂蜜酒。這蘊藏詩意靈感的蜂蜜酒，是以詩神喀瓦西的血釀製而成，在阿薩神族和華納神族決定休戰時，喀瓦西也是兩個神族之間的聯繫者。（另一神話版本則說，喀瓦西是用兩個神族的唾液塑造出來的；還有另一個版本說，他是被派去當人質的華納神之一。可參見《散文埃達》第二篇〈詩歌辭藻〉〔*Skáldskarpamál*〕第1章。）總之，喀瓦西被認為是「眾生之中最聰明者」，但他最後被侏儒殺死，並用他的血釀造出詩歌蜂蜜酒。這蘊含著阿薩神靈感意識與華納神有機體無意識之精髓的酒液，最後落入巨人族（本質屬於無意識領域之生物）手中。因此，奧丁必須「不擇手段」將蜂蜜酒奪回來。斯諾里《散文埃達》〈詩歌辭藻〉第1章以及《詩體埃達》〈至高者箴言錄〉第104-110節，都有講到這個神話。奪回蜂蜜酒的過程是重點。奧丁偽裝成博爾維克（Bolverkr，施作厄運的人），利用詐術並背棄自己的誓言，來到藏著蜂蜜酒的「交織山」（Hnitbjörg），負責看守蜂蜜酒的是巨人蘇頓格的女兒袞勒德（Gunnlodh）。奧丁於是變身成一條小蛇鑽進山洞，在洞裡待了三個晚上，夜夜與袞勒德纏綿，之後他從三個裝有酒液的容器——奧特羅里爾、松，以及博丹，把蜂蜜酒喝光。然後他變身成一隻老鷹，從山頂飛回阿斯嘉特神域，將蜂蜜酒吐在三個桶子裡，就這樣，蜂蜜酒回到了它應有的位置，返回阿薩神族和人類之中。神話還特別提到，在奧丁化形成老鷹飛走時，有一些蜂蜜酒灑落在人間，任何人都可以喝到（若人有幸偶然接到的話）。因此，它也被稱為「給愚蠢詩人喝的份」（fool-poet's share，譯注：帶有諷刺意味，詩人以此嘲笑詩藝不精的對手）。

這個神話對於盧恩傳統至關重要。我們盧恩行會的標誌——三個環環相扣的牛角酒杯——就是源自這個故事。它描繪了塑形之道、奧丁信仰的轉化之道，以及行會的根本使命：為諸神與人類的更廣大意識共同體而服務。

圖13.3就是奧丁重新奪回詩歌靈酒的過程。在這過程中，我們看到奧丁的不道德力量，只服從他的更高意志法則、服務於塑形／意識之道路，他把自己變身成一條蛇，進入那個藏匿不義財物的隱密領域。他與地府的毀滅力量結盟，鑿穿大山，讓自己得以穿越稠密世界那條極其狹窄的通道。這裡隱藏著奧丁信仰當中非常重要的陰險面向，大家最熟悉的就是盧恩石碑上的蛇形圖案以及著名的維京人龍頭船。而奧丁與袞勒德一起待在山洞內——很可能就是在執行代表黑暗與光明結合的性巫術儀式（那座山的山名意思就是「交織結合在一起」），之後奧丁喝光了三個桶子裡面的所有蜂蜜酒。巨人族把蜂蜜酒藏起來，讓蜂蜜酒變成一種靜態力量，但這對他們來說一點用處也沒有，現在這股力量被奧丁重新吸收到自己體內，他將自己變成兇猛的老鷹，將狂喜力量重新帶回到與人類分離的阿薩神族世界，回到意識力的控制之下。在這裡，奧丁將蜂蜜酒吐到三個容器中：(1) 奧特羅里爾（Ódhroerir，靈感激發者，也是詩歌蜂蜜酒的名字）；(2) 松（Són，贖罪）；以及 (3) 博丹（Bodhn，容器、容

納者）。這三個容器也代表了蜂蜜酒本身蘊含的三種精髓。而這個意識覺知力的「三面本質」，奧丁只與阿薩神族以及他的人類信徒分享。

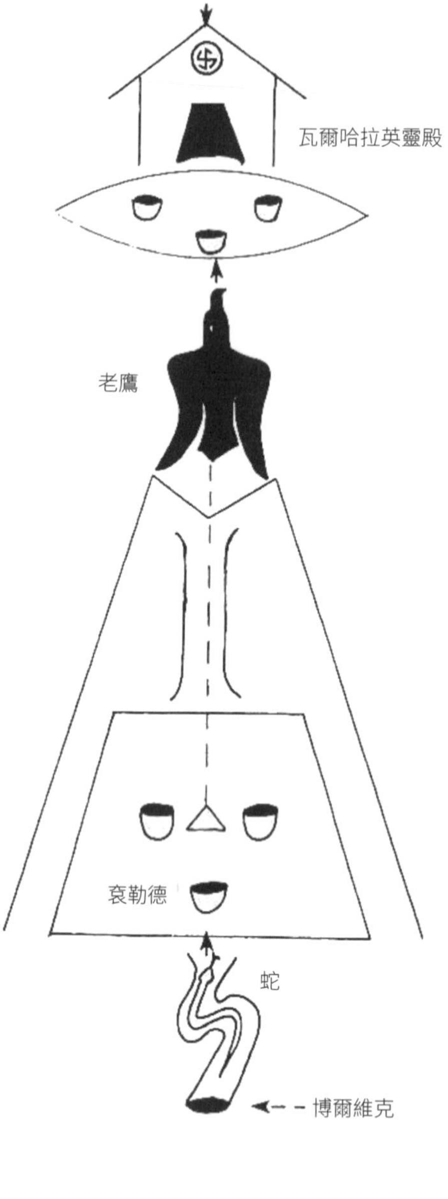

圖 13.3 奧丁取得詩歌靈酒的過程

循著蛇之路徑通往智慧（:ᛋ:）。在隱密山洞（:ᛒ:），與對立面結合（:ᛗ:）並獲得靈啟（:ᚨ:），然後由老鷹帶著（:ᛃ:）飛回眾神和啟蒙者的國度（:ᛟ:），由這位偉大之神賜予（:ᚷ:）他的信眾。從這個神話，我們也了解到為什麼奧丁被稱為黑暗之神與光明之神。

奧丁的智慧來自三個源頭：(1)在世界樹上自我犧牲（為尋求盧恩智慧）；(2)密米爾之井（密米爾的頭顱和「藏在井裡的眼睛」）；以及(3)詩歌蜂蜜酒奧特羅里爾。與這三個智慧來源相連結的神話模式，讓我們看到了盧恩知識、盧恩智慧以及盧恩魔法的獲得過程。它們同時也是盧恩學習者在奧丁信仰道途上所遵循的心靈模式。「神明」奧丁的層次，與「包含相反面向」的奧丁範式（譯注：奧丁的各種分身），兩者的奧祕智慧來源並不相同。這些分身面向可以被涵蓋在原型概念中（若不要用最嚴格的榮格術語來定義的話）。但原型並不是被人格化（擬人化）的東西，它是非個人層次的行為模式或純粹意識。當這個範式逐漸被人類族群所意識到，那個「人格化」模式才開始出現，並成為一種意識和行為的典範模型——我們所謂的「神」。從奧丁信仰者的觀點來看，這也是所有男神和女神共同的過程。

這裡我們想把焦點放在：奧丁這位神如何作為一種心靈模式來幫助盧恩魔法師成長進化、盧恩的角色，以及它們如何與這個心靈模式相互作用與同化吸收，還有，為什麼奧丁必然永遠是隱密之神。

奧丁原型的根本概念是「正反兩面性之中的全體性」。從他的出身就可以看得很清楚。他的父親包爾是雌雄同體原始神布里的兒子，他的母親貝斯特拉是巨人博爾頌的女兒。因此，奧丁代表的就是原初（意識產生前）兩種存在生物的綜合體（請參閱第10章）。這個橋梁功能，也是奧丁最終能送給他的人類親族的東西。

從這個正反兩面性進而產生了廣大的多面性（「全體性」），這也顯現在他有無數個名號和變身化形。這種多面性格，也在與奧丁如影隨形的數字「三」（及其倍數）正式得到體現。奧丁一次又一次以三位一體的形式出現，比如：奧丁－維利－維奕、奧丁－霍尼爾－洛德爾、奧丁－霍尼爾－洛基，以及高者（Hárr）－等高者（Jafnhárr）－第三者（Thridhi）。其中最古老的表述是奧丁－維利－維奕，年代可追溯到共同日耳曼時期。我們之所以知道是因為，它最初是一個帶頭韻的盧恩咒式。這三個名字的日耳曼語形式是沃坦納茲（*Wōdhanaz*）、威爾瓊（*Wiljōn*），以及威哈茲（*Wīhaz*）。若進一步深入檢視這句咒式，就能得出奧丁的隱藏結構（見表13.2）。

名稱	意義	本質	功能
沃坦納茲（*Wōdhanaz*）	靈感	全體	統合
威爾瓊（*Wiljōn*）	欲望／喜悅／意志	動力	化形變身
威哈茲（*Wīhaz*）	神聖性（成聖）	分別	分離

表 13.2 奧丁的三位一體結構

這樣來看就非常清楚，沃坦納茲負責將多種身分統合為一個有意識的全體，並描述出這整個過程（因此，這是這位神最常見的名字）。威爾瓊是為這個過程注入欣喜動力的意志。在大多數古代日耳曼語支當中（包括古英語），這個字根都代表喜悅的概念。這是意識之意志導向的力量。威哈茲則帶有分別、分離的概念，也就是「他者性」（other-ness），這位神的三位一體要能在各個世界順利運作，這個特性是絕對必要的。它也與印歐思想中的「神聖」二元分別密切相關聯。*Wīh-*（威哈茲）是這位神令人敬畏且神祕的面向——它是各個世界互通的門戶，無論是神或人，若要變形變身，都必須通過這道門。若看外表，可能會覺得威哈茲很可怕，但一旦盧恩學習者成為威哈茲，他等於第一次真正開眼看見，因此經常會感到恐懼，甚至覺得討厭、憎惡。

因此，全體描述的是一個無始無終的進化與轉型過程——塑形與再塑形的力量。它是全體的兩個對半之間的互動過程；而奧丁就是在光明與黑暗領域之間擺盪的體現與最終意識模型，他從一個領域分離出來，與另一領域進行合併，在此相續過程中變身化形，然後重新與第一個領域統合。以此，他在黑暗領域播下光明種子，也在光明領域播下黑暗種子。所有兩極領域都包含了它們的相反面種子。

這一切都是透過意志（也就是意識）來完成的，而這個意志或意識基本上是與過程本身分開的。最明顯的例子就是世界樹啟蒙過程，在世界樹上，奧丁將光明與黑暗、生與死、意識與無意識領域加以合併、結合。但他並沒有在這過程被吞噬——他利用這個過程。奧丁智慧的另外兩個來源也具有這樣的元素，能夠結合相反兩極，並由「魔法本我」（magical Self）將這對立兩極做最究竟的利用。

對於現代盧恩人來說，這當中有很多功課可以學習。知識的真實精髓原本就無法以「語言文字」（自然語言）完全傳達。可以言傳的部分是，奧丁的存在教導了我們達到「完整我」、「全我」，以及「更高本我」的那條途徑。這個更高本我是一個超意識實體，是「神聖本我」或盧恩魔法師內在的那個魔法我（magical ego）。它可以與大自然、有機宇宙相交融。它可以與非自然、神祕領域相交融。而這一切作為，都是為了進一步達成其意志所欲之目標。此乃真正求道者之路的精髓，時時刻刻都在黑暗與光明之中，在狂喜與絕望之間，在生和死當中追尋，永無停歇。但兩個極端領域的統合過程並不是將兩者予以中和抵銷，而是使其最大化——直抵核心精髓。唯有透過這條路，力量的全體樣貌才可能被認識和被運用。

在奧丁的所有奧祕當中，盧恩扮演了一個核心角色。正是透過盧恩，奧丁領悟了這些方法；也是透過盧恩，奧丁制定各種咒式，如此他才能真正熟練掌握和操控它們，並透過盧恩咒式的創制，將奧祕傳遞給他的人類親族。

「宇宙盧恩」（cosmic runes，古北歐語 *ginnrúnar*）是多重宇宙物質當中固有且永恆的模式，無法被摧毀，而且會順著永恆模式不斷繼續生長。不過，要完全理解它們是不可能的，因為當它們的一部分被理解（被意識存在體予以內化），它們會立刻成長、超越那個理解；這個過程也是永無止境不斷在進行的。奧丁，以及追隨他的現代理論物理學家，都深知這一點，也知道他對完滿全體性的追求是永無止境的。但他也跟他的所有同伴道友一樣，持續不斷在這條路上英勇奮鬥。覺得這條路沒有前途因而灰心喪志的人，其實並不適合走奧丁之路。

當奧丁在世界樹上自我犧牲，意識的英雄事蹟即已完成。整個體系最基礎、最根本的系統結構在那一瞬間已經被他獲得，也被他理解。這些盧恩，被區分為明亮盧恩（古北歐語 *heidhrúnar*）與陰暗盧恩（古北歐語 *myrkrúnar*），在當今，為多重宇宙的無盡探索提供了路線圖。人類可以以奧丁為榜樣，像他一樣內化吸收刻著盧恩系統的意識模式，來獲得奧丁所持有的盧恩（奧丁信仰者追求的並不是與奧丁「結合」，而是與奧丁自我犧牲當時企求結合的那個「本我」合而為一）。

這些盧恩，呈現的就是那個完滿的整體，是人類心身複合體所能理解、最簡單又最完整的形式。但，正如奧丁永遠不可能理解全部的宇宙盧恩，人類也很少能夠完全理解所有的神聖盧恩。不過，因為我們是一切之父（All-Father，具有意識的存在體）的孩子，而且接受了他最初的意識禮物（而且完全「免費」，詳見第10章），因此我們能與阿薩諸神一起馳騁在盧恩的道路上。盧恩就是那張路徑圖，人類可依此找到自己的本性與眾神。反過來，盧恩也提供了一條路，讓奧丁能夠據以描繪不為人所知的時間與空間之邊界。

為什麼奧丁是「隱密之神」，現在應該很清楚了。正如人們普遍理解的，「隱密之神」一詞意指「超越二元對立的未知與不可知之神」。在意識運作領域中，沒有任何其他原型能夠如此完美代表那條通往該狀態的道路。以上所概述的過程，也讓我們看到這位神的功能；本質上來說，其功能不能從理智層面來理解。唯有透過「奧丁悖論」的實際魔法運作經驗，才能真正理解它。就算你突然有所領悟，開啟了盧恩祕密，奧丁依然是隱密之神，在實際經驗中，理智與人類言語注定失敗，因為對於那個經驗所屬的「全體」來說，它們呈現的僅僅只是一半。

第三部

解讀盧恩

READING THE RUNES

（擲籤卜筮與盧恩占卜）

第 14 章

坐於兀爾德井旁

SITTING AT THE WELL OF WYRD

直接跟神明溝通——這就是占卜的目的。盧恩文字在最世俗層面是一種書寫系統。而在世俗和宇宙這兩個層面，盧恩都是一種溝通傳訊系統。它們是讀取隱密實相的工具。盧恩屬於傳統密碼，是奧丁神送給人類的禮物，透過盧恩文字，可以將訊息從一個現實層面傳送到另一現實層面，從一個世界發送到另一世界。無論是盧恩魔法師運用魔法（咒語）讓客觀世界服膺主觀意志，或是利用盧恩擲籤來讀取他（或她）自身主觀存在或客觀世界的隱密真相，都是用盧恩作為傳訊的媒介工具，透過它來發送和接收訊息。

當然，事實上，真正的盧恩乃居住於盧恩人的靈魂中，是在你的身體裡面。盧恩字符只是象徵物，是你靈魂的魔法鏡。當你凝視散落在白色聖布上的盧恩字符，你其實是正在凝視命運兀爾德之井的深處。身為盧恩占卜師，威奇巫師（vitki，譯注：北歐異教的巫師、魔法師）的角色近似祭司或女祭司（戈迪〔godhi〕或蓋雅〔gydhja〕）層級，他們負責與眾神打交道，並充當神界和中土人類世界間的溝通者。不過，最重要的一個事實是，任何人只要花時間鑽研和掌握盧恩占卜技巧，一定都能打開那條介於意識和無意識之間的隱形通道。要「打開管道」，得經過一番努力和意志力的淬煉才能獲得。想要成為盧恩占卜師，必須學習很多功課、付出很多心力，才能真正獲得成功。在這本書中，你會看到成為一位善巧的「盧恩溝通者」所需的一切技能和知識。

在這部分章節，我們打算介紹傳統的盧恩占卜知識和進行程序，具體實務上是如何操作的，但我們也不應該過度死守傳統作法。古老傳統記載得很明確的地方，我們就遵循照做，但對於某些技術上的問題，我們必須重建一些細節。這樣的重建仍要以日耳曼和盧恩傳統的精神為本。每一個細節必須能從口傳歷史或文獻資料記載的古老傳統作法找到解釋和支持。這些必要的創新，亦是日耳曼和盧恩傳統的一部分。有潛力的偉大盧恩占卜師會毫不猶豫發明新的占卜形式或盧恩解讀法、占卜法。但大多數盧恩占卜師（以及鑽研此主題的專家學者）生怕在創新上面犯錯，結果變成過度依賴那些未經思索、從別的（通常是較晚出現的、較「流行」的）占卜系統借來的東西，然後將那些借來的元素隨便塞進盧恩這個系統裡。

討論「盧恩占卜」的書籍還經常出現的另一問題是，作者往往對真正的盧恩傳統一無所知，而且還以此自滿。如果你在開始擲籤卜筮前，能先投資一點時間和精力學習一些東西（而不是寫作！），那麼你的盧恩占卜品質一定會大大提高。

盧恩占卜是需要練習才能熟練的功夫。熟練之前你需要做非常多次擲籤占卜，因此，做這件事多少得具備一點熱情。但你又不能將盧恩占卜當作一種世俗的「遊戲」形式（把它當作娛樂）；要避免娛樂心態，儀式應該會有幫助。不過，從實務角度來看，如果你只在遇到重要事情時才擲籤占卜，那怎能期待自己精通這門功夫？剛開始，應該要固定每天練習，最明智的作法是每天不要做超過一次占卜。透過這種平衡的作法，一方面對盧恩保持敬意，一方面又能在技巧上獲得初步的熟悉，很快你就能有所收穫。

有時盧恩占卜師會向盧恩提出問題，但盧恩好像回答的是另一件事。盧恩（你自己身體裡面的盧恩）往往回答的是你頭腦中或內心深處真正的問題。藉由這類問題來獲得準確解答是最容易的。更細微的問題則需要靠更多的意志力來引導。

總而言之，盧恩占卜本身或許正是「了解」盧恩的最佳方法。閱讀（甚至是背誦）古老傳統所說的內容固然很好，但是直接使用盧恩，則是盧恩人學習「奧祕」最有力的方法。盧恩占卜所使用的技巧，全部都可直接應用在盧恩祕法工作和盧恩工藝上。

在這本書第一部，我們已經談過很多關於文學和民間傳說中的盧恩擲籤卜筮歷史。在這裡，我們要繼續討論較近代的盧恩占卜實務，以及實際應用情況。

時代潮流已經改變，奧丁的所有親友再次相聚於命運兀爾德井旁，占讀眾神與人類之考驗、應對強大嗜血尖齒動物的時刻已經到來。

盧恩占卜與魔法復興

本世紀以來，全世界出現了非常多盧恩占卜系統。其中只有瑪莉珍．奧斯本（Marijane Osborn）和史黛拉．龍蘭（Stella Longland）在《盧恩遊戲》（*Rune Games*）[1]一書中提出的系統，與古代傳統系統最為接近。不過，在德國，受到吉多．馮．李斯特（1848-1919）開拓性著作啟發的系統，儼然成為二十世紀各魔法學派中的虛擬新傳統（virtual neo-tradition）。

早期的李斯特學派傳統中，大多數關於盧恩魔法的幾位主要作家，都沒有明確討論到盧恩占卜的問題。唯一的例外是 E．崔斯坦．庫爾贊（E. Tristan Kurtzahn），他的著作《盧恩作為神聖符號與命運符籤》（*Die Runen als Heilszeichen und Schicksalslose*〔*The Runes as Holy Signs and Lot of Fate*〕, 1924）[2]書中附錄列出了盧恩占卜的具體方法——不過據他表示，他自己並不是很願意將這些內容收錄在書中。第二次世界大戰後，卡爾．史皮斯伯格的《盧恩魔法》（1955）[3]也收錄了一整章關於「盧恩占卜」（RunenMantik）的內容（大部分取材自庫爾贊的著作）。1955年，羅蘭．狄奧尼斯．荷西（Roland Dionys Jossé）在他的《盧恩占星卡巴拉》（*Die Tala der Raunen*〔*Runo-astrologische Kabbalistik*〕）[4] 書中也對盧恩占卜做了側記，副標題為：「根據姓名來解析一個人的本命盧恩與人生道路之手冊」。主要是以李斯特之論述為基礎發展出來的盧恩數字學修正版本。最近針對這項盧恩占卜傳統所做的全面性討論則是沃納．科斯巴布的《盧恩神諭》（*Das Runen-Orakel*, 1982）一書。[5]

在英語圈，相關著作並不多見。儘管早在 1950 年代末期，盧恩占卜似乎已經在神祕學界為人熟知，但從那時起，大多只有一些被泛稱為盧恩傳統的雜混論述才得以在英文出版圈找到出路。很不幸，這類「禍害」最為典型，卻也流傳最廣的一本書，就是羅夫．布魯姆（Ralph Blum）的《盧恩之書》（*The Book of Runes*）。[6]美國英語圈的神祕學磨坊還生產出其他幾個「系統」（參見參考書目），但我個人相信的只有一個：奧斯本和龍蘭的《盧恩遊戲》，這本書值得對傳統或真相感興趣的讀者參考閱讀。奧斯本和龍蘭向我們呈現了一幅從北歐異教過渡到基督教之系統與文化的完整圖像。我們或可將它看作一種文化上的鐘擺現象，一種現狀的倒轉。〈坐於命運兀爾德井旁〉這部分章節，則試圖為那些準備扔掉拐杖的人，獻上基督教進入前（以及進入後），一個原汁原味的傳統盧恩系統。

雖然這部分章節有收錄一個完整可行的盧恩占卜系統，供不同傳統的人使用，但它依然是我們盧恩行會致力研究的重點內容，希望能提供人們更深入，甚至更符合傳統的盧恩占卜方法，並持續對這個領域深入研究。占卜是一項非常重要的工具，不僅對盧恩祕法工作（深奧層次的自我轉化）來說是如此，對盧恩魔法（深奧層次的環境工程）來說也是。

最古早時代到西元800年左右（或維京時代開始前），盧恩文字的歷史演變和發展，同時也涵蓋此時期之後的一部分古英語和弗里西亞傳統。任何想要深入研究盧恩文字的人，都必須對其歷史背景先有基本了解。這部分討論提供的是屬於「地基」部分的知識；若想建造出一棟高樓大廈，則需進一步閱讀其他研究史料。本書第一部章節所提供的資訊，大多是從盧恩學的相關學術著作蒐集而來（詳見書末「參考書目」）。這些公開流傳的民間史料和解釋，可作為入門知識，引導盧恩學習者繼續深入本書後面章節所闡述的盧恩智慧之堂奧。

第15章

盧恩占卜理論

RUNIC DIVINATORY THEORY

盧恩擲籤占卜的解讀沒有絕對的答案。我們對盧恩占卜的理解，可能會與古代盧恩魔法師所做的解釋不同。就算在我們這個時代，也有各種不同的理解層次。那為什麼還要提出「理論」？為什麼不直接「實際操作」就好，還要煩憂這些事情呢？

站在真正的盧恩實務工作角度來看，這類問題無論屬於哪一個層次，當然都很荒謬。盧恩人內建的性格就是去追尋與行動、深入探索盧恩的奧義。如果我們希望盧恩不僅僅是一個「算命」系統（雖然它們確實具備如此功能），那麼唯有透過不斷嘗試以更全方位的方式理解盧恩，才能提升對盧恩的不同層次理解。因此，「理論」（或者解讀），其實也等於實際操作。

傳統上，盧恩擲籤卜筮是人類與各界眾神之間直接溝通的行為，這部分我們在第6章〈盧恩魔法與占卜之歷史淵源〉已略作論述。這種溝通是發生在眾神（盧恩）的元語言層次——也就是奧丁送給人類之禮物的具體外顯形式。盧恩文字以及所有相關知識，還有問卜的儀式方法，同樣都是來自於神。第一位「盧恩占卜師」就是奧丁本人，盧恩卜筮時，占卜師實際上是模仿（奧丁）的方式在參與占卜過程。這就是傳統盧恩占卜理論的本質，至少從奧丁信仰者的角度來看是如此。古時候的非奧丁信眾，則是把占卜過程看作是「眾神對凡人說話」，在這件事情上，他們很可能有受到奧丁信眾的影響。

這種對於占卜的通俗面理解——如同各種不同層次的解讀一樣——是完全正確的。然而，這個層次未能看到的是，在儀式行為脈絡下，盧恩占卜師已擔當起「神」的分身角色。事實上，為了與隱密超個人現實（盧恩）溝通，盧恩占卜師勢必得擔起這個身分，占卜才能順利執行。然後，擲籤卜筮的結果會透過盧恩字符以及其知識，被傳送到盧恩占卜師自身的人類意識層面（可能還包括其他人的意識層面）。因此，盧恩占卜並不是一件完全被動的事情。盧恩占卜師的意志、能力、知識智慧、存在狀態，全都非常重要。沒有這些東西，盧恩將永遠隱密、無法為人所知。

傳統理論的另一面向則是「命運之神」，在日耳曼傳說中就有好幾位這樣的神，而且普遍為人所知。命運之神大致可分為三種「功能」或特殊作用領域。第一種是諾恩三女神（古北歐語 *Nornir*）烏爾德、薇兒丹蒂和斯庫德，主掌行動與回應（反作用力）、因與果、時間，以及共時存在，並提供理解這些資訊的脈絡背景。第二種是個人的「命運承載者」（bearers of fate）。它們是被概念化的靈魂體，會依附在一個人身上，並承擔那人的命運（古北歐語 *ørlög*），進而影響他或她的人生和行動。從某個角度來說，盧恩占卜師就是向這些靈魂體及其內容尋求知識。屬於此類功能的靈魂體包括守護靈費奇（古北歐語 *fylgja*〔佛爾格雅〕）以及女巫（層級較低的命運女神），在特定情況下，女武神（瓦爾基麗）和狄斯女神也屬於這類。[1] 第三種是「指導靈」。人們認為這類實體可以操縱盧恩占卜籤散落的情況，或是會呈現出什麼樣的布局。諾恩女神、狄斯女神，甚至女武神，都屬於指導靈。另外必須一提，從奧丁信仰者的角度來看，這些靈魂體實際上就是奧丁信仰者自身全我的一部分。

盧恩和命運

佩斯洛盧恩對於理解盧恩占卜的運作脈絡非常重要。這個盧恩裡面含藏了諾恩三女神——烏爾德－薇兒丹蒂－斯庫德的神祕運作之力。她們是廣大無邊的宇宙力，實際顯化結果就是時間之源（包括共時性）、運動（因而形成因果循環），以及所有生成塑形（becoming）的同義詞。根據《散文埃達》〈女先知預言〉第8節所述，她們乃是黑暗巨人之力。

她們的神祕本質就藏在其名字含義中。*Urdhr*（烏爾德，古英語 *Wyrd*）就是動詞 *verdha* 的過去分詞，*verdha* 的意思是成為、變成（古英語 *wyrd* 同樣來自動詞 *weordhan*）。因此，烏爾德的真正意思是「已經成為或已經轉變的」，也就是「過去」。*Verdhandi*（薇兒丹蒂）是同一動詞的現在分詞，意思是「正在成為或正在轉變的」，也就是「現在」。Skuld（斯庫德）很明顯是來自另一個動詞 *skulu*，意思是「將要」。它在本質上或特性上都跟另外兩者不同，意思是「即將（成為）的」。在古北歐語中，這個詞帶有責任和義務的意涵，但在最遠古時候，這個詞首次出現時，它僅意指在過去情境下原本應該要發生的事情。

另外一件事也非常重要，我們必須了解，古日耳曼的時間觀念是建立在「過去」與「非過去」這個模型上。如果你有仔細注意的話，其實我們的現代英語當中也沒有真正的未來式（它需要有助動詞 will 才能形成這個時態）。這是日耳曼語系（德語、英語、荷蘭語和斯堪地那維亞語支）的共同特徵。但我們確實有一個真正的過去式。這是因為，在日耳曼人的心智思維中，「過去」是真實的，「未來」只是假設的，而且可能會發生變化，「現在」則是「不斷在成為」的當下。

若充分理解這些概念，就很容易看出日耳曼人的「命運」概念（古北歐語 *ørlög*）的真正本質。命運厄勒格（*Ørlög*）並不是一個固定不變的東西——事實上，它會隨著持續不斷的行動而不斷改變。不過，命運厄勒格是一股非常強大的力量，一旦某些行為模式變得根深柢固，就很難逃脫它的掌控。大家都熟悉的日耳曼「宿命論」（fatalism），幾乎可以說就是對這個運作過程的通俗理解。你的「斯庫德／未來」是受到「烏爾德／過去」（你的命運兀爾德）所影響，甚至是由它所決定。命運兀爾德本質上就是「過去的行為」，它已經被你這個生命體制定成咒式並加以內化吸收。現在，如果在這個已經非常龐大的網絡中再加入日耳曼的「輪迴轉世」概念（古北歐語 *aptrburdhr*，重新出生），就會呈現出更為複雜的圖像。命運兀爾德似乎（確實是）非常有逼迫力，因為它的根通常隱藏在遙遠的「過去」；它們在我們體內積習已深，以致變成隱形難以看見。再加上，命運的交織網絡極為複雜，所有的過去行動，加上它們在生命各層次上產生的作用結果，貫穿著你生命「根本存在」的整個時間軸，要理清這些層層交織的命運絲線，確實非常困難。從最基礎層次來說，或許可以用一句話來闡釋命運兀爾德的力量，那就是：「積習難破」。巫師就是透過盧恩占卜，試圖努力找出藏在問題底下的根，或是命運兀爾德這個層次的東西。

上面提到的兩個技術性詞彙可能還需進一步分析說明。古北歐語

Aptrburdhr（重新出生），是指一個人的根本力量與特徵被傳承給後代的過程。通常是循著血脈遺傳自然發生。例如，孫子是已故祖父的轉世。因這個轉世，孫子也「繼承」了祖父及其整個氏族或部落的命運厄勒格。小孩是由其家族遺產所塑造。

命運厄勒格本身是非常複雜的概念。這個字的字面意思是「原始疊層」或「原始法則」，實際上是指過去已經「被確立」的行為。但命運厄勒格是雙向的。它是我們過去所做的行為（包括這一世和前世），同時也是其他人（或非個人力量）在同一段時間內對我們做出的行為。在英語當中，唯一保留這個概念的詞彙是 ordeal（原始作為〔primal-deal〕），意思是過去「所做之業」。因此，受業力考驗（理論上）正好客觀證明了這些概念之真實性。

從以上內容應該能清楚知道，盧恩占卜師透過拋擲盧恩這個過程所探知的，並不僅僅是單一因果關係。古北歐人的占卜，呈現的是無數可能性，那些可能性是由一個人在他生命各個層面所做的一系列複雜行為與回應而形成的。擲籤卜筮就是為了讓這張複雜的命運兀爾德網絡圖像再次呈現，然後我們就能據以分析和解讀它的內容。與日耳曼模式最相符的理論，是瑞士心理學家榮格提出的「共時性」（synchronicity）。[2]

「共時性」是一種有意義的巧合，當外部事件（發生的事情）與心理事件（意義的覺知）同時發生，那個充滿意義的永恆領域便會打開，與週期循環（自然）時間相碰觸。在這樣的時刻，我們的靈魂與周遭世界一切均可被重新塑形——如果我們對它們有所覺察的話。

盧恩占卜的行為，與其說是試圖預測未來事件，不如說是試圖編排內部和外部環境（靈魂和盧恩字符布陣），藉以讓那張命運之網的中心點清晰浮現。從這個中心點，我們就有辦法去解釋交織在我們四周圍的那些經緯線之形狀。我們甚至可以從中看到整個世界：包括過去和「眼前」，包括原型和俗世現狀。那些能夠解讀盧恩的人，他們的視野將會被擴大，因此任何事情的原因都能看得一清二楚。組成命運之網的那些線條，也會延伸到意識之中——因此尚未發生之事會出現哪些可能性，也可以被我們看見。

若將第10章第193頁那張世界樹圖看作一張立體的4D命運之網，然後將盧恩占卜行為看作延伸意識的方法，將我們的意識向外擴展，進入到九個世界，那麼我們便能將盧恩占卜當作一種從中心點（中土米加德）擴展意識的方法。但，正如中土米加德是世界樹的九個世界最終結出的果實，它同時也是一顆種子，能從中長出新生命。盧恩占卜可以讓我們看到這顆新種子的各種可能成長模式。

最後，需要來談談關於「兀爾德經驗」（experience of the wyrd，或譯為「玄異經驗」）。在現代英語口語中，weird（玄異）這個詞跟strange（怪異）幾乎已成為同義詞。這樣的演變實在非常不幸。這個詞最早來自蘇格蘭語言，是低地蘇格蘭人、北英格蘭人和北愛爾蘭人說的日耳曼語，這個語言保留了非常多古老的概念。在過去，「玄異」經驗似乎都跟超自然、神靈世界有關。「玄異經驗」會讓人背後汗毛直豎，而且代表這件事重要性很高。這樣的經驗和感受，比其他任何事情都帶有更強的共時性（同步性）。事情突然變得清晰，有時還會引起恐怖反應。我衷心希望，這本書能夠幫忙拯救這個詞，不要讓它在現代的無意義用法中被遺忘。

第16章

盧恩符號學與占卜含義表

RUNIC SYMBOLISM AND DIVINATORY TBLES

在本書前面章節，我們將重點放在吸收盧恩的奧祕知識。後面章節，我們將學習如何使用盧恩來改變我們自己和外部環境。但在盧恩學習者追求自我改變，或想要在世界經緯線上進行書寫之前，必須先學習正確解讀盧恩。這一章要介紹的是盧恩占卜技能的基礎知識。不過還是必須強調，這裡提供的一些解讀關鍵詞，並無法道盡盧恩解讀的所有可能性。每一位盧恩占卜者都應將每一次占卜結果詳細記錄下來，找出自己的解釋傾向，然後加以運用。不會有兩個人講出完全相同的語言（每個人都有自己獨特的使用語法和詞彙），同樣的，「你和你的盧恩彼此之間的溝通方式」也是獨一無二的。這就是為什麼，學習盧恩其實就是等於學習認識自己。

不過，以下我們還是會列出每一個盧恩的關聯知識，主要是根據三部盧恩詩，以及古代口傳的盧恩知識（包括盧恩名稱、數字等的關聯）。

此外，也有利用到一些德國阿瑪寧系統（German Armanic system）的占卜見解，這個系統在這數十年當中進行了大量盧恩擲籤卜筮，累積了許多資訊。

以下這些占卜表均包含三個層次的盧恩解讀：(1) 盧恩知識；(2)「正面」（positive）或出生／生命層次（小標題為「明亮符文」）；以及 (3)「負面」（negative）或死亡層次（小標題為「陰暗符文」）。一開始先提供一般解讀方向，讓盧恩學習者能夠了解盧恩文字的象徵意義和背景脈絡，然後才有辦法從這裡開展出個人的解讀。

盧恩的「明亮面」解讀，指的是它的「正常、一般性」含義，也就是不考慮其他盧恩字母的脈絡，單獨就這個盧恩的含義來解讀。所謂「正面」，並不代表它就是「有利的、好的」。比如：索里沙茲、伊薩、瑙提茲或哈格拉茲，這幾個盧恩本身的「正面」含義都是有害的、不利的。「負面」或「陰暗面」含義則是指，這個盧恩的含義是由它跟其他盧恩共同形成的關係，或是它在一局占卜擲籤中是落在哪一個位置而決定的。這個負面含義實際上代表兩種可能情況：(1) 變動；或 (2) 阻礙。當一個帶有變動含義的盧恩跟另一個盧恩同時出現，代表事情會出現變數，而且這個變動可能會讓人感到不舒服，不過這個變動也可能帶來嶄新的開端。如果一個盧恩的力量遭到另一盧恩力量的阻礙，這是所有可能情況當中最糟糕的一種，它意謂著力量靜止、停滯不前。在一局占卜中，要如何決定一個盧恩該用明亮面來解讀，還是用陰暗面來解讀，我們會在第19章詳細討論。

每一張占卜含義表都會列出該盧恩字符的形狀、數值以及音素（音值）、它的日耳曼名稱，以及不同文化和歷史背景對這個名稱的翻譯，以及由它演變而來的現代英語單詞（或重建名稱）。這個英文單詞也可以作為該盧恩字符的現代名稱。此外還會列出每一個古弗薩克字母的對應古英語盧恩詩（簡稱古英詩或 OERP）、古挪威盧恩詩（簡稱古挪詩或 ONRR）以及古冰島盧恩詩（簡稱古冰詩或 OIRP）。「古挪威盧恩詩」和「古冰島盧恩詩」所使用的後弗薩克字母只有十六個盧恩，因此古弗薩克系統的二十四個盧恩中，只有十六個字母有列出這兩部盧恩詩的詩節。

1

ᚠ

FEHU

菲胡

音素：F

日耳曼名稱：*Fehu*、移動財富、牛、牲畜、金錢、黃金

現代英語：Fee

古英詩

ᚠ　〔財富〕乃是人人所歡迎
但亦應大方奉獻付出
若欲得到上主之讚許

古挪詩

ᚠ　〔財富〕惹親族之爭端
狼於森林中被豢養

古冰詩

ᚠ　〔財富〕惹親族之爭端
亦是海上之火
以及毒蛇之路徑

盧恩知識

這是移動式力量的法則——包括自然界內、自我內在，以及社會內部。菲胡是一股力量，如火一般循其路徑向外流動，而且必須流通才能發揮作用。火的循環流通之力必須由擁有權勢者憑藉智慧和遠見來掌理，才不致毀滅自己或他人。F- 盧恩是代表生命和運動的第一道生命之火的符號，它確保世界得以持續遷流變化。

明亮符文

需要深謀遠慮和遠見。財富可能即將到來，但必須明智地使用並慷慨分享，以避免衝突。若運用得當，就能贏得社會成就和名望。「內在財富」——知識亦然。分享出去，你的力量就會加倍。這股帶來幸福力量的根源，不在你當前意識所能察覺的範圍，這股力量才剛剛從表面底下湧出。你現在需要的是符合智慧和傳統的道德行為。近期可能會有外出旅行的機會。這個盧恩也預示巨大能量以及新的開端和新的人生。恢復性愛活力。這個盧恩也代表從事跟動物或金融相關工作的人。

陰暗符文

貪婪會讓你成為社會棄子，會因為內在自我疏離而感到痛苦。可能會出現不和諧的情況，而這個不和諧是因為菲胡的力量不流通所造成的。菲胡力量若是過度，會導致你的創造力「被燒光」。請好好控制它們，並明智地使用這股力量。可能有攻擊力過強的傾向。干擾阻礙會導致生命能量受阻或萎縮。可能面臨失敗和貧窮的局面。

菲胡的關鍵詞

明亮：社會成就、財富能量、深謀遠慮、新的開始

陰暗：貪婪、「耗盡」、萎縮衰退、貧窮、不和諧

2

ᚢ

URUZ

烏魯茲

音素：U

日耳曼名稱：*Uru*、野牛；

細雨、爐渣

現代英語：Urox

古英詩

ᚢ 〔野牛〕無所畏懼
雙角巨大無比
牠乃極其兇猛動物
以雙角與敵人戰鬥
眾人皆知牠乃曠野遊俠
無比勇敢之獸

古挪詩

ᚢ 〔爐渣〕來自劣質的鐵
馴鹿不時跑過結凍冰雪

古冰詩

ᚢ 〔細雨〕是雲哭泣的淚滴
破壞乾草之收成
牧人對它厭惡至極

盧恩知識

這是有機生命能量、原始生殖和有機轉化之法則。烏魯茲是宇宙原牛之力，主掌成形顯化並捍衛顯化後的形態色身。原牛是野生且孔武有力的大型野牛，跟美洲野牛一樣有長長的牛角，最後在歐洲絕跡。此種野獸的特徵是孔武有力、兇猛，而且頑強有韌性。中世紀盧恩詩則取用了不同含義：(1) 去除渣滓元素後的淨化之火；或 (2) 以類似過程從雲朵轉換而來的水（細雨）。

明亮符文

這個盧恩的精髓是強大堅韌的生命力。此時有一種激勵人心、向上和向外的能量正在湧出。若能好好守住這股能量並控制得當，就能轉化為力量。這股力量的正確用途應該是用來保衛你的「家園」，包括有形的家，以及個人內在本我的「殿堂」（比如「防衛機制」）。努力朝內在目標前進，就能生出更多力量。然後利用這股力量將脆弱和渣滓雜質全部去除。堅持下去，並保持警醒。這個盧恩的有形本質將為你帶來知識和理解、健康和好運。（經常被用來當作幸運符的馬蹄形，就是來自這個 :ᚢ: 字符。）這個盧恩也可代表醫生或工藝創作者。

陰暗符文

帶有強迫性的保護慾和占有慾。能量若用錯方向，會導致其他優勢遭到破壞和摧毀。它也可能代表以錯誤的方式或在不恰當的時間點（比如「雨水破壞乾草之收成」）使用這股力量，或是這股力量被錯誤的人使用，那些人心裡只想著要控制別人（「牧人」）。熱情若沒有好好控制就會變成狂熱。烏魯茲能量若受阻，會導致生病、虎頭蛇尾及愚昧無知。

烏魯茲的關鍵詞

明亮：力量、防衛、堅韌、自由、形式、健康、智慧理解

陰暗：軟弱、頑固、力量用錯方向、受他人支配、生病、虎頭蛇尾、無知反智

3

ᚦ

THURISAZ

索里沙茲

音素：TH

日耳曼名稱：*thurisaz*、巨人（巨怪）；荊棘

現代英語：Thurs 或 thorn

古英詩

ᚦ　〔荊棘〕最為鋒利
任何王公貴族
誰握住它，即受傷害
誰落入荊棘叢中
即受酷刑

古挪詩

ᚦ　〔巨人〕導致女人生病
極少有人為厄運而高興

古冰詩

ᚦ　〔巨人〕是女人之折磨
是懸崖上之住民
以及女巨人瓦德魯納〔一位巨人？〕的丈夫

盧恩知識

巨人是帶有殘忍獸性的反作用力。它是對於正反兩極衝突之力的一種回應，以及將那股力量轉化為動能。在自然界中它是以巨人（無意識力量）的形式出現，但阿薩神索爾也是利用同一種力量（巨鎚妙靈尼爾）來對抗無意識力量的侵犯。TH- 盧恩是性心理象徵反應的一個符號，在無意識生命體中會導致欲望，但在有意識生命體中則能帶來成長改變。

明亮符文

你的行為可能會招致危險。要小心，勿一味投入或盲目執著於「外部世界」（也就是你自己之外、家庭之外等）。要以知識智慧來應對。外

部世界可能存在著危險。這是一股帶有情慾的生命力量。情慾表現可能愈來愈強，但之中可能交雜著痛苦。如果正確使用這股力量，它可以為你帶來保護，也能帶來進化改變和再生。這是代表危機的盧恩，是改變的催化劑，事情有可能往好的方向發展，也可能變壞。這個盧恩也可代表未經調教的殘暴之人。

陰暗符文

若輕率靠近這股力量，可能會因失去防備力而陷入險境。要提防來自外部的敵人。這個盧恩也意謂著跟異性的關係存在著強迫和痛苦。有可能會發生背叛。巨人盧恩也代表一個在理性上「稠密笨重」、如岩石般的生命體。

索里沙茲的關鍵詞

明亮：反作用力、受引導之力、性慾活躍、再生之催化劑

陰暗：危險、失去防備力、強迫、背叛、笨重遲鈍

4

ᚨ

ANSUZ

安蘇茲

音素：A

日耳曼名稱：*Ansuz*、一位神，奧丁：至高智慧之神

現代英語：Ans

古英詩

ᚨ　〔神／嘴巴〕乃一切言語
之根源
是智慧的柱石
智者之安慰
為每一位貴族伯爵帶來
希望和喜悅

古挪詩

ᚨ　〔河口〕乃多數旅程之通道
非是收藏劍柄之劍鞘

古冰詩

ᚨ　〔阿斯＝奧丁〕是老父親
以及阿斯嘉特之首領
以及英靈神殿之領袖

盧恩知識

這是奧丁神所體現的神聖意識力量之法則。奧丁是自我轉型的神聖模式或典範，不是一位讓崇拜者「與之合一」的神。「古挪威盧恩詩」的象徵類比清楚說明這一點：河口／船之旅程，以及劍／劍鞘。安蘇茲也蘊含著「元語言」的奧祕，因為它讓所有語言和符號系統得以具體成形。這是代表意識統合的盧恩。

明亮符文

代表跟語言有關的技能。勸說之力主要來自口中說出的語言和模仿的能力。直接與意識源頭接觸，變革性的靈性體驗即將發生。學習奧

丁之道，但不需要崇拜他。這個盧恩也代表有責任傳承祖先留下來的東西、有責任去推動祖先之傳承。為了讓更多人了解，有必要將不同元素統合在一起。靈感和智慧成就就在眼前。可能會出現意想不到的事情。為達到最好、最高境界而努力。這個盧恩也可代表有智慧的人或宗教神職人員。

陰暗符文

若缺乏正確理解，安蘇茲可能會導致虛幻妄想。可能會出現不愉快的情況，但這是一種考驗，也是一種催化劑，能夠促進新的認識。要小心，別人可能想要操縱你。危險可能來自於誤用知識，或來自不好的影響力。這股力量若受到阻礙，會導致缺乏熱力，最後變成智性的死亡。

安蘇茲的關鍵詞

明亮：靈感（熱情）、統合、轉化、言語文字

陰暗：誤解、妄想、受他人操縱、缺乏熱情熱力

5

ᚱ

RAIDHO

萊多

音素：R

日耳曼名稱：*Raidho*、騎馬、載具（交通工具）

現代英語：Riding 或 Rowel

古英詩

ᚱ　〔騎馬〕極為容易
因戰士住於嬌柔宮中
戶外跨騎
則甚為費力
偉大種馬在長長道路
奔馳萬里

古挪詩

ᚱ　〔騎馬〕據說對馬匹最為摧折
侏儒萊金鍛造了上好利劍

古冰詩

ᚱ　〔騎馬〕是騎士之樂趣
亦是速度的旅程
以及馬匹的苦勞

盧恩知識

這是富含節奏的法則，以及符合比例的動能或充滿活力的行動。它是一種循環，但是屬於螺旋形式的循環，自始自終都受到比例和間隔的良好控制。萊多是代表長途旅程的盧恩，是漫長艱辛的成長之旅。這趟旅程，必須由好的忠告和合理的方法步驟來主掌。萊多是安蘇茲啟示的具體實踐。

明亮符文

代表有秩序的改變。符合秩序的道德行為是必要的。因此需要良好計畫、準備和判斷。需要採取行動。獲得「外部世界」之經驗。必須強化佛爾格雅和哈明格雅的力量。可能會展開一趟旅程，或是家中狀況可能會有變化。與理性邏輯思維有關的事務可能會成為重點。可以期待正義得到實現。善用理性和良善忠告。這個盧恩也可代表跟法律或交通領域有關的人。

陰暗符文

即將步入艱難時期。可能因為缺乏準備而發生心理危機。僵化且一成不變的事情可能會導致精神上缺乏熱情熱力。對於不好的建議要保持警覺。萊多的能量若受阻塞，可能會導致不公正、暴力、愚蠢或不理性行為。

萊多的關鍵詞

明亮：理性、行動、正義、有序的成長、旅程

陰暗：危機、僵化、停滯、不公義、不理性

6

ᚲ

KENAZ

開納茲

音素：K

日耳曼名稱：*Kenaz*、火炬；

或 kaunaz、瘍瘡

現代英語：Keen

古英詩

ᚳ　〔火炬〕為所有活著的人
所熟悉
因那耀眼燦然
之火焰
總在貴族歇息之處
燃燒

古挪詩

ᚴ　〔瘍瘡〕乃兒童致命之因
死亡造就一具蒼白屍身

古冰詩

ᚴ　〔瘍瘡〕是兒童之災
亦是一種禍害
以及腐肉之屋

盧恩知識

這是事物的分解法則（將事物拆解成數個組成部分），也是創造力或讓事物成形的法則。開納茲是神聖靈感之火，人類若掌握這股力量，即能產生藝術作品。它是火炬、壁爐、祭壇、熔爐，以及火葬柴堆的火焰。

明亮符文

代表內在的創造力與藝術力，也可泛指一般能力和才能。要提升這股力量，休息和放鬆是必要的。創造之火也被運用於個性的冶煉。應進行變革，透過神靈的啟發來塑造或重塑眼前情勢。一個孩子可能即將出生。這個盧恩也可代表從事藝術創作或手工藝技術的人。

陰暗符文

負面性質的拆解，可能表現為身體疾病或關係破裂。可能無法順利生小孩。開納茲力量若受到阻塞，可能導致無力以及缺乏創造力或技能。

開納茲的關鍵詞

明亮：技術能力、靈感、創造力、轉化、後代

陰暗：疾病、分手、無力、缺乏創造力

7

ᚷ

GEBO

給勃

音素：G

日耳曼名稱：*Gebo*、禮物、慷慨仁慈

現代英語：Gift

古英詩

ᚷ

〔禮物〕之慷慨贈與
帶來信用和榮譽
支持與尊敬
對於被社會遺棄
一無所有之人
則是利益與有形物質

盧恩知識

這個盧恩的概念來自奧丁送給人類的三項禮物：意識、呼吸，以及形態色身。這也是代表施與受之交換法則的盧恩，是任兩個存在體或兩

個領域間的交流。它是人類獻給眾神作為神明恩惠的回報祭品或禮物。體現在人類社會中，就是熱情好客之心。

明亮符文

對客人熱情接待、慷慨大方。同時也接受別人的贈與。一份物質或精神禮物可能即將到來。你可以期待得到好的名聲、榮譽、尊嚴——或者，如果你自己就是擁有權力的人，你可能需要將這些東西授與他人。你可能會與一位異性有魔法上的交流。一次強有力且同步的命運經驗即將出現。這個盧恩也可代表在非營利組織或慈善機構工作的人，或是旅館或餐飲業的工作人員。

陰暗符文

要小心，不要把你擁有的一切隨便送人。花錢要明智。不要過度依賴別人的恩賜，因為「天下沒有白吃的午餐」。可能會想要用送禮來買到影響力，要小心不要變成金錢的奴隸。事情好轉之前可能會變得更糟。給勃力量若受到阻塞，會導致貪婪和軟弱，要不然就是貧窮與孤獨。

給勃的關鍵詞

明亮：贈禮（給予）、慷慨、魔法交換、榮譽、犧牲

陰暗：收買影響力、貪婪、孤獨、依賴、過度犧牲

8

ᚹ

WUNJO

溫佑

音素：W

日耳曼名稱：*Wunjo*、喜悅

現代英語：Wyn

古英詩

ᚹ 〔喜悅〕乃屬
對苦難知之甚少、
未經悲痛與憂傷，
以及擁有權力與至樂
和華美住屋之人
所專有

盧恩知識

這是不同實體或元素的融合法則（尤其來自相同根源的實體或元素）。和諧、喜悅、美好的感受會因此油然而生。

明亮符文

社會群體與家庭關係的和諧是可以期待的，也意指能夠遠離痛苦，或是面對痛苦的能力。心中懷抱理想；為他人而努力。身體狀況良好，要不然就是應該多注意身體健康。努力將生命中各種不同元素融合起來；將事物組織起來。調和你的內在與外在生活。新的人際交往關係，未必與性愛有關，但是有可能。因為生意關係而擁有物質上的豐盛。這個盧恩也可代表從事社會服務的人。

陰暗符文

「群體思維」導致個體發展受到阻礙。忽視個人的努力，將個人予以最小化，可能導致失去身分認同。溫佑力量若受到阻礙，會導致人際關係不佳（可能與人發生衝突、與人疏遠），以及內在與自己和神靈疏遠。

溫佑的關鍵詞

明亮：和諧、歡樂、友誼、豐盛繁榮

陰暗：愚鈍、悲傷、衝突、疏遠

9

ᚺ

HAGALAZ

哈格拉茲

音素：H

日耳曼名稱：*Hagalaz*、冰雹（冰石）

現代英語：Hail

古英詩

ᚺ　〔冰雹〕是最純白之穀物
從天堂閣樓迴旋而下
被強風折騰四處飄蕩
之後融化成水

古挪詩

ᚼ　〔冰雹〕是最冰冷之穀物
基督*開創世界之初

古冰詩

ᚼ　〔冰雹〕乃冰冷穀物
是強勁之冰凍雪雨
以及巨蛇之疾

盧恩知識

「冰雹」盧恩是一個相當複雜的概念，是一堅硬且具有危險性的物質之投射（從「上方」或從「它之外」），這個物質也是「正在成形的種子」、新的創造物、轉型改變——有時是透過危機來轉化。這個概念很清楚呈現在將「冰雹」比喻為「穀物」或種子的三部盧恩詩歌中。這個轉型發生在宇宙框架內，而且是以具有生產力的方式與對立面（重新）統合。跟數字「九」一樣，這個盧恩也代表圓滿、完成。

明亮符文

生活狀況會有變動或發生轉變，可能會出現危機或創傷。這個變動的來源可能不在你目前的意識範圍之內。它是一種警告：要做好準備來因應危機。這個盧恩也代表以神話模型為基礎的自我秩序和內在和諧（這也是唯一能做的準備）。想要開展出純粹的（清晰透徹的）理念或法則。若在危機的推動下進行變革，則可以期待獲得好的結果。以更高的形式或法則（原型）為模型，重新塑造你目前的局面。這個盧恩也可代表神祕主義者、魔法師或神職人員。

陰暗符文

可能會有危機出現，導致你的生命力量和福祉來源受到破壞。準備不足。情況變壞。個人的停滯不前，將招致災難。「冰雹」力量受到阻塞，會導致生命完全停滯、不再成長改變。一開始情況看似有利，但必須好好控管危機，因為無法完全避免。

哈格拉茲的關鍵詞

明亮：朝著理想而改變、危機控管、圓滿、內在和諧

陰暗：災難、危機、停滯、喪失力量

10

ᚾ

NAUTHIZ

瑙提茲

音素：N

日耳曼名稱：*Nauthiz*、需求、需求之火、苦惱

現代英語：Need

古英詩

ᚾ 〔需求〕離乳房最近
它經常向人類孩子證明
那是幫助和醫治之兆
若他們及時留意

古挪詩

ᚾ 〔需求〕令人幾無選擇
赤裸之人遭受霜凍

古冰詩

ᚾ 〔需求〕乃受奴役婦女之苦惱
亦是鬱悶壓迫
以及吃重苦勞

盧恩知識

「需求」盧恩代表宇宙的阻力或摩擦法則。跟「冰雹」盧恩一樣，其根源不在個人掌控範圍內。這是因果鏈的法則——有因就有果。它也是命運厄勒格的根本法則——一系列事件的動作行為與回應。在需求盧恩的黑暗與寒冷中，人們意識到對火的需求，但這火必須從你自身內在擁有的東西來產生。點燃需求之火，痛苦即得消除。

明亮符文

對「需求」有所認知，就會採取適當行動來減輕痛苦。覺知到壓力，即能產生力量。對意志的抵制，會導致意志得到增強。危機能逼出原創性思維，並讓一個人自力自強。外在變化會帶來內在的自我救贖。這個盧恩可能預示一段熾熱的愛情，或眼前可能出現危機。它也可以代表下層工作者或官僚，或是神祕主義者／魔法師。

陰暗符文

因外部環境而限制了自由。要對環境中的敵意保持警覺。你的意志正遭到抵制。生活的艱難此刻讓你疲憊不堪。現在，你的內在和外在關係都存在著摩擦不和的情況。對於「外在」事物過度關注，應轉向內在。瑙提茲力量受到阻礙，會導致生命缺乏動態張力。很可能會受到誘惑，而選擇走一條「輕鬆的路」(所謂「阻力最小的路」)。這會導致一個人萎靡不振。

瑙提茲的關鍵詞

明亮：抵抗(帶來力量)、對厄勒格有所認知、創新、需求之火(自力自強)

陰暗：自由受到限制、苦惱、辛勞、苦差事、鬆懈

11

ᛁ

ISA

伊薩

音素：I

日耳曼名稱：*Isa*、冰

現代英語：Ice

古英詩

〔冰〕太過寒冷
滑不可測
如玻璃那般閃亮
與寶石最為相像
被霜雪凍過的地面
看起來非常漂亮

古挪詩

〔冰〕吾人稱之為寬橋
盲人須有人攙扶引導

古冰詩

〔冰〕乃河流之樹皮
亦是波浪之屋頂
以及天數已盡之人的危機

盧恩知識

「冰」是絕對收縮和靜止的概念法則。它將周圍一切事物聚集於它身上，並試圖將它們保持在靜止、黑暗和寒冷中。這是尼夫爾海姆冰之國的延伸，它平衡了穆斯貝爾海姆火之國的所有活動力。這股力量因為具有「凝固」特性，因而成為各個世界之間的橋梁。它是宇宙的黏合元素。不過，在純粹狀態下，它也是一種帶有破壞性和危險性的元素。

明亮符文

自我意識和自我覺知力得到提升。外部困難情勢可透過內在資源來克服。從一種存在狀態過渡到另一種狀態(雖然不是每次都那麼順利)。這個盧恩也意指，你在某段時間完全關注自我，而不受到外部世界的干擾。你需要以明智的行動來引導你，如何在可能的變動中步步為營、順利前進。你具有自我控制的能力，能以此影響他人，將目標與生命合而為一。這個元素也帶有一種美麗魅惑力。伊薩也可代表神祕主義者、壞人或已死之人。

陰暗符文

失去平衡，「冰」會導致生命力凍結以及過度自我中心，以致變得遲鈍和愚蠢。可能因為無法看清整體局勢而招致危險。過渡時期可能會有危險，但那個危險可能被美麗的外表所掩蓋。你的意志力可能會被削弱；或是，你可能會受到其他人或外力的控制：伊薩能量若受阻塞，會導致力量消散，意識或活動無法專注集中。

伊薩的關鍵詞

明亮：自我向內凝縮集中、(小我)意識、自我控制、結合

陰暗：自大狂、遲鈍、盲目、揮霍放蕩

12

ᛃ

JERA

耶拉

音素：J (Y)

日耳曼名稱：*Jera*、(豐) 年、收穫

現代英語：Year

古英詩

ᛄ　〔收穫〕乃眾人之希望
若上主、神聖天界之王
讓大地結出
閃亮果實
富人與窮人皆得均霑

古挪詩

ᛅ　〔豐收〕是對人類之祝福
那是弗羅迪慷慨大度

古冰詩

ᛅ　〔豐收〕是對人類之祝福
是美好的夏季
以及作物豐滿成熟

盧恩知識

耶拉是自然的循環面向，是一年的循環年輪。如果使用得當，這個自然循環就能結出好的果實(報酬)。年盧恩的循環是一種機械的／有機的過程，而不是「道德」過程。這個永恆循環(或者說永恆輪迴)的概念，是盧恩文字排列的核心概念之一。另一個核心概念則是在代表中心軸的紫杉盧恩。

明亮符文

正確行動的獎勵。可期待量產和「豐收」。你可能會收到他人的慷慨贈與。物質富裕帶來的平靜與安康是可預期的。你會實際經驗到你的行

動帶來的有機／物質成果。要保持耐心，在適當時機採取行動。這個盧恩也可代表農夫或從事財務工作的人。

陰暗符文

變成循環模式的奴隸。無法擺脫一再重複的行為。不恰當的時機或行動導致負面結果。選錯工作可能導致失敗和貧窮。豐年盧恩的能量受阻，將無法善用自然的循環模式。當你試圖做出彌補，由於對自然循環之道的無知，可能導致自我內在衝突，以及與他人發生衝突。

耶拉的關鍵詞

明亮：報償、豐盛充足、平靜、適當時機

陰暗：不斷重複、錯誤時機、貧窮、衝突

13

ᛇ

EIHWAZ

艾瓦茲

音素：E, I, 或 EI

日耳曼名稱：*Eihwaz*、紫杉

現代英語：Yew 或 yogh

古英詩

ᛇ　〔紫杉〕外觀看來
是表皮粗糙的樹
但它強壯又穩固
是火的守護者
由深根撐持
為家增添喜悅

古挪詩

ᛦ　〔紫杉〕是冬季最翠綠之樹
燃燒時劈啪爆裂四射〔爆出熱火〕

古冰詩

ᛦ　〔紫杉〕是彎曲之弓
是易碎之鐵
以及箭之法布提〔＝一位巨人〕

盧恩知識

這是縱軸法則，貫穿上界和下界，也連結人界和天界、冥界。它是上與下、光明與黑暗、生與死的統合。紫杉盧恩是柔韌的力量，但也非常堅實；它比其他一切事物都更具耐力、更為持久。

紫杉在冬季依然翠綠，這代表死亡之中仍有生命，經常被用來建造生火的柴堆，也因此成為「屋內的太陽」。這個盧恩就是世界樹尤格德拉希爾。

明亮符文

「紫杉」沿著意識的垂直縱軸推動靈性啟蒙。你現在需要心理的韌性和靈活性。內在火焰必須透過紀律來點燃。追求獨立於宇宙的自然／機械秩序之外。意識狀態的控制變化（精神啟蒙）。對內在力量有所意識，可保護你遠離外部危險。融合光明與黑暗。這個盧恩也可代表神祕主義者或魔法師。

陰暗符文

艾瓦茲過早進入一個人的生命，可能反而引發深層疑惑和驚惶失措。在無意識狀態下點燃的熱火，可能會導致「燃燒殆盡／筋疲力盡」，最後走向死亡和腐敗。對於已經做好準備的人，若紫杉能量受阻，會導致內心深層的不滿足感、無聊感、覺得人生失去意義。它也會軟弱化你的意志和自我紀律。

艾瓦茲的關鍵詞

明亮：領悟、耐力、啟蒙、保護

陰暗：混亂、破壞、內心不滿足、軟弱

14

ᛈ

PERTHRO

佩斯洛

音素：P

日耳曼名稱：*Perthro*、骰杯、卜筮工具

現代英語：Perd

古英詩

ᛈ　〔棋盒〕總是意謂著
遊戲和歡笑
之中亦有戰士
坐於其間
於飲酒大殿
愉快相聚

盧恩知識

要理解盧恩詩當中描述的「飲酒大殿」(飲用祭祀酒水的地方)歡樂情景與盧恩擲籤占卜的關聯，必須先知道兩件事。第一，擲籤占卜與板棋遊戲的技巧和工具幾乎一樣。第二，板棋遊戲是日耳曼民族(甚至是整個印歐民族)極為熱愛的東西(請參閱《日耳曼尼亞誌》第24章)。跟作戰一樣，板棋遊戲也是一種「命運測試」——是對於人類之基本生命力量的考驗。這個盧恩也是代表命運三女神(烏爾德－薇兒丹蒂－斯庫德)編織的命運厄勒格——人類的磨難考驗。佩斯洛的奧祕，就是盧恩擲籤占卜背後的法則。

明亮符文

對於坐在飲酒大殿裡的戰士貴族（擁有力量、已受啟蒙之人）來說，這是他們的歡樂來源。他們在自身精神肉體外殼（「大殿」）之內進入沉思冥想狀態，以奧丁意識之酒水（麥酒）來為自己充電，因此，這是他們知識和狂喜的泉源。這個符文出現通常代表「吉籤」，對盧恩占卜來說是好兆頭。它也是友誼和幸福的預兆，但也預示持續不斷的變革變化和成長。這個盧恩也可代表表演藝人或樂師。

陰暗符文

過多的佩斯洛力量，沉迷於它的快樂，可能會引來混亂、破壞和迷亂。若無法明智使用佩斯洛，可能導致生命力的耗散和浪費。若這股力量受阻，人會變得停滯、孤獨、感覺人生沒有樂趣。

佩斯洛的關鍵詞

明亮：吉籤、了解命運厄勒格、友誼和歡樂、成長改變

陰暗：上癮、停滯、孤獨、身心萎靡

15

ᛉ

ELHAZ

埃爾哈茲

音素：Z

日耳曼名稱：*Elhaz*、麋鹿；或 *algiz*（奧吉茲）、保護

現代英語：Elks

古英詩

ᛉ

〔麋鹿〕
莎草大多出現在沼澤
生長於水中
能將人割傷
若有戰士以手握之
必定染上鮮血

盧恩知識

這個盧恩跟索里沙茲盧恩一樣(「古英語盧恩詩」有相似主題)，是一個「雙面刃」概念。古英語名稱「麋鹿莎草」(elk-sedge)，是一個複合隱喻詞(kenning)，也就是「劍」的詩意稱法。本質而言，埃爾哈茲就是超自然吸引力法則，甚至是個人意識與化現為佛爾格雅分身靈之「更高自我」的結合(參見第8章〈盧恩詩〉)。這種接觸，對於毫無準備的人來說，可能會很危險。跟艾瓦茲盧恩一樣，這個盧恩也是一種樹木符號，可以用來代表任何事物的「根部與分枝」之間的關聯。這個字符的形狀有時也被解釋為「彩虹橋」，代表人類心靈思維與神的莊嚴宏偉之間的連結。

明亮符文

除了有經驗的埃瑟靈或盧恩魔法師之外，這個盧恩字符都可能代表危險預兆。不過，如果知道不要「徒手去抓」埃爾哈茲（麋鹿莎草），而是讓自己變成跟它「合而為一」，那或許就能獲得神靈啟示。不要像戰士那樣魯莽衝撞，要用奧丁信仰者的技藝巧手去接近它。這個技藝或覺醒能為你帶來預示。你會從神聖溝通當中得到啟示。此外，這股力量也可以被扭轉過來，轉而去攻擊對方或保護自己。一般而言，這個盧恩並不是代表人，而是代表神靈之力。

陰暗符文

隱藏著重大危險。如果沒有做好準備，會導致被可怕的原始力量吞噬，而傷害到自己。這股力量若受阻礙，對大多數人來說可能是一件好事。不過，對於埃瑟靈或盧恩魔法師來說，這代表他跟主要靈啟來源——分身靈費奇中間的聯繫被切斷了。

埃爾哈茲的關鍵詞

明亮：與神的連結、覺醒、更高層次的生命、保護

陰暗：隱藏的危險、神聖力量的消耗、失去神聖連結

16

ᛊ

SOWILO

索維洛

音素：S

日耳曼名稱：*Sowilo*、太陽

現代英語：Sun

古英詩

ᛋ　〔太陽〕對水手來說
是高懸的希望
在他們出海
逡巡魚群之時
直到那海上駿馬
將他們載回岸上

古挪詩

ᛋ　〔太陽〕是大地之光明
我向天神注定命運低頭致敬

古冰詩

ᛋ　〔太陽〕是雲的盾牌
是閃耀的光芒
以及冰的摧毀者

盧恩知識

這是指引的概念法則。代表盧恩學習者追求的目標。它像一座燈塔閃耀發光，吸引和鼓舞著求道之人朝它前進。索維洛就是太陽輪，不僅是指路燈塔，它本身也是一個動態移動、旋轉的符號，跟伊薩盧恩剛好形成抗衡。這個盧恩也代表高階存有。S- 盧恩也代表經常被人忽視的北歐巨蛇奧祕之符號，想要獲得真正的智慧，就必須與黑暗打交道（參閱第 9 章，奧丁取回詩歌蜂蜜酒的過程）。

明亮符文

有理由懷抱希望。正在接受正確指引。如果你現在「迷路」了，你一定會找到出路。專注於你的目標，最後一定會成功。這個盧恩對任何一種旅程來說都是好兆頭，尤其是水路旅程。聆聽自己內在或來自他人的更高層次忠告。「太陽」的光芒會燒掉所有外部覆蓋物（「冰」），讓真實本質顯露出來。這股力量也能保護盧恩人免受敵對力量的侵害。它能打破外部或心理慣性，讓旅程順利前進。索維洛會帶來榮譽和幸運。跟教育有關的事業可能即將展開。這個盧恩也可代表水手或老師。

陰暗符文

糟糕的建議。這個盧恩的出現，代表對別人設定的目標未經思考就接受和追隨。表面成功是用不光彩的手段獲得的。經常從自身之外去尋找問題的答案和指引。容易受騙。若「太陽」力量受阻，可能會覺得人生失去目標，活著沒有目的。你的計畫之所以混亂、導致最後失敗，是因為缺乏方向。

索維洛的關鍵詞

明亮：指引、希望、成功、達成目標、榮譽

陰暗：錯誤的目標、糟糕的建議、表面成功、輕信他人、失去目標

17

↑

TIWAZ

提瓦茲

音素：T

日耳曼名稱：*Tiwaz*、

提烏（提爾）神

現代英語：Tue

古英詩

↑ 〔提爾〕是指路之星
對王子們
克忠職守
在其軌道上
戰勝黑夜迷霧
永不墜落

古挪詩

1 〔提爾〕是阿薩的獨臂之神
經常有鐵匠鼓風鍛劍

古冰詩

1 〔提爾〕是獨臂神
是從狼口逃生的不死者
以及神廟的掌理者

盧恩知識

這個盧恩包含三種概念法則：(1) 秩序（正義、法律）；(2) 自我犧牲；以及 (3) 世界之柱。每一個概念都跟獨立有序存在體的合一法則有關，其事奉者為了達到此目標會願意犧牲自己。它的主要宇宙學功能是透過世界之柱（伊爾明蘇）將天與地隔開，這樣就能在這個「被創造出來」的空間裡顯化萬物。提瓦茲也是代表「極星」的符號，是高掛在夜空永不墜落的指引。

明亮符文

這是代表忠忱（信仰、忠誠）的符籙，相信只要有毅力即可面對一切艱難。可以期待正義的實現，而且能根據事實審慎分析，做出正確判斷。如果以智慧來行動，勝利就會屬於你。努力以合理方式維持外部環境的秩序。要獲得成功，可能得做一點自我犧牲。需要保持警覺，並憑藉專業知識努力工作。可靠、忠心、忠誠必須被實踐，而且是可以期待的。力求精準和精確，要審慎仔細做計畫。讓工作有條不紊。代表以數學原理為基礎建立的分析模型。這個盧恩也可代表科學家或學者。

陰暗符文

你容易陷入分析和細節當中，這可能會導致遲遲無法行動和視野受限。你一直在做計畫，卻從不行動。過度自我犧牲，導致最終利益受到損害。提瓦茲力量若受阻，會導致不公義、不公平、混亂及理性倒退。

提瓦茲的關鍵詞

明亮：忠忱、正義、理性、自我犧牲、分析

陰暗：心理上的麻痺、過度分析、過度犧牲、不公義、失去公平

18

ᛒ

BERKANO

貝卡諾

音素：B

日耳曼名稱：*Berkano*、

樺樹、樺樹女神或樺樹枝

現代英語：Birch

古英詩

ᛒ 〔樺樹〕不結果實
雖不結種子
但會生出吸芽
因是從葉子長出
其枝條光輝壯麗
高舉著樹冠
直入天際

古挪詩

ᛒ 〔樺樹〕葉子最為翠青
洛基的詭計則是僥倖

古冰詩

ᛒ 〔樺樹〕是多枝葉之樹
是小樹
以及青春之木

盧恩知識

貝卡諾是代表自給自足且持續繁衍或成長的法則。雖然它本身就是代表「誕生」，但並不是單指「出生」那一刻，而是不斷在出生。這個盧恩能在不失去自我意識的情況下自我擴展。它是一切生命的創造起源，上至天界，下至地界皆然。B- 盧恩是能量的蒐集者和保存者，也是結界和庇護所的象徵符號。樺樹盧恩也是被壓抑能量的解放者，釋放後即帶來新的生長。

明亮符文

以舊模式為基礎進行新的開展。事情正逐漸發生變化。要注意新事物顯露的跡象，事情在剛發生之時可能很不起眼。這個盧恩也代表在傳統信仰之中得到靈性成長。家中有一些變化可能正在悄悄發生。兩性情感關係有了新的局面。預示豐盛繁榮和美好前景。要達成目標，可能需要使用一些巧詐、欺騙或暴力手段。這個盧恩也可代表母親或娼婦。

陰暗符文

浸淫於「自然世界」，導致喪失部分自我意識感和覺知力。迷戀於表象世界的純粹美好。欺騙是一種危險。 樺樹盧恩能量受阻，可能導致心靈和身體的不孕，生活各層面可能出現停滯狀態。

貝卡諾的關鍵詞

明亮：出生、成形、生命變革、庇護所、解放

陰暗：意識感模糊、欺騙、不孕、停滯

19

ᛖ

EHWAZ

依瓦茲

音素：E

日爾曼名稱：*Ehwaz*、

（戰）馬；或 *ehwo*、兩匹馬

現代英語：Eh

古英詩

ᛖ〔馬〕，在戰士看來
只是貴族的娛樂
馬為牠的蹄子感到驕傲
當富人在馬背上
為牠誇耀爭辯
馬是不安之人
永遠的慰藉

盧恩知識

這是「團隊合作」法則，特別是指位置一前一後的團隊。它代表兩個不同實體的和諧運作。在傳統日耳曼文化中，最直接的經驗就是騎手（瑪納茲盧恩）和馬（依瓦茲盧恩）之間的特殊關係，或是觀察一組馬隊如何運作。這個盧恩也是一個隱喻，代表自我與身體的關係，以及（或是）任何兩個實體或事物為了達成崇高任務而產生特殊的內在連結。

明亮符文

代表與他人相處和諧，尤其是與工作夥伴、心靈導師、丈夫，或妻子之間。一方面能夠團隊合作，同時又不喪失個體性。你了解施與受的必要性，而且能夠接受對方與你的差別。預示事情會有好的結果。你與守護靈建立起良好連結關係。可能即將結婚，或是有其他方面的正式合夥關係。需要相互信賴和忠誠。這個盧恩也可代表你的配偶或某位工作夥伴。

陰暗符文

預示可能在合夥關係中失去自我。太過追求「和諧」，導致同質性過高和一再重複做相同事情。依瓦茲能量受阻，可能導致不信任、背叛、不和諧、離婚。

依瓦茲的關鍵詞

明亮：和諧、團隊合作、信任、忠誠

陰暗：重複、不和、不信任、背叛

20

ᛗ

MANNAZ

瑪納茲

音素：M

日耳曼名稱：*Mannaz*、人類

現代英語：Man

古英詩

ᛗ 〔人〕深感喜悅
對其親屬深愛至極
但每個人都注定
與其友朋至親分離
因天主按其旨意
將脆弱的肉體
帶到塵世人間

古挪詩

ᛘ 〔人〕是塵土之擴大
偉大乃老鷹之爪

古冰詩

ᛘ 〔人〕是人之歡喜安慰
以及塵土之增加
和船隻之裝飾

盧恩知識

「人」盧恩是自我意識的體現法則。它象徵人類的塵世生活即是一場英勇的鬥爭，並且指出一個事實：唯有擁有活生生的肉體，才是真正的人。這個盧恩就是指最早的人類（阿斯克和恩布拉），他們因為接受了奧丁－維利－維奕三位一體神贈送的三樣禮物而成為真正的人，以及人類社會三階級的起源（農民、戰士和統治者／魔法師）。這兩個神話都讓我們看到，眾神如何以自己的形象為住在塵世（中土米加德）的人類塑造有形色身——無論是在意識上或是社會秩序上。人類生命的必然消亡——如同眾神也不免一死——確保了生命不斷成形的可能。

明亮符文

這個符文就是代表人類、人性的偉大高貴與精神力量，當然也包括它的脆弱和必然消亡。這個盧恩也預示由諸神或更高知識而生的偉大智慧。需要保有本我的獨特個性。個人內在生命或社交生活的幸福快樂，源自於對人類存在實相的認識。蒙蔽之物將會被移除，你會看到事物的本來面目。覺醒。這個盧恩也可代表任何一個人，特別是各種道路上的求道者。

陰暗符文

因為絕望感而陷入憂鬱。老是想著人終將死亡、太過在意自己的弱點，畏懼追求真正的智慧。建立在謊言和錯誤想像之上的情感關係。瑪納茲能量受阻，可能導致盲目、自欺欺人，有活在幻想世界中的傾向。

瑪納茲的關鍵詞

明亮：神聖結構、智識、覺知意識、社會秩序

陰暗：憂鬱、擔心死亡、盲目看不清、自我欺騙

21

ᛚ

LAGUZ

拉古茲

音素：L

日耳曼名稱：*Laguz*、水、湖泊；或 *laukaz*、韭菜

現代英語：Lake 或 leek

古英詩

ᛚ　〔水〕對人來說
似乎無邊無際
若他們冒險
登上搖晃之船
海浪將令他們
恐懼驚怕
這匹海上駿馬
並不受轡繩所羈

古挪詩

ᛚ　〔水〕是山腰落下的瀑布
而黃金是昂貴之物

古冰詩

ᛚ　〔水〕是泉湧之流
亦是大水壺
和魚的國度

盧恩知識

這是從尼夫爾海姆湧出，而且蘊含生命潛能的宇宙之水。它是充滿動力的廣闊大海，你被推入這片海洋中，展開你人生的塑形旅程。深沉大海也代表人類無意識世界的廣闊海面，若你乘坐「船隻」航行於這片「海洋」，勢必會遭受海浪搖晃干擾，處處充滿威脅凶險。這個盧恩也代表生命能量「向下」流動。而它的另一名稱「韭菜」，則代表向上生長的力量。

明亮符文

生命中出現嚴峻考驗，但你有足夠精力能量承受這些試煉。內在本我因經歷真正啟蒙而進化。從一種存在狀態過渡到另一種存在狀態。立即展開行動。最需要的是本我的控制力。不要害怕踏上冒險旅程。「往下深入」，你就能獲得黃金般的幸福。會在不舒服的情境中得到個人成長。這個盧恩也可代表船員、漁夫或律師。

陰暗符文

害怕改變、害怕冒險、對本我深處未知的廣闊領域感到恐懼。存在著周而復始、「原地踏步」的危險，逃避應走的道路，逃避人生。無法通過考驗。拉古茲能量受阻，生命力也會受到阻擋，導致生長受到妨礙、生命枯萎和貧窮。通往深層本我的道路遭到封鎖。

拉古茲的關鍵詞

明亮：生命、「水」之旅程、充滿活力的大海、無意識海洋、成長

陰暗：恐懼、原地踏步、逃避、枯萎

22

INGWAZ

殷瓦茲

音素：NG

日耳曼名稱：*Ingwaz*、殷格神

現代英語：Ing

古英詩

〔殷格〕首次現身
是在東丹麥人部落
之後便乘浪東去〔或返回〕
其身後有馬車跟隨
自此之後
人稱他為英雄

盧恩知識

這是遏制、孤立分離的概念法則，對任何形式的轉型來說，這都是絕對必要的過程。「殷格」就是生命的靜止狀態，是永無止境塑形路途上的一個步伐。進入到這個概念範圍內，就是「逆時針方向」運動——逆著太陽方向運轉——「向東」進入巨人居住的黑暗領域。在這個黑暗與孤立的國度裡，新的成長顯現。

明亮符文

「殷格」是代表暫停、休息的符文，也代表積極活躍的內在成長。內部深處正在孕育一股新力量。先暫時停下來，讓事物「醞釀、孕育」，時間一到自然完全成熟。要保持耐心。好好傾聽自己心裡的聲音。這個符文也代表可從這個孕育期中受益的那些事情。目前正處在停滯期，之後很快會恢復活力。事物正處於潛在發展狀態，等待啟動。這個盧恩也可代表農夫或神職人員。

陰暗符文

誤用「殷格」能量可能會導致自我沉溺、與外部環境脫節。你會變成「禁錮」於自己的主觀世界，無法與客觀世界互動。它也代表處在麻痺停滯狀態。它帶有一種誘惑力，會讓你誤以為這就是「終點」，而不是一個階段性過程；因此很多祕術都用它來施咒。從另一個角度來說，NG- 盧恩若受到阻塞，可能導致核心精神渙散或沒有意義的行動——沒有平臺可以來匯聚和鞏固核心。有在動，但沒有真正改變，也沒有自由不拘的活力。

殷瓦茲的關鍵詞

明亮：休息階段、內部生長、孕育期

陰暗：無能、散亂、有在動但沒有改變

23

ᛞ

DAGAZ

達嘎茲

音素：D

日耳曼名稱：*Dagaz*、白晝

現代英語：Day

古英詩

ᛞ　〔白晝〕乃神所差遣
深受人們喜愛
是偉大造物主之榮光
是歡樂和幸福
無論是富是窮
平等為眾人服務

盧恩知識

這是兩極創造力的終極法則。它是代表獨特意識狀態的盧恩，是奧丁－維利－維奕三位一體神送給人類的禮物，是意識的進展和進化。在白晝的明亮光芒中，一切看似截然相反的事物全都被結合在一起，同時得到理解。這也是代表開悟意識的盧恩。

明亮符文

「白晝」盧恩帶來的是原型覺知意識的恩賜，有時它似乎是自發性的。它是希望與幸福的來源——實際上是唯一真正來源。所有真心追求「白晝」力量的人，一定都能得到它的啟示。一個巨大的開悟覺醒即將到來。你會得到真正的洞見。這道光，可能會出現在你意想不到的地方。追求理想。「白晝」盧恩也代表真心的求道者。

陰暗符文

我們很難將這個帶有積極力量的「白晝」盧恩看作一個陰暗符文來解釋。唯一可能的負面解釋是，對於不想要追求這種力量，或是尚未準備好接受這個力量的人來說，它可能就是不好的符文。當然，若「白晝」的光明能量受阻，人也會變得盲目、遲鈍、覺得人生乏味、絕望等等。

達嘎茲的關鍵詞

明亮：覺醒、意識、希望／幸福、理想

陰暗：盲目、絕望

24

ᛟ

OTHALA

歐瑟拉

音素：O

日耳曼名稱：*Othala*、祖先財產

現代英語：Odal

古英詩

ᛟ

〔家產〕是所有人
珍愛之物
只要他能好好守住
並適當使用
就能在自家宮殿
坐享無盡繁榮

盧恩知識

這是最理想的「家園」形態法則。它呈現出其「內部」，同時也能區別出它的「外部」。從心理面來說，它指具備一切複雜面向，同時又能與異己做出區別的本我狀態。從社會面來說，它是指一個群體（可以是家庭、氏族、部落、行會、協會等）能夠與外部群體做出區別。這個群體必須能夠維持它的正確秩序，才能有效運作。待在家中很安全，但仍然持續與外部環境保持互動——施與受。它也是指「內在本家」，是不依附於任何特定「有形土地」的理想世界。歐瑟拉是完全的自由。它也是對一切所獲得之物的積極鞏固。

明亮符文

歐瑟拉是穩定繁榮和幸福的符文。它代表一個穩固、和諧寧靜的家庭、家族或團體，而且會持續繁榮成長。必須時時保持警覺，關心和守護群體內的習俗和秩序。有安全的基礎，才有真正的自由。這個符文也代表即將會有一處新的住所，或是能得到新的擁戴。能夠持續與「外部人士」進行具有生產力的互動。這個符文也可代表某個領域的領導者，或是某個群體。

陰暗符文

跟達嘎茲一樣，這個盧恩也很難有負面解釋。唯一的危險可能是來自於，無法持守一個群體內部的習俗或傳統秩序，因而對領導者的權力形成限制。若是誤解歐瑟拉的概念，可能會導致違背整體利益的極權主義，結果將導致災難。不過，O- 盧恩的能量若受到阻礙，也可能導致被外部勢力奴役、貧困、流離失所、孤獨孤絕。

歐瑟拉的關鍵詞

明亮：家、群體繁榮、群體秩序、自由、具生產力的互動

陰暗：失去習俗秩序、極權主義、奴役、貧窮、流離失所

第17章 盧恩占卜工具

THE TOOLS OF RUNECASTING

作為占卜方法，盧恩占卜的使用方式非常靈活。理論上，你需要的就是二十四張紙條，在上面寫下盧恩文字的形狀，因為魔法是在盧恩占卜者身上，不是在那個物體。不過，對於大多數盧恩占卜學習者來說，一套能夠長久使用的盧恩符文和一套專屬個人的盧恩占卜工具，對於維持占卜時最重要的連結感、虔誠心，以及精神集中度，可說相當關鍵。

要用什麼材料來雕刻盧恩文字，盧恩占卜者可以自行決定。木頭、骨頭、石頭、陶土，或是任何你喜歡的材料都可以，尺寸和形狀也都隨個人喜好。只有一件事情我會強烈建議，最好自己親手製作你個人的盧恩占卜工具。我會這樣建議，是基於兩個原因：(1) 盧恩符文籤塊非常容易製作，任何人都可以輕鬆做出來（只要依循傳統作法即可）；(2) 從魔法和護符的角度來說，就算是用是原子筆把盧恩文字寫在紙條上，也比大量生產的「盧恩符文塊」還要優，因為你在製作盧恩符文籤時，會把自己的能量放進符文中。話雖然這樣說，但一開始先使用製作品質良好的量產符文塊，還是比久久做不出自己的盧恩符文籤還要好一點。

盧恩學習者想要使用什麼樣的盧恩符文塊（甚至是「紙牌」），很大程度上取決於個人品味或個人喜好。我的建議是，先試用、實驗一段時間，從實際操作中找出你比較喜歡哪一種占卜道具。實際操作時，可能會發現跟你原本理論上喜歡的道具不同。在古代，對於極重要的占卜，都會先行備好，並在使用過後全部銷毀，要不然就是予以「獻祭」，將符文籤用火燒掉，或埋在地下讓它自然腐爛。

盧恩符文占卜道具包括幾種類型：（A）圓形小塊（陶土、木頭或骨頭）；（B）長方形小木塊；（C）短木籤；或（D）長木籤；及（E）紙牌。各種類型道具的實際相對大小，請參見圖17.1所示。

雖然不同種類的盧恩符文占卜道具各有其適用的占卜場合和占卜方法，但其實不管哪一種類型的符文籤，幾乎都可用於任何一種占卜方法。

圓形小符文塊，可以用直徑約1.3至2公分樹枝來製作（直接用木釘、暗榫木來切割也可以），切成厚度大約0.6公分的小木塊，然後就可以在上面刻寫盧恩文字。用木頭珠子來雕刻也可以，但因為圓球形會滾動，不太適用於某些盧恩占卜方法。

長方形小木塊，可以用裁切和仔細拋削過的長條木板來製作，厚度大約是0.4公分。這種長方形小木塊可能就是塔西佗所描述的占卜道具類型，也可以用較薄的木材膠合板來製成（五金店或工具材料行大概都買得到）。

短木籤或短木枝，可以用長度約5至7.5公分的樹枝，或是寬度約0.6公分的方形硬木條來製成。這種短木籤最適合放在口袋或包包裡隨身攜帶。

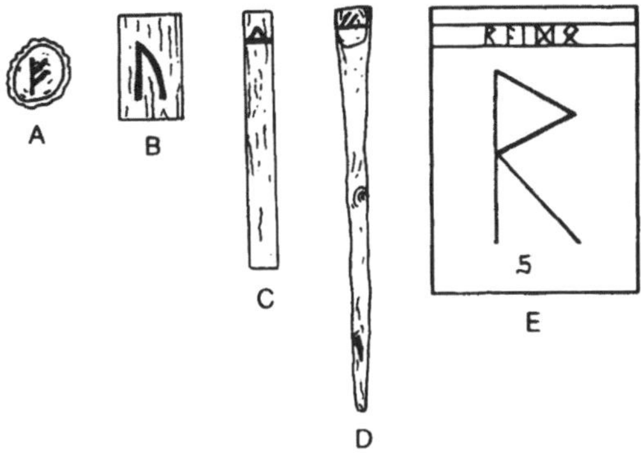

圖 17.1 各種類型的盧恩符文占卜道具。這裡看到的幾種類型是：(A)圓形小符文塊——這裡是木頭製的；(B)長方形小木塊；(C)短木籤和(D)長木籤；(E)盧恩符文「紙牌」。

長木籤可能是傳統上最常使用的盧恩占卜道具類型。雖然目前尚未發現這類古文物出土，但根據古代文獻的書面描述，似乎都是這種類型。這類盧恩符文籤很容易製作，把樹枝剪裁成長度12至15公分，兩端直徑各約0.6和1.3公分的錐形樹枝即可。不需要拋光，維持原來樹枝的粗糙感，把樹皮留著，只在較粗的那端打磨出一小塊平面來刻寫盧恩文字即可。

最後，如果需要用到盧恩符文牌陣這類占卜法，也可以製作紙牌來使用。紙牌上除了盧恩文字以外，也可以加上其他資訊，比如盧恩名稱或是數值數字，有助於你的盧恩占卜解讀。只要用海報紙或空白卡紙就能輕鬆做出盧恩紙牌，尺寸大小和形狀可隨你喜歡來剪裁。

用來製作符文籤的媒材也頗為重要。最好選擇有機材質，比如木頭或骨頭。當然，木頭是最符合傳統也最廣泛使用的材料，但占卜時也會用到骨頭甚至貴金屬。在日耳曼文化脈絡中，木頭的使用具有明顯象徵意涵。它讓我們想到世界樹尤格德拉希爾的根部附近有兀爾德之井，而盧恩符文籤就像一張有力的網，在樹根和樹枝上閃閃發光。你可以憑直覺來決定哪一種樹木最適合製作你的符文籤塊。根據塔西佗的記載，人們是使用水果樹或堅果樹，但或許更重要的是，應該要選擇對你有特殊價值或意義的樹種。你也可以用不同樹種的木頭來製作盧恩符文塊，然後在那個樹種的符文塊刻上對應的盧恩文字。我鼓勵盧恩學習者運用自己的直覺，但如果需要一些指引參考，也可閱讀第438頁附錄III的樹種對應資料。

盧恩符文通常也會上色。傳統用來上色的漆料或染料，用紅赭石就能簡單做出來（其他天然紅色顏料也不錯）。當然，最早都是用血液來上色，但早在史前時代就已經使用紅赭石來代替血液。當然你也可以根據直覺，分別用不同顏色顏料幫盧恩上色。不過，最好避免使用白色媒材來製作盧恩符文籤塊，因為用來擲籤占卜的那塊布就是白色的。

盧恩擲籤占卜的優點之一就是，你可以隨自己喜好，選擇用傳統或創新的方式來做占卜。最簡單的作法就是把傳統元素與創新的技術相互結合。關於盧恩擲籤占卜的傳統儀式元素，請參閱第18章。

擲籤時使用的那塊布，應該使用白色布料。不僅因為塔西佗的記載這樣寫，從象徵意涵來看，白光也被證實是代表魔法光線的總和顏色。在這片白色光場上，盧恩符文最能發揮出它們相互交織的力量。布料本身最好使用亞麻或其他天然材質製成，尺寸大約是90到120公分（3到4呎）見方。

有些盧恩學習者也會在這塊布上繪製有意義的圖案。比如第19章介紹的幾個盧恩擲籤占卜法，就有要求盧恩占卜者要解讀這塊布上各個區域代表的含義（參見圖19.9）。可以直接在這塊布上縫出那個圖形，也可以單純用你的「心眼」（古北歐語 *hugauga*，魔法之眼）來觀想。如果要直接把圖形繪製在布料上，最好使用深藍色或黑色線條，而且線條愈細愈好。把圖形直接縫在布上，只是為了方便占卜解讀之用。

占卜道具不使用時，應該用適合的袋子或盒子妥當收存。布袋、皮袋或木盒都很理想。如果你的盧恩符文塊是帶有它們自身厄勒格的「護符生物」，那麼收存的袋子或盒子更是非常重要。有些盧恩占卜者喜歡把符文籤塊投擲到骰杯（或是木盒）裡來做占卜。骰杯可以是牛角、皮革或木頭材質，骰杯的形狀可以自己決定。唯一要考慮的是，骰杯的尺寸要夠大，要能容納全部二十四塊符文籤而且綽綽有餘。如果要把這個骰杯當作一種護符，那麼上面應該要刻寫佩斯洛盧恩。

在非常正式的盧恩占卜儀式中，尤其是具格的盧恩魔法師所進行的重大儀式，還需要準備一張漆成金色的三腳矮凳。開始進行占卜解讀前，占卜師會坐上這張被稱為「聖者寶座」（theal's stool，希爾之凳）的椅子（不過，以大多數盧恩占卜目的來說，不太會用到這張椅子）。

一般盧恩占卜所需的道具和設備，在第21章有更完整的描述。

第18章

盧恩占卜儀式

RITES OF RUNECASTING

每一次做盧恩擲籤占卜時都要先花一點時間進行儀式，這非常重要，原因有二：避免讓這類神聖活動陷入「遊戲」心態，其次是幫助盧恩占卜師進入意識集中狀態，進而提高擲籤和解讀的品質。儀式能夠讓占卜師進入另一種心智狀態，將注意力引導到手頭要處理的問題，或是看見占卜當時最重要的整體生命狀況，以此打開盧恩占卜師與命運女神所在國度之間的溝通門戶。幾次擲籤經驗後，占卜師便會開始感覺到，在某些操作中，他（或她）的「同步感」更強了。讓自己經常保持在這種狀態，就是內在儀式工作的功能。

儘管盧恩學人可自由創建個人認為合適的儀式作法，但我鼓勵每個人都先忠實執行幾次傳統儀式範例，看傳統作法是否適合你。古日耳曼傳統一直以來都被嚴重忽視，這是一個巨大的不幸——尤其是，我們都已經知道數世紀以來使用的確切儀式作法是什麼了。在翻閱所有傳統資料後，以下這個複雜的儀式慣例似乎早在遠古時代就已存在：

1. 切割與刻寫符文籤
2. 召喚諾恩三女神（或其他神明和靈體）
3. 將符文籤拋擲在白布上
4. 召喚神靈（或其他靈魂體）
5. 抽取符文籤（三支或三的倍數）
6. 坐上聖者寶座
7. 解讀符文籤
8. 用徵兆做確認，等等

這個儀式呈現的是非常繁複且精緻的一種擲籤占卜作法，但我們應該牢記裡面提到的一些元素，以此作為實驗的基礎。

時間

盧恩占卜師會選擇擲籤占卜的季節和時間，尤其是重要占卜更要謹慎。傳統上，占卜師會考慮幾件事情：(1) 季節（太陽在每年運轉週期的位置）；(2) 月相（月亮週期）；還有 (3) 一天當中的時間點（太陽在每日運轉週期的位置）。當然，時間點的選擇應該配合該次占卜類型或問卜問題的性質。問題如果跟新事業的開展有關，或許在與開始相關的時間進行最有效，比如耶魯節期間（大約在12月21日至1月2日），在（伊斯特爾[1]或奧斯塔拉節日——春分或春分前後）新月之後的那幾個夜晚，或是在要滿月之前的日出時刻。新月後的頭三個晚上，以及第五、七、八、九、十二、十九、二十、二十三、二十六個晚上，都很適合做占卜。正確的夜晚（或「日子」）[2]，要從新月的第一個夜晚開始計算。當然，月亮週期有二十八個夜晚。此外，若要詢問盧恩關於內密或奧祕方面的事情，最好選擇在晚上占卜，其他屬於外部通俗知識或世俗的事務，則最好在白天進行。

同時也要記得，時間選擇只是儀式上的輔助。站在奧丁信仰者的角度來看，可以不需要考慮這些。

地點

基於實務操作上的理由，盧恩擲籤占卜大多會選擇在室內，你自己的住所進行。為了確保儀式的有效性，其他盧恩儀式工作也該在同一區域進行。盧恩擲籤占卜的便利點在於，占卜師可以隨身攜帶一塊白布，將這塊布當作儀式進行的「聖地」。不過，若是特別重要的占卜，也可考慮在其他神聖地點進行。最好的地點是在聖樹下——比如橡樹、山毛櫸、紫杉、白蠟樹，或在天然泉井或人工井附近（最好在井口南邊）。山頂也是進行盧恩占卜的好地點。在戶外，盧恩占卜師更能遵循古老傳統作法，一邊仰望天空、一邊撿拾占卜符籤。晚上效果尤佳，一邊抽選符文籤，一邊看著北極星（奧丁之眼），力量很強大。

製作護身符籲

用來執行占卜的盧恩字母實體物或媒介物有好幾種專用術語：符文籤（staves，古北歐語 *stafir*）、符文枝（tines，古北歐語 *teinar*），或是鬮（lots，古北歐語 *hlautar*），但全部都屬於 *taufar*，也就是護符。最理想的情況是，每一支（每一顆）盧恩符籤的形狀和承載內容都應根據護符的製作法則來進行。詳細內容會在第21章討論。

擲籤占卜

並不是每一次占卜都需要執行非常莊嚴慎重的儀式；不過，問卜的問題愈重要，具格的盧恩占卜師會愈想要使用儀式。從某個角度來說，儀式可以被視為一種「重複執行的魔法」。內部和外部領域之間建立的溝通管道愈多，獲得「準確占卜」和「同步」感受的機會就愈大。從傳統角度來看，儀式跟占卜擲籤本身同等重要，且要全部執行才算完整。

完整的盧恩占卜擲籤儀式，應將白布鋪在祭壇（如果有使用的話）前方，朝北方平鋪。依據要進行的占卜或布陣類型，若有使用希爾之凳，椅子要放在白布南邊，或是放在祭壇和白布之間，參見第315頁圖 18.1所示。

開場：首先進行第21章提到的畫鎚儀式。

召喚諾恩三女神：面朝北方，用身體做出埃爾哈茲盧恩姿勢，召喚命運三女神的力量來幫助你擲籤和解讀盧恩符文：

一切祕密無所隱藏
所見視野無限寬廣
在此我唱誦諾恩三女神之聖名
聆聽迪瑟斯之密語
〔稍作暫停〕
烏爾德－薇兒丹蒂－斯庫德

盧恩占卜師念誦此節詩文，集中心神在兩個層次上召請「命運之力」：(1) 個人層次的命運女神（求其「協助」導入盧恩能量流）；以及 (2) 偉大諾恩三女神——非個人層次、不斷變化的動態矩陣。

提問：集中心神靜默一段時間，專注觀想要問卜的問題。同時，將符文籤拿在手上搖動洗牌，或放在木盒或骰杯中搖動。當感覺到諾恩力量與問題之間已建立起牢固連結，就在心裡默念，或大聲念出以下這句咒式。：

魯納爾 拉德 雷特 拉德！
（Runár rádh rétt rádh!）
或
請盧恩賜下正確指示！

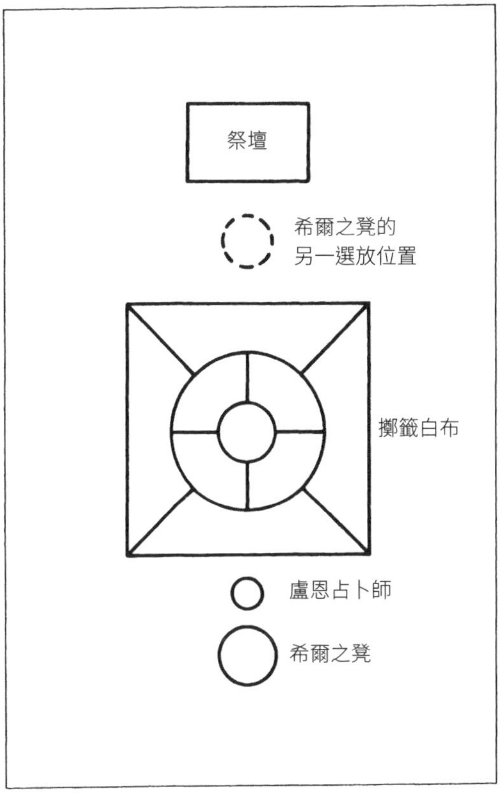

圖 18.1 盧恩擲籤占卜儀式之元素配置圖

擲籤：現在，抬頭凝視天空（如果在戶外，可凝視北極星），將符文籤拋擲到你面前的那塊白布上。當符文籤落在半空中時，大聲喊出：

烏爾德－薇兒丹蒂－斯庫德！

備註：如果是使用盧恩牌陣（而不是用擲籤方式），則將提問和抽籤兩個步驟合在一起進行，一邊將符文籤或紙牌隨機洗牌，一邊在心裡提問。然後，同樣用「請盧恩賜下正確指示！」以及「烏爾德－薇兒丹蒂－斯庫德！」這兩句咒式來取得結果。

召喚奧丁：當符文籤落在白布上，這時占卜師仍然抬頭望著天空，身體擺出埃爾哈茲盧恩姿勢，說道：

奧丁為我開眼
令我得見符文籤
並正確解讀盧恩
〔稍作暫停〕
奧丁—維利—維奕！

一邊念出此節詩文，然後一邊運用你的內在之眼來抽出符文籤。（備註：也有人會在這裡用詩節召請芙麗嘉女神。）

抽籤：（如果你是使用正統擲籤占卜法，則可跳過此步驟，直接在白布上讀取結果。）現在，仍然抬頭往向天空，雙腳跪下來，用盲抽的方式撿拾符文籤，抽取的數目依你所選擇的占卜法而定。要注意抽取順序，小心不要弄亂，把抽出的符文籤依序放在旁邊，一次只抽一支籤。（備註：如果是使用牌陣占卜法，這時可直接將抽出的符文依序放入陣位中。）

解讀：如果有使用希爾之凳，現在盧恩占卜師要坐在椅子上（人也要面朝北方），然後根據所使用的占卜法將符文籤依序放置在祭壇上，或放在白布邊緣。如果是直接從符文籤落在白布上的位置來進行解讀，則將希爾之凳放在白布南邊，然後檢視符文籤掉落後的圖案。在此階段，要先平靜思緒，開始解讀之前（尤其是為他人解讀時），先吟誦這段根據〈至高者箴言錄〉第 111 節編寫的詩文：

此刻
我們要在聖者寶座上歌唱
在那兀爾德之井旁：

我觀看但不說出口
我觀看且思惟再思惟
我傾聽至高者之口傳智慧

我聽見盧恩轉動
在他們之間——
在至高者大殿
我聽見他們說話
以此我解讀其真意

結束占卜：完成解讀後，以這兩句傳統使用之話語來作結束：

現在至高者所見已經說出
在至高者之大殿！

當然，每次都要把占卜結果記錄下來，所以，在將占卜道具收回原位之前，要先做好記錄。然後靜靜將符文籤收到袋子或盒子裡。

取得徵兆

如果需要確認占卜解讀的結果，那就要取得徵兆。這是古日耳曼（和印歐）占卜傳統的一部分——透過另一個媒介物來「驗證」占卜結果。徵兆（omens，古北歐語 *heilar*）的學術知識太過複雜，無法在此詳細討論。最簡單的方法就是：在戶外找一處空曠地方坐下來，觀想你面前有一塊封閉空間（不能小於3公尺見方，可以大一點沒關係）。然後等待一隻鳥類或其他動物進入或飛過那個空間。判定占卜得到的答案是否準確、要接受或否決，方法是：如果進入的是深色動物或鳥類（尤其是黑色、紅色、深藍色或深棕色）代表「是」，淺色動物或鳥類（尤其是白色、淺棕色、淺藍色）代表「否」。

第19章

盧恩擲籤占卜法

THE WAYS OF RUNECASTING

塔西佗在將近兩千年前留下的文字描述，讓我們至少能了解一種盧恩擲籤占卜的詳細作法；不過，根據傳統習俗和宇宙學原理來執行的占卜法還有很多，至今仍有盧恩占卜師在執行和使用。這一章，我們要來探討一些以傳統概念為基礎的有效占卜法。盧恩擲籤占卜也跟任何一種精確的占卜系統（比如易經、塔羅、占星）一樣，其基礎都是：「帶有含義的元素」隨機疊加在「帶有含義的領域」所呈現出來的結果。解讀時，是從這些相疊組合，以及多個組合間的相互關係，來讀出完整解釋。以盧恩占卜來說，「含義元素」是由盧恩符文籤提供，而「含義領域」是由主要宇宙天體結構提供。在以前，盧恩占卜相關書籍的弱點之一就是，普遍欠缺傳統上的含義領域資訊，因為要了解這些領域，必得先深入了解日耳曼宇宙學。

以下要介紹的幾個占卜法，可能各自有其適用的問卜範圍或問題類型。不過，在進行更廣泛的實驗之前，最好先熟練其中一種占卜法。開始實際進行擲籤占卜前，最好可以先做一些占卜解讀練習，這樣才能將盧恩符文慢慢化為「你自己的」。

解讀練習 I

依照正規弗薩克順序將你的盧恩符文籤排好，如圖 19.1 所示，按照傳統分族排成三列。現在，開始把相鄰的盧恩連結起來。依序從第一族的 F- 盧恩到 W- 盧恩，再往下到第二族，從 H 到 S，以此類推，把全部盧恩走完一次。接著反過來，從第三族開始，O 到 T，然後第二族，S 到 H，以此類推，為相鄰盧恩建立含義的內在連結。

	1	2	3	4	5	6	7	8
I	ᚠ	ᚢ	ᚦ	ᚨ	ᚱ	ᚲ	ᚷ	ᚹ
II	ᚺ	ᚾ	ᛁ	ᛃ	ᛇ	ᛈ	ᛉ	ᛊ
III	ᛏ	ᛒ	ᛖ	ᛗ	ᛚ	ᛜ	ᛞ	ᛟ

圖 19.1 古弗薩克的分族排列

接下來，用垂直方向跨三族做類似練習，FHT、UNB……以此類推，由上往下，然後反過來由下往上。多做幾輪這樣的練習，你解讀盧恩上下脈絡的技巧一定會大大提升。這個練習可以讓你學到真實、活生生的盧恩系統知識，是書籍或其他人無法教給你的。這是最直接的盧恩學習法。你應該也會開始體認到，當外部世界的盧恩與你自身內在的盧恩面對面相遇，盧恩會自己找到屬於它們的真正含義。每做完一輪練習，記得把心得結論記錄下來。

解讀練習 II

下一步是真正要「將盧恩化為你自己的」，為每一個盧恩字符的含義加入你個人的解釋。每天針對一個盧恩進行冥想，做深度思考。沉思該盧恩所對應的盧恩詩節。建立你自己跟這個盧恩的連結關係，形成你個人的理解。跟練習 I 一樣，把你的心得結論寫下來。你完成的這些筆記內容，等於就是第 16 章盧恩知識表的個人化版本。但這些理解不該一成不變——要讓它們隨著你對「你的盧恩」的深入理解程度而成長。請務必記得，這些都是你個人對每一個盧恩的理解和認識，對其他人來說未必適用。第 16 章的盧恩知識表也是利用這個方法，以奧祕盧恩傳統（包括古代和現代）資料為基礎，經過大約十年的實際心得累積而成。

關於相位

盧恩解讀非常關鍵的一件事情是，要決定你是要解讀這個盧恩的哪一面向（aspect，相位）。一個盧恩應該解讀為明亮符文，還是陰暗符文呢？盧恩的負面／消極面向（negative aspects），古北歐語稱為 *myrkstafir*，古時候通常用於魔法施作。我們也可以肯定地假設，就是因為盧恩原本就帶有陰暗面的解釋面向，才會出現第 6 章中提到的各種負面詞彙。有一部分盧恩的「積極／正面」表現其實也經常會產生不利或危險後果，尤其是 TH-、H-、N-、I- 以及 Z- 盧恩。每一個盧恩一定都有陰暗面向。務必記得，盧恩是你的內在指導者，它們必須要能提前對你發出警告，這樣你才能來得及去對抗命運兀爾德的力量。

判定相位的方法主要有兩個：(1) 在一次擲籤占卜中，符文籤掉落的位置（比如，是字面朝上還是字面朝下；以及，是掉落在某個區域之內或之外）；以及 (2) 一個盧恩與另一盧恩並置時形成的角度。後面這個方法還需要多做一些說明。要注意的是，在擲籤占卜中，符文籤之間大多是形成銳角或鈍角，很少出現直角的情況。大家都知道，鈍角能夠使心智思維活躍，而直角通常具有反效果（這是十九世紀末和二十世紀初許多日耳曼神祕學會的一個神祕學研究，現今美國至少有一個學會支持這個看法）。無論如何，在盧恩傳統中，鈍角或銳角很明顯能夠促進兩個盧恩之間的活躍、積極互動。直角則是形成靜態、消極的作用力，不然就是，會相互阻礙盧恩力量的流動。實際上來說就是能量相互交叉。

相位判定

占卜時，符文籤落定後，如果字面朝上，則應解讀為明亮符文；落定後字面朝下，在解讀時可予以忽略，或是當作陰暗符文來解讀。每一次擲籤前，都要先決定你要如何解釋那些字面朝下的符文籤。我們鼓勵每一位占卜師儘量保持判定的一致性。不過，一般作法是直接忽略它們。有時，符文籤也可能落在含義領域之外，或是掉到白布範圍外，這些盧恩也可以解讀為陰暗符文。同樣的，你必須事先決定好，要如何解讀這些符文籤。

如果使用角度相位擲籤，占卜者必須測量白布上任兩個並置符文籤的角度（至少測出大約值）。方法是：先在腦海中畫線，將這兩個符文籤分別連到占卜布的中心點，這兩條線形成的角度，就是這兩個符文籤的角度相位。請參考圖 19.2 的例子。兩個符文籤形成的角度落在 5°到 45°之間，或 135°到 360°之間，則以明亮符文來解讀；落在 45°和 135°之間，則以陰暗符文來解讀。測量不需要很精確，大約即可。

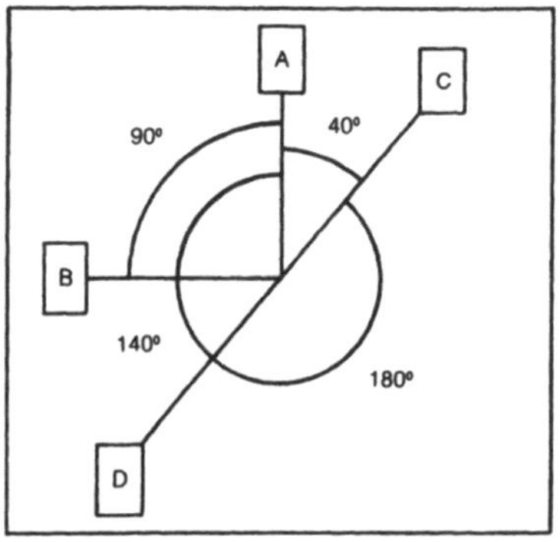

圖 19.2 占卜相位角度的判讀實例

要判定盧恩符文籤之間的關聯性，最簡單方法可能是，想像白布上有一個大圓圈，將這個圓圈平均分成四等分（四個象限），然後再畫出第三條線，將每一個象限分成兩等分，以此來判定一個盧恩跟其他盧恩的關聯性。兩個符文籤落在同一象限內，或是落在正對面（相反方向）象限，就以明亮符文來解讀；落在兩側象限，則通常以陰暗符文來解讀。

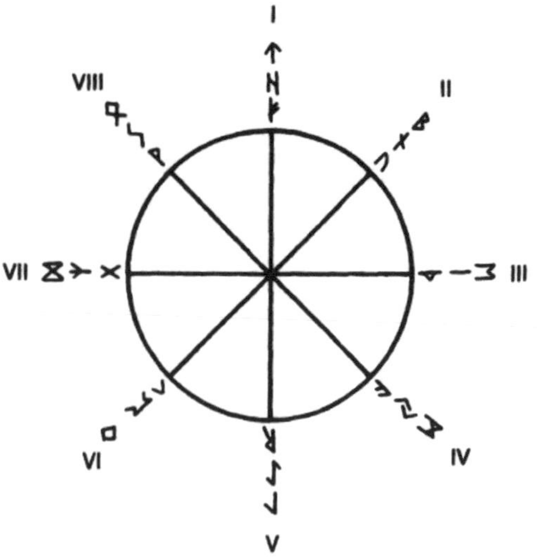

圖 19.3 盧恩分族的相位分派

兩個盧恩形成的角度愈小，愈可朝正面去解讀。只有在形成90°角相位時才應被解讀為「相互阻礙」。兩者形成180°角時也會出現陰暗面向，但最後結果一定會是好的。在擲籤占卜中，相位判定只是讓該盧恩以及它所在領域的含義更加精確而已（請參考第335頁占卜範例3）。

若是使用盧恩符文陣（牌陣）來做占卜，相位判定就更有用，也更容易。要確定一個符文陣當中各個盧恩之間的關聯性，可以參考圖19.3，判定方法基本上與擲籤占卜的相位判定原理相同。這裡我們以菲胡盧恩（F）為例。跟菲胡同屬一個「符文組」（triad，也就是F-H-T），或是在它兩側的符文組，或是跟菲胡兩側的符文組位在同一軸線上的那兩組，這些盧恩都可用明亮符文來解讀。跟菲胡對向的那一組則要以陰暗符文來解讀，但最終結果會是正面的。跟菲胡這一組形成90°，也就是跟菲胡組所在軸線呈十字交叉的那兩組盧恩，則要以陰暗符文來解讀，通常屬於能量阻礙類型。（請參閱第326頁的占卜範例1和第339頁的占卜範例4，以了解實際操作方法）

另外還要注意，一個符文籤掉落在哪一個位置，或被放在哪一個陣位，兩者之間也存在某種「相位」關係。以下我們會列出幾種占卜範例，實際講解這些占卜法的操作方法。在執行這類占卜時，非常需要靠占卜師的直覺來引導。

盧恩占卜師的絕妙技巧和技藝正是展露在相位判定上，這只能透過個人經驗來學習，因為盧恩跟不同的人會有不同的互動。不知是幸還是不幸，將逆位符文解讀為「壞事、凶兆」，並不是那麼簡單的事。

占卜法

以下介紹的這幾種擲籤占卜法，都是採用古日耳曼民族使用的「含義模型」。個人強烈建議，先熟悉熟練其中一種方法，然後再嘗試其他方法。一段時間後，你也可以開始試著自己創造新的擲籤占卜法或符文陣形。但傳統模式本身可以讓你學習到一些跟「盧恩思維心態」有關的東西。有些人對於其他同樣使用「含義領域」的占卜傳統（比如塔羅或占星）已經有相當豐富的經驗，他們或許會想利用那些背景來執行盧恩占卜。不過，他們必須了解，這樣的心態作法頂多只能得到盧恩的一部分精髓。

盧恩占卜的實務操作可分為擲籤（casting）和符文陣（laying）兩大類。這裡要討論的第一種占卜法，實際上是這兩種占卜類型的結合。擲籤占卜法，由於占卜者在擲籤時會暫時失去對符文籤的控制權，因此若是詢問跟異世界有關的問題，用擲籤占卜會比較有效；符文陣占卜法，由於占卜者從頭到尾都掌控著符文籤，因此對於內在狀態方面的問題比較有效。兩種方法各有其優缺點。在一局擲籤占卜中，你可能想知道在某個生命領域盧恩會給你什麼答案，但卻沒有任何符文籤落入那個領域（這也可能是在告訴你一些訊息）。另一種情況是，你使用符文陣占卜，符文籤所在的陣位可能跟你的情況相關，也可能不相關，因此需要憑直覺和一些技巧來判斷，哪幾群符文籤比其他符文群更重要。

1. 命運三女神占卜法

這個占卜法主要是根據塔西佗在《日耳曼尼亞誌》中的記述內容。他提到的三面性占卜模型，相當於日耳曼占卜中唯一明確顯示三面含義的占卜法：烏爾德－薇兒丹蒂－斯庫德命運三女神咒式。

依照第 18 章提到的儀式步驟，占卜師將符文籤隨機拋擲在白布上，然後用盲抽方式，閉上眼睛或是抬頭望向天空，按 1－2－3 順序，依次抽出三個符文籤。為了幫助盧恩學習者將這三個符文籤的關聯性具象化，請按照圖 19.4 所示陣形來放置符文籤。

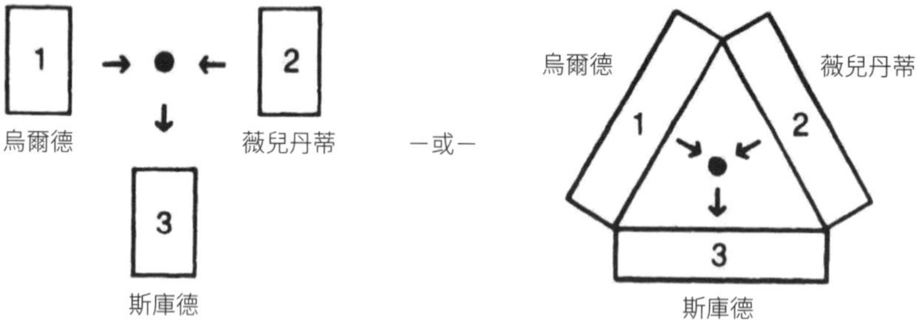

圖 19.4 命運女神占卜法的符文組態

陣位1是烏爾德（命運兀爾德），代表問卜問題或困難麻煩的真正根源。烏爾德告訴我們，過去發生的事情影響了陣位2——代表目前狀況的薇兒丹蒂符文籤。薇兒丹蒂告訴我們當前正在發生什麼事。這兩者結合後進入到第三個陣位，也就是斯庫德的位置，它代表在前兩者的條件下，未來應該會發生什麼事。

在解讀這些盧恩符文籤時，占卜師也可使用相位判定法來確定符文之間的吉凶關聯。逆位符文的解釋也可考慮進去，但這不是必要的。

命運三女神占卜法解讀實例

問卜主題：關於新工作的求職情況。

解讀：符文陣如圖19.5所示。烏爾德陣位抽到的是開納茲盧恩，代表過去培養的技藝和創造力讓這個人處於有利位置。過去的努力已經奠定了基礎。不過，薇兒丹蒂陣位抽到達嘎茲盧恩，表示目前局勢處於變動狀態。目前，事情還在變動、發展中。第三個符文籤，斯庫德陣位抽到的是烏魯茲盧恩，代表充滿希望，事情應該會如求職者所願發展。最後這個符文籤出現在這個陣位，也是在建議求職者要「保持堅毅、要有韌性」。此人應該發揮意志力堅持下去，才能得到好的結果。開納茲與達嘎茲兩者呈吉相位（well aspected），達嘎茲又跟烏魯茲呈吉相位——代表這幾個盧恩彼此間能夠相互支持、合作順利。開納茲和烏魯茲處於對立相位，但由於其他相位關係的動態影響，很明顯，這個對立是一種帶有活力的對立，而不是阻礙性質的對立。

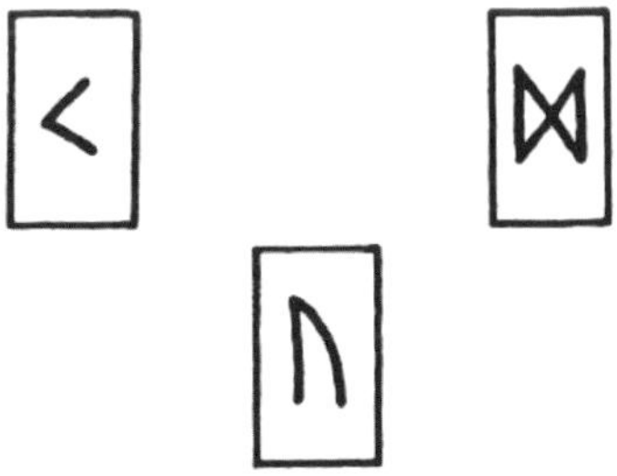
圖19.5 命運三女神占卜範例

圖 19.6 瓦爾克努特爾三角結

事實上，來問卜的人確實得到了這份工作——當然是因為求職者本身過去的優異表現，但也有一點點魔法的助力，而最重要的是他本身不屈不撓的毅力。

命運三女神占卜法也可擴大為瓦爾庫努特爾（valknutr，或譯英靈戰士結／逝者結／三角結）。這個符號是代表奧丁的神力，能夠結綑和解開各種束縛——包括「命運」。通常是由三個互鎖的三角形組成（參見圖 19.6）。將基本的命運三女神占卜擴展為三角結占卜的方法是，由占卜師抽出三組盧恩，每一組三個符文籤，然後擺放在三個互鎖的三角形中，如圖 19.7 所示。第一個三角形是烏爾德陣位的擴大分析，第二個三角形是薇兒丹蒂的擴大分析，第三個三角形是斯庫德的擴大分析。這個占卜陣形可以更全面了解問題的根源、目前正在發生什麼事，以及未來可能的結果是什麼。

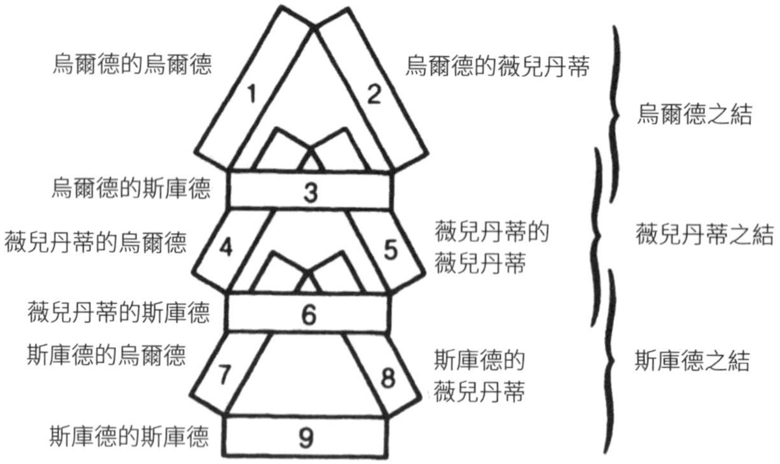

圖 19.7 三角結符文陣

2. 八方擲籤占卜法

將日耳曼世界觀的空間劃分變成帶有占卜含義的領域，最完整的一種劃分法是，將天空和地面平均分為「八部分」(eighths，八個方位)，古北歐語稱為 *aettir*（埃蒂爾)，蘇格蘭語支英語稱為 *airts*（埃爾特)。這八個方位的古北歐語名稱，請見圖 19.8。雖然這些名稱來自挪威語的八個方位名稱，但其內部還有一個跨象限的四等分，剛好跟日耳曼模型的九個世界相吻合。這些名稱也帶有隱含意義，東方是屬於「較近身」或較俗世層面的事物，西方屬於較為「外部」或「遙遠」的事物，而主要兩極是介於南北之間。盧恩字母也是被分為「八個一族」，這絕非單純巧合。

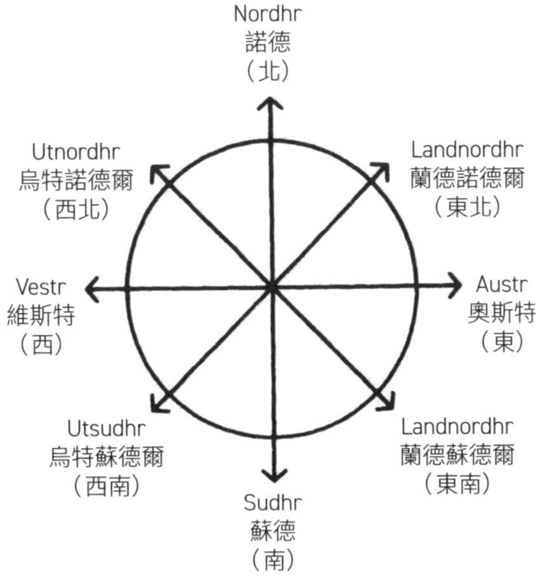

圖 19.8 古北歐的八個天界方位

實際運用在盧恩擲籤占卜時，是將這幅八方天界圖與世界樹的九個世界「空間」劃分相結合，形成如圖 19.9 所示，將占卜布劃分成九個帶有不同含義的領域。（請不要把九個世界的名稱真的寫在占卜巾上面。）

事實上，這個圖形是將立體空間「壓成」平面——就跟所有的神聖符號一樣。這九個領域是用世界樹的九個世界來命名，並從這些概念衍生出它們的代表含義，請見第332頁表19.1。

落在中土米加德－阿斯嘉特－冥界－約薩爾夫海姆－斯瓦塔爾夫海姆這個內圈（也就是立體模型的垂直軸）的符文籤，代表一個人的主觀或心理狀態，或是影響此人心理狀態的那些因素。約薩爾夫海姆和斯瓦塔爾夫海姆跟「個人」比較有關，而阿斯嘉特神域和赫爾冥界則跟「超個人層面」比較有關。落在尼夫爾海姆－穆斯貝爾海姆－華納海姆－約頓海姆（跟中土米加德一起構成世界樹模型的水平面）這個外圈區域的符文籤，代表客觀的外部宇宙狀態，以及它對問卜者會產生什麼樣的影響。請注意，位於正中央的中土米加德具有特殊的統合功能，在這裡，所有潛在可能性都會（或都可以）被具體顯化成真。

有些盧恩占卜師可能會想要把圖19.9的分區線條繪飾在占卜白布上。你也可以單純用觀想的方式，在白布上面想像這些領域。這些隱藏起來的解讀鑰匙，通常是占卜模型的基礎，雖然初看似乎隨機無章。若直接把線條繪飾在白布上，最好是用深藍色或黑色的線繡上去。

按照第18章所列的占卜儀式步驟，占卜師要閉眼（或抬頭望向天空）將符文籤拋擲在白布上，然後根據它們落定的位置來解讀其含義（解讀時可以坐在希爾之凳上）。你可以依據個人習慣，把落定後字面朝下的符文籤當作陰暗符文來解讀，也可以直接從白布上把它們取走，放在一邊不用管。這類占卜操作，無法解讀「上下顛倒」的符文籤。掉在白布範圍外的符文籤，也應該全部忽略不管。（備註：掉出去的是哪些符文籤也可以注意一下，因為這也可能代表某些意義！）

確定符文籤的落定位置後，一幅複雜的圖案就出現了。擲籤占卜法有時會出現非常繁複的圖案，以致你無法一次就做出完整解讀（尤其對於盧恩初學者來說)。因此,一定要把擲籤結果記錄下來。你可以只做簡單文字筆記,例如「:ᚠ: 在阿斯嘉特」等等。通常,符文籤上的盧恩文字是面朝哪個方向(或許看起來是「面向」另一個符文籤),也會提供細微的解讀線索,讓占卜解讀產生一些微細差別。因此最好的記錄方法是用草圖畫下來。很有可能,當你再次翻看和思考這些占卜記錄時,你才了解到那次占卜的真正含義。

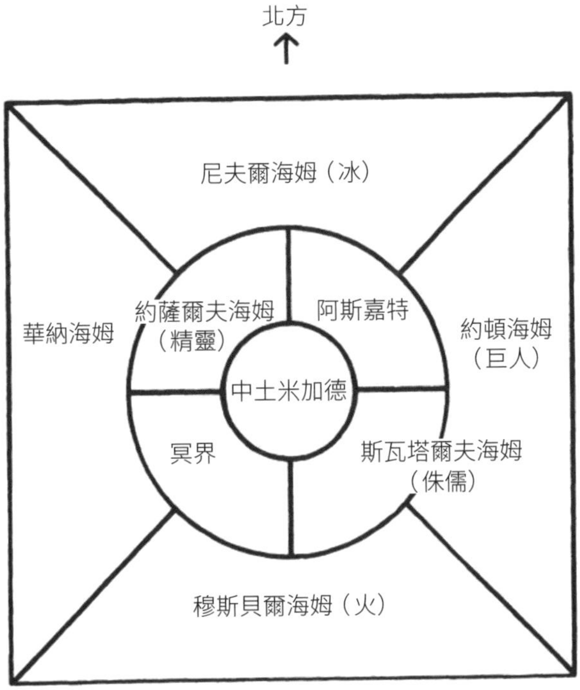

圖 19.9 將擲籤白布分成九個含義陣位,分別對應九個世界

阿斯嘉特	高層神靈的作用力。與神靈的關係質性。被隱蔽的問題分支。與信仰崇拜有關之事務，來自過去存在狀態（「輪迴轉世」）的正向（主動）作用力——厄勒格。
約薩爾夫海姆	精神面的作用力。家庭事務。來自渡鴉胡金的訊息——你應朝哪個方向做規畫。你的助力所在。可幫助你實現阿斯嘉特作用力的途徑。
中土米加德	人們以何種方式聚在一起達成人生目標。人生的最終結果。自我覺知意識。
斯瓦塔爾夫海姆	帶有創造力的情感作用力。有關金錢之事務。來自渡鴉穆寧的訊息——你應反思之事。實現冥界作用力的途徑。
赫爾冥界	隱藏或壓抑的本能欲望。自發的功能或行為之本質。問卜問題的隱藏根源。來自過去存在狀態的負面（被動、限制性）作用力——厄勒格。
穆斯貝爾海姆（火之國）	生命能量活躍狀態，使你充滿活力。來自外部的主動影響力。事物趨向活動。
尼夫爾海姆（冰之國）	與你相對抗的東西。來自外部之被動性或限制性作用力。事物趨於休眠。
華納海姆	促進生長。愛慾關係。異性。帶來平衡的影響力。連續性、結構性以及幸福健康之力。
約頓海姆（巨人國）	令你困惑的事物。只能交給運氣去決定的事情。可能會對你形成考驗的事情。推動改變的力量。危機境地。

表 19.1：九個世界的陣位含義解釋

用八方擲籤占卜法產生的圖案，有很多種解讀方式。你可以從現在中土米加德已經呈現的情況開始，然後往較遙遠的影響力領域去探索，舉例來說，從米加德到約薩爾夫海姆和斯瓦塔爾夫海姆，然後從這個組合到阿斯嘉特及赫爾冥界，再從那裡到華納海姆和約頓海姆、尼夫爾海姆和穆斯貝爾海姆所在的最外層領域。或者，也可以反過來，從尼夫爾海姆和穆斯貝爾海姆回到中土米加德。說到底，這個占卜模式並沒有真正固有的線性進程——它比較像是一個超次元的模型。因此，憑直覺來解讀可能是每一位占卜者的最高指導原則。

八方擲籤占卜解讀實例

問卜主題：某組織致力於有效魔法的發掘和再現，這個組織未來一年的進展情形。

解讀：符文陣如圖19.10所示。沒有任何一個符文籤落在華納海姆，代表目前不會出現緊張情勢，而尼夫爾海姆也沒有任何一個符文籤，這代表這個（祕密性質的）團體實際上沒有來自外部的壓力或抗力。落在穆斯貝爾海姆的符文籤是陰暗哈格拉茲以及索里沙茲，這兩個符文籤都代表這個組織裡面有很活躍的動因，可能存在於該組織各成員的意識中，導致該組織的計畫遭到阻礙、遲遲無法啟動。不過，這些傾向的相位影響力非常弱，而且沒有形成強力的符文群（bundle，集團）。因此，這兩個符文籤的影響力似乎可予以忽略。

一個強力的符文群出現在約頓海姆。這代表該組織處在變動當中，而且很多方面都正在尋找明確目標（索維洛）。瑙提茲和溫佑在約頓海姆交叉相疊，代表某些人際互動危機會導致組織產生積極變化。約頓海姆出現的第二個交叉是陰暗達嘎茲以及開納茲，可能代表在技術性問題上出現了一些混亂。

不過，萊多的有利位置抵消了這個混亂，使事情往理性、有序的方向進入斯瓦塔爾夫海姆的成形領域。如此一來，技術問題就能得到修正，並加以積極利用。約頓海姆的陰暗艾瓦茲單獨孤立，因此沒什麼重要性。不過，它與約薩爾夫海姆中的陰暗菲胡以及耶拉呈負面相位，這代表在將靈感轉化為紮實成果方面，一直不斷出現困難。

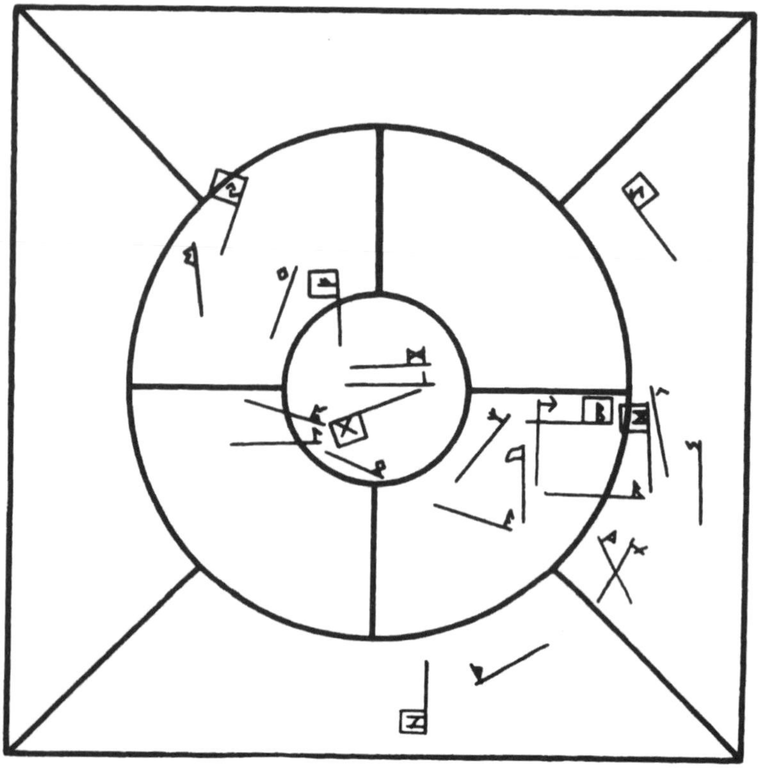

圖 19.10 八方擲籤占卜實例。備註：有加四方形框框的符文，代表該符文籤字面朝下

不過，斯瓦塔爾夫海姆出現符文群，代表將會有大量的靈感湧出，而且會找到具體成形的出口。在這個代表具體顯化成形的領域中，出現了代表色身形式、成形和秩序（烏魯茲、提瓦茲、萊多）以及神聖連結與靈啟（埃爾哈茲和安蘇茲）的符文群，似乎會壓過其他相反徵象。但是，這個符文群中間有一個陰暗貝卡諾，似乎會讓反向徵象得到增強。這清楚顯示，雖然成形之力和靈感力量很強，但它們也有受到抵制。這是一個警告，要小心注意。為了讓 A- 盧恩和 Z- 盧恩的徵象結出果實，組織內每一位成員都必須更加努力、精進追求。

在約薩爾夫海姆，出現 E- 和 NG- 盧恩的鬆散組合，這代表若組織內成員個人能夠自我反思，並且（或是）培養幾組人來執行特別專案，一定能有效提升組織內部成員的實力。

最終，這一年的魔法成果在米加德領域得到確認。這裡基本上有兩個符文群。瑪納茲與伊薩呈平行，顯示問題中提到的這個原型社會組織已達到某種程度的鞏固。另一符文群出現歐瑟拉，更強化了這一點，因為這個符文群有跨到赫爾冥界，因此有受到這個隱密領域黑暗深處力量的影響（也就是受到過去的影響）。正如 P- 盧恩所顯示的，這個影響力大半是未經計畫且是自發性的，而且 L- 盧恩也顯示，這個影響會帶來真實的變革。請注意，這兩者都是從冥界出發進入中土米加德，然後跟 O- 盧恩以及陰暗 G- 盧恩形成符文群。這個 G- 盧恩，跟斯瓦塔爾夫海姆符文群當中的 B- 盧恩一樣，是一個隱藏性警告。以這件事情來說，這個警告是要提醒團體內部可能存在不利的影響力，很容易因為來自超理性領域能量的湧入而受到激發，要很小心。

總而言之，結論是，這個組織會是其成員技術改革創新的主體——這個創新是來自內部反思，以及小組成員努力執行的工作。這個創新具高度啟發性，而且會具體呈現在組織所執行的事情上。不過，所有事情都不會那麼順利就達成。每一件事情裡面都藏著一根「刺／荊棘」——某種活躍的抵抗力，需要所有參與者以清醒的意志和剛強的心來面對。

3. 弗薩克符文陣

盧恩字母的固定順序本身，也為我們提供了另一種根據含義領域來解讀的傳統占卜法。將二十四個盧恩符文籤依照圖 19.1 所示，依抽籤順序擺放成三層分族配置，每一個陣位代表的含義，請見表 19.2。

23	21	19	17	15	13	11	9
7	5	3	1	2	4	6	8
10	12	14	16	18	20	22	24

圖 19.11 弗薩克符文陣的擺放順序

1	:ᚠ:	金錢財務狀況。心靈能量。
2	:ᚢ:	肉體健康。生命力能量。
3	:ᚦ:	什麼在阻礙你(可能是身體上的)。
4	:ᚨ:	靈感與智力展現的來源。
5	:ᚱ:	旅行——內在或外在。
6	:ᚲ:	創造力。情慾關係。
7	:ᚷ:	你會收到的禮物。
8	:ᚹ:	情感關係、朋友。能帶給你幸福快樂的東西。
9	:ᚺ:	可能發生危機以帶來改變的領域。
10	:ᚾ:	什麼在抵制你(心靈上的)。不滿的根本原因。
11	:ᛁ:	什麼正在束縛你。
12	:ᛃ:	可期待從哪裡得到回報。與自然環境的關係。
13	:ᛇ:	隱藏的影響力,整個存在的狀態。與自然環境的關係。
14	:ᛈ:	你如何找到喜悅。
15	:ᛉ:	需要注意的事情。與諸神接觸的路徑。
16	:ᛊ:	什麼能指引你。
17	:ᛏ:	認知狀態。法律事務。理想理念。
18	:ᛒ:	什麼帶給你成長與美好經驗。
19	:ᛖ:	你該從事什麼工作,或與什麼人合作。情慾關係。
20	:ᛗ:	整體心靈狀態。對死亡的態度。
21	:ᛚ:	情緒平衡的狀態。什麼事情會考驗你。
22	:ᛜ:	你應該深思什麼。
23	:ᛞ:	哪個領域會出現意想不到的同步性。
24	:ᛟ:	大家族有關的問題。國家或族群議題。

表 19.2:弗薩克符文陣的陣位解釋

占卜時，先將符文籤抛擲到白布上，然後將全部二十四個符文籤一個一個撿起來，按照分族順序排成三排。另一個方法是，用盲抽的方式，從盒子或袋子裡將符文籤一個一個抽出來，然後按照336頁圖19.11的數字順序，從1排到24。弗薩克是從中心點往外展開，最後形成完整的分族配置圖。解讀時，所有陣位都會涵蓋到，結果會是一個完整的解讀。你也可以把相位解讀加進來，可參考第320-324頁的相位判定法。

做記錄時，可簡單直接用盧恩字母，例如「:ᚷ: 在 :ᚠ:」、「:ᚲ: 在 :ᚢ:」、「:ᚦ: 在 :ᚷ:」這樣。跟其他符文陣的解釋方法一樣，陣位是代表生活或生命的各個領域，而符文籤是代表，在占卜的這個時間點，你在該陣位領域呈現什麼樣的品質或狀況。這個符文陣對於全面了解你目前的生活狀況非常有用。它能讓你看到整體、綜合性的全貌，重點不是放在結果上。

弗薩克符文陣解讀範例

問卜主題：詢問未來人生的整體方向。

解讀：占卜得到的符文陣如圖19.12所示。代表財務狀況的第1陣位抽到菲胡，表示金錢狀況非常富裕。歐瑟拉在第2陣位，顯示健康和生命能量受到良好控制，沒有任何正面或負面因素造成的跡象。拉古茲在第3陣位，代表無意識力量可能會帶來阻礙。開納茲在第4陣位，顯示某種靈感是來自創造之火（藝術）。佩斯洛在第5陣位，代表這個旅行會在內在進行——沿著時間和空間之路。伊薩在第6陣位，代表創造力被冰封，或是創造力向內轉，進入自我層次。貝卡諾在第7陣位，代表能量會得到解放。提瓦茲在第8陣位，代表情感關係是由理性和自我犧牲所主掌（這會是幸福的終極來源）。索里沙茲在第9陣位，代表可能因為敵人的反作用力而帶來危機，而第10陣位的埃爾哈茲則顯示抵抗是來自內部原型力量。依瓦茲在第11陣位，顯示出束縛是來自內在。瑪納茲在第12陣位，代表與神靈緊密連結的報償是得到社會地位（這似乎也暗示了第9、10和11陣位描述的危機可以被克服）。耶拉在第13陣位，代表內部隱藏的影響力正依週期循環運作，而第14陣位的達嘎茲則顯示可從主觀經驗中找到喜悅。哈格拉茲在第15陣位，代表必須多重視基礎知識和基本種子概念（這似乎也與第9、第10和第11陣位提到的危機有關）。瑙提茲在第16陣位可能意指問卜者正受到危機情況的指引（可能是提早認知到第9、第10和11的危機）。烏魯茲在第17陣位，代表認知狀態和理念是由強大意志力所主導。萊多在第18陣位，表示工作上能保持規律、節奏和進展，因而帶來成長與美好經驗。殷瓦茲在第19陣位，代表問卜者應該獨自努力，在個人自我中孕育。給勃在第20陣位，代表願意付出和接受。艾瓦茲在第21陣位，代表「垂直方向」的情感平衡，也就是情感由理智來主導，而且這樣的可能性正在不斷增加。安蘇茲在22陣位，建議問卜者應該多多冥想奧丁，或是自己內在的神性。溫佑在第23陣位，代表在社交領域會有意想不到的同步性，而索維洛在第24陣位，代表問卜者當前的目標就是社交領域。

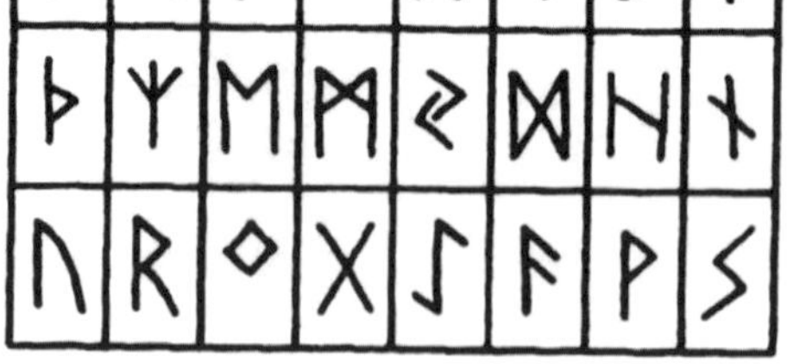

圖 19.12 弗薩克符文陣範例

這次占卜給予問卜者的整體結論是，在基本安全感方面，一切都很好。主要的抵抗力量是來自在。可以透過與自身內在神性建立更牢固、更經常的聯繫來化解這股抗力。如果問卜者能建立起內在的穩固連結，就能獲得外在成功的獎勵。

4. 七個國度符文陣

古北歐文獻經常提到有情眾生居住的七個國度（seven realms），若一個人通曉該國度的「語言」，就能從那個世界獲取資訊。《詩體埃達》的〈艾爾維斯之歌〉（*Alvíssmál*）當中就有提到這項傳統，雖然內容並不完備，整篇有提到七個國度，但只六個國度有相關解釋詩節。這些詩節旨在揭露阿薩神族、華納神族、精靈、侏儒、巨人，以及亡者之間和中土人類之間所使用的奧祕詩歌語言。正如霍蘭德（Lee Hollander）在〈艾爾維斯之歌〉英譯本序言所說，這篇詩歌呈現的是較晚期的事件，而且內容有點混亂。但它也反映了古老的宇宙秩序，只要將世界樹的概念稍作調整，就很容易理解。世界樹的九個世界當中，只有七個世界住著有知覺意識的生物，火國穆斯貝爾海姆和冰霜之國尼夫爾海姆則屬於「大自然」的原始力量，不具知覺意識。盧恩就是這七個有情世界之間的溝通方法之一。

這個符文陣背後的原理，就是日耳曼口傳知識當中所說的宇宙創造過程：兩極對立持續統合而帶來的改變。這是以過去、現在、未來這三個命運過程為基礎，加上在該段時間內的行動和力量形態，所形成的一張圖。按照你個人習慣的儀式作法，從盒子或袋子裡抽出二十一個符文籤，然後依照圖 19.13 的順序排列出來。每一個符文籤的解釋，請參考圖 19.13 的含義關鍵詞說明。

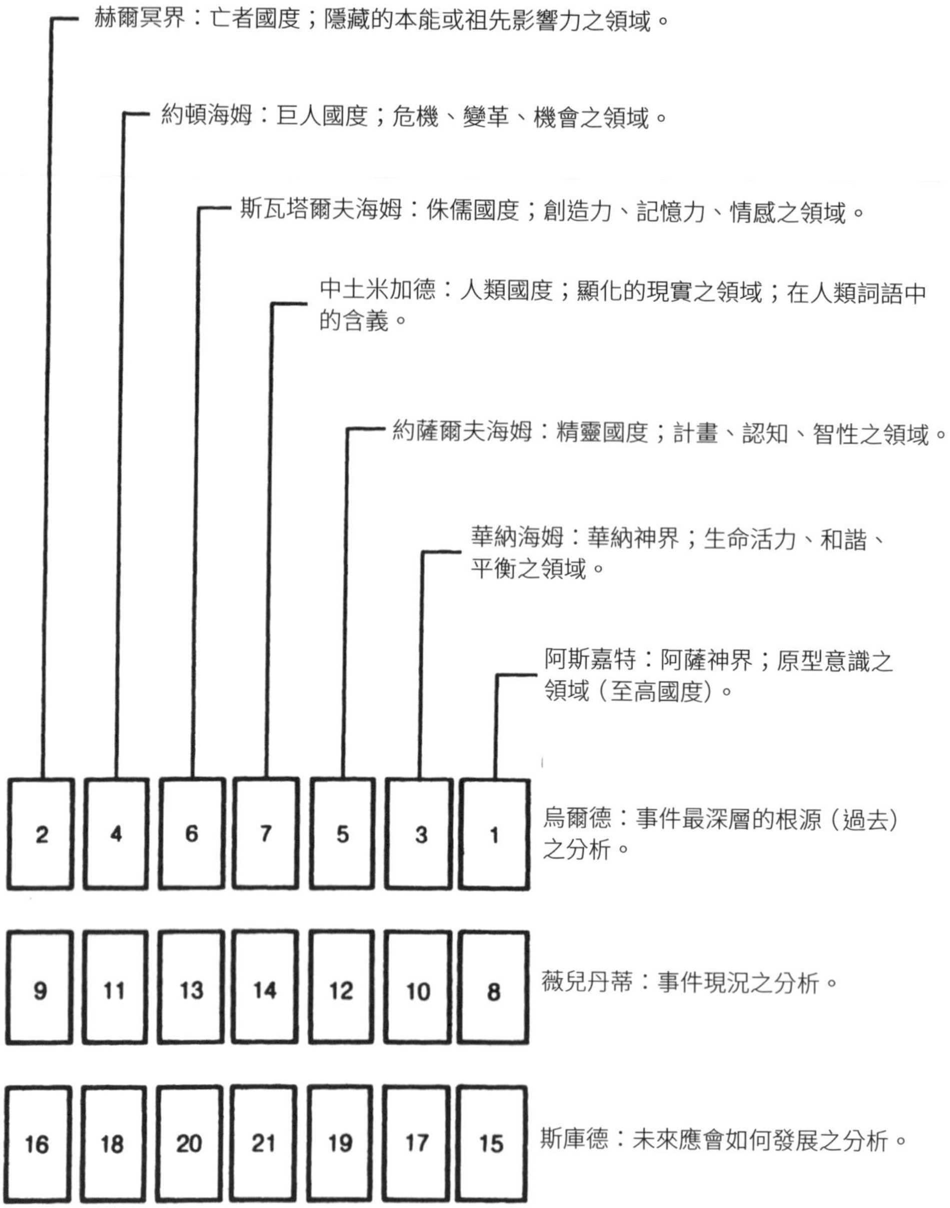
赫爾冥界：亡者國度；隱藏的本能或祖先影響力之領域。
約頓海姆：巨人國度；危機、變革、機會之領域。
斯瓦塔爾夫海姆：侏儒國度；創造力、記憶力、情感之領域。
中土米加德：人類國度；顯化的現實之領域；在人類詞語中的含義。
約薩爾夫海姆：精靈國度；計畫、認知、智性之領域。
華納海姆：華納神界；生命活力、和諧、平衡之領域。
阿斯嘉特：阿薩神界；原型意識之領域（至高國度）。
2
4
6
7
5
3
1
烏爾德：事件最深層的根源（過去）之分析。
9
11
13
14
12
10
8
薇兒丹蒂：事件現況之分析。
16
18
20
21
19
17
15
斯庫德：未來應會如何發展之分析。

圖 19.13 七個國度符文陣之陣形與含義關鍵詞

這個符文陣最適合用於全面自我分析，而且從很多方面來看，都可視為八方符文陣占卜法的「可控」版本。

對這七個國度的認識愈深刻，你的解讀就會愈精準。這部分資訊可參閱第 6 章以及第 18 章的擲籤占卜法章節對這幾個國度的討論。每一個符文籤都可簡單理解為，過去、現在、未來這三層命運過程與有情眾生國度的結合。每一層，分別都在中土米加德的陣位被統合起來，因此，第 7、14 和 21 陣位是解讀的終極關鍵。至於沒有被抽到的那三個符文籤，也因為它們的缺席，而具有重要意義。

七個國度符文陣解讀範例

問卜主題：分析某神祕學組織內，具有破壞力性格的人最終會帶來什麼影響。

解讀：排好的符文陣如圖 19.14 所示。烏爾德的最外層（阿斯嘉特和冥界）是依瓦茲和菲胡，代表性能量和情慾關係是問題的根源。華納海姆的伊薩代表生命力處於全面凍結狀態。約頓海姆的瑙提茲證明確實有強烈的情感危機和衝突。這也許是因為全面缺乏活力，加上不受控制的性能量湧入所造成。約薩爾夫海姆（精靈國）的殷瓦茲代表所有人的清晰思考力處於停滯狀態（也有可能是處於孕育狀態）。這也意謂著某些計畫正在等待醞釀。不過，因為安蘇茲在斯瓦塔爾夫海姆（侏儒國），這代表阿薩神的力量在這件事

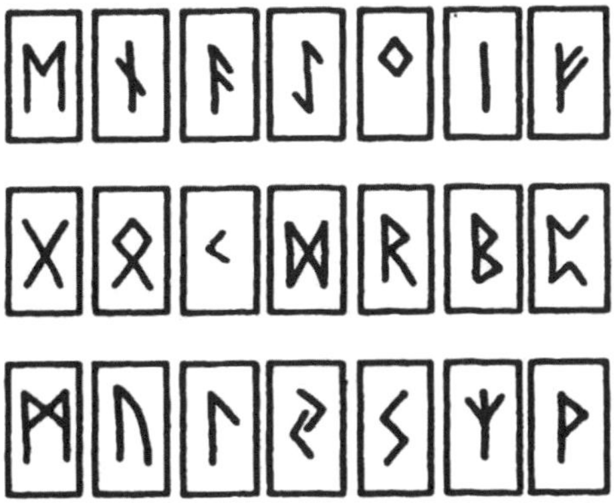
圖 19.14 七個國度符文陣占卜實例

情的促成上似乎也插了一手。現在的情況則相當不確定；似乎有種「快要成真」的趨勢。

目前，未確定的事情仍然還在變化中，就像薇兒丹蒂這一層的阿斯嘉特抽到的佩斯洛。如果能夠在靈性超然狀態下聽從更高層次的建議——不要有進一步行動，這支籤或許是個好預兆。從事情的根源來說，正如冥界的給勃符文所顯示的，能做到這件事的人就能保有榮譽和信用。華納海姆抽到貝卡諾盧恩，這代表活力受到嚴格約束，而且受到保護。歐瑟拉在約頓海姆的位置，顯示出社交面向正處於極混亂狀態，而其問題根源就是烏爾德領域的瑙提茲。幸運的是，理性控制力（萊多）在精靈國約薩爾夫海姆的智性領域得到了增強。侏儒國斯瓦塔爾夫海姆出現開納茲，也代表技藝技術在創意領域得到發揮。薇兒丹蒂領域的中土米加德出現達嘎茲，代表狀況依然渾沌未明，因為它的光芒受到萊多與達嘎茲的不良相位影響，變得朦朧昏暗。

在斯庫德這個原型領域中，瑪納茲和溫佑的配對看起來頗為完美。這似乎預示最後的結果會是建立在神聖法則的歡樂氛圍基礎上。華納海姆的埃爾哈茲顯示具有某種向上的活力，而約頓海姆的烏魯茲則預示混亂情況將會得到改善。已確認的計畫將會達成目標，這可從約薩爾夫海姆的索維洛得到證明，而且會依據其法則展現出創造力。位於約頓海姆和斯瓦塔爾夫海姆的烏魯茲和拉古茲，似乎分別代表某種秩序的改革，以擺脫其問題根源——烏德爾領域約頓海姆的瑙提茲所代表的混亂以及危機。

最終結果堪稱完美。耶拉意謂著過去的助益行動（或不行動）將會獲得正確報償。整個斯庫德領域，每一個面向都充滿希望。結論是，這個具破壞性的影響力只會對社交圈產生強烈影響——但是，隨著時間從薇兒丹蒂跨入到斯庫德，未來仍會遭遇更加波濤洶湧的海浪。

另外兩種抽籤方法

上述提到的所有占卜法，占卜者在擺設符文陣時，每一個陣位都只能放置不同的符文籤，也就是說，不同的陣位無法抽到相同符文籤。但這樣並無法得到最準確的占卜。因為，事實上同一個盧恩也可能出現在其他陣位。

因此，以下要另外再介紹兩種抽籤方法。第一種方法是，先從袋子或盒子裡抽出一個符文，然後根據你要使用的符文陣形，把那個符文畫在紙上或地上（那塊地面的土要先挖鬆）。然後重新把這顆符文籤放回袋子或盒子裡，再次搖晃洗牌，口中大聲念出或在心中默念「烏爾德－薇兒丹蒂－斯庫德」。接著再從盒袋裡抽出第二個符文，同樣根據選擇的陣形把它畫在對應的陣位上。不斷重複這個動作，直到把整個符文陣形完成。理論上來說，最後很可能會得到只出現單一符文的占卜陣！

第二種方法，是使用古代日耳曼「骰籤」。若要使用這個方法，占卜者必須先製作八根夠寬夠平的符文木籤，這樣當它們掉落到地面時，就只會有一面朝上。先取其中兩根木籤（作為分族籤〔aett-staves〕），兩根正面都各畫上一個記號（比如一個六幅軸輪子圖），然後其中一根反面保持空白不做記號，另一根反面畫上兩個記號，如圖 19.15 所示。實際擲籤時，只要將這兩根木籤自然拋擲出去，木籤落定後，就能得到 1、2、3 這幾個數字，分別對應盧恩文字的第一族、第二族、第三族。

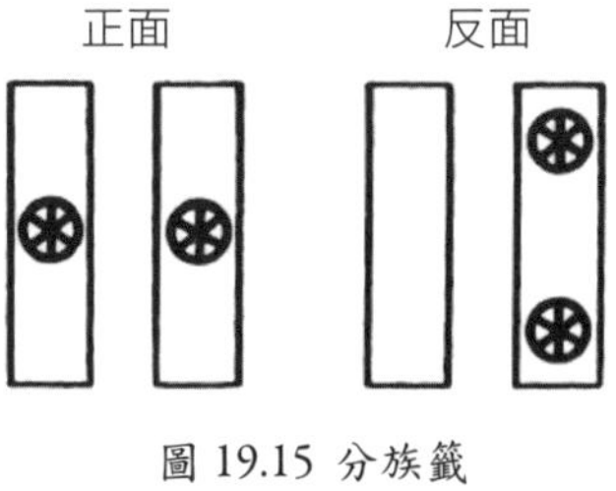

圖 19.15 分族籤

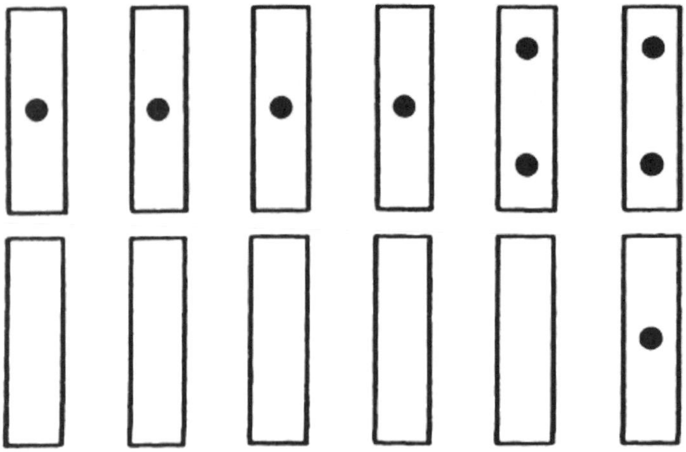

圖 19.16 符文籤

第二組有六根木籤，準備畫上另一種圖案記號（比如黑點或空心圓）。先在其中四根木籤正面畫上一個圖案記號（反面保持空白），然後再拿一根木籤，正面畫上兩個記號（反面同樣保持空白）。最後是第六根木籤，正面畫上兩個記號，反面則畫上一個記號（參見圖19.16）

用這六根木籤來擲籤，可以得到介於1到8之間的數字，也就能得到分族內的某一個盧恩符文。這個占卜法的原理，跟「隱密盧恩」所使用的盧恩代碼原理相同（請參閱第7章）。

實際占卜時，先擲出三根「分族籤」，得到介於1到3之間的數字，然後再擲出另外六根「符文籤」，得到介於1到8之間的數字。把這兩組數字組合起來，比如3:6，就能得到弗薩克字母排列中的某一個盧恩符文。以這個例子來說，第三族的第六個盧恩就是拉古茲。

由於每一個盧恩符文都是用這種方式來產生，因此一定要做正確記錄，這樣你才能根據所選擇的占卜符文陣來解讀。同一個盧恩，可能會在同一局占卜中出現很多次。如果將這種抽籤方法用在「弗薩克符文陣」，你就能很清楚看到是哪幾個盧恩被「限制住」、沒有出現。這種抽籤法能夠讓占卜元素變得更自由，這是符文陣占卜法做不到的。

是／否占卜法

所有占卜技術中，最憑直覺來得到解答的，可能是詢問「是」或「否」這種簡單答案，比如，用花瓣來玩「他愛我，他不愛我」這種遊戲。盧恩符文也能提供這種答案——而且不僅止於此。

首先，用你習慣的占卜儀式，將符文籤拋擲在畫有八方符文陣／世界樹圖案的占卜巾上。此種占卜法唯一要看的是中心點之外那一圈（也就是阿斯嘉特－冥界－斯瓦塔爾夫海姆－約薩爾夫海姆－中土米加德所在的垂直縱軸區域）。將掉落在這個區域外的符文籤全部忽略不管。只有完全落在這個「建議圈」之內的符文籤才需要列入解讀。如果字面朝上的符文籤比較多，答案為「是」；如果字面朝下的符文籤比較多，答案為「否」。「是」與「否」的符文籤比例，可以讓你了解這個答案的確定度有多高。當然，如果兩者數目相同，就代表無法決定（但這就是占卜結果——請不要隔天又問一次相同問題）。

這個占卜法也可以提供你某些徵兆，讓你知道「為什麼」會是這個答案。你也可以從反面的符文籤看出來，是哪幾方面需要做反向調整（如果可以調整的話），來得到正面結果。

若要使用這種占卜法，占卜前的儀式過程非常重要。因為這是一種「純粹靠運氣」的方法，占卜者必須先喚起跟盧恩符文的強烈「同步」感，才能開始進行占卜。

第四部

盧恩魔法

RUNE MAGIC

第 20 章

盧恩世界

THE RUNE WORLD

要用這樣一本書，把盧恩宇宙起源論和宇宙學的所有層面全部涵蓋進來，那是不可能的。我們已經運用了一部分盧恩知識，解析和描繪了各個盧恩的特性，接下來，在進入盧恩魔法理論之前，應該先花點篇幅來解釋，盧恩是如何將它本身的特性顯化在宇宙中。要了解盧恩的進階實務，可參考《魔法力量：盧恩學進階實務指南》（*Alu: An Advanced Guide to Operative Runology, Weiser, 2012*）一書。

第 10 章已經提過，了解盧恩宇宙學最重要的參考文獻就是兩部《埃達》。我們從《埃達》當中讀到，在時間開始之前，「金倫加鴻溝」即已存在，Ginnungagap 的字面意思就是「充滿魔法的空間」。這一章的內容，我們希望把重點放在宇宙學的實用魔法面。宇宙，或所謂「現實世界之架構」，是所有魔法操作的起點。如果我們想要改變所在的空間，就必須先了解世界的組成祕密。很顯然，根據我們祖先傳下來的奧祕宇宙學，世界的起源是由兩股相互對立的力量所主導，也就是我們慣稱的「火」和「冰」。但若進一步仔細檢視就會發現，這兩股力量的最原始狀態應該是「火」和「水」。

另外，也需要知道：(1) 宇宙演化的第一階段，並沒有一位造物主——宇宙的演化是個自然、有機的發展過程；(2) 宇宙只有一個終極起源，就是金倫加鴻溝，鴻溝當中包含了兩個極端性質的物質：火（膨脹能量）與冰（原始物質／反物質）。這兩個極端相互吸引，並且（重新）結合，然後從那當中形成原初本質與色身顯化的原型模式。各式各樣的生物就從這個架構不斷演化出來。第一個階段完成後，確實就有了一位造物主，或者說，宇宙重塑者，他就是奧丁——一切之父（the All-Father）。這位神，意識的最初形式，將混亂無序的存在狀態重新塑造成美麗而理性的宇宙。就是這個「再創造」，讓人類有施展魔法的可能。

《埃達》告訴我們，當整個存在穩定下來後，多重宇宙是由九個世界組成，這九個世界就包含在世界樹尤格德拉希爾之中，被世界樹支撐著。九個世界裡面還有非常多的宮殿和住所。正中央是中土米加德，其他世界排列在米加德四周以及上方和下方。北邊是尼夫爾海姆；東邊是約頓海姆（巨人國）；南邊是穆斯貝爾海姆；西邊是華納海姆（華納神界）。中土米加德所在的中央軸線，上方是約薩爾夫海姆（光精靈國），再上方是阿斯嘉特，是阿薩神族的神域，裡面有許多宮殿大廳。米加德下方是斯瓦塔爾夫海姆（黑暗精靈國或「侏儒國」），再下方赫爾冥界，是死寂、靜止和死氣沉沉的亡者國度。在這些世界之間和之中，可以找到盧恩和它們的道路——偉大的盧恩奧祕就隱藏在這裡。在魔法實務上，有一件事非常關鍵必須牢記在心，即這幾個世界的力量，都會作用在中土米加德上（對米加德產生影響力），而我們的魔法工作，就是在中土這裡顯化成形。基於同樣理由，我們也必須體認到，我們可以影響從其他世界流向中土的那些能量流。在實際運用之前，第一步是要了解它們的存在狀態和特性。

盧恩文字的排列顯化

盧恩的顯化及其在整個弗薩克排列中的順序，和宇宙起源及宇宙學有非常密切的關係。盧恩文字並沒有最初的起源處，它們是金倫加鴻溝當中所蘊含的潛在能量的實體物。盧恩文字以無差別狀態同時存在於這整個空間（虛空）之中——也因此極難理解。在穆斯貝爾海姆和尼夫爾海姆之間的分界處，盧恩的力量被推向兩個極端，分成明亮盧恩（古北歐語 *heidhrúnar*）以及陰暗盧恩（古北歐語 *myrkrúnar*）。它們是盧恩整體力量的兩個極端面向，而且是同時存在的。這兩股盧恩力量相互吸引，重新結合，然後創造出含藏在尤彌爾體內的那顆宇宙顯化的種子。明亮盧恩和陰暗盧恩以一種能夠顯化的模式重新融合。盧恩的力量也透過上述宇宙創世過程發揮作用。不過，這時我們所知的「盧恩文字」尚未顯化出來，因為在尤彌爾犧牲之前，整個宇宙演化過程都是在未顯化的狀態下發生的。當奧丁、維利和維奕三位一體神將尤彌爾（集體盧恩模型的結晶種子）犧牲（殺掉）後，依據多重宇宙圖案排列了這個「物質」盧恩。由此，他們「創造」出九個世界和尤格德拉希爾世界樹。這個最初的動作，也帶來了宇宙的秩序和顯化。

這時，盧恩以線性形式排列成弗薩克，如同多重宇宙中心的最初排列方式。這個顯化「由內向外」展開，從最基礎的循環力形態（:ᛃ:）和垂直力形態（:ᛇ:）開始往外發展。從那個中心點開始，其他盧恩遵循著十二層同心圓定律一一向外顯化。每顯化出一圈，就有一對盧恩（奧祕概念）單獨出現在那個「空間」內。每一圈會顯化出哪些盧恩，則是由「同感與反感法則」所決定。而這兩個概念哪一個會先顯化出來，所根據的法則也會跟前面已顯化的盧恩保持一致。如此，所有盧恩循著太陽運行路徑依序排列產生，也因此出現了從1到24的數值。這些數值也代表了一個盧恩與另一盧恩的內在相對位置，在盧恩的排序中扮演著決定性角色。請參見圖 20.1 的盧恩同心圓圖。

這些圖案，以及決定盧恩字符線性排列順序的模型，都是非常有效的冥想方法，不僅能夠揭露智慧，更能為盧恩魔法師提供巨大力量去解開他們的謎題。

盧恩的排列或分組模式有很多種形態，每一個分組各自代表一個世界或「存在領域」，並各自擁有獨特的樣式特徵。圖 20.1 的同心圓只是其中一種模型。另外還有一種分組方式稱為埃蒂爾，是古北歐人劃分天界的方法，用「十字」或所謂「星字」將天界畫分成八等分（參見圖 20.2）。

這些奧祕的吉光片羽，乃是北歐異教魔法師鍥而不捨深入挖掘諸世界之智慧後，以最簡單簡潔的方式為我們做的盧恩宇宙學解釋。

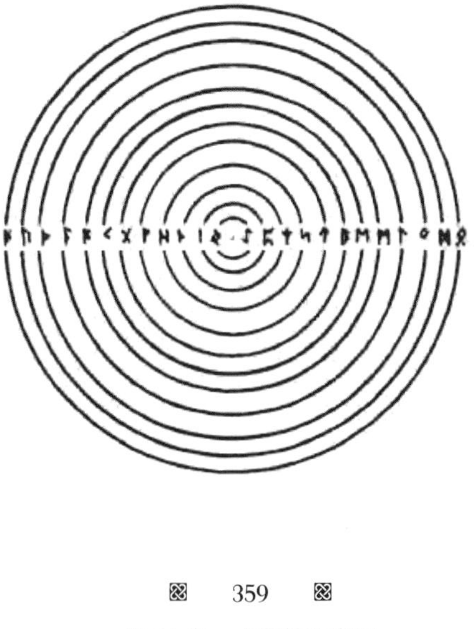

圖 20.1 弗薩克的同心圓顯化模型圖

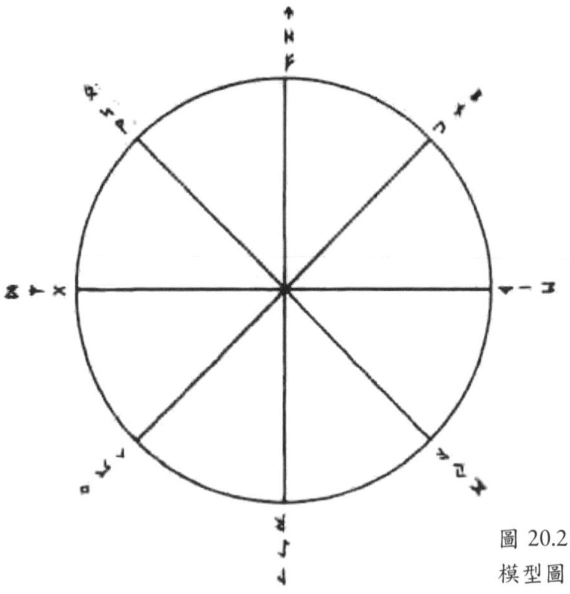

圖 20.2 弗薩克的八等分模型圖

能量流

日耳曼盧恩魔法師在吸納和操縱盧恩能量流方面有非常多的作法。根據能量流的發源處來做分類，可分為：(1) 沿著地表流動的「地界能量流」；(2) 在大氣中循環流動的「天界能量流」；(3) 在地底下流動的「冥界能量流」。這幾股能量流（或能量場）會不斷交互作用，使得每一個能量場的能量強度和形式發生變化和波動。所有這些領域，全部都有盧恩存在；只是，盧恩會把它們的能量集中在最相應、最有共感的領域。透過盧恩瑜伽和冥想，魔法師便能將這些宇宙能量吸納到自己內部的盧恩同心圓中，在那裡整合（以增強自身力量），或是重新將能量投射出去，在外部環境造成他們想要的改變。如何透過盧恩瑜伽來操控這些能量流，後面章節會詳細解釋。「能量流」（stream）這個詞彙可能會讓人產生誤解。事實上，盧恩能量類似我們心靈中的各種感官覺受。有些確實很像正在流動的能量流；有些則像波浪上下波動，或像漩渦在打轉，或完全靜止不動。每一位魔法師都應該去探索每一個盧恩在自己身上的「感覺」。當那個連繫被建立起來，感受就會相當明確了。

靈魂與個人力量概念

在第 12 章，我們已談過古北歐的各種心靈概念。三位神賦予最初的男人和女人靈魂特質（同等且同時）。這三位神，奧丁、維利和維奕，通常被認為就是奧丁的三位一體。另一個版本則出現在〈女先知預言〉中，詩歌這樣寫道：

直到阿薩神族
三位慈愛且強大的神
離開家園
來到海邊
他們發現
虛弱無力的
阿斯克和恩布拉
命運尚未被注定

他們沒有呼吸（*önd*）
沒有精神意識（*ódhr*）

亦無任何姿態動作（*laeti*）
更無容貌身形（*litr*）

奧丁給了他們氣息
霍尼爾給了他們意識
洛德爾給了他們外貌（*lá*）
和健康身形

最後這三樣禮物是外在特質（*lá* 是外觀外貌，*laeti* 是姿態動作，*litr* 是健康身形），這些特質都很重要，但不是這裡要講的重點。*Önd* 是生命氣息，是「精神靈魂」，是人類體內的「神性火花」，是能穿透和賦予多重宇宙生命力的那股無所不在的力量（類似於印度的普拉納〔*prāna*〕概念，在詞源上也與梵文的阿特曼〔*ātman*，呼吸、靈魂〕相關聯。*Ódhr* 是靈感和狂喜的力量，跟 Ódh-inn（奧丁）這個名字有相同字根；它是純粹且非理性的超自然力量，是眾神和人類的魔法能力。

命運三女神的力量進入後，時間和因果法則出現了（詳見 P- 盧恩）。接著，海姆達爾／奧丁將神聖結構和意識注入（參見 M- 盧恩），提供了另一股得以代代相傳的超自然力量。這股力量會隨著個人一生的作為增加或減少。這些概念全都表現在盧恩文字排列中。因為具有這些特質，魔法力量的開展和聚集才成為可能——甚至是必要不可或缺。

盧恩力量的複雜交互作用，在人類身上可形成四種心靈實體：(1) 赫格（*hugr*）；(2) 哈默（*hamr*）；(3) 哈明格雅（*hamingja*）；以及 (4) 佛爾格雅（*fylgja*）。赫格是明意識的意志和心智思維。哈默是一個人在外部空間的意象合成形體，屬於形象的領域，是一種能夠連結「精神」世界和「物質」世界的精微基質。赫格的力量如果夠強大，甚至可將一個人的「精氣」(essence)投射出去(靈魂出體),或是改變他的外部身形,然後出現在另一個地方。古北歐《薩迦》當中有非常多這類故事。大多數讀者都會將這種現象視為靈魂出體和分身。而給出這個力量的複合體,就是「哈明格雅」,這個術語的意思是「變形力量」、「好運」、「動力」,有時也指「守護靈」。哈明格雅可以從一個人身上轉移到另一個人,也可從人轉移到物體,或單純投射到外部空間。而且這個力量可以透過儀式魔法操作和宗教敬拜行為不斷得到增強。佛爾格雅則是這個變形行動的身形倉庫,一般都是女性身形、動物身形(與個人內在本質相應的動物),或懸掛在人面前的新月形狀。佛爾格雅(分身靈費奇)會不斷與一個人的生命各層面相互作用,根據這個人的過去行為,將厄勒格(命運)賦予給他。哈明格雅和佛爾格雅都能以「轉世」方式代代相傳。在魔法施作中,使用這些特質和心靈實體的方法,會在之後的魔法實務中討論。

盧恩魔法的基礎理論

魔法和儀式中使用的力量,可粗分為兩類:動能(dynamistic)和靈力(animistic)。動能力量比較是一種機械力,除了具有單一(或複雜)功能外,不太具備所謂意識或意志。我們或許可將盧恩文字以及多重宇宙歸入這個類別。不過,根據個人研究顯示,它們確實具有某種程度的「靈力」。正如我們在談及宇宙起源時所提及,原始盧恩力量也存在於萬物生靈的根源之中。各種非人靈體、神祇(阿薩神和華納神)、精靈、侏儒和巨人(瑟爾斯和埃丁斯)則屬於靈力範疇。神祇是意識的原型或典範模型,以具有生命力的原始形象被人感知。這類力量究極而言都是來自宇宙的動能——受到這類力量協助而具有身形的人類也是。

當然，這類典範模型在魔法實務中也非常好用，無論是作為內在意識元素，或是作為祈求儀式中用來引導力量的象徵或載體。後面這類儀式在一般盧恩魔法中並不常使用，比較是屬於阿薩特魯異教魔法。在古北歐多重宇宙中，這兩類力量緊密關聯、相互交織。以下就藉由一個簡要模型，來說明盧恩魔法的實際操作過程。

盧恩能量流存於多重宇宙中，但它們在魔法師個人的哈明格雅範圍內也有其表現結構。這類似一種「巨觀與微觀」模型，只不過兩者之間沒有明確邊界。依據意志或本能模式，「個人的盧恩」和「世界的盧恩」在魔法／宗教行為中被有意識地統合起來。這就是古北歐所謂的 *heill*（神聖性；圓滿完整）和 *heill Hugr*（全體心智，一種高層次意識狀態）之概念的本質。盧恩字符就是進出人類內在能量流以及多重宇宙能量流的鑰匙。作為符號，盧恩字符即是它們本身所「代表」的力量。透過意志的儀式行動，魔法師能夠（以組合、強化、集中、導向等方法）操縱九個世界中的盧恩力量。根據佩斯洛盧恩的運作法則，當魔法師根據個人的意志去改變自身內在的盧恩能量流時，這股能量流也會同時作用於外部世界，並顯化出結果。魔法師之魔法施作是否有效，跟他（或她）能夠對那些鄰近中土米加德的世界產生多強的影響力有關。我們的祖先知道，一切「萬物」之中都有盧恩之力—— 一切萬物「都擁有它們的盧恩」。盧恩智慧既是進入所有世界的方法，同時也是所有世界的知識本身。

雖然本書不討論特定「宗教」性質的祈求魔法，但了解居住在盧恩世界中的幾位神明還是非常重要。這幾位男神和女神就是神聖原型與意識形態，它們先於人類的自我意識而存在，但亦能藉由人類行為得到增強。這幾位神明是文化的獨特典範。他們各自擁有不同程度的自我意識。例如，霜巨人幾乎沒有意識，幾乎是純粹的機械力，而奧丁神在「結構上」則跟人類一樣複雜。這些非人靈體，依其類型，各據不同領域世界。不過，這些領域之間大多沒有明確界線。

基於實務上的目的，以及未來參考之需，我們要在這裡先研究一下北歐眾神世界（阿薩神族和華納神族）中的神明關係結構。盧恩的神明形態可用三種功能模型，外加第四類來理解。這個神明功能基本架構，很大程度也反映出古日耳曼（以及印歐）民族的社會結構。M- 盧恩的奧祕說明了這個現象。

「神明社會」基本上是由三部分構成的系統。此系統有三個層級（或三個功能）：(1) 統治力（sovereignty）；(2) 體力（strength）；及 (3) 生產力（production）。第一功能和第三功能在結構上是一組。第一功能「統治力」包含司法和魔法，第三功能則包含孿生神與兄妹神。日耳曼萬神殿的幾位主要男神和女神乃依此模式列位：

1. 正義之神（提爾）或巫師－魔法師（奧丁）

2. 戰神（索爾，其最古老面向）

3. 供給之神（弗蕾雅和弗雷，或阿爾奇斯〔Alcis〕）

這個簡要範式清楚顯示當中存在的複雜性。在北歐神學中，奧丁同時擁有這三個層級的分身，這也符合他能夠穿行所有世界的薩滿本質。提爾被認為是戰神，因為古代人認為戰爭就是正義的丈量，是根據過去行為以及那個行為所蒐集到的榮譽／好運（哈明格雅）之數量來判定。索爾是眾神的守衛者。他跟奧丁和提爾不同，他是實際上用體力去戰鬥。但他對農民來說是一位很重要的神，因為他能用神力打破雲層，帶來豐沛雨水。弗蕾雅跟奧丁很像，因為她也擁有這三種功能的分身：她是生育女神，也是傳授給奧丁賽德魔法的老師，而且她居住的宮殿福爾克旺格（戰士之地），收留了半數在戰鬥中陣亡的戰士（另一半戰士亡靈則收留在奧丁的瓦爾哈拉「英靈殿」）。

第四類神明，是異教科學（屬於魔法功能）當中的「神格化」動力或自然現象。包括：太陽（Sunna〔蘇拿〕）、月亮（Mani〔瑪尼〕）以及火，這三者也體現在開納茲、瑙提茲、達嘎茲盧，以及其他「元素」和力量中。

在儀式工作中，這個分類系統也顯示出這些神明分別對不同類型的魔法操作具有不同效力。第三功能的男神和女神，對於跟生育、藝術、手工藝、財富和情慾有關的儀式，助力最大，而第二功能的男神和女神則主掌跟保護、防禦、解放和詛咒有關的魔法施作。第一功能神的作用則包羅萬象，但提爾主要負責跟法律與秩序、正義、成功或勝利有關的儀式。奧丁則屬於全方位的神，在獲得智慧、超自然知識、個人力量，以及跟束縛或限制敵人行動有關的儀式，效果特別強大。

奧丁教給有志成為魔法師的人一堂非常重要的功課。諸位魔法師應效法奧丁，在多重宇宙各個世界中不斷追尋，追求智慧和力量，時時願意將自己獻祭給自己，並不斷與志同道合的人分享智慧和力量。對奧丁信仰者來說，多重宇宙中沒有任何一條路或一道門是被封鎖或關閉的。

第 21 章

盧恩魔法的基礎

FOUNDATIONS OF RUNE MAGIC

盧恩與魔法師個人意志和能力結合後，一切皆有可能。但為了獲得這等力量，魔法師必須培養所有儀式工作的基本技能，包括：集中心神、觀想、呼吸和身體姿勢控制，以及唱咒技巧等。其中有很多技能可能是在實務工作過程中偶然發展出來的。但是靠這種方法發展出來的技巧，失敗率很大，經常讓魔法師感到灰心。最好的方法是，花時間做練習，去培養能夠成功執行盧恩咒的基本技能。某些研究者注意到，盧恩力量要在人類身上培養起來，過程非常緩慢（可能因數世紀以來普遍受到忽視之故），但當這股力量在魔法師的生命中顯化出來，它的效能是遍一切處的，而且力量不會被動搖，它所產生的作用具有非常強大的力量。這可能確實是因這股力量本具或固有性質所致。魔法師只要具備耐心和毅力，一定會得到豐盛的回報！

預備練習

本書主旨不在講解各種魔法施作的基礎方法，但以下幾個簡單練習，可以為每一位有心培養自己成為魔法師的人提供一些重要知識線索。若你已經是經驗豐富的魔法師，可以略過這階段的內容，開始實際進行自己的魔法實驗。務必謹記，這些基本技巧應該每天不斷練習，因為意志強度、心神集中度，以及觀想能力的提升，都會大大增加魔法施作的成功率。

1. 翻閱盧恩文字的釋義解說，找出一個特別吸引你的盧恩。用一張大約7×12公分大小的白色海報紙製作一張冥想卡。把你選定的盧恩字符用鮮紅色顏料筆塗寫在白色紙卡上（可以用樹脂瓷漆等顏料）。找一個舒服的位置坐下來，將白色紙卡放在面前，與你的視線等高。先調整呼吸，讓呼吸變均勻，並在整個練習過程中保持同一節奏。花幾分鐘時間，專心注視這個盧恩字符的形狀，同時小聲念出這個盧恩的名稱，先念三遍，然後稍作停頓，接著再念三遍，從頭到尾都要保持相同節奏速度。將注意力放在字符形狀、聲音、呼吸和身體姿勢上，持續數分鐘，然後閉上眼睛，用你的「心靈之眼」觀想這個字符的形狀。持續做這個練習，直到你能流暢這樣做十分鐘。

2. 基本上跟練習1的過程相同，但是念誦盧恩名稱時改成大聲念出來（如果願意的話，也可以用吟唱、唱咒的方式），同時配合呼吸：吸氣10秒—屏息2秒—吐氣10秒（一邊吐氣一邊唱誦盧恩名稱）—休息2秒。這個時候，開始試著用別種身體姿勢，坐著和站著都要練習。專注心神，保持同一姿勢狀態，但不要緊張用力。再次把注意力集中在紙卡幾分鐘，然後閉上眼睛觀想這個字符的形狀，是那樣生動活潑有力量。當你能夠持續專注進行這些複雜動作達十分鐘，就可以進行下一步。

3. 進行 I- 盧恩瑜伽姿勢練習，將雙手朝上高舉過頭。面朝北方，按照上述 10-2-10-2 的呼吸節奏（或用你覺得舒服的呼吸節奏也可以），均勻呼吸。睜開或閉上眼睛都可以，先觀想鮮紅色的 F- 盧恩字符形狀，同時大聲念三次它的名稱。接著，依順序逐一觀想每一個盧恩字符的形狀、振動，並誦念其名稱，同時繼續維持盧恩瑜伽形狀和呼吸節奏。當你有辦法讓這個練習變成本能驅動，而且專注力很少中斷，甚至完全不會中斷時，就可以帶著信心來執行盧恩魔法了。

除了這類日常練習外，魔法師也要依據自己的期望和意圖，為自己設計一套學習計畫以提升知識和體能。認真研究北歐神話、宗教、盧恩學，以及古北歐語言，絕對能夠大大提高魔法師對盧恩魔法的理解程度。由於盧恩系統融合了多重宇宙概念和「泛神論」觀點，如果有健康、強壯的身體，也會讓魔法力量變得更強大。一位真正的盧恩魔法師，不管在現實世界的哪一個層面，都必擁有令人敬畏的力量！

有興趣深入認識盧恩奧祕的人，可參考閱讀《中土米加德的九道門》一書。想要了解進階盧恩魔法，可閱讀《魔法力量：盧恩學進階實務指南》。

初階的盧恩魔法，我們會把重點放在學習和內化每一個盧恩符文，包括個別盧恩字符的使用，以及將盧恩字符結合成為盧恩咒式的運用。進階的盧恩魔法，則是研究言語咒式，包括使用特定盧恩系統語言（冰島語、古英語）的咒式，以及使用後弗薩克、古英語弗托克的咒式。這些都是一定要學習的，就像高階的卡巴拉魔法師一定會使用希伯來語一樣，盧恩魔法師也應該使用這些語言。正如《魔法力量》書中提到的，在更進階的魔法施作上，可以將現代英語和古英語盧恩文字（謹慎）結合使用，以達到直接溝通的效果。但是一開始，一定要先從弗薩克字母開始，學習盧恩世界的基本知識。

魔法道具

前面幾節講解的是盧恩魔法的「內在工具」，以及它們的培養方法，接下來我們要討論內在力量的象徵物，也就是魔法的「外在工具」。這些都是執行盧恩唱咒時必備的傳統工具和技術，目的是為了幫助魔法師更有力量來操控盧恩能量流。

服裝

在盧恩魔法實務中，儀式服裝雖然很重要，但其重要性在異教系統中並沒有那麼高。魔法師的服裝大致跟早期中世紀北歐人的日常服裝一樣，只是帶有特定象徵含義。儀式法服的主要用意，是為了讓魔法師能夠從自己的日常生活中區別出來。一套標準的盧恩魔法師儀式服包括：一件深藍色或黑色的連帽斗篷或罩袍，穿在最外面。而且要穿鮮紅色的長褲，這是古代巫師的特殊標誌。鞋子方面，可以穿黑色或大自然色調無跟皮鞋，但有很多儀式，尤其是在戶外進行的儀式，則是直接打赤腳。斗篷外衣底下要穿白色、藍色或紅色的套頭束腰上衣。這件上衣可以寬鬆一點，然後用動物皮革或鹿皮製成的腰帶束住。腰帶上掛著刀鞘，另外還可掛一個小袋子來收納其他各種魔法器物。魔法師的服裝上會有兩個地方出現盧恩文字，一個是在白色頭帶上面繡上鮮紅色的盧恩字符，另一個是佩戴刻有完整弗薩克字母和其他魔法符號的硬幣，這是盧恩儀式的強力輔助工具。盧恩硬幣要用青銅、黃金或白銀製成，而且必須根據魔法師本身的技能和知識程度來設計、製造，並經過聖化。圖21.1就是一個相當基本的儀式用盧恩硬幣。

圖 21.1 儀式用盧恩硬幣

一般來說，不管是男性還是女性魔法師，穿著都非常類似；不過，女性魔法師通常是打赤腳或穿著紅色長裙。依據儀式的性質和目的，有時也會裸體進行儀式。在這件事情上，跟其他的魔法操作一樣，魔法師應聽從直覺的指引來決定如何進行。

魔法杖（甘德爾）

在北歐魔法的技術用語中，魔法杖有很多種名稱。最常見的是甘德爾（gandr），而且也最能表現出這項魔法護符的強大質性。甘德爾魔法杖可以用各種樹種木材來製作。魔法師可以參考附錄III的樹種對照表來取得一些建議。無論是使用哪一種木頭，都要在上面做雕刻，並根據以下儀式咒式為這根甘德爾聖化。魔法杖的直徑不得小於食指直徑，同時不應大於食指和拇指指尖相觸形成的圓環直徑。長度最短可與手掌等長，最長從指尖到手肘的距離為準。魔法杖後端削成圓鈍或圓形，前端可以很尖，也可以削成圓鈍形。魔法師可以把二十四個古弗薩克全部刻在魔法杖上，依照分族方式排成三排，或是根據知識設計一條更獨特、更具魔法效力的咒式。範例請參考圖21.2。請注意，圖中這句咒式共有二十四個盧恩字母，在魔法上等於代表全部的弗薩克。「我，魔法師」（*ek vitki*）是一句力量非常強大的咒式，一方面宣告這位魔法師的力量，同時也是將他或她的力量載入到這件物體中。這句咒式的數值總和是78或6×13（盧恩數值的計算方法請參閱第11章）。連續八個 A- 盧恩，代表從天界八方角落召喚奧丁大神的力量。

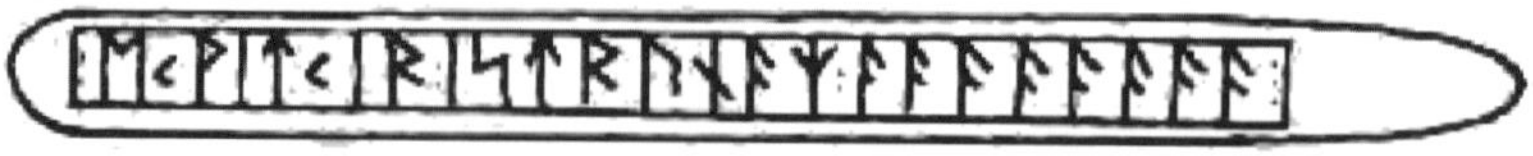

圖 21.2　盧恩魔法杖。上面刻著銘文：ek vitki rist rúnar :ᚨᚨᚨᚨᚨᚨᚨᚨ:
（我，魔法師，刻此盧恩文字 :ᚨᚨᚨᚨᚨᚨᚨᚨ:）

小刀（撒克斯刀）

魔法師的刀子通常是用來雕刻盧恩文字用的，但也會用來切割和準備木頭材料以製作護符，或用於防禦以及召喚盧恩力量的儀式。刀柄應由木頭或骨頭製成，刀片部分應為「撒克斯」（sax）刀型，如圖21.3所示。刀子總長度約23公分，刀片部分長約13公分，寬約2.5公分。魔法師的名字要以盧恩文字來書寫（參見第440頁附錄IV），直接刻在刀柄上，也可以設計一條更複雜的句式來代表盧恩魔法師的創造和塑形意志。附圖就是屬於這類咒式。整句咒式裡面包含了三個 T- 盧恩，是要賦予這項工具巨大的成事力量，其他四個盧恩則是代表這把刀的性質。（ᛁ＝集中的自我；ᚲ＝受控的能力和創造力；ᚺ＝它想要表達的宇宙模式；ᚨ＝召請奧丁大神的力量）。這七個盧恩的數值總和為81，也就是9×9，代表多重宇宙中不斷增強的創造力（請參閱〈盧恩數字學〉）。

鑿刀

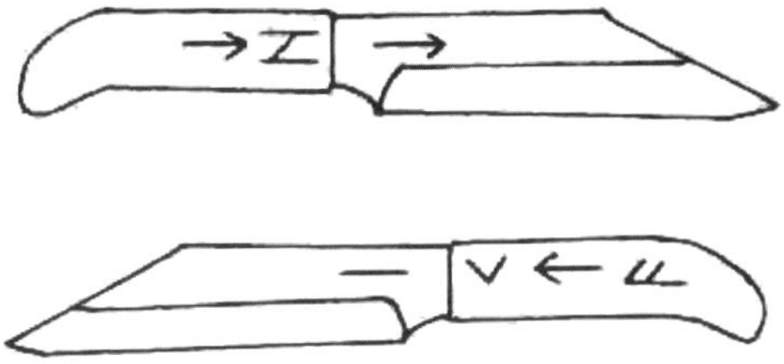

圖 21.3 撒克斯型盧恩小刀

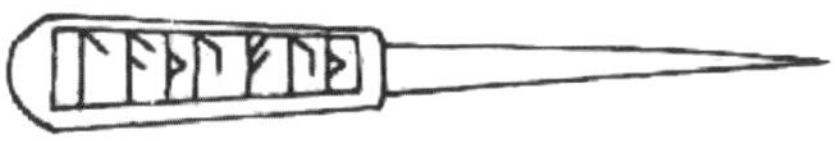

圖 21.4 盧恩鑿刀（里斯提）

若要將盧恩文字鑿刻到各種物體的表面，通常會使用一種稱為「里斯提」（ristir）的特殊鑿刀。這種鑿刀非常尖銳鋒利，是雕刻盧恩文字最實用的工具。同樣，鑿刀的刀柄上也會刻上盧恩魔法師的名字，或鑿刻目的的咒式。實例請見圖 21.4。刀柄上的銘文是 *lathu futh*，即「我（指魔法師，也指這把鑿刀）召請，或承載，弗薩克」。最後那三個盧恩文字就是弗薩克字母排列的前三個字母，代表所有弗薩克。這個咒式也可稱為「盧恩的子宮」（古北歐語的 *fudh* 是指外陰部和陰道）。數值分析為 36，也就是 4×9，代表在多重宇宙中被增強的創造力（請參閱〈盧恩數字學〉）。

著色工具

古代的盧恩字符都是以紅色顏料或血液來著色。這其中的魔法含義非常清楚。對古日耳曼民族來說，「使之變紅」和「使之帶有魔法力量」其實是同義詞。德語的 *Zauber*（魔法）和古北歐語 *taufr*（魔法、護符）都是源自這個概念。在古代盧恩雕刻技術的術語中，原始日耳曼語單字 *fahido* 和古北歐語 *fá* 的字面意思分別是「我塗色」和「著色、上色」。但這些術語的意思其實就是「雕刻盧恩文字」，是描述從雕刻、著色和聖化盧恩字符的整個複雜過程。

古代魔法師使用的顏料包括：紅赭石、鉛丹（紅丹），以及茜草（madder）。鉛丹的使用比較晚，赭石則是從新石器時代就廣為人知。茜草是從同名植物的根中提取出來的，古北歐語稱為 *madhra*，而這種植物的魔法力量，無疑會因這個世界與「人」（古北歐語 *madhra* 也是「人」〔:ᛗ:〕的意思）的魔法情感連結而得到增強。現在這些顏料都可以在美術用品店買到。在正式進行盧恩儀式之前，應先透過簡單儀式將顏料與亞麻籽油或膠合劑研磨混合均勻。亞麻籽是從亞麻的種子中提取出來的，在盧恩魔法當中是很重要的成分。亞麻古名 *lina*，經常出現在盧恩護符中，來促進生育繁衍、成長和安康。在研磨混合過程中，應吟誦儀式中會用到的弗薩克字母或盧恩字符，將那些盧恩的能量注入到顏料中。不管使用哪一種顏料，它都是用來替代和象徵人類血液或祭祀動物血液原本攜帶的魔法力量。如果是使用真正的血液，就不需要預先進行注入能量的儀式。不過，由於血盧恩（血紅色奧祕）本身就是虔誠心表現的一部分，許多巫師大概都會這樣做。這本書提到的所有儀式，當然也都可使用這些神聖染料來增強魔法效力！

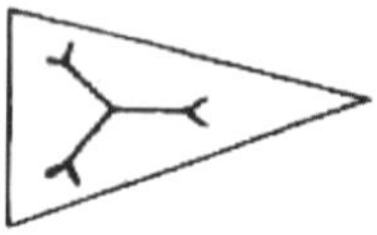

圖 21.5　盧恩上色工具，上面刻著代表強大力量的綁定盧恩符號

要將顏料嵌入刻好的盧恩字符中，需要使用一項特殊工具。你可以用一片像膠合板那麼薄的木片，將它切割成等腰三角形，然後在木片上雕刻適合的盧恩字符。圖21.5就是用四個開納茲盧恩組成的魔法字符（galdrastafr），其中三個 K- 盧恩用〈這個字形，當中連結的部分則是使用 K- 盧恩的另一個字形ᛣ。以表意符號來看，它代表開納茲盧恩力量的強化。從數值分析來看是4×6，或24，也代表開納茲的力量得到增強。

其他魔法道具

有些儀式還會用到其他道具，在後面相關章節會介紹，這裡僅先提其中幾樣。

魔法師都應該準備一個牛角酒杯或杯子，用來喝蜂蜜酒。牛角杯可以是經過適當處理的天然牛角，也可以是貴金屬製成的牛角形容器；杯子可以是木製、陶製、金製或銀製。無論使用哪一種杯子，都要透過儀式把ᛟᛞᚱᚨᚱᛁᛉ這句盧恩咒式刻在杯子上。這句咒式翻譯出來是*ódhrærir*（奧特羅里爾），意思是「靈感激發者」，這個名字既是指神聖詩歌靈酒，也是指盛裝詩歌酒的容器（參見 A- 盧恩和 G- 盧恩章節）。這個咒式的數值和象徵含義都是代表強大力量。盧恩數目是7，盧恩總值為87，等於3×29（請參閱〈盧恩數字學〉）。

某些儀式可能還會用到火缽或火盆（古北歐語 *glódhker*）。可以用金屬製或陶製。這火代表穆斯貝爾海姆的加速力量。另外，需要準備兩塊布，一塊黑色、一塊白色，最好都是亞麻布料。皮帶或皮鞭也常用到，象徵多重宇宙中的收攝力或束縛力。

盧恩魔法師的裝備特點在於其方便移動性。執行盧恩魔法所需的主要工具都應該藏起來，甚至不要讓人注意到它們的存在。

魔法空間

盧恩魔法可在室內也可在室外進行，但考慮到儀式氛圍，也為了提升盧恩能量流的實際接觸力量，最好是選擇室外。理想上，魔法師通常會選擇在山上的橡樹林、白蠟樹林或紫杉樹林舉行神聖儀式。不過，任何一處僻靜的樹林其實都可以。實際執行魔法時，通常是設想在一個球體空間裡進行，因此應按照第375頁的「開場儀式」，先淨化這個球形空間，劃出儀式結界。在這一節，我們會先探討在這個魔法空間內使用的符號。符號可以很複雜，也可以很簡單，每一位魔法師各有其喜好和作法，沒有硬性的規定或規條。一般來說，如果是在一個劃定的結界空間裡執行魔法，使用的符號通常較為複雜，而且要在這個空間的北邊或東邊，或甚至是正中央，設置一座圓形或長方形祭壇。

這裡先岔開來做個註解，關於日耳曼魔法的方向設定問題。從最古早時代開始，巫師執行魔法時，通常不是面朝東方（來自語言學證據），就是面朝北方（根據考古學證據）。英語的 evening 這個單詞，就是來自原始日耳曼語 *aftan-*，意思是「反向、向後」，代表當時觀看者是在黃昏時刻面朝東方。但也有大量口傳知識講到朝北這個方向。當時的基督教傳教士強迫剛「改宗」的日耳曼異教徒要面向東方祈禱，而不要沿用異教舊習慣朝北方祈禱，但遭遇極大阻礙。在冰島，神廟通常是沿著南北軸方向排列，甚至在最古早時期，墳塚的通道也都是朝向北邊。很有可能，當時的人認為這兩個方位的力量都很強大，儀式要朝哪個方向，是根據儀式類型來決定的——跟俗世有關的事務通常朝東方，跟「異世界」有關的事務則朝北方。現代的盧恩魔法師大多比較喜歡朝北方，理由是基督教傳教士不喜歡人們朝北方祈禱。

圖 21.6 標準的盧恩魔法圈或盧恩結界

祭壇上面要放置儀式所需的所有物品。此外還可當作雕刻盧恩字符的「工作臺」來使用。儀式若是在戶外進行，可直接用岩石或樹樁作為祭壇，但也可另外搭建一個簡易移動式祭壇。

至於用來區別出神聖空間的象徵性結界，最簡單的方法是用魔法杖在地面上畫一個圓圈，複雜一點的話，可以用粉筆或其他材料在地上畫出一個代表神聖空間 *vé* 的歐瑟拉盧恩字形。圓形魔法結界內應標示天界八方，代表北歐宇宙學中的八個異世界，然後在外圈寫上盧恩文字，如368頁圖21.6所示。魔法師也可以根據實際需要，加上其他圖案或名字。

魔法時間

盧恩儀式的時間安排也非常重要，雖然複雜，但並不像其他受到占星學影響的魔法傳統那麼嚴格或複雜。若要充分解釋這些元素，可能需要不少獨立篇幅來介紹，這樣會讓目前的內容變得過於複雜。簡單說，盧恩魔法師執行魔法的時間，最重要的標準是：(1) 季節；(2) 月相；以及(3) 太陽位置（一天當中的時間點）。最吉祥的時間點是黎明、中午、傍晚和午夜。如果是要提升力量，要選擇在即將盈月的日子；若要限制、收縮力量，則要選擇在進入虧月的日子。對大多數儀式來說，最適合的日子一般是在新月當天或新月之後、滿月當天或滿月之前的夜晚。再次提醒，魔法師的直覺是最好，也最有力的判斷標準。另外需要注意的是，時間和空間其實是一體兩面，而且，兩者都是以丈量之樹（*mjötvidhr*，也就是世界樹）作為測量標準。

盧恩的畫符和發送

儀式進行時用手畫出盧恩字形或符號的作法由來已久。古北歐教士或巫師在喝酒之前會先在酒杯上畫「鎚子符號」(古北歐語 *hamarsmark*)：⊥或卍。在人體和物體上面畫符號的儀式作法，早在基督教進入之前就是固定習俗，事實上，基督教的作法就是承襲自印歐部落，因為他們沒辦法將這種習俗予以根除。

魔法師通常會用右手手掌、右手食指、右手拇指，或是盧恩魔法杖，在面前的半空中畫出盧恩字符。有些字符可能會用雙手來畫，做出流暢而且好看的手勢動作。

畫盧恩字符時，觀想非常重要。事實上，魔法師在畫盧恩字符時，應先觀想身體內部正中央有一顆發光的小球，從那個光球裡面浮出盧恩字符，然後沿著一道紅色光束往前發送，或是投射到盧恩字符預定出現的位置。當光束抵達這個距離，魔法師就可從光的介質追蹤這個盧恩字符。這道光束的顏色可以是紅色，也可以是其他象徵色調(請參考附錄III，盧恩的對應顏色)。

進行這個動作時，應同時注意呼吸節奏。手臂抬起時吸氣，集中心神將這個盧恩的精氣攝取進來。吐氣時，畫出字符形狀並將它發送出去，同時在心裡默念或大聲吟唱這個盧恩的名稱和／或咒歌。

當盧恩字符被召喚到魔法師面前時，字符的力量可能會被再次吸收進入魔法師個人內部的盧恩球體中，成為一種「加持」或「改變」的因子，灌注到物體上，或是將它發送到其他地方，來執行魔法工作。這類儀式工作，在後面會有獨立章節做更完整的討論。這裡只介紹一部分當作練習之用，因為在一般日常魔法中，可以用這個方法幫護符做力量的加持，非常好用。這是盧恩魔法師可運用的最強大技巧之一，但必須練習專注心神與觀想的能力，才有辦法愈來愈熟練，魔法效果才會明顯。

保護儀式

魔法師應該設計一種儀式，將所有不利於手上進行魔法工作的力量予以驅逐，同時防止這些有害力量重新回返。這類力量未必都是「邪厄」性質，只是會妨礙你要執行的魔法工作。有三個魔法咒式可以執行這樣的保護儀式。畫鎚儀式（Hamarssetning）力量最強，可以提供最大程度的保護和隔離，哈格拉茲儀式（*Hagalaz*）能提供最強的魔法氛圍和潛能，而埃爾哈茲儀式（*Elhaz*）則是前兩者的中和。以下介紹的是畫鎚儀式的步驟，若要執行其他兩個儀式，只要把盧恩字形換成哈格拉茲或埃爾哈茲，並在適當位置畫出對應盧恩即可。這類儀式可以每天進行，而且應與開場儀式結合，作為所有儀式的開頭。

最理想的情況是，最好能有一處固定的神聖儀式空間，每次都在那裡執行魔法工作，由於一開始已經過淨化和聖化，就不需要每次儀式前都「重新聖化」一次。

畫鎚儀式

以下這個例子是朝北方的儀式，若儀式是面朝東方，那麼聖咒的順序就要跟著調整。

1. 右手持盧恩魔法杖，面朝北極星方向。

2. 從正北方的菲胡開始，依順時鐘方向，在你的太陽神經叢脈輪等高的位置，將二十四個弗薩克一一往外發送出去，最遠到這塊空間區域的邊界地面，如此在你身體四周圍形成一個環形帶狀結界，最後以歐瑟拉結尾，位置剛好回到正北方的菲胡旁邊。

3. 身體呈十字姿勢站立，同時觀想一個上下左右等長的十字符號，平躺在盧恩環與太陽神經叢等高的那個水平面上，環形正中央就是十字符號的中心點。這個十字符號的四臂，往外伸出去，到剛好跟盧恩環相交。想像身體四周形成一個發著藍光的大圓球體，而紅色的帶狀盧恩環就是它的赤道。接著，觀想有一道垂直縱軸貫穿你的身體，上至無盡天邊，下至無盡地底。

4. 感覺，並看著一股力量從六個方向（前後、左右、上下）匯聚流入你身體的中心點，形成一個發光的紅色小球體。這個小球體的顏色可依據儀式目的調整（參見盧恩顏色對應章節，第390頁）。

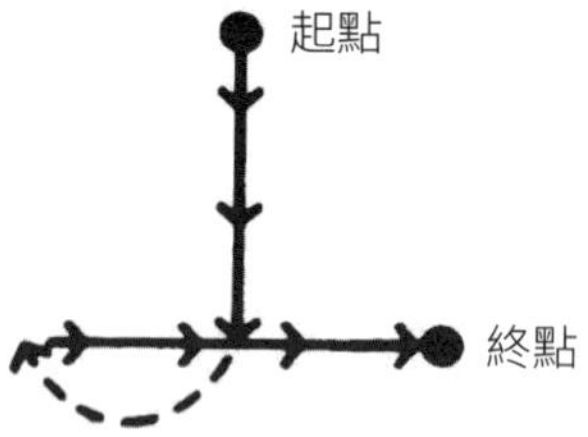

圖 21.7 鎚子符號的畫鎚軌跡

5. 魔法師用魔法杖的後端去碰觸自己胸前這股力量的中心點，然後將它往前推，把這股力量從中心點往外投射出去，推到外部那個藍色大球體的內面。接著，魔法師用這股巨大的魔法力量畫出鎚子符號⊥，畫鎚軌跡如圖21.7所示。一邊畫鎚，一邊吟唱聖咒：

Hamarr í Nordhri helga vé thetta ok hald vördh! [1]

（北方之鎚聖化並守護此神聖結界！[2]）

然後，向右轉90°，再次發送鎚子符號。

Hamarr í Austri helga vé thetta ok hald vördh!

（東方之鎚聖化並守護此神聖結界！）

Hamarr í Sudhri helga vé thetta ok hald vördh!

（南方之鎚聖化並守護此神聖結界！）

接著是西方：

Hamarr í Vestri helga ve thetta ok hald vördh!

（西方之鎚聖化並守護此神聖結界！）

回到北方，將你的注意力集中在頭頂上，在那裡畫鎚子符號，並將力量發送到大球體內面的「頂端天花板」，同時吟唱：

Hamarr yfir mér helga vé thetta ok hald vördh!

（上方之鎚聖化並守護此神聖結界！）

接著，將鎚子符號發送到球體內部的「底端」（不是地上或房間地板），然後吟唱：

Hamarr undir mér helga vé *thetta* ok hald vördh!

（下方之鎚聖化並守護此神聖結界！）

6. 現在，再次用身體做出十字瑜伽姿勢，並吟唱：

Hamarr helga vé thetta ok hald vördh!

（鎚子聖化並守護此結界！）

站在結界中心順時針方向轉，東西南北四個方位各做一次，上下垂直方向也各做一次。以視覺效果來說應該是，從你的個人中心軸連結著這六把發光的紅色鎚子，然後所有鎚子都被包在一個閃閃發光的深藍色光場裡面，藍色光場最外面被一道環形的紅光盧恩環包起來。

7. 最後，把這個神聖結界裡所有力量往中心集中，將你的雙臂從十字姿勢往內收回來，雙手指尖碰觸太陽神經叢部位，口中念：

Um mik ok í mér Asgardhr ok Midhgardhr!

（阿斯嘉特和米加德，在我四周也在我裡面！）

這個儀式可以在執行魔法或練習結束時重複做，將整個弗薩克球體融攝到個人中心軸內，或是，用刀子將球體的外壁劈開，讓匯聚的能量流向魔法施作的目標。

以上這個基本儀式，目的是為了保護魔法師的意識，讓魔法或冥想可以順利進行。你也可以如上面所述，根據實際需要修改部分儀式，將這個儀式當作執行主動魔法的工具。球體表面上的盧恩可以從外面往中心拉進來，或是從內往外投射出去，來製造魔法效果。除了以上這些方法之外，畫鎚儀式還有哪些力量和效果，就要靠魔法師自己去發掘了。

這些年來，有一部分人認為這個儀式是來自卡巴拉魔法，但事實上，這類畫鎚儀式，或是在酒杯上畫鎚子符號，其實都是古日耳曼的作法。有一句維京時代的盧恩銘文咒式，一再出現在好幾塊丹麥盧恩石刻上，銘文寫著：「索爾（請用你的鎚子）聖化這些盧恩。」將索爾之鎚的力量投射到東西南北四方，以及上方和下方，來聖化一塊區域，讓創造出來的空間充滿神聖魔法力量，此作法由來已久。

開場儀式

進行重要儀式工作時，魔法師可在唱誦祈請聖咒時，一併納入畫鎚儀式。這個聖咒除了可用來召喚神聖力量，亦可單純用來召喚盧恩力量，或是同時達到兩種目的。博學的魔法師通常會自己創作儀式內容和聖咒，因為這是盧恩魔法非常重要的部分！請仔細閱讀以下這個例子，看如何將畫鎚儀式納入整個儀式過程中：

1. 站在神聖結界正中央，面朝北方或東方，身體擺出盧恩瑜伽姿勢，同時吟唱：

> 請來到我們面前
> 強大的芬布爾提爾[3]（奧丁）
> 來自天界八方家園
> 神駒斯雷普尼爾裝戴馬鞍
> 往前疾速奔馳
> 加爾德拉斯法提爾[4]（奧丁）賜與威能
> 神聖盧恩之威力
> 從漢加蒂爾[5]（奧丁）駿馬的蹄子流出
> 堅定不移之力量
> 在魁偉字符間汩汩流動不停

2. 走到神聖空間北方（或東方）邊界，用魔法杖從左到右順時針方向把圈圈畫出來。同時口念：

盧恩之威力已受召喚

至神聖結界四周

一切邪厄之力盡皆消散！

3. 當整個圓圈全部完成後，回到正中央，面向最初方向，開始執行畫鎚儀式的盧恩環部分。完成之後，口念：

邪厄之力

此刻盡皆消散退避

往東退回巨人之國

在霜巨人隆尼爾之斬殺者[6]（索爾）協助下

赫羅普塔蒂爾[7]（奧丁）大殿得以神聖淨化

4. 接下來，執行畫鎚儀式的後半部分。

5. 完成後，若儀式需要召喚火，這時開始點火。如果魔法師知道方法，而且符合儀式需要，可用鑽木取火之法來點火。但一般情況下，會事先準備好火種來點燃火盆。這時候還需要準備鹽巴和啤酒酵母，裝在容器裡，配合聖咒，在適當時間點將一小撮鹽巴或酵母加到火焰中。點燃火盆，唱道：

無盡生命之光

賜予眾生禮物

滿足夜晚之需求

在這大廳壁爐前

將光明之恩惠帶給你

加入這把鹽
還有酵母
讓火光長長久久
在哈爾[8]（奧丁）的兄弟姊妹心中

點燃火盆後，可再另外加入樹葉、細枝條，或是跟儀式意圖對應的藥草（參見附錄III）。就在這個「加持」氛圍中，開始進行魔法儀式的本體。

結束儀式

儀式開頭有開場儀式，結束也有儀式。

1. 面向北方或東方，吟唱：

現在，神聖工作已經完成
其言語和行為
對神的孩子有益
對巨人的兒子有害
口說盧恩者，我們向（他／她／他們）致敬
掌握盧恩者，我們向（他／她／他們）致敬
認識盧恩者，我們需要（他／她／他們）
關注盧恩者，我們向（他／她／他們）致敬[9]

2. 此時可以進行畫鎚儀式（不用再做盧恩環結界），但不是必要，由魔法師自行決定。

3. 如果讓火盆自行燃盡不太安全，請蓋上蓋子，將火完全熄滅，同時口念：

火光漸漸熄滅
不再燃燒
憑藉著奧丁—維利—維奕之大能

4. 如果要將整個魔法操作所累積的能量內化，請以十字姿勢站立，將匯集的能量引入你的內在中心點，然後深深吸氣，將手臂往內收回來，雙手指尖碰觸你的太陽神經叢部位。順時鐘方向朝四個方位各做一次這個動作，每一次都要觀想，外部那個球體被拉入你的中心點。如果儀式能量已經完全發送出去，可以簡單用手或小刀將球體畫開成兩半，將圓形結界打開，然後走出結界。

盧恩冥想

盧恩儀式和日常盧恩冥想練習，都是盧恩智慧的主要根源，也是魔法力量的直接來源。魔法師應藉由深入與盧恩奧祕溝通，來建立自己跟每一個盧恩之間的連結關係。只要與每一個盧恩建立緊密的關係，並了解整個盧恩宇宙學，盧恩力量的閘門就會打開，自動從這道能量流湧出盧恩智慧。之後，就算是平常進行反思冥想，這條訊息能量流也不會中斷。反而是在這些平常時刻，魔法師經常能夠得到強大有力的盧恩洞見。

這樣的冥想，是一種主動追求領悟的努力。冥想要有效，最重要的方法之一是，能控制思想念頭——換句話說，若被雜亂的思想念頭淹沒，不僅達不到冥想目的，也無法引導你深入盧恩智慧。一旦我們的「赫格」(*hugr*，意識)安靜下來，將思維模式聚焦在單一核心點(盧恩)，那麼，盧恩智慧就會開始從魔法師的意識中泉湧而出。盧恩冥想的聚焦點有三個：盧恩字形(可包括顏色)、聲音(盧恩咒)，以及根本概念(包含盧恩名稱及關鍵詞)。魔法師應致力練習，在放鬆的狀態下專注於這三個焦點，或是其中任何一個元素，靜靜讓雜亂念頭從赫格離開，只留下盧恩字符的字形、聲音和名稱(根本概念)——直到盧恩開始直接與魔法師的意識對話。

儀式性的盧恩冥想可以非常複雜，也可以很單純，完全取決於魔法師想要怎麼執行。一般來說，最聰明的方法似乎是先簡單，再複雜。冥想的準備工作包括：找一處安靜的地方、熟練一種祈請保護儀式，以及製作一套冥想紙卡(如本章開頭所述)。然後，可能還需要熟練你所要冥想的那個盧恩的瑜伽姿勢。在冥想第一階段，魔法師可先專注於三個冥想焦點的其中一個，之後再把另外兩個元素加進來。魔法師應根據自己的需求和能力，設計一套漸進式的冥想法，讓自己一方面在內部聚焦三個冥想元素，同時在外部使用更多不同類型的魔法技術。

以下是各種盧恩冥想法的綜合概述，魔法師可以擷取自己所需的資訊，做出適合自己的冥想計畫。以下所有步驟都可實際用身體來進行，或者，如果要更方便或更有效率的話，亦可全部用觀想方式在「心靈之眼」(*hugauga*)內進行。

1. 進行一項祈請保護儀式，同時要清楚觀想盧恩結界的存在。

2. 找一個舒服的姿勢，坐著或站著都可以，或是用身體做出要冥想的盧恩瑜伽姿勢。可以面朝北方或是東方，或是盧恩結界圈上你要冥想的盧恩所在的方位。

3. 將盧恩冥想紙卡放在這個方位（貼在牆上或擺在簡易型支架上），在這個冥想過程，你的眼睛要跟這張紙卡保持在同一水平面上。

4. 雙眼凝視紙卡上的盧恩字形，輕柔吟唱盧恩咒（可在心中默唱）。然後，如果你想要的話，可再加進第二個冥想元素，比如盧恩名稱。盧恩咒本來就已經是在吟唱盧恩名稱，但這裡要加進來的，是冥想這個盧恩名稱的奧祕含義。在此階段，魔法師應該努力將冥想焦點同時聚焦在三個元素上。

5. 現在，慢慢閉上眼睛，繼續吟唱盧恩咒，同時冥想這個盧恩的奧祕含義。觀想這個盧恩浮現在紙卡上，也浮現在你的「心眼」，然後，試著將你眼睛看到的盧恩字形與聲音，以及盧恩概念統合起來，成為「字形－聲音－概念」三合一的盧恩冥想複合體。剛開始，你可能必須睜開眼睛重新確認盧恩的字形，但到最後，當你對自己的能力有信心，你就可以不需要進行第四步驟，直接進入三個元素同時進行的盧恩複合冥想。

6. 保持這個內在專注狀態，冥想盧恩複合體至少數分鐘，最好能持續5分鐘。

7. 經過這段專注狀態，此時你的內心應該是非常寂靜。但請記得，這個寂靜是一種全然的專注狀態！當你的紛亂念頭沉靜下來，盧恩文字將會發出一聲巨響。那個「巨響」，任何語言都無法表傳遞，但卻在那一瞬間揭露了盧恩的全部奧祕。這是一種神聖經驗，在這個瞬間，盧恩與魔法師的意識合而為一——或者說，是這個合一被魔法師清楚感知。

8. 當魔法師仍然感覺到自己與盧恩力量緊緊連結，就可以繼續冥想。在這個冥想狀態下，魔法師就能被引導，循著無數盧恩路徑前進，看見盧恩本身的奧祕被揭露，或是發現某些盧恩之間的關係變得清晰起來——當中具有無限可能性。

9. 當那個連結感慢慢消失，或是魔法師本身想要停止冥想，只要簡單重複一句咒式，比如：「現在冥想已經完成」，就可以睜開眼睛。然後同樣執行畫錘儀式，打開盧恩結界。

當你感覺自己確實成為盧恩世界的一員後，就可以開始進行以下這個非正式冥想。你將會從中得到大量有用且令人著迷的智慧。這個冥想需要用到的工具包括：紙、筆、指南針、量角器，也可再多準備一臺計算機。方法非常簡單：坐在書桌或餐桌前，四周圍擺上各種盧恩符號和盧恩宇宙配置圖。讓心念安靜下來，集中在這個盧恩世界。讓你的意識念頭在其中隨意移動，直到你找到一個亮點，一個種子概念，然後持續跟隨它，將你意識中浮現的所有「啟示」都畫下來，寫在筆記上。這些記錄都會成為進階魔法工作的基礎。最好不要預先安排時間來進行這個非正式冥想，而要在你「靈魂覺得想要」時立刻坐下來，沉潛進入這個奧祕世界。通常，不需要多久時間，盧恩智慧就會開始從你的意識湧現。有時，爆發的力量非常強大，以致有些魔法師會感覺到身體周圍都會跟著產生心理動力現象！

固定時間進行盧恩冥想練習，是盧恩智慧整體裝備的一部分，而且可以很快看到成效。可以這麼說，從這些練習當中獲得靈感啟示的那一刻，可能不像在異域沙漠中發現一座堆滿黃金的墓穴，比較像是從閣樓（或地下室）找到一件遺失已久的傳家寶！曾經遺失的東西，只要意志夠堅定，就能重新找回來！

防護魔法

在古北歐語中，有三個詞彙可以用來代表「護符」、「護身符」或「防護魔法」的概念。這三個詞彙是：(1) *teinn*，符枝、符文護符，是指用木頭或樹枝製成的護身符（英文的 tine 就是樹枝尖齒的意思）；(2) *hlutr*，符文籤、符文籤護符，是指任何用來當作護身符或進行占卜的物件（等於英文的 lot，籤條）；(3) *taufr*，一般可泛指護身符和魔法，但最初的含義是特指「防護魔法」。這三個詞彙剛好精確描述了盧恩防護魔法的各個不同面向。

以下關於 *taufr* 防護魔法的部分，我們會討論到盧恩魔法的許多特徵，包括綁定盧恩，以及盧恩數值、顏色、表意字符等這些符號系統，這些特徵在盧恩魔法咒中扮演至關重要的角色，但我們放在這一節介紹，主要是因為它們在防護魔法中的基本防護功能。

枝型護符（tine）是擁有自己命運厄勒格的一個生命體，它的生命力是魔法師賦予它的。盧恩魔法師能夠賦予「物體」生命，然後運用盧恩的魔法力量，將命運厄勒格加持到這件「物體」上。枝型護符的「生命力」可以被加持到非常強，甚至變成擁有它自己的「性格」。為了達到這種具高度自主（但同時帶有魔法師意志）的力量狀態，盧恩魔法師通常會在幫護符做加持儀式時，為這個護符命名。這就是許多被命名的盧恩護符（尤其是武器）背後的奧祕。

護符魔法背後的技術理論，完全符合盧恩宇宙學的運作原理。盧恩護符的作用，就是開啟特定盧恩能量流的一把鑰匙。魔法師在為護符加持的過程中，會以其意志（也就是魔法師的哈明格雅）將盧恩能量流融入到因果世界中，並將它們注入準備接收能量的那件物體裡面，物體上的符號和盧恩字符就是用來接受這些力量的載體。因此，那些力量可以被增強、被修改並再次釋放，攜帶著魔法師透過咒歌和魔法咒式所賦予的特定特徵，命運厄勒格被寫在護符上。魔法師憑藉他的強大意志與能量，運用盧恩的字形、聲音和顏色，將盧恩字符的核心意涵引導到護符裡面，於是，那件護符便和特定盧恩的精神意涵產生了連結。

魔法力量被「上載」到護符之後，這股力量也可以被完整「下載」下來。護符物件就是力量的漩渦中心點，它接收能量，根據其命運厄勒格形成某種格式，然後重新表現在因果世界，以達到想要的結果。這股力量也可以被保存在個人球體內。魔法的有效與否，取決於魔法師的哈明格雅有多強的力量，還有魔法師為護符加持的過程中，心神的集中度、觀想的清晰度等。

護符魔法的另一個重要面向是，如何讓魔法施作的「對象」（object），也就是受魔法力量影響的那個人或那件事，與魔法產生連結。方法是，用一句盧恩咒式，去連結代表這個人的「客體」（例如，將他的名字轉譯為盧恩文字），或是利用實體護符去接近要被影響的這個人。當然也可使用其他共感魔法技巧。

盧恩護符有好幾種不同類型。通常是由木頭、骨頭、石頭或金屬製成。不太喜歡遵循傳統作法的人，也可使用紙張或羊皮紙來製作。將盧恩文字和符號刻寫在物品上面，可能單純為了執行某些魔法目的，也可能具有某種實用功能。前者就是我們熟知的盧恩護符。後者則包括皮帶扣、鋼筆、汽車、螺絲起子、槍枝等等，在這些物品上刻寫盧恩，就等於賦予它們哈明格雅，讓這些物體在被人使用時能夠帶來成功，或產生保護作用。無論現代或古代，這項傳統在歐洲不曾中斷過，最常見的是戰士在他們的武器和盾牌上刻寫盧恩字符，祈求保護和勝利。現代盧恩學習者也應該發揮想像力，來證明護符的效力。另一類護符屬於固定式。任何固定不動的物體都可以用來作為盧恩護符。樹木、大岩石和房屋都是很好的例子。此外，固定式的防護魔法，是將一張盧恩紙卡或盧恩字符放在魔法師房間，或將製作好的符文護符放在魔法力量所要影響的那個人附近。主要是藉由魔法的影響力，來影響一個特定區域或經常在那個區域出入的人。還有一種是內部護符（internally applied talisman），會在後面討論。

符文魔法的技術可用於各種類型的魔法操作。在製作盧恩魔法道具時，無論使用哪一種形式，都應遵循本章列出的方法步驟。

綁定盧恩

符文護符的製作，可只用單一盧恩字符，也可將多個盧恩字符力量結合在一起，以達到特定目的，這類魔法技術最有效的其中一種，就是綁定盧恩（bind rune，古北歐語 *bandrún*）。綁定盧恩就是將幾個各別的盧恩力量結合起來，匯集成強大的魔法作用能量場。這個方法，對於只運用盧恩表意本質的現代魔法師來說特別有利。因此，當代盧恩學習者不必擔心他所寫的盧恩銘文是否正確，也無須擔憂用現代英語來書寫是否有效。為了正確建構出一個有效的綁定盧恩，並為這個綁定盧恩做力量加持，魔法師本身必須深入去了解各別盧恩的含義，以及如何將它們適當組合在一起，成為一個力量集中且和諧運作的意志集合符號。符號本身攜帶的靈魂精神，以及外觀上的美學原則，對於綁定盧恩來說非常重要。這類力量結合在盧恩魔法中相當常見，但最清楚明顯的表現形式就是綁定盧恩。

古代盧恩魔法師從一開始就一直都在使用綁定盧恩。綁定盧恩可分為兩種主要類型：(1) 在刻寫銘文時，將兩個或多個盧恩文字連在一起；以及 (2) 純粹作為單一意符使用的綁定盧恩（後者也包括將一個字詞藏在意符中，類似字謎性質）。盧恩魔法師在設計綁定盧恩時，可以盡情發揮「藝術自由」，也可使用各個盧恩文字的變體字形，來設計出具有美感的符號。要讓綁定盧恩具有符咒性質，就一定要考慮盧恩的數值象徵含義以及概念上的和諧等要素。但最重要的是，綁定盧恩的外觀形式一定要好看。

若是用於銘文刻寫，可將兩個盧恩或一組盧恩連在一起。其目的是為了讓這兩個盧恩產生魔法上的連結，或是用代碼形式來代表兩個或多個單詞，或是為了減少銘文中的盧恩文字總數。綁定盧恩在計算盧恩數目時，要當作「一個」盧恩來計算（請參閱〈盧恩數字學〉）。常見的字尾 *-az*（*-aR*）經常被寫成 ᚨᛦ（注意看，為了達到魔法美學效果，Z- 盧恩通常會寫成另一個變體）。從魔法效果來說，將 A- 盧恩和 Z- 盧恩的力量連結起來變成一種特殊字型，效果非常強大！一個非常古老的綁定盧恩ᚷᚨ，就是由 ᚷ 和 ᚨ 組成。

這個綁定盧恩代表魔法咒式 *gibu auja*（我賜予好運），經常被刻在護符或儀式武器上。任何同樣具有相鄰垂直線條的盧恩，都非常適合用來製作綁定盧恩，常見的單詞也是（尤其代名詞和動詞），例如 ᛖᛗ（*em*，我是）；ᛖᚲ（*ek*，我）。

純粹作為單一意符使用的綁定盧恩，在魔法施作時非常好用，因為它們具有多重層次的含義，在魔法的精密操作中可發揮出極大效用。其中一個最古老的例子是，大約西元600-650年的索斯特胸針（brooch of Soest，見圖21.8）。它是由 ᛟ、ᚾ、ᛏ、ᚷ 以及 ᚨ 重複兩次，組合起來的咒符。盧恩數值總和66，或6×11，盧恩數目為6（請參閱〈盧恩數字學〉)。這是一個刻在胸針上的愛情魔法符，贈送對象是一位女士。這個魔法符咒借用了奧丁大神的力量ᚨᚨᚨ，加上對正義和成功的召喚ᛏ，基於需求ᚾ(請注意這個符號的性愛象徵含義)，祈求締結婚姻(情愛結合)ᚷ，並以祖先的傳承和領地為根據地ᛟ。盧恩數目和6的倍數更加強了這個護符的情愛本質。這個綁定盧恩裡面也可能隱藏了一個字謎，包括一個古日耳曼男人的名字*Attano*(阿塔諾)，以及符號ᚷ(婚姻)。古代銘文的分析，為現代魔法實務提供了非常多的線索。

另一個意符式綁定盧恩的實例是「三頭巨人」(圖21.9)。基本上就是TH-盧恩的三倍強化符號，主要用來做詛咒。後面討論魔法咒式時，還會看到更多綁定盧恩的例子。

後面還會有一個章節，將特別討論綁定盧恩本身的魔法效用。

數字的象徵意涵

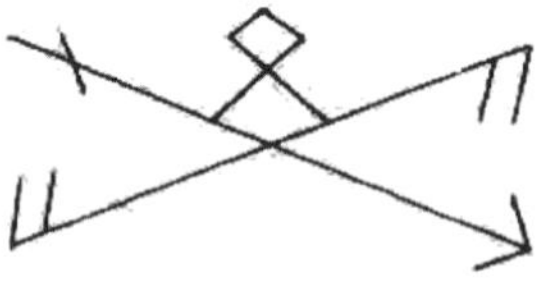

圖21.8 索斯特胸針上的綁定盧恩，年代約為西元600-650年

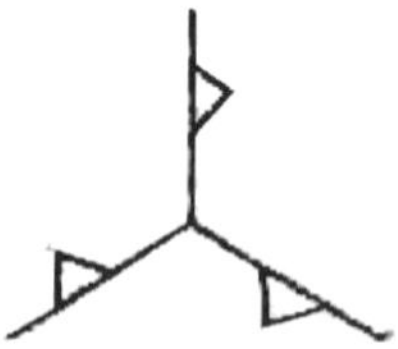

圖21.9 表意字符「三頭巨人」

數值在盧恩護符的力量加持和操作中扮演著重要角色，而且對於其他類型的盧恩魔法也相當重要。從古代銘文中我們會發現，魔法師有時會犧牲一部分的語言清晰度，來換取數值(或表意符號)的效力。通常是省略掉一些盧恩字符(尤其是母音)，或是加入或重複字符來達到這個結果。我們已經在第11章討論過盧恩傳統中的奧祕數字學知識。本節的重點是放在數值含義的實際操作，也就是，如何使用盧恩的數值象徵含義

來執行魔法工作。

如本書開頭所述，數值是解讀盧恩的三把關鍵鑰匙之一。每一個盧恩的含義解釋也跟它的數值象徵意涵有關。事實上，大部分的解讀都是根據數值分析得到的。最有力的證據就是 H- 盧恩（9）——代表世界樹的九個世界；J- 盧恩（12）——代表陽曆的十二個月分。這裡主要是提供盧恩數字學的大致梗概，魔法師自會找到正確道路讓魔法咒式更有效力。

銘文、護符和魔法咒式的數值，代表要將盧恩放在哪一個「魔法施作領域」，以及要用哪一個盧恩的數字力量來執行魔法工作。通常，最好先設定一個目標，以此來建立和諧且基礎寬廣的魔法工作領域，讓魔法咒式的意符和咒語力量得到最大化。由於咒式和護符會同時在不同層面上發揮作用，經驗告訴我們，最好的作法是，用最少的空間來涵蓋最多的含義，而且你把它做得愈神祕，魔法就愈有效。無論在設計護符，或解釋護符含義上，這點都非常重要。

盧恩數字咒式的分析有兩種方式：(1) 盧恩數目，也就是一句咒式裡面共包含多少個盧恩；(2) 咒式中所有盧恩的數值總和（和希伯來字母代碼一樣）。然後找出這些數字的倍數，進一步分析它們的力量性質。圖 21.10 是一個簡單範例：盧恩數目為 8（倍數分析：2×4）；盧恩數值總和是 66（倍數分析：6×11）。這句魔法咒來自一個古代護符，無論從符號含義、音素或是數值上來分析，都是非常強大的咒語。

這兩個系統，可一起使用，亦可單獨使用。盧恩的數值帶有雙重含義。它們代表一句魔法咒式的作用範圍領域，以及它所要發揮的力量性質。

這兩個數值解讀系統都有好幾個「力量數字」，新手魔法師不妨試著把重點放在這幾個數字上。以盧恩數目來說，1 到 24 全部都很強大，而且可以為魔法咒式注入該數目的盧恩力量。此外，在一道銘文中使用任何二十四個盧恩，皆可提供豐厚的力量基礎，並將整套盧恩文字的力量全部召喚到咒式中。如果盧恩數目是二十四的倍數，則可加上數字八及其倍數（實際上是二十四及其倍數），以維持整體力量的和諧，同時讓魔法力量得到增強。盧恩數目的倍數也會微妙且巧妙地改變盧恩的效力。這些情況在古代銘文中都很常見。

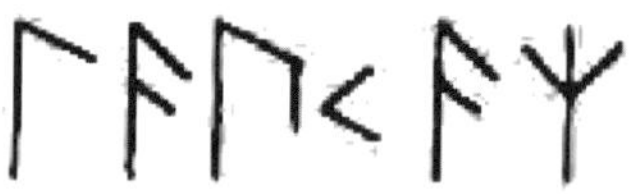
圖 21.10 盧恩數字咒式 luwatuwa

第二種數值形式，也就是盧恩的數值總和，也同樣有很多可能性和力量數字，可將盧恩力量引導到特定方向，並賦予它們特殊的魔法特性。當然，總和1到24代表特定盧恩所作用的領域範圍。質數的力量尤其強大，可展現大量意志力。無論盧恩總和是多少，都可從它的因數和倍數看出這個數字的根本力量。三的倍數，特別是九的倍數，對於同時作用於多個層次的魔法力量（包括俗世領域），有很強的效果。十的倍數，則是對改變中土米加德的外顯世界特別有力。十二及其倍數在這方面也很有效，而且效果更持久。十三及其倍數，是最萬能的力量數字，有大量的古代盧恩銘文都呈現出這個數值模式。這個數字代表萬能效力，也包含了艾瓦茲盧恩的世界樹奧祕（9），以及在金倫加鴻溝（1）合為一體的三個世界（3）之力量。如果是「大師數」（master number）的倍數（譯注：11、22、33……），則能依據其盧恩質性，近一步修正和引導該咒式的整體力量。

在設計盧恩護符和儀式時，都可運用以上這些原則，不過，不需要靠它們來決定魔法操作的形式。重要的是傾聽直覺，順其自然最好。有些魔法師完全不會去考慮盧恩數值，但魔法效用依然不減。正確使用盧恩數值本身就是一門藝術，需要具備大量北歐知識才能完全發揮效用。古代銘文的研究和分析，應該成為我們學習的指路明燈。另外還需一提的是，古日耳曼人對數字概念的態度，與他們的南方鄰居截然不同。對畢達哥拉斯和諾斯底主義的神祕學家來說，數字就是萬物的原理，但對盧恩魔法師來說，數字只是盧恩文字裡面所含藏的三個等量神聖奧祕當中的一個。諾斯底教徒和畢達哥拉斯主義者傾向用數字來衡量與區分一樣事物與另一事物的不同，而盧恩魔法師則是將數字視為宇宙永恆無盡起伏更迭的連結點與相交點。

古代吟遊詩人會計算他們在詩行中使用的音節數目，讓詩歌語言與諸神語言更加和諧共鳴。他們這樣做是為了以更有效、更美麗的形式，向諸神掌管的因果世界傳達他們的願望和訊息。數字及其象徵意涵也是以類似元語言的方式被使用，為的也是希望魔法溝通更有效力。

色彩的象徵含義

雖然古日耳曼傳統（以及許多其他傳統）在某種程度上影響了基督教的色彩符號系統，但盧恩系統中的顏色符號系統，仍與猶太基督教文化的顏色符號系統有些不同。盧恩字母的色彩對應，在兩部《埃達》和薩迦文獻中都能看到。在盧恩魔法實務中，則是將色彩知識當作一種材料，讓魔法咒式更具強大視覺效果，提升儀式的有效性，以及用來建構更複雜的魔法護符（參見表21.1）。

顏色	含義解釋
金色	來自阿斯嘉特神域的太陽之光與精神靈性之光，宇宙的生命氣息之力，以及所有世界中代表榮譽、名聲和權力的象徵。
紅色	魔法力量、防護力、精神生命與活力、攻擊力。盧恩上色所使用的主要顏色；有時也代表死亡徵兆。經常與金色相關聯。戰士階級的代表色。
藍色	遍一切處、無所不在的神祕神靈力量，代表無止盡運動的符號，奧丁的斗篷顏色。藍色的最深色調幾乎與黑色相同。
綠色	有機體生命，大地和海洋的顯化生育力量，代表大地與大自然的符號，世界與世界之間的通道。
黃色	塵世力量，代表渴望和欲望的符號，一種渴望顯化的意志。與綠色和金色相關聯。
白色	光的總和呈現，是所有顏色的總和——完整、純潔、完美、崇高、太陽圓盤。神職人員與國王的代表色。
銀色	月亮、變化、轉變，追求更高知識。帶金屬光的白色。
黑色	新的開端（夜晚和冬天預示白晝和夏天的到來），含藏所有潛能，萬物的根本力量、隱密事物之知識、隱藏、光的容器。農民和工匠的代表色。

表 21.1 色彩的象徵意涵

每一個盧恩文字與顏色的可能對應關係，可參考附錄III，但最準確的指引是魔法師本身的直覺。跟其他大部分方法一樣，意識領域的視角會改變我們對概念的知覺，要解開概念的枷鎖，最棒的一把鑰匙就是知覺。

意符的象徵含義

許多盧恩石碑和盧恩護符都刻有代表神聖概念的意符，用來幫助形成魔法力量和引導其方向。這類意符分為兩種：(1) 象形符號，自然界存在物的象形圖案（參見表 21.2 之圖例）；(2) 表意文字、神聖符號或盧恩魔法字符（參見見表21.3之圖例）。這些符號和象徵圖案都能與盧恩文字的力量結合產生作用，也可作為盧恩魔法咒式的一部分來展現魔法咒的力量。此外，也非常適合用來作為護符、冥想焦點，以及魔法觀想的材料。

符號	含義解釋
	大蛇——環繞、圍堵、冥府力量，以及魔法的無意識狀態。
	人和馬——智慧以及投射出的魔法力量、迅速敏捷、控制各個世界以及精神領域、奧丁神力。
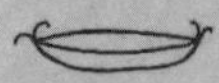	船——生與死之間的通道、轉變、生育力以及成長（通常船上方會同時出現⊕符號）。
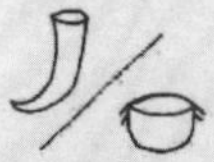	牛角或大鍋——奧特羅里爾的符號、智慧與靈感、祈求好口才。
	鎚子——妙靈尼爾，索爾之鎚、保護、增強、原始力量以及意志。
	鳥（渡鴉）——敏捷的智力和記憶力。
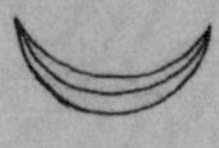	月亮——轉變、有秩序的變化、魔法力量。

表 21.2 象形符號

符號	含義解釋
	鎚子——同象形符號。
	太陽輪或鎚子——與⊥類似，但也代表好運、陽性能量、動態太陽輪的符號、轉變，以及受意志引導的魔法力量。
	太陽輪——精神力量、定律、秩序、內部蘊含的宗教力量、神聖性。
	哈格拉茲／世界樹——尤格德拉希爾的宇宙圖案、雪花、藉由世界運作法則而產生保護作用與魔法。
	幸運之星（Glückstern）——與上面的哈格拉茲同義。常見於荷蘭的六角魔法符，護符和視覺魔法的一個強大架構。
	天星或十字架——天界的八個方位、斯雷普尼爾的八隻腳、以單一九等分圖來代表世界樹和天界（正中央：米加德，人類世界）。
	瓦爾庫努特爾（英靈結）——永恆交織的三個界域中含藏九個世界，代表出生－存在／生成－消逝到重新開始的演進法則。
	三曲臂——來自三個存在領域和三重進化力的動態力量。由三個L-盧恩組成（21＋21＋21＝63，或7×9），遍布宇宙的魔法靈感。
	心形（其實是古時候代表女性生殖器和臀部的符號）——性感、情慾、愛情。在古北歐語魔法書中，此符號  經常出現在愛情魔法咒語中，性交的象徵符號。

表 21.3 表意符號

以上的簡要分析應能為魔法師提供良好的實務運用基礎，若是好奇想要了解更多，不妨自行搜尋古北歐符號學以及盧恩石刻的相關書籍，應該可找到更多有趣的符號。

護符的建構

在嘗試製作盧恩護符之前，魔法師應熟悉盧恩學的知識內容，同時也要適當提升自己順利操作護符所需的心靈能力。盧恩護符必須依照盧恩知識體系的理論和概念來製作，才能發揮最大效果。

護符如果是以木頭製成，那麼木頭樹種的選擇最好能夠與護符的使用目的相呼應。想了解這方面的知識，可參考本書附錄III，或是，直接聽從智慧直覺的引導，這樣更好。使用木頭材質可做成各種形狀。銅、青銅，或金、銀等材質可製成圓盤、金屬片或金屬環。其他材質，比如形狀適當的小石頭或骨頭，也頗受青睞。較大型的石塊也很適合製作固定式護符，這時候，魔法師隨身攜帶的專用盧恩雕刻刀和鑿子就派上用場了。陶器也頗適合用來製作盧恩護符，可直接用蝕刻的方式將字符刻在陶器成品上，也可在未經燒製的柔軟陶土上先把字符刻上去，經過適當上色，再放入窯中燒製——這整個過程其實就是一個力量強大的儀式。羊皮紙也可製作盧恩護符，用鋼筆、墨水、儀式專用顏料來書寫上色即可。羊皮紙護符可隨身攜帶（比如放在項鍊墜裡），也可以用來當作固定式護符。護符的製作有無限可能，唯一會限制其可能性的，是魔法師的想像力。

比較適合用來刻寫盧恩文字的護符形狀是長方體、薄木板（0.15至0.3公分厚）、薄圓盤，或是長方形木板、一小段樹枝，或各種長度的圓柱形物體。各式各樣珠寶首飾也都非常適合製作護符。有一種相當常見，但形狀非常獨特的護符是細長型立體菱形護符。通常是用木頭或骨頭切割而成。圖21.11就是這類護符的典型樣式。這種立體菱形設計，可以讓魔法師在四個光滑表面書寫較長的銘文，而且便於隨身攜帶。

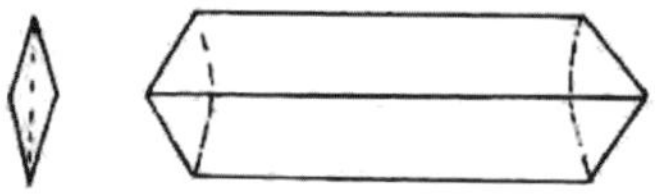

圖 21.11 典型的菱形護符樣式

實際需要會引導魔法師製作出實用的護符。

這些神聖物件的外部表面通常會包含一個或數個符號，來代表這個護符的使用目的和魔法目標，而且還會有一個「落款簽名」，代表前面那個符號的神聖力量所要影響或改變的某個人，某些人、或某件事情。這個簽名可能是一個真實人名，也可能是其他共感魔法連結，甚至物理上的接近也可能形成這個連結。護符物件上的空間分配，應考慮美學美觀，將盧恩字符、神聖符號和簽名做適當安排。這些元素都可任意組合。圖21.12這個護符實例，是用來為一位名叫 Erik Thurman（艾瑞克．瑟爾曼）的人提升靈感和魔法力量，並祈求整體成功順利。

魔法師可多多嘗試各種護符材質和工具，以確定每一種材質表面比較適合用哪一種工具來進行切割刻寫。多花一點時間練習刻寫盧恩，絕對是值得的，因為盧恩魔法師愈熟練這些基本雕刻技能，在進行魔法操作時就愈能夠集中心神。有一種技術，無論使用哪一種類型的材質都非常適合，就是先在護符上面把盧恩環刻出來：刻出兩條細凹槽，作為盧恩字母的頂端上限和底線。

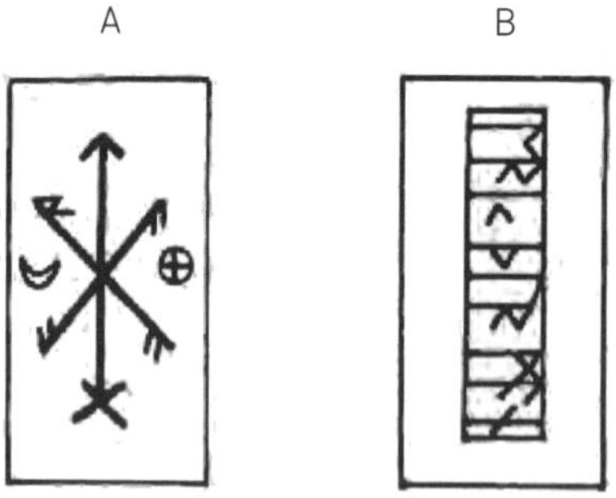

圖 21.12 刻有簽名的綁定盧恩護符。(A) 正面：由ᛏ、ᚨ（重複兩次）、ᚹ、ᚱ和ᚷ組成的一個綁定盧恩，事情依自然秩序發展，在靈感和魔法領域帶來成功和能量。(B) 背面：可看到某幾個盧恩是綁定盧恩，因此盧恩數目是7，以此數字將那個人名與魔法靈感力量連結起來。

伐木製作盧恩符籤

設計好護符內容後，魔法師應搜尋鄰近地區的適合樹種來製作符籤。搜尋完成之後，以進行儀式的心態，選擇對儀式操作有利的時間點，帶著盧恩刀到那棵樹所在的地點。一般來說，最有利的時間是黎明、正午和黃昏。找一根樹枝或細枝條，向天空的彎曲度約為四分之一或八分之一，因為這是與護符用途相符的角度。若要進行負面性質的儀式或詛咒，選在午夜時分伐木會比較適合。

砍伐時應進行簡單儀式。首先，站在樹幹的北邊或東邊，臉朝外，執行畫鎚或其他適合的儀式，觀想這整棵樹被包圍在神聖結界之內。然後來到你要砍伐的那根樹枝、細枝或樹根前面。有可能需要爬樹。將你的注意力集中在這棵樹的能量和威力，同時吟唱：

向您致敬，大能大力的〔樹名〕
請求您將這根樹枝賜給我
讓您的大能大力注入
明亮盧恩＿＿＿＿＿之中
（護符上用到的盧恩的名稱）

現在繼續砍伐你所需要的樹枝，整個過程同時要吟唱這幾個盧恩的名稱和／或咒歌。

將需要的樹枝砍下之後，也要感謝樹靈慷慨賜予的禮物。

〔樹名〕精靈，請接受我的感謝
從此開始，您的力量將發揮在這根樹枝上

與明亮盧恩　　〔盧恩名稱〕深深連結
迅速達成我的願望

接著就可以開始修整砍下的樹枝，準備雕刻盧恩字符。你可以在原地直接幫護符加持，也可以把修整好的護符先收起來，稍後才在平常進行儀式的空間幫護符加持。

這個儀式過程，同樣適用於你在選擇和準備其他材料時，只要稍微修改一下內容即可。

以下是一個完整的加持儀式步驟範例，各種類型的盧恩護符都可依此操作。這裡列出的技術，對於執行各種盧恩魔法都有很高的參考價值。

例子當中的這個護符，是以盧恩咒式 LAUKAZ（音譯：盧卡茲）建構出來的，這個咒式經常出現在古代的金幣墜飾護符上。LAUKAZ 的字面意思是「韭菜」（*allium porrum*），是代表成長和幸福健康的符號。這個字也是 L- 盧恩拉古茲的另一個名稱。日耳曼語 *laukaz* 這個字是來自原始印歐語詞根 **leug-*（彎曲、轉向、轉動之意），是一個非常強大的概念，也是一個常用的魔法概念詞彙。這個咒式能夠在隱密領域祕密推動事物健康成長（英語單字 lock 也是來自同一詞根）。

從數值分析也可看出這個咒式的眾多動力來源之一。從圖21.13可知盧恩數目是6（倍數分析：2×3）。盧恩數值總和為52（倍數分析：4×13）。數字六顯示出它的作用領域是在受意志控制的魔法領域（三的動力作用的兩倍）。這句咒式的運作，是從一年五十二個禮拜當中，神靈（13：ᛇ）的垂直力量得到魔法（4：ᚨ）的增強。表意分析也揭露了同樣的原理：

1. ᛚ 生命法則／成長

2. ᚨ 神靈的轉化力

3. ᚢ 無意識領域的智慧、健康狀態

4. ᚲ 意識領域的知識、能力

5. ᚨ 神靈的轉化力

6. ᛉ 保護／「更高層次」生命

圖 21.13 盧卡茲魔法咒式

第一和最後一個盧恩，以及第三和第四個盧恩呈現出互補概念關係，並受到第二和第五個盧恩（剛好跟其他盧恩相鄰）的魔法「靈力」加持，顯示出這句咒式的意念形態效力和作用範圍。

要進行這項儀式，需要預備好一個適合的神聖空間，包括：祭壇、魔法杖、小刀或鑿刀、適量的血液或紅色顏料（以及現場調製顏料的設備）、上色工具、一大塊可以完整包住符籤的黑布（最好是亞麻布）、一條夠長的皮繩或麻線，要能夠把符籤纏繞九圈，其他就是魔法師個人認為必要的儀式服裝。另外，可視個人選擇增減的儀式步驟部分，需要準備一個火盆（和引火物），以及一杯水或蜂蜜酒。護符本身的材質可用楊柳木（或赤楊）製成，尺寸可自己決定，護符正反兩面都要修整平坦，可以在上面刻寫銘文。這個符籤，要事先準備好，修整到可以立即在上面雕刻盧恩文字和符號的程度。

保持靜默，前往你要進行儀式的神聖空間，時間最好選在黎明時刻。將所有魔法道具整齊擺放在祭壇上，就可開始進行儀式。

1. 開場。面向北方，進行開場儀式。若有準備火盆，可在這時把火點燃，開始執行畫鎚或其他適合的開場儀式。主要是喚醒盧恩的力量，並召請眾神作為見證者，同時驅逐有害的力量。

2. 準備上色顏料（自行視需要而定）。如果沒有事先準備好血液或顏料，可以在現場研磨調製。調製顏料時，要面向祭壇而坐，用魔法杖一邊研磨一邊吟唱：

盧卡茲，盧卡茲，盧卡茲

（接著依序一一吟唱全部六個盧恩的盧恩咒）

喀瓦西[10]之血已受祝福

混合交融

開顯大力大能盧恩咒！

3. 刻寫名字。主要是讓這句咒式的力量和它的受益者之間建立起魔法連結。將符籤轉到背面，在這一面刻寫名字。用小刀或鑿刀，將翻譯好的盧恩名字（字母對照請見附錄IV）蝕刻到符籤表面，工具本身如果刻有魔法咒，會更有助於將這個名字（和這個人）與盧恩咒式的力量相結合。用顏料在刻好的名字上面著色，同時一邊吟唱咒歌：

此明亮盧恩咒

與〔名字〕之大能大力

交融結合！

這部分不需要像刻寫盧恩咒式時那麼高強度的加持（若護符是要一直佩戴在此人身上，也可省略此步驟）。

4. 吟唱前導咒。站在祭壇前，手持魔法杖，將符籤上的盧恩字符名稱一一唱誦三次，以此召喚 :ᛁᚨᚢᚲᚢᛉ: 的力量，一邊唱，一邊用手在符籤上畫出那個盧恩的字形。這樣做，有助於讓這塊材料完全接受吸收這些盧恩的能量流。

5. 刻寫盧恩咒式。依照魔法師個人習慣，坐在祭壇前。開始刻寫每一個盧恩文字，同時一邊吟唱正在刻寫的那個盧恩字母的盧恩咒。連續音（只要氣夠長就能持續發出的聲音）只要單純拉長聲音念出來即可，以這句銘文來說就是 L、A、U 和 Z。而 K 音就必須跟母音結合，並重複發音（ka—ka—ka……）。在此過程中，要用心去感受、觀想，將注意力集中在明亮盧恩的力量，因為它會從天界、大地和地下隱密領域流過你整個人的中心點，穿過你的手臂和雕刻工具，進入正在刻寫文字的那塊木頭。開場儀式正是因為這個目的而連結這三個領域。關於盧恩瑜伽和盧恩能量流的參考資料，也有助於掌握這個作法。觀想白色、紅色或金屬藍的發光「物質」，經過雕刻刀或鑿刀，被嵌入木頭的凹槽中。當所有字母都仔細刻寫完畢後，可以在整串字符底下刻出一條直線，將所有字符連起來，讓它們綁定在一起，成為單一形式和力量場（以這個銘文來說，K- 盧恩會懸在那條直線上方，沒有跟其他字符相連）。

6. 上色。拿起裝有顏料或血液的容器，用刀尖或上色工具，將調好的顏料塗在字符上（底下的連結線也要把顏料鑲嵌進去）。要很仔細、很專心來完成這個動作。上色過程中，反覆吟唱完整盧恩咒 llllaaauuukaaazzz……來賦予符籤基礎生命力。這個時候，魔法師可能會想要暫時停下上色動作，將注意力專心為盧恩字符加持的力量，感受它們的存在，因為它們會在魔法師的意識中與木頭一起振動。完成上色動作後，可以在護符表面輕輕擦拭少許亞麻仁油，既可讓護符更加美觀，同時也具有魔法目的。

7. 封存能量。這是誕生前「暫居於黑暗中」，強調盧恩奧祕的循環性質。暫時與光明隔離的過程中，護符會匯聚能量以增強它的強度。先將護符用黑布包起來，然後用皮繩繞九圈。過程中，一邊吟唱以下咒歌。

你也可以用類似概念自己創作這段咒語。

進入黑暗深處
那隱密房間
行汝之道路
—— 但命運未定
歷經九個長夜
消磨那時間
沉睡、獲取和生長
利益與財富盡皆增長。

將護符放在神聖空間正中央，然後依順時鐘方向，沿著結界周圍繞行九圈，同時一邊吟唱完整盧恩咒式 llllaaauuukaaazzz⋯⋯完成後，將護符放回祭壇。

8. 活護符的誕生。拆掉皮繩，打開黑布，同時吟唱以下詩句：

向白晝致敬！
向白晝之子們致敬
汝現已誕生
——但命運未定
攜吾之意志
行汝之道路
循生命定律
朝白晝之光前進

現在，魔法師要將嘴巴靠近護符，用最大力氣吐氣並吟唱神聖咒式fffffffaaaaaa……同時感覺和觀想哈明格雅疾速進入這個物體裡面。這是在為護符注入強大生命氣息。為了喚醒現在棲居於內的靈體，請拿起魔法杖，輕輕敲擊這個護符三次。

9. 命名（可省略）。如果魔法師希望強化這個護符的生命力，應以儀式為它命名。這個名字應該要能反映這個護符的用途目的，而且通常是取女性名字。比如「葛蘿丁（娜）（Groedhin (a)，生長，或正在生長的）。將護符在火盆上繞三圈，吟唱一首代表賦予生命力量的詩歌，比如：

此刻生命火花
疾速向外四射
賜你敏捷行動和生命

接著，將護符放在祭壇上。用手指在杯子裡浸一下，然後將水或蜂蜜酒小心灑在護符上，並唱咒：

我為你灑水
賜與你名字〔念出名〕[11]

10. 宣讀咒文。現在，必須將護符的靈魂與其特殊目的編碼在一起——也就是為它編織「命運」或厄勒格（*ørlög*）。它是新誕生的，但必須具備「過去業行」，才能更有效履行其職能。作法是做一篇宣告（*formáli*）或正式聲明。站在祭壇前，身體擺出 :ᛉ: 瑜伽姿勢，面對著護符宣讀一篇咒文，陳述這個護符的要件、限制以及目的。以這個護符來說，可參考以下內容：

你是我意志之靈魂

你受命定要做這些事

你要保護我平安

無論我去到何處

阿薩神（Ása）[12]之大力大能

加持我身

你以熱烈情愛

照亮生命法則並塑造智慧

使我繁榮增長，使我平安健康

如同你永保年輕之生命

以奧丁－維利－維奕之名

憑藉烏爾德－薇兒丹蒂－斯庫德之力量

一切如是成真

11. 綁定力量。將盧恩的力量與護符連結綁定，一邊唱咒，一邊用魔法杖在護符周圍繞三圈：

盧恩之力綁定於

神聖盧恩符

願他們全部

按吾之意願行事

觀想護符四周包著一個具有滲透力的發光球體，能允許需要的能量進入，被轉換和增強，然後重新投射出去，但保有原本的加持力，防止被反向力量消滅。

12. 結束儀式。將護符放在預定安置的地方，吟唱一首短咒來結束儀式：

現在所有事工

已被煉造完成

憑藉盧恩之大力大能

一切如是成真

或者，執行前面章節列出的結束儀式。

現在，這個活的護符將被放置在預定發揮作用的地方。如果是要佩戴在人身上，最好能靠近皮膚，並用親膚材質製成的繩子、帶子或鏈子掛起來。

護符咒式

較高階的魔法師可能已經知道如何成功執行護符魔法，但新手魔法師可能需要了解更多提示，以下介紹的幾個儀式性魔法咒和銘文咒式應該會有一些幫助。前三個是特別的儀式方法，這些方法從古至今一直都在使用，對於不怎麼熟悉薩迦和埃達等古老魔法文獻的魔法師來說，應該會很有興趣。更後面章節，會提供另外五種護符咒式，用於各式魔法操作。其中一些來自古代盧恩學，另一些則是二十世紀新創建的魔法咒式。這裡必須再次強調，最有效的儀式，是由魔法師根據他們個人與盧恩世界的連結關係所設計出來的儀式。

以下介紹三個特殊的儀式咒式，也就是三種基本驅動力所執行的魔法：(1) 愛情魔法；(2) 報復（詛咒）魔法；以及 (3) 智慧魔法。這些咒式背後的主要目的，都是要在護符魔法的作用領域內，藉由執行各種技術來打開獲取得更大盧恩力量的途徑。

愛情魔法咒

自古以來，用儀式來得到另一個人的愛，始終都是盧恩魔法的重要主題。不過，正如先前例子所示，盧恩愛情魔法要能夠成功，乃是基於我們今天所說的「良好意圖」。這並非指盧恩系統中的任何道德行為積累，而是來自性愛能量和情感關係的綜合本質。如果是基於純粹的「真愛」，愛情魔法似乎就會比較有效，而且變數也會比較少。

祈求愛情順利成功的魔法盧恩咒式，請見圖22.14所示。這條咒式的盧恩數目是6（倍數分析：2×3）；盧恩數值總和60（倍數分析：6×10）。詳細分析請參閱〈盧恩數字學〉一章。

若要創建一個愛情護符，可使用圖22.15這個綁定盧恩。此綁定盧恩的E-盧恩是使用它的另一字形 ᚼ。

在加持力量過程中，每一個盧恩字符都必須先單獨刻寫和加持，然後到上色階段，才在單一能量力場中進行綁定。護符背面（或在魔法字符旁邊，如果還有空間的話），要刻上被湊合者兩人的名字。這應該在儀

圖 22.14 愛情魔法的盧恩咒式

圖 22.15 愛情魔法咒式的綁定盧恩

式的第三步驟執行。要發揮最大的想像力和情感力量，將三個實體（兩個戀人，以及盧恩的吸引、綁束和愛情力量）小心翼翼加持到護符上。加持過的護符，可讓執行儀式的人佩戴在身上，吸引愛人到他／她身邊，或是將護符放在愛情對象經常出入的地方，比如他／她的床底下、門檻底下或門楣上。

另一種方式是將護符咒式完整刻在一件珠寶首飾上，然後將這件首飾送給對方。當然，只有在某些特殊情況下才能這樣做。而且必須非常了解對方的情況，才能保證這個作法有效，至少要知道對方會佩戴這件首飾，或是此人跟這件物品至少會長期接觸一段時間。這類型的盧恩魔法有時也會使用祕密盧恩代碼，但是愛情對象可能會覺得珠寶首飾上雕刻的「神祕符號」很可疑。舉例來說，如果這個物件是一個圓形金屬幣，可依照圖22.16所示，在背面刻上盧恩代碼（詳細內容請閱讀第7章〈盧恩代碼〉）。

名字的部分，可同樣用代碼方式刻在護符邊緣空白處。若是使用代碼，加持儀式同樣按一般步驟進行，但是刻寫代碼時，要用觀想方式，專注將盧恩字符載入到數字符號中。唯一會對這種獨特護符帶來限制的，是魔法師的想像力和創意。要使用代碼，必須有很強的基礎魔法功力，並對盧恩字母系統非常熟悉，這樣創建出來的護符才會真正有效。這類儀式最有力量的部分應該是序言宣告，宣告詩歌必須能夠表現出追求者的真愛和熾烈熱情，讓護符充滿激情的性愛能量。

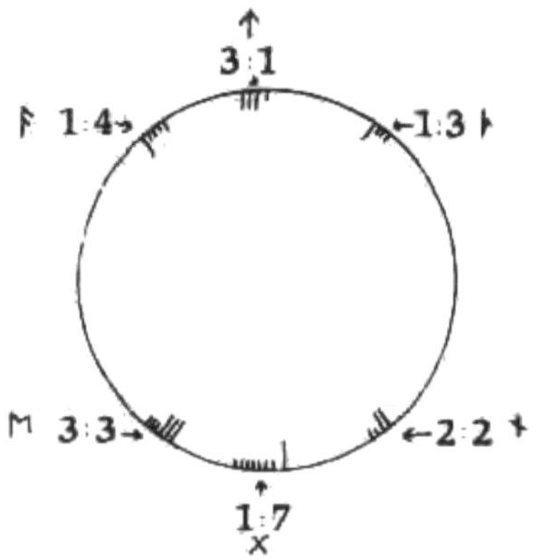

圖 22.16 以代碼來刻寫愛情魔法咒。最頂端的3:1代表弗薩克第三族的第一個盧恩

報復和防禦魔法咒

此魔法稱為「報復」和「防禦」，而非單純「詛咒」，因為只有當你已經受到被施咒對象的傷害，或是當被施咒對象可能會對你或你的親人造成傷害，而你們沒有實際去傷害對方（比如抬著一根大木樁去把他家砸爛）時，才能執行此魔法。

詛咒木樁（*nídhstöng*，獸頭杖，字面意思是「侮辱或誹謗的木樁」）是一根長木樁，上面刻著侮辱和詛咒語言的魔法式，然後將木樁下端打入地面下，讓木樁立起來，正面朝施咒對象的家屋方向。木樁頂端通常會架著一具馬屍頭，或是一個代表被施咒者的人像（要帶有侮辱性質）。《薩迦》當中有很多故事都描述到這種獸頭杖。要進行這種獸頭杖詛咒儀式，魔法師需要準備一根大約60公分或更長一點的木樁或木桿，一具馬頭雕像，或是被施咒對象的人像雕刻。在古代，吟遊詩人魔法師經常會創作詛咒詩，並豎起木樁，阻止基督教傳教士入侵北國土地。

這根木樁的作用就像一塊磁鐵，可吸引冥界地府的死亡力量，讓這道地下隱密能量流往上穿過木樁，傳到馬頭或其他代表受詛咒對象的象徵物，然後向外投射出去。木樁上刻寫的詛咒銘文就是那道能量流，咒文的內容就是它的魔法任務。

實際執行立樁儀式時，比其他護符儀式稍微簡單一些。先找到一個合適樹立木樁的地點（不需要非常靠近施咒對象，但最好是在其住處視線範圍內）。選擇午夜時刻前往該地點，進行適當的開場儀式。花一些時間靜默冥想，讓你的對抗情緒達到飽和。在這個情緒狀態下刻寫盧恩咒，可用散文，也可寫成詩句。例如：

我將三根刺丟向你ᚦᚦᚦ
（索里沙茲 索里沙茲 索里沙茲）
外加三塊冰ᛁᛁᛁ（伊薩 伊薩 伊薩）[13]
令你惶惶不安
令你受所有狂暴厲鬼和兇猛惡靈之侵擾
痛苦不堪，如置身冥府地獄！
〔受詛咒對象姓名〕

將宣告文譯成盧恩文字（參見附錄Ⅳ），並依照儀式將它們刻在木樁上。上色的部分，只要：ᚦᚦᚦ：和：ᛁᛁᛁ：這幾個盧恩文字上色就好，然後將施咒對象的頭像架在木樁上，將木樁打入地下，豎起來，一邊口誦詛咒魔法式。觀想冥后赫拉的毀滅性力量，觀想所有力量聚集成一道黑色光束（或你個人覺得與毀滅有關的任何一種顏色），朝施咒對象發送出去。現在，觀想施咒對象被赫拉的這股力量徹底摧毀，而且被投到赫拉的黑暗地府裡。那人的靈魂被 TH- 盧恩摧毀、粉碎，又被 I- 盧恩壓縮和束縛。接著進入儀式結尾，先打開儀式結界，然後將所有靈魂殘渣透過那個人像投射到目標場所。讓木樁一直豎立在原地，直到達成預期結果。

在古代，這類詛咒木樁通常是用來對付政治或宗教上的敵人，而不是針對個人自己的仇人。施法者必須經常深刻反思自問，用這種詛咒木樁來處理事情，是否真是正確（:ᚱ:）解決之道。

詛咒也可用做成護符的形式，偷偷塞給受詛咒對象，或是放在那人經常出入的地方附近，跟愛情魔法咒的作用原理差不多。

增長智慧魔法咒

魔法師也會用智慧酒液為一個盧恩護符做力量加持，通常是將盧恩字符刮入蜂蜜酒、麥酒或啤酒中，然後喝下——如此就等於得到盧恩力量！在〈勝利賜予者之歌〉第6節這個啟蒙儀式，我們也讀到這樣的例子。女武神希格德莉法對英雄齊古爾說道：

吾為汝斟上麥酒
汝乃英勇之戰士[14]
那酒液交織著力量
與顯赫威望
當中滿是歌曲
及撫慰人心的字符
美好的魔法咒歌[15]
大力大能之盧恩

女武神將盧恩知識傳授給這位英雄。

要攝取盧恩智慧，魔法師應依照適當儀式來為盧恩護符加持——但是先不要用顏料為盧恩字符上色，而是用蜂蜜酒、麥酒或啤酒將它們沾濕。還有，不要將字符刻得很深，只要輕輕刻在護符表面就好。魔法力量加持完成後，拿起盧恩雕刻刀，一邊吟唱以下這段盧恩咒，一邊將盧恩字符刮進酒杯裡：

我刮掉閃亮的盧恩
連同來自智慧之木
其塑形之力
一同進入酒液中！

然後，一邊用盧恩雕刻刀將杯中之物充分混合，一邊反覆吟誦以下咒式：

盧恩之大能大力
混合以智慧酒液
調和出力量之紐帶

現在，舉起杯子或牛角酒杯，對著杯口說：

奧特羅里爾在酒液中咆哮！

將酒杯或牛角杯裡面的酒液喝到只剩沉渣。在這個儀式的所有行動中，要集中心神在力量的混合交融，讓神聖靈酒之中的生命力，以及你的身體和它對這些力量的吸收，完全徹底交融。這個技巧也適用於各種奧祕魔法的施作，也是小團體魔法與啟蒙儀式的有效工具。

ALU：魔法力量與神聖靈啟

ALU是一句年代非常久遠，而且至今仍然非常有效的盧恩咒，大約西元400年左右出現於盧恩石刻和護符上。這個字的表面意思是「麥酒」（ale）。它原本是一個代表魔法力量和神聖靈啟的詞彙，後來才被轉而用來指涉這個力量與靈感的主要象徵物——令人陶醉的麥酒。這股力量經常被用來保護神聖結界，免受外來者侵害。這條咒式還可以修改成其他各種形式，可以刻成a-l-u，也能刻成u-l-a；A-盧恩可以朝向任何一個方向。從數值公式來分析，也可看出它是效力很強的魔法咒。從圖22.17我們看到，盧恩數目為3（倍數分析：1×3〔質數〕）。盧恩數值總和為27（倍數分析：3×9）。*Alu*的力量似乎是一種近乎永恆持續的運動，力量不斷轉向自身內部，且不斷自我增強。將這條咒式刻在護符上，除了可提供全面性保護，同時也可為合乎法律的生活帶來智慧、靈感、魔法力量和良好健康狀態。

4. 21. 2.

圖22.17 *alu* 咒式

單一線條的紫杉樹盧恩，自古始終是力量強大的保護符號。圖22.18這條咒式，是將一條古代紫杉魔法咒式加以「翻譯」及改編。從數值分析來看，盧恩數目13（倍數分析：1×13〔質數〕），盧恩數值總和160（倍數分析：10×16）。代表紫杉力量被重複強調，並顯化為有形之物。

另外請注意看，三個A-盧恩的垂直筆畫都特別長。這給了它們一個特別的解釋（3×4＝12），它要說的是：「在一整年當中（:ᛃ:），三界全都受到安蘇茲（奧丁力量）的祝福」。如果可能的話，這個護符應該用紫杉樹來製作。這句咒式是一個很好的例子，說明即使是用現代英文書寫盧恩咒，也可達到這樣的深度。

從以下這幾個魔法護符，可以看到綁定盧恩有非常多的運用形式。

圖 22.18 古代紫杉魔法咒式的改編版

想要祈求日常生活一切順利成功，可將盧恩 :ᛏᛋᚦ: 如圖 22.19 進行組合——尤其對工藝師、魔法師和戀人來說，這條魔法式在行動領域上有非常強大的力量，而且可有效召請全部九個世界的魔法力。其他層級的效力也會被注入到這個魔法符中。

想要獲得正義，無論是現實司法法庭或是「生命法庭」，可使用 :ᛏᚱᛜ: 這個盧恩組合，如圖 22.20 所示。

盧恩字符系統最常見的魔法用途，應該是祈求財富和健康。如圖 22.21 所示，這條咒式是由兩個 F- 盧恩、四個 TH- 盧恩以及 NG- 和 O- 盧恩組成的強大魔法符。從數值分析很快可以看出，這個綁定盧恩包含了多重力量來源。

再次提醒，在刻寫以及為這類綁定盧恩做力量加持時，整個組合符號中的「每一個字符」都必須單獨完整刻寫，並進行力量加持。以這個綁

圖 22.19 祈求一切順利成功的綁定盧恩

圖 22.20 祈求正義的綁定盧恩。數值分析顯示 T- 盧恩的力量是雙倍

圖 22.21 代表繁榮與幸福安康的綁定盧恩

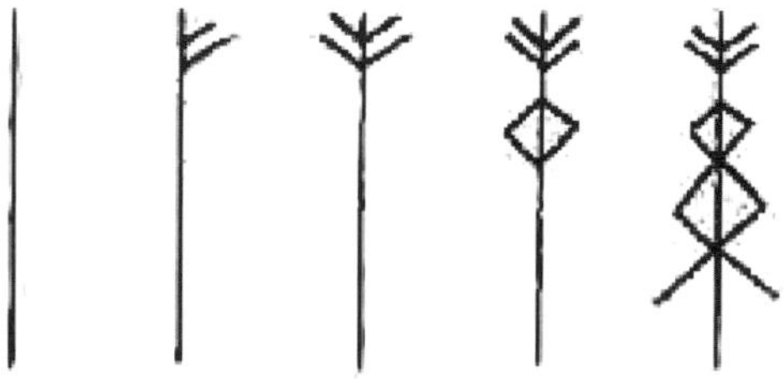

圖 22.22 綁定盧恩常用圖案

定盧恩為例，刻寫順序如圖22.22所示。第五步驟之後，隱藏在組合圖中的四個 TH- 盧恩，應該藉由重複唱誦適當次數的盧恩咒，來予以深化。

終結盧恩護符的生命

在設計盧恩護符咒式時，不僅應明確界定護符的用途，也應設定它的存活時間，也就是說，這個護符的魔法力量要持續多久。最簡便的一個咒式是「直到你完成任務」。由於護符本身是有生命的，因此，若要將它的生命終結，也應該執行適當儀式。這樣做是為了確保儲存在這個護符當中的魔法力量可以重新被導向到它的源頭（魔法師），或用它作為一種祭祀形式。

有兩種方法可以執行這個重要儀式。第一個方法是著重在護符本身的生命本質，因此要為它舉行葬禮。葬禮儀式有兩種：火葬和土葬。前者是經由天界能量流將力量導回魔法師個人身上，後者則是將護符力量引導到冥界。第二個方法則是著重在盧恩文字力量的動力本質，因此規定要執行儀式，用刀子將盧恩文字從護符上面刮除，然後將碎屑放入火盆中燒毀（這個方法也可用來消除其他盧恩護符上的魔法力）。無論使用哪一種方法，魔法師都要帶著虔敬之心。對於護符的靈魂、盧恩力量，以及護符的塑造者，都要表達適當的敬意。這個「力量生態學」與古北歐的靈魂轉世說法很像，它的理論假設是，固有的祖先力量會在其後代當中不斷輪迴更新。

詞語和綁定盧恩魔法

在本書其他篇章，我們一直都有提到諸如 *alu* 和 *laukaz* 這類咒語化的單詞。這些魔法咒式使用的都是原始日耳曼詞語，用盧恩文字書寫，來傳達那個單詞本身含義的魔法本質或操作方式。至今，現代魔法師還是可從過去文獻找到很多其他古代魔法詞語，這些詞語的力量至今依然沒有改變。這些原始日耳曼語單詞，讓我們看到了現今仍在使用的許多單詞原始形式。但因為是最原始的形式，因此力量也最為強大、本質最為精純。這些特質都自然且真實地展現在古弗薩克盧恩字母中，只要再下點工夫，就能在今天重新發現和使用它們的魔法效力。這種真誠、真實性，能使魔法更為有效，因為這樣的詞語形式與古代原始語言的原始形式更能產生共鳴。

本書有好幾個章節都有討論到綁定盧恩。不過，如果我沒有提供更多如何實際操作的方法資訊，那就是我的失職。因為我們已經了解，盧恩文字作為一種獨特個別符號的意義，也希望將它們內化，用當今的流行語來說就是「迷因」(memes)。為了讓我們的魔法更準確、包含更多精微含義，我們必須學習如何將各個盧恩焊接在一起，成為連貫的魔法訊息，然後讓它進入事件的因果領域，把我們渴望的東西帶到生活中。

這在古代有好幾個作法，例如：使用咒語化的單詞(比如 *alu* 這個字就是)，還有，將盧恩訊息直接融入到吟遊詩人魔法師的自然語言詩歌中。因為詩人在意識上是盧恩思維，因此他們的語言可以帶來直接的魔法效果。另一種方法是，使用帶有魔法力量的詞語或名字，例如奧丁大神的各種名號，然後將它轉成綁定盧恩，冰島的魔法傳統就有很多這樣的實際例證。只要你發現某些單詞對於特定魔法特別有效，同樣可以把它們拿來用。

無論在網路上或是從圖書館，都可以找到很多原始日耳曼詞彙的辭典資料。近期出版的一本英文版辭典（以前大多只有德文版）是弗拉基米爾·歐雷爾（Vladimir Orell）所編撰的《日耳曼語源學手冊》（*A Handbook of Germanic Etymology*, Brill, 2003）。另一份參考資料是在《美國傳統英語詞典》（*American Heritage Dictionary*）的詞源附錄。這裡我們就列舉十個原始日耳曼單詞，轉譯成盧恩文字，供大家使用參考。

rikjadomaz：ᚱᛁᚲᛃᚨᛞᛟᛗᚨᛉ　領土、財富

lubo：ᛚᚢᛒᛟ　愛情

frithuz：ᚠᚱᛁᚦᚢᛉ　和平

mahtiz：ᛗᚨᚺᛏᛁᛉ　權勢力量

meduz：ᛗᛖᛞᚢᛉ　蜂蜜酒（靈感）

segaz：ᛊᛖᚷᚨᛉ　勝利（成功）

wurdhawîsaz：ᚹᚢᚱᛞᚨᚹᛁᛊᚨᛉ　言語智慧

afalan：ᚨᚠᚨᛚᚨᚾ　力量

hailaz：ᚺᚨᛁᛚᚨᛉ　吉兆

santhaz：ᛊᚨᚾᚦᛉᚨᛉ　真理、正義

你也可以用這種方法找出其他力量詞語，直接轉譯成古弗薩克盧恩，來創造你自己的咒式化魔法詞語。精準使用這類詞語的關鍵是，不

要使用這些基本單詞的語法變化形態，而是直接使用詞典上列出的簡單單詞形態。從技術上來說，就是使用單詞的單數形式。如果有人想要用這些單詞來造句，那就需要使用不同的語法結尾。古代的咒式化詞語，通常是屬於這樣的形式。原始日耳曼語言是一種高度受文法影響而產生結尾變化的語言。如果不使用基本單詞形態，經常會變成混亂的訊息，無法隨著時間和空間的改變發揮魔法效果。

如果要用這類詞語來創造綁定盧恩，只要將它們組合在一起成為字母組合圖案即可，請記得，重複的盧恩不需要再放，而且盧恩的正常排列和方向可以基於美觀而改變。若要用這類詞語來製作護符，一樣是按照上面提到的儀式步驟，將護符以盧恩文字刻寫出來，或設計成綁定盧恩的形式。用紅色墨水寫在羊皮紙上，或先在薄木板上雕刻出來，再幫文字著上紅色顏料。完成後，要將這塊護符藏起來，或放進小袋子裡隨身攜帶，但不要再拿出來看。讓盧恩的力量從無意識層次「默默」幫你運作。

這裡就用 *meduz* 這個提升靈感的咒式來做例子。寫成盧恩文字是ᛗᛖᛞᚢᛉ，也可設計成綁定盧恩，如圖22.23所示。另外，這個字也可以設計成如圖 22.24 這種綁定盧恩：

以盧恩文字來書寫聲音，使得聲音可以在事件世界和人類經驗中以凝固狀態呈現。將這些元素結合在一起，形成單一形態形式，可以讓它們更容易進入無意識層次，以及世界的因果領域。製作這個護符，將它隨身攜帶，讓它默默發揮作用，你就能向更高層次的領域敞開，接收到來自諸神的詩歌靈感。

很多讀者可能會想到英國魔法師兼藝術家奧斯丁．歐斯曼．斯貝爾（Austin Osman Spare）首創的繪畫技術。事實上，他的這種特殊技巧，早在他出生之前數百年，就已經有冰島魔法師探索過了。

我們在冰島魔法書當中看到一個名為 *thekkur*（泰庫斯）的魔法符號。

這是奧丁的其中一個名號，意思是「愛人」(beloved)。主要是用這個魔法符號來祈求找到好對象，結果當然是非常有效。這個符號是使用後弗薩克盧恩字母 ᚦᛁᚴᛦ 組合成的綁定盧恩，如圖22.25所示：

圖 22.23
綁定盧恩 *meduz*

圖 22.24
另一種形式的
meduz 綁定盧恩

圖 22.25
用奧丁名號設計的綁定
盧恩 beloved（愛人）

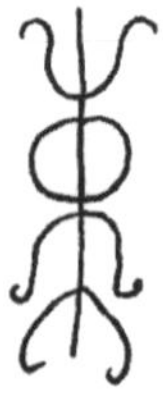

圖 22.26
綁定盧恩 *Thekkur*
（泰庫斯）

然後，我們發現這個魔法符號經過十五世紀美學的重新設計，最後成為一個定型符號，稱為「泰庫斯」，並出現在手抄本當中，請見圖22.26。

這個過程和斯貝爾的技術形成了鮮明對照。我猜想，他這個技術的「重新發現」，可能跟他經常喜歡提到的「返祖現象」有關。

盧恩瑜伽

盧恩瑜伽（Stadhagaldr）這門學問，大半要歸功於二十世紀的幾位德國盧恩魔法師，他們開發了一套稱為盧恩瑜伽（Runenyoga）的系統。齊格菲里德．阿道夫．昆默、弗里德里希．伯恩哈德．瑪比，以及卡爾．史皮斯伯格等人的著作中，都提到很多關於盧恩體位（Runen-Asana）、盧恩手印（Runen-mudra）的內容。瑪比將他的系統稱為盧恩體操（Runengymnastik）。事實上，他們似乎有點太過依賴印度傳統。雖然如此，他們提出的實務實驗、知識，以及儀式咒式都非常有價值，也為後來的魔法工作提供了基礎。

理論和運用

與近幾世紀發展出來的瑜伽不同，盧恩瑜伽是一個主動性的魔法系統，主要是魔法師利用身體或手勢來做出盧恩文字的形狀，以期在他自身內部和所在環境造成某種魔法效果。這兩個系統很可能同樣是來自印歐的魔法與象徵手勢傳統。

手勢和身體姿勢幾乎是所有形上學或魔法學派不可或缺的一部分。最簡單的手勢是雙手合十的祈禱姿勢，最複雜可以到印度哈達瑜伽學派的瑜伽體式。盧恩瑜伽大概是介於這兩者之間。它是利用不同的姿勢和各種複雜體位，來表現生命存在的各式各樣力量，但這些姿勢都不要求大量訓練，或讓身體變得非常緊繃。在盧恩系統中，盧恩瑜伽的巨大優勢在於，它是用我們身體的形狀來擺出盧恩字母的字形。也就是說，用我們的身體直接體現盧恩的奧祕，進而讓身體本身變成厲害的魔法工具！盧恩瑜伽的目標包括：

1. 藉由姿勢（*stadha*，體式）來控制肉體
2. 藉由歌曲（*galdr*，咒歌）控制思想
3. 呼吸的控制
4. 情緒的控制
5. 提升對於自我與外部諸世界之盧恩領域的覺知意識
6. 意志的控制與引導

每一個目標都應該輪流練習，直到六個目標都完全熟練。

在這裡還要用力強調，我們不應該將身體視為邪惡的東西，或是把它當作敵人，去擊敗它或鞭打它、讓它屈服，而是應該將它看作偉大且神聖能量的源泉，它所提供的能量，你無法從其他媒介獲得，唯有與它自然和諧相處才能得到。身體是魔法師在中土米加德的個人分身，是包含所有世界之潛能的多重宇宙的中心點。

盧恩瑜伽也是個人心理整合與轉化的一種方法，其他類型的魔法操作中也經常用到。例如，魔法師可以利用盧恩瑜伽，在自己身體裡面創造神聖的、活的盧恩護符，這樣他自己本身就成了一個行走的盧恩護符！盧恩組合和混合的原理，與盧恩瑜伽的運作方式，以及護符或畫符魔法的工作原理完全相同。盧恩瑜伽（*stödhur*）只是用另一種方式來展現盧恩文字的力量。

吸收世界和大地能量流

這種魔法修練形式，與盧恩能量流的奧祕密切相關。盧恩姿勢就是力量的天線，魔法師可以透過它來吸收、調節，以及重新投射出盧恩的力量，以達到魔法目的。

如諸位所知，盧恩能量流有三種類型：天界的、地界的，以及冥界的。天界和冥界能量流是屬於世界性或宇宙性的能量，不屬於地球能量，而地界能量流則是在地球表面之下和之上。每一個個體之內都包含了這三種能量流的對應能量，它們就像一個母體（matrix），而盧恩能量流就是透過這個母體對我們產生影響。這些能量流會以多種形式被我們感知：有些是物體的振動，有些是波動、水的流動、光線照射，甚至是收縮痙攣。對這些力量的感應，是盧恩瑜伽的基礎支柱。

力量實際上是透過手和／或腳和頭部，直接引入到魔法師的內部中心軸。在那裡，盧恩力量被吸收和調節，然後為特定目的重新發射出去，或是被同化以改變魔法師自己。每一個盧恩姿勢都會根據其字形，以特定模式接收和／或傳遞來自不同領域的力量。這股力量透過人類神經系統的媒介，直接與物質世界連結。做各種盧恩體式時，魔法師應觀想並感覺那股力量之流正在被聚集，或以特定模式投射到自己身體上，那個模式就是盧恩字符的形狀。這時候，你會感覺好像有電流穿過身體，而且像一道道光線顯示出各種角度圖案。每一位魔法師對這股力量的感受，應以個人體驗為優先，而不要受任何書籍內容的影響。在實用魔法領域，最有效的指導方針是個人的感受與反應，而不是「邏輯」思考過程。盧恩瑜伽尤其是如此。

第419頁的表22.4列舉了四個盧恩字形，以及它們的力量模式和所涉及的存在領域，可作為我們練習的參考。箭頭方向代表該盧恩力量的流動方向。

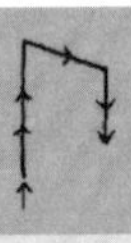	冥界能量流被往上拉到魔法師體內，然後再次循環回到其源頭。
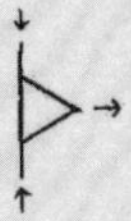	天界和冥界的力量流入魔法師體內。在那裡被合成，然後表現於外顯行為，發送到地界。
	受導向的地界力量，橫向流過世界能量流的垂直縱軸，在匯合點形成一個力量的集中處。
	天界和冥界的能量流被接收、同化，然後全部被導向天界。

表22.4 能量流的幾種模式

這些都是基於個人實踐和觀察得到的結果，不是教條定論。請注意，斜線的力量有時會感覺好像是跟地界相連結，有時又好像是跟天界或冥府相連。事實就是如此，就算是同一個盧恩，在不同場合使用時也會有這樣的情形，因為盧恩世界並不是靜止不動的！優秀的盧恩魔法師會嘗試以經驗來體會所有這些力量，隨著技巧提升，他會開始能將原始力量分類，分辨出更細微的盧恩特性。只要正確和堅持不懈地練習，個人的經驗結果很快就會出現。

古代魔法師對地界能量流都非常熟悉，因為那正是構成其力量奧祕的基礎。盧恩瑜伽練習的最佳地點，是選擇一個已知的「能量點」，也就是地界和世界能量流（水平能量與垂直能量）的交會處。世界各個不同文化國度都有這樣的地點。如果是要執行重要的盧恩瑜伽儀式，最好能在這些地點進行。

人類一直不斷在承受來自天上、地下，以及地面各個角落力量的轟炸，我們的任務是要控制和引導這股力量的流動方向。我們從廣闊的天空接收光明的力量，同時也感受到在地心翻騰的黑暗凝縮之力。最重要的是，我們要對這兩個極端有所覺知，以清醒的意識去追尋它們的極致，將它們發展到極限，然後將它們匯集到我們自身意識的中心點。

在開始執行任何跟盧恩瑜伽有關的魔法工作之前，應先以冥想方式，密集練習相關的盧恩姿勢，來掌握魔法工作當中要使用的所有盧恩體式。想要更了解如何操作這股在地球內部和周圍循環的力量，可閱讀《盧恩之力》（*Rune Might*, Inner Traditions, 2018）這本書。

盧恩瑜伽開場咒

執行盧恩瑜伽魔法時，可從護符魔法的一般開場儀式開始，或者，魔法師也可使用某個特定姿勢儀式（Stadhasetning）來啟動盧恩力量。這個儀式力量非常強，因此最好先把這三個盧恩體式練熟。以下所列的幾個儀式，咒歌／宣告文旁邊的盧恩字符就是魔法師要做的盧恩瑜伽姿勢，一邊吟唱咒歌和／或宣告文，同時以更精純的意圖來為儀式動作加持（參見表22.5）。

ᛁ	自我覺知，我是一根盧恩線譜 是盧恩力量的光束和波動。
ᛚ	自我覺知，我從最深地底形塑力量 從地界現身而出 從赫拉（大地母親）的子宮現身而出。
ᛉ	自我覺知，我從最高天界形塑力量 從廣闊世界現身而出 從海姆達爾的國度現身而出。

表 22.5 以盧恩體式啟動盧恩力量

簡單儀式

任何單一盧恩瑜伽，當然也都可視為一種儀式。尤其是當魔法師唱完魔法咒，開始要唱誦宣告文時，就可同時擺出盧恩瑜伽姿勢。宣告文是為了賦予盧恩力量特定形狀和目的。單一盧恩瑜伽儀式的美和力量具有無限可能性。以下是將簡單盧恩瑜伽儀式和盧恩力量相結合，並針對特定目的，將幾個簡單儀式組合在一起，包括：增強魔法力量（第421

頁）、祈求成功和勝利（第422頁）、提升創造力（第423頁）以及點燃需求之火儀式（第424頁）。體式儀式工作的優點在於，它提供了通往不同意識領域的鑰匙，如果能在各個存在層面上正確執行，它會激發出魔法師最大的力量。

盧恩瑜伽儀式的目的，是要將多股盧恩力量融合成單一集中且定向的力量流，讓它更精準地執行魔法目標或目的。此力量流將各個盧恩的字形和聲音組合成單一的作用力場來達成目的。此魔法操作的符號，可以是一系列盧恩文字，也可以是綁定盧恩，將它畫在地板或地面上，或放在祭壇桌上，或懸掛在魔法師面前的牆上，與眼睛平視等高的位置。在整個儀式過程中，這個符號就是焦點。

以下這些儀式公式都可用來改編成護符加持或畫符魔法儀式。它們都是力量非常強大的咒語，很適合用來創建觀想發送用的綁定盧恩。

增強魔法力量

ᛞ　瑪納茲釋放我體內的神聖能量流。

ᚢ　盧恩之力乃由烏魯茲塑造。

ᚠ　熾熱的菲胡力量向我湧來。

ᚨ　奧丁的大神力湧向我。

ᚷ　眾神之禮物在我內心不斷增長。

ᚦ　盧恩能量流在我體內匯聚並發出光芒
我可將它們發送到任何地方——
並攜帶著完整盧恩知識。

ᛁ　自我覺知，我引導自己以及我的能量流。

ᛉ　我與諸世界間的能量流
循著光之彩虹流動。

ᚺ　盧恩之力在我身上作用。

ᛇ　盧恩之力可透過我產生作用。

祈求成功和勝利

ᚾ　諾恩盧恩抵抗命運束縛
扭轉注定之命運。

ᚠ　菲胡帶來成長和財富。

ᛋ　光明在我體內
索維洛（太陽）的掌舵之力
帶領我一次又一次獲得成功。

ᛏ　提爾——提爾
勝利乃戰鬥之果實！

ᚦ　我的作為令我成長，
永遠威武強大。

ᛗ　瑪納茲！圓滿之咒語
請圓滿我一切所求。

ᛚ　令一切順利順遂。

ᛃ　歡慶圓滿豐收
一整年工作之收穫！

ᚹ　平安健康
幸福感自然增長。

ᚦ　我們的作為令我們成長，
永遠威武強大。

ᚾ　諾恩盧恩抵抗命運束縛
扭轉注定之命運。

ᛉ　世界的守護之力，請向我湧來。
世界的守護之力，請在我身上作用。
世界的守護之力，請透過我作用。

提升創造力

ᚠ　熾熱的菲胡力量向我湧來。

ᚢ　盧恩之力乃由烏魯茲塑造。

ᚦ　盧恩能量流在我體內匯聚並發出光芒
我可將它們發送到任何地方。

ᚨ　我的言語力量逐漸增強。

ᚱ　我走在正確道路上。

ᚲ　透過開納茲之力

我擁有技術和技能
知識和諸世界之智慧
透過開納茲在我體內增長。

ᛋ　索維洛（太陽）之明光
為我導航引路。

ᛏ　提爾——提爾
塑造我之意志
帶我邁向成功勝利。

ᛃ　歡慶和圓滿
豐年之禮物！

點燃需求之火儀式

ᚾ　諾恩盧恩抵抗命運之束縛
扭轉命運之必然。
你是我的需求之火——
透過你我克服需求。

ᚺ　世界之靈魂——木頭符籙
請為我帶來幫助！
我撿拾盧恩，
我撿拾我的需求之火！

ᚾ　我體內有需要之火！

ᛗ　瑪納茲！圓滿之咒語
請圓滿我一切所求。
並解除盧恩之力流動之束縛

ᛉ　我與諸世界間的能量流
循著光之彩虹流動。

ᚾ　我體內有需要之火！

ᛋ　太陽力量引領我前進。

ᚾ　我體內有需求之火！

（重複此句，直到需求之火在你胸中點燃。）

儀式用護符

無論魔法師是否正在執行護符力量加持儀式，都可設計一個描述特定盧恩操作的符號，作為儀式內部進行過程的外部持久象徵。通常是將一個綁定盧恩，或是一連串盧恩字母排列，刻寫或畫在木板上或紙張上。而且這個符號要放在魔法師經常可以看到的地方，讓他能夠不斷與魔法力量連結，也可以直接畫在魔法師隨身攜帶的小物件上。

這個技巧只能在魔法師希望改變他自己的內在意識時才能使用。如果是想要影響外部環境，魔法師應該在儀式過程中使盡所有可能的能量，然後與那股力量徹底切割，讓它去執行它的任務工作。如果像上述那樣不斷提醒魔法師與那股力量連結，那只會對魔法師造成阻礙，讓魔法無法成功。

畫符魔法

畫符魔法（sign magic），是將畫符（signing）和發送（sending）技術與祈請咒語相結合的魔法操作。這種魔法是最困難的，因為它需要非常集中的心神和觀想能力，才能發揮最大效果。不過，一旦熟練這些技巧，它就會成為魔法師最直接、最有效的咒語魔法工具。畫符和符號發送的技巧，先前已經提過，魔法師現在也對咒語的各個面向都相當熟悉了。在這裡，我們要探討更深一點的知識，並將它運用在更具體的技術管道，來建立符號咒語（signagaldr）的基礎。本節所探討的畫符技術，與護符加持儀式中使用的畫符，主要差別在於，這裡的符號是要被導向已經存在的系統當中，並與之融合，無論它們是非人靈體，還是盧恩力量的動力能量場。

畫符魔法背後的概念是，魔法師確實有能力將盧恩切進多重宇宙的生命結構中，將盧恩力量與一個象徵性「標的」融合在一起，由於那個標的是魔法師透過意識觀想所制定出來的，因此能夠在那個標的當中引發改變。這只是畫符魔法技術的眾多用途之一。這個過程可以在心靈之眼當中進行（完全透過冥想來觀想），也可以在外部儀式工作中進行。無論是哪一種方式，技巧都相同；不過，最好是從視覺化觀想方法開始，然後才進行較困難的實體儀式。

畫符魔法的三個步驟是：(1) 制定標的以及（或是）將心神集中在一個標的上；(2) 制定和投射所欲執行的盧恩力量；以及 (3) 將前面兩者結合成單一力量場域，讓第二者依照你的意願去影響第一者。

為了制定一個標的來投射魔法力量，魔法師需要先設定「標的區域」。它是一個工作框架，裡面包含已被觀想出來的標的，以便將盧恩力量引導到其中。它的形狀可以是矩形或三角形。如果是使用三角形，最適合的形狀是 ▷。在實體儀式工作中，這個框架可以用木頭來建造，並塗上適合的漆料或做其他裝飾。框架裡面要放入代表「標的」的象徵物（例如圖片），但大部分魔法師會運用他的觀想能力，在框架內用魔法來建造標的圖像。

當那個標的被牢牢綁在框架內，魔法師就會開始在他身體的中心點制定所欲執行的盧恩力量。然後將那股能量投射到標的區域，用先前在「畫符和發送」章節（第370頁）中描述的方法來執行畫符。魔法師所吟唱或念出的咒語和／或宣告，都應該要賦予盧恩力量意圖，並將那股力量加以精練純化。當魔法師畫出盧恩符號時，要好像那個盧恩力量真的被灌注到標的物的生命結構中一樣。一旦力量融合完成，魔法師立刻就能看到那個標的產生改變。

雖然發送和畫符的作法現在大家已經相當熟悉，但咒語的使用在畫符儀式中可能還需要進行更多開發。在這本書中，我們已經看到咒語的聲音形式和詩歌形式。執行畫符魔法時，兩種形式的咒語都可以使用，但魔法師應該要以更複雜的詩歌形式為目標，因為它能提供一定程度的靈活度和精確性。這些「魔法咒歌」在古日耳曼文學文獻中處處可見，事實上，對古條頓人（以及所有其他印歐民族）來說，詩歌藝術乃是誕生自魔法的力量。

咒語能夠幫助召喚／喚起盧恩力量，並讓它在魔法師體內成形。但它也能藉由其振動（這是咒語的本質），幫助盧恩力量投射到標的上，並將兩股力量加以連結。

整個發送和畫符的執行，應該遵循以下幾個技巧，因為本節中提到的所有要素，都必須被理解為單一力量（盧恩魔法師之意志）的多重表現。呼吸應該是整個唱咒過程專注的焦點。吸氣時，魔法師要專注於將盧恩力量引導到個人中心點。

然後要暫時屏息，以進行精確的制定，然後吐氣，同時唱誦投射部分的咒語，讓它的力道更加集中。不管是哪一種類型的咒歌，大部分都需要反覆幾次吸吐才能全部唱完。可以一次吸吐念一行咒語。如果是詩歌形式的咒歌，魔法師應該專注於咒語中每一個單詞、每一個字母的發音——仔細感受它們的力量。不一定要去思考它們的含義，如果咒語寫得好，它們自己會完成這件工作。這時候，重要的是那股能量流、它的流動形式，以及順暢將力量投射出去，對於有經驗的魔法師來說，這幾乎是在無意識之下進行的。盧恩的力量、魔法師，以及魔法標的，三者合而為一，因此魔法效果能夠很快顯現出來。

盧恩魔法師必須將他的意識專注於聲音（咒語吟唱）以及形式（盧恩字符和它所投射出來的光束），這些全都是在相同的「盧恩振動」之內。冥想練習將能大大幫助這個過程的進行。咒語可以大聲吟唱，也可以在赫格意識內默唱。此外，如果有出聲，咒語可以大聲洪亮地唱出來，也可以輕聲低唱。如果是魔法師獨自一人，或有其他魔法師陪伴進行儀式，前者似乎比較有效；如果有非魔法師身分的人在場，後者的力量通常會比較強大。

由於這種形式的咒語非常接近無意識狀態的冥想，因此在進行儀式之前，最好能把整個儀式流程細節都背下來。不管執行哪一種儀式，這通常都會是比較好的作法，在這裡尤其必要。要執行成功的畫符魔法，有賴盧恩魔法師身心複合體的每一個部分都能巧妙地融合進來。魔法操作過程所帶來的神祕「附加利益」，往往有意想不到的驚奇。

關詩歌咒語的部分，可能還要稍微做個註解。詩歌咒語當然可以用英文撰寫（有關此問題的技術性建議，請參閱附錄III）。創作時應同時顧及形式和內容。用心投入的魔法師一定會去研究古北歐語和／或其他古日耳曼語言（比如古英語、哥德語和古高地德語），因為這些語言具有現代英語難以想像的魔法神話品質。不過最重要的是，魔法師能夠因此找到一種具有魔法力量的語言和詩歌形式，讓他或她可以用無意識領域的聲音來說話。

結語
CONCLUSION

我第一次與盧恩魔法相遇，是在1974年，當時，英語世界的魔法圈對它們知之甚少。在那之後，盧恩知識開始逐漸傳播開來。人們對盧恩的認識增加了，但盧恩依然神祕如同以往。此乃盧恩的本質與特徵。兩千多年前，盧恩首度被發現並開始使用之時即是如此，而且，亦將保持這樣的神祕姿態直到永遠。這就是其真實樣貌之明證。

本書全面介紹了盧恩的實務運用。當中有很多篇幅在討論盧恩的歷史脈絡，以及不同歷史時期的盧恩用途，因為這些歷史背景都與魔法知識有極深的關聯。這些背景脈絡，正是讓智慧種子得以生長，最後結出果實的那片土壤。盧恩學習者愈深入這些背景知識，他的盧恩魔法工作就會愈深入。若你想進一步研究盧恩實務，可參考我的著作：《魔法力量：盧恩學進階實務指南》，以及《中土米加德的九道門》，絕對可以滿足最認真的盧恩學習者。將來你可能會考慮正式加入我們的盧恩行會（Rune-Gild），若有需要，可透過網站 www.rune-gild.org 與這個組織聯繫。若有人深入學習盧恩，沉潛盧恩之奧義，他一定會發現，盧恩開始透過盧恩之神的代理人奧丁，直接對他傳授知識。

在此，謹附上我在完成《弗薩克》（*Futhark*）第一篇手稿時所寫的一首詩。其主旨是作為一種盧恩咒，將盧恩的真實樣貌透過咒歌顯露於世界中。凡熟悉盧恩復興歷史的人就會知道，如同魔法師透過咒語施展魔法，這首咒歌的力量非常強大，但未必每次都能得到預期或希望之結果。從某個角度來說，這本書，以及我的其他盧恩著作，全都是那個魔法咒的一個小小改動。

盧恩復興咒歌

開闊之門
迎接盧恩世界吹來的風
他們歌聲響亮清澈
穿過北方暗夜
智者踏上追尋之路
竭盡心思全力以赴
再次學習那神聖知識

陽光燦爛之姊妹
光明閃耀之弟兄
在需求苦惱之夜如此呼召：
神聖且強大之字符
大能大力之盧恩
點燃魔法之術
以及那機靈之法
贏得智慧和幸福

在明亮廣闊平原上
盧恩魔法師施展其技
藉助眾神之守護
藉助北方之明光
盧恩——顯露綻放
咆哮其歌
響徹整座廳堂
然後再次匿名隱身

艾德瑞得・索森
1979 仲夏

附錄 I ：盧恩字母表

表 1. 古弗薩克

No	字形	其他字形	音素	名稱	名稱翻譯	奧祕含義
1	ᚠ	ᚠ	f	*fehu*	牛、牲畜、錢（黃金）	動態力量
2	ᚢ	ᚢ ᚢ ᚢ	u	*uruz*	野牛	原始、塑形、生育繁殖之本質
3	ᚦ	ᚦ ᚦ	th	*thurisaz*	巨人（最強壯者）	抗力的破除者（索爾神）
4	ᚨ	ᚨ ᚨ	a	*ansuz*	阿斯神、祖先神明	祖先神明力量（奧丁神）
5	ᚱ	ᚱ ᚱ ᚱ	r	*raidho*	馬車、戰車	宇宙力量之道的載體
6	ᚲ	ᛦ ᛉ ᛦ ᛉ	k	*kenaz／kaunaz*	火炬／瘍瘡	受控制之能量
7	ᚷ		g	*gebo*	禮物	交換的力量
8	ᚹ	ᚹ	w	*wunjo*	喜悅、快樂	同類力量的和諧狀態
9	ᚺ	ᚺ ᚺ	h	*hagalaz*	冰雹（石頭）	種子形式和原始結合
10	ᚾ	ᚾ ᚿ	n	*naudhiz*	需求	需求之火（抵抗／釋放）
11	ᛁ		i	*isa*	冰	收縮（物質／反物質）
12	ᛃ	ᛃ ᛃ ᛃ ᛡ ᛚ	j	*jera*	年（豐收）	軌道循環（生命週期）
13	ᛇ	ᛇ	i／ei	*i(h)waz*	紫杉	軸心（生命／死亡之樹）
14	ᛈ	ᛗ ᚹ	p	*perthro*	骰杯	進化之力
15	ᛉ	ᛘ ᛯ ᛦ	-z ~ -R	*elhaz／algiz*	麋鹿／保護	保護與守護神
16	ᛊ	ᛋ ᛊ ᛊ	s	*sowilo*	太陽	太陽輪（澄澈之光）
17	ᛏ	ᛏ	t	*tiwaz*	提爾、天空神	天神秩序（提爾神）
18	ᛒ	ᛒ ᛒ	b	*berkano*	樺木（一女神）	樺樹神（容納者／釋放者）
19	ᛖ	ᛖ	e	*ehwaz／ehwo*	馬／兩匹馬	雙生神（信任）
20	ᛗ		m	*mannaz*	人（人類）	來自祖先神靈的人類秩序
21	ᛚ	ᛚ	l	*laguz／laukaz*	水／韭菜	生命能量和有機生長
22	ᛜ	ᛜ ᛜ ᛝ	-ng	*ingwaz*	殷格、大地神	孕育之容器（英格維神）
23	ᛞ	ᛞ	d／dh	*dagaz*	白晝	黃昏／黎明（悖論）
24	ᛟ		o	*othala*	祖產	自給自足的世襲力量

表 2. 盎格魯－弗里西亞弗托克

No	字形	泰唔士鐵刀	主要變體	弗里西亞	音素	古英語名稱	名稱翻譯
1	ᚠ	ᚠ	ᚠ	ᚠ ᛉ	f	*feoh*	牛、財富
2	ᚢ	ᚢ	ᚢ	ᚢ	u	*ūr*	野牛
3	ᚦ	ᚦ	ᚦ	ᚦ	th／dg	*thorn*	刺
4	ᚩ	ᚩ	ᚩ	ᚩ	o	*ōs*	一位神（或嘴巴）
5	ᚱ	ᚱ	ᚱ	ᚱ ᚱ	r	*rād*	旅程
6	ᚳ	ᚳ	ᚲ	ᚳ	c／ch	*cēn*	火炬
7	ᚷ	ᚷ		ᚷ	g〔j／zh〕	*gyfu*	禮物
8	ᚹ	ᚹ	ᚹ	ᚹ	w	*wynn*	喜悅
9	ᚻ	ᚻ	ᚺ ᚼ ᚻ	ᚻ	h	*haegl*	冰雹
10	ᚾ	ᚾ	ᚴ ᚾ	ᚾ	n	*nȳd*	需求、苦惱
11	ᛁ	ᛁ		ᛁ ᚴ	i	*īs*	冰
12	ᛄ	ᛆ	ᚼ ᛄ	ᛄ	y	*gēr*	豐年
13	ᛇ	ᛇ	ᛇ	ᛁ	eo	*ēoh*	紫杉
14	ᛈ	ᛈ	ᚳ	ᛈ	p	*peordh*	骰盒
15	ᛉ	ᛉ	ᛘ	ᛉ	x	*eolhx*	麋鹿／莎草
16	ᛋ	ᛋ	ᛋ ᛋ ᛋ	ᛋ	s	*sigel*	太陽
17	ᛏ	ᛏ		ᛏ	t	*tīr*	提烏神／標誌或榮耀
18	ᛒ	ᛒ	ᛒ	ᛒ	b	*beorc*	樺樹／黑楊
19	ᛖ	ᛖ		ᛖ ᛞ	e	*eh*	馬
20	ᛗ	ᛗ	ᛞ	ᛗ ᛞ	m	*monn*	人〔人類〕
21	ᛚ	ᛚ		ᛚ ᛚ	l	*lagu*	大海
22	ᛝ	ᛝ	ᛝ	ᛝ	ng	*ing*	殷格神
23	ᛞ	ᛗ	ᛞ	ᛞ	d	*dæg*	白晝
24	ᛟ	ᛄ	ᛟ	ᛟ	e〔ay〕œ	*ēthel*	祖產
25	ᚪ	ᚪ			a	*āc*	橡樹
26	ᚫ	ᚫ			ae	*æsc*	梣樹
27	ᚣ	ᚣ	ᚣ ᚢ	ᚫ ᚫ	y	*ȳr*	黃金飾物／弓
28	ᛠ	ᛠ	ᛠ	ᛚ	ea	*ēar*	墳墓
29	ᛡ		ᛡ	ᚢ	eo／io	*ior*	大蛇
30	ᛢ		ᛠ	ᛠ	q	*cweordh*	火焰漩渦
31	ᛣ		ᛣ ᛣ ᛣ		k	*calc*	石灰／聖杯
32	ᛥ				st	*stān*	石頭
33	ᚸ				g	*gār*	矛

表 3. 後弗薩克

No	字形	格爾萊夫	主要變體	音素	古英語名稱	名稱翻譯	名稱之奧祕含義
1	ᚠ	ᚠ	ᛧ	f	*fé*	牛、金錢、黃金	動態能量
2	ᚢ	ᚢ		u／o／ö／v	*úr (r)*	細雨／爐渣／野牛	生育繁殖本質
3	ᚦ	ᚦ	ᚦ	th／dh	*thurs*	巨人	抗力的破除者
4	ᚬ	ᚨ	ᚭ ᚮ	e	*áss*	神（＝奧丁）	言語的力量、神力
5	ᚱ	ᚱ	ᚱ ᚱ	r	*reidh*	騎馬、騎乘／車輛／雷電	靈性之路或旅程
6	ᚴ	ᚴ	ᛉ ᛍ ᛣ	k／g／ng	*kaun*	瘍瘡	內在之火、魔法之火或投射
7	ᚼ	ᚼ	ᚽ ᚽ	h	*hagall*	冰雹（特殊盧恩名稱）	冰種子形式
8	ᚾ	ᚾ	ᚿ	n	*naudh (r)*	需求、束縛、限制	需求之火、奴役／自由
9	ᛁ	ᛁ		i／e	*íss*	冰	收縮原質
10	ᛆ	ᛅ	ᛉ ᛡ	a	*ár*	（豐）年、豐收	綻放顯化
11	ᛌ	ᛋ	ᚴ ᛍ	s	*sól*	太陽	太陽輪／澄淨之光
12	ᛏ	ᛏ	ᛐ	t／d／nd	*Týr*	提爾神	天界秩序
13	ᛒ	ᛒ	ᛔ ᛓ	b／p／mb	*bjarkan*	樺樹（一女神）（特殊盧恩名稱）	孕育／出生、樺樹神之工具
14	ᛘ	ᛙ	ᛘ ᛘ ᛙ ᛙ	m	*madhr*	男人、人類	祖先神明的人類秩序、相連領域之力量
15	ᛚ	ᛚ		l	*lögr*	大海、瀑布（水）	生命能量和有機生長
16	ᛦ	ᛦ	ᛧ	-R	*ýr*	紫杉、紫杉弓	大地之力

表 4. 阿瑪寧弗托克

No	字形	名稱	含義
1	ᚠ	*fa*	原始火、變化、重塑、祛除苦惱、生成原理、原初精神
2	ᚢ	*ur*	永恆、一致性、醫生的盧恩、好運、大地磁力、原始靈魂
3	ᚦ	*thorn*	行動、行動意志、演化力、目標設定、磁力轉移的盧恩
4	ᚬ	*os*	呼吸、精神安康、言語、磁力
5	ᚱ	*rit*	原始法則、正義、建議、解救、節奏
6	ᚴ	*ka*	生成、權力、藝術、能力、傳播
7	ᛡ	*hagal*	完全封閉、精神領導、保護、和諧
8	ᚾ	*not*	不可避免之事、「業力」、命運之必然
9	ᛁ	*is*	自我、意志、活動、個人力量排除、精神力量意識、控制自我與他人
10	ᛅ	*ar*	太陽、智慧、美麗、美德、名譽、幸福、辟邪、領導力
11	ᛋ	*sig*	太陽之力、勝利、成功、知識、實現、顯化之力
12	ᛏ	*tyr*	力量、成功、智慧、能源、覺醒、精神的重生
13	ᛒ	*bar*	生成、出生、隱藏、鳴唱
14	ᛚ	*laf*	原始法則、生命、生命經驗、愛、原始水、水與大海的盧恩
15	ᛘ	*man*	男人盧恩、增長、完滿、健康、魔法、精神、成神之人、宇宙的陽性法則、白晝意識
16	ᛦ	*yr*	女人盧恩、本能、貪婪、激情、物質、妄想、混亂、死亡、毀滅、宇宙的陰性法則、夜晚意識
17	ᛂ	*eh*	婚姻、持久的愛、法律、正義、希望、期間、代表忠誠與雙重（雙生子）靈魂的盧恩
18	ᛄ	*gibor*	神明盧恩、一切之神、宇宙意識、力量的結合、生成與納受、神聖婚姻、給與和禮物、實現

附錄II：古北歐語的發音

以下是重建後的古北歐語（維京時代語言）母音音素。

子音b、d、f、l、m、t、v之發音與現代英語相同。

a　音同 artistic 之 a

á　音同 father 之 a

e　音同 men 之 e

é　音同 bay 之 ay

i　音同 it 之 i

í　音同 feet 之 ee

o　音同 omit 之 o

ó　音同 ore 之 o

ö　音同 not 之 o

ø　音同 ö

u　音同 put 之 u

ú　音同 rule 之 u

æ　音同 hair 之 ai

œ　音同 slur 之 u

y　音同德語 Hütte 之 u（圓唇 i）

ý　音同德語 Tür 之 u（圓唇 ee）

au　音同 house 之 ou

ei　音同 May 之 ay，或 mine 之 i

ey　音同 ei

g　永遠發 go 之硬音

ng　音同 long 之 ng

h　與英語相同，除了在子音之前，則音同 where 之 wh

j　音同 year 之 y

p　與英語相同，除了在 t 之前，則 pt 發音為 ft

r　顫音 r

s　永遠發清音，同 sing 之 s

th　清音，同 thin 之 th

dh　濁音，同 the 之 th

rl　發音為 dl

rn　發音為 dn

nn　在長母音和雙母音之後，發音為 dn

附錄III：盧恩對應

以下表格主要是作為進一步了解盧恩的指南，並鼓勵所有魔法師深入盧恩之研究。這些對應關係都不是絕對的，也不是硬性規定，如先前所提醒，魔法師的直覺才是最可靠的。其中一些對應資訊對於儀式、護符的建構相當有幫助。將這張表與附錄 I 盧恩字母表結合使用，可提供全方位的對應資訊，其中部分來自傳統知識，有些則來自過去研究。

No	字形	樹種	藥草	神／女神／靈體	顏色	占星
1	ᚠ	接骨木	蕁麻	阿薩神	淡紅	♈
2	ᚢ	樺樹	水苔	華納爾	深綠	♉
3	ᚦ	橡樹	石蓮花	索爾	鮮紅	♂
4	ᚨ	梣樹	毒蠅傘	奧丁	深藍	☿
5	ᚱ	橡樹	艾草	弗西提	鮮紅	♐
6	ᚲ	松樹	黃花九輪草	弗蕾雅、侏儒	淡紅	♀
7	ᚷ	梣樹和榆樹	紫羅蘭葉	奧丁／弗蕾雅	深藍	♓
8	ᚹ	梣樹	亞麻	弗雷、精靈	黃色	☊
9	ᚺ	紫杉／梣樹	鈴蘭	尤彌爾	淺藍	♒
10	ᚾ	山毛櫸	拳參	諾恩三女神、埃丁斯巨人	黑色	♑

No	字形	樹種	藥草	神／女神／靈體	顏色	占星
11	ᛁ	楊樹	天仙子	霜巨人	黑色	☽
12	ᛃ	橡樹	迷迭香	弗蕾雅	淺藍	⊕
13	ᛇ	紫杉	曼德拉草	奧丁／烏勒爾	深藍	♏
14	ᛈ	山毛櫸	附子	諾恩三女神	黑色	♄
15	ᛉ	紫杉	當歸 （歐白芷）	瓦爾基麗 （女武神）	金黃	♋
16	ᛋ	柏樹	槲寄生	蘇爾	白色／ 銀色	☉
17	ᛏ	橡樹	鼠尾草	提爾／瑪尼	鮮紅	♎
18	ᛒ	樺樹	斗篷草	芙麗嘉、 納瑟斯、赫拉	深綠	♍
19	ᛖ	橡樹／ 梣樹	狗舌草	弗蕾雅／弗雷； 阿爾奇斯	白色	♊
20	ᛗ	冬青	茜草	海姆達爾／奧丁	深紅	♃
21	ᛚ	柳樹	韭蔥	尼約德、巴德爾	深綠	☽
22	◇	蘋果樹	夏枯草	殷格、弗雷	黃色	●
23	ᛞ	雲杉	快樂鼠尾草	奧丁／歐斯塔拉	淺藍	◐◑
24	ᛟ	山楂樹	黃連	奧丁／索爾	深黃	○

附錄IV：現代英語與盧恩文字之對譯

現代英語和盧恩的對譯存在著一些困難，尤其是把專有名詞譯成盧恩文字形式時。以下這張對譯表雖然提供了充分的參考資訊，但魔法師本身還是應聽從自己的直覺和魔法準則，來做最後的抉擇。在某些情況下，你可能會發現，最好是根據實際英語發音來對譯，而不是根據字面字母。

使用盧恩字母書寫詩歌時，若遵循盎格魯－撒克遜字根規則，會發現很方便對譯。若是日耳曼語單詞，則音譯的「正確性」問題比較少。

A	ᚨ	O	ᛟ
B	ᛒ	P	ᛈ
C	ᚲ	Q	ᚲ
D	ᛞ	R	ᚱ（字尾則是ᛉ）
E	ᛖ	S	ᛋ
F	ᚠ	T	ᛏ
G	ᚷ	U	ᚢ
H	ᚺ	V	ᚢ或ᚹ
I	ᛁ或ᛇ	W	ᚹ
J	ᛁ或ᛃ	X	ᚲᛋ（k+s）
K	ᚲ	Y	ᛃ
L	ᛚ	Z	ᛋ或ᛉ
M	ᛗ	TH	ᚦ／ᛞ（清音／濁音）
N	ᚾ	NG	ᛜ

注釋

第一部

第 1 章

1. 原始文本請見 Frederick Tupper (ed.) *The Riddles of the Exeter Book* (Boston: Ginn, 1910): 14-15。此段是我個人的翻譯。其他譯本請參考 Paul F. Baum（編譯）*Anglo-Saxon Riddles of the Exeter Book* (Durham, NC: Duke University Press, 1963)。

第 4 章

1. Franz Hartmann, "Review: Guido von List. Die Bilderschrift der Ario-Germanen: Ario- Germanische Hieroglyphik." *Neuen Lotusblüten* (1910): 370.

第 5 章

1. Karl Spiesberger, *Runenmagie* (Berlin: R. Schikowski, 1955).
2. Trevor Ravenscroft, *The Spear of Destiny* (York Beach, ME: Samuel Weiser, 1973.)
3. Edred Thorsson, *Futhark: A Handbook of Rune Magic* (York Beach, ME: Samuel Weiser, 1984).

第 6 章

1. Edred Thorsson, *Futhark: A Handbook of Rune Magic* (York Beach, ME: Samuel Weiser, 1984): 121-122.
2. Thorsson, *Futhark: A Handbook of Rune Magic*, 111.
3. 原始文本請見 Rudolf Much, *Die Germania des Tacitus*, 3rd ed. (Heidelberg: Carl Winter, 1967): 189。此段是我個人譯本。有興趣的讀者或可參考其他翻譯版本：H. Mattingly: Cornelius Tacitus, *The Agricola and the Germania* (Middlesex, UK: Penguin, 1970。)
4. Julius Caesar, *The Conquest of Gaul* (trans. by S. A. Handford) (Harmondsworth, UK: Penguin, 1951): Book I, 53.

第 8 章

＊ 最初可能是 *Hroptr*（隱身者之意〔就是指奧丁〕)。開頭的 *hr-* 在古北歐語的發音是 *kr-*，這樣就有保留頭韻。

第二部

第 9 章

1. Edred Thorsson, *Futhark: A Handbook of Rune Magic* (York Beach, ME: Samuel Weiser, 1984): 76.
2. Thorsson, *Futhark: A Handbook of Rune Magic*，第2章。
3. 有關盧恩排序的進一步宇宙學意義，請參閱本書第 10 章；以及 Edred Thorsson, *Futhark: A Handbook of Rune Magic* (York Beach. ME: Samuel Weiser, 1984): 第3章。

第 11 章

1. 參閱本書第 9 章；以及 Edred Thorsson, *Futhark: A Handbook of Rune Magic* (York Beach. ME: Samuel Weiser, 1984): 第2章。

第 12 章

1. 請參閱 C. G. Jung, "Wotan," in *Collected Works*, vol. 10 (trans. R.F.C. Hull), (Princeton, NJ: Princeton University Press): 179-193.

第 13 章

1. 請參閱 Edred Thorsson, *Futhark: A Handbook of Rune Magic* (York Beach, ME: Samuel Weiser, 1984): 79.
2. 請參閱 Edred Thorsson, *Futhark: A Handbook of Rune Magic* (York Beach, ME: Samuel Weiser, 1984): 79-80，以及 Georges Dumezil, *Gods of the Ancient Northmen* (ed. by E. Haugen) (Berkeley: University of California Press, 1973): 1-48。

第三部

第 14 章

1. Marijane Osborn and Stella Longland, *Rune Games* (London: Routledge and Kegan Paul, 1982).
2. E. Tristan Kurtzahn, *Die Runen als Heilszeichen und Schicksalslose* (Bad Oldesloe: Uranus, 1924).
3. Karl Spiesberger, *Runenmagie* (Berlin: Schikowski, 1955).
4. Roland Dionys Josse, *Die Tala der Raunen* (Freiburg / Breisgau: Bauer, 1955).
5. Werner Kosbab, *Das Runen-Orakel* (Freiburg / Breisgau: Bauer, 1982).
6. Ralph Blum, *The Book of Runes* (New York: St. Martin's Press, 1982). 布魯姆的《盧恩之書》幫許多新手打開了盧恩文字的國度；不過，後來認真研究盧恩學的人發現，《盧恩之書》忽略了整套弗薩克文字系統的根本精髓。因此，儘管布魯姆能夠對個別盧恩文字提供個人見解，但這整套系統仍必須被視為仿造品。

第 15 章

1. Edred Thorsson, *Runelore: A Handbook of Esoteric Runology* (York Beach, ME: Samuel Weiser, 1987): 170.
2. Carl G. Jung, *Synchronicity* (Princeton: Princeton University Press, 1973). 另請參閱 Marie-Louise von Franz, *On Divination and Synchronicity* (Toronto: Inner City Books, 1980)。

第 16 章

1. 這裡的 Christ 原本可能是 *Hroptr*（隱身者），後來被基督教抄寫員改過。

第 18 章

1. 伊斯特爾（Easter 或 Eostre）一詞，可能是基督徒借用了日耳曼春天女神的名字。日耳曼民族會在春季慶祝維塔克里斯特（White Krist，白色基督）的復活。
2. 古代日耳曼民族是用夜晚來計算日子，而不是用白天來算。

第四部

第 21 章

1. 這句咒語的直譯是：「北方之鎚將此神聖結界聖化並守護它！」
2. 英文版咒語的中文翻譯。英文原文為：Hammer in the North hallow and hold this holy-stead!
3. 「偉大的神」（奧丁）。
4. 「魔法咒語之父」（奧丁）。
5. 「倒吊之神」（奧丁）。
6. 將霜巨人隆尼爾予以斬殺的是索爾大神。
7. 「隱匿事物之神」或「隱身之神」（奧丁）。
8. 「至高者」（奧丁）。
9. 改編自〈至高者箴言錄〉最後數節。
10. 喀瓦西之血就是詩歌靈感蜂蜜酒，這裡是用來召請顏料的魔法力量。
11. 改編自古代前基督教時期的灑水魔法咒。
12. 阿薩神的所有格。
13. 一邊吟唱盧恩名稱，同時畫出盧恩字符。
14. 原始隱喻複合詞是 *brynthings apaldr*，字面意思是「鎧甲宮殿的蘋果樹」。
15. 原文為 *galdr*。

盧恩魔法——盧恩文字解讀與占卜

出　　版／楓樹林出版事業有限公司
地　　址／新北市板橋區信義路163巷3號10樓
郵政劃撥／19907596 楓書坊文化出版社
網　　址／www.maplebook.com.tw
電　　話／02-2957-6096
傳　　真／02-2957-6435
作　　者／艾德瑞得・索森
譯　　者／黃春華
企劃編輯／陳依萱
校　　對／周季瑩
港澳經銷／泛華發行代理有限公司
定　　價／980元
初版日期／2025年6月

國家圖書館出版品預行編目資料

盧恩魔法：盧恩文字解讀與占卜/ 艾德瑞得・索森作；黃春華譯. -- 初版. -- 新北市：楓樹林出版事業有限公司, 2025.06 面； 公分

譯自：The big book of runes and rune magic

ISBN 978-626-7729-03-8（平裝）

1. 符咒 2. 占卜

295.5　　114005603